舵手汇

www.duoshou108.com

聪明投资者沟通的桥梁

短线交易大师
——工具和策略

经过实战检验的对日交易、波段交易和头寸交易都适用的技术

［美］奥利弗·瓦莱士　［美］格雷格·卡普拉　著

张丹丹　译

图书在版编目（CIP）数据

短线交易大师　工具和策略／（美）瓦莱士，（美）卡普拉著；张丹丹译．－－太原：山西人民出版社，2013.12
ISBN 978-7-203-08418-1

Ⅰ．①短… Ⅱ．①瓦… ②卡… ③张… Ⅲ．①股票交易－基本知识 Ⅳ．①F830.91

中国版本图书馆CIP数据核字(2013)第290539号

著作权合同登记号　图字：04-2013-052

Oliver Velez, Greg Capra
Tools and Tactics for the Master Day Trader: Battle-Tested Techniques for Day, Swing, and Position Traders
ISBN：978-0071360531
Copyright © 2000 by McGraw-Hill Education.

All Rights reserved. No part of this publication may be reproduced or transmitted in any form or by any means, electronic or mechanical, including without limitation photocopying, recording, taping, or any database, information or retrieval system, without the prior written permission of the publisher.

This authorized Chinese translation edition is jointly published by McGraw-Hill Education (Asia) and Shanxi People's Publishing House & Beijing Wenyuan Culture Development Co., Ltd. This edition is authorized for sale in the People's Republic of China only, excluding Hong Kong, Macao SAR and Taiwan.

Copyright © 2014 by McGraw-Hill Education (Asia), a division of McGraw-Hill Education (Singapore) Pte. Ltd. and Shanxi People's Publishing House & Beijing Wenyuan Culture Development Co., Ltd.

版权所有。未经出版人事先书面许可，对本出版物的任何部分不得以任何方式或途径复制或传播，包括但不限于复印、录制、录音，或通过任何数据库、信息或可检索的系统。
本授权中文简体字翻译版由麦格劳－希尔（亚洲）教育出版公司和山西人民出版社合作出版，此版本经授权仅限在中华人民共和国境内（不包括香港特别行政区、澳门特别行政区和台湾）销售。
版权©2014由麦格劳－希尔（亚洲）教育出版公司与山西人民出版社所有。
本书封面贴有 McGraw-Hill Education 公司防伪标签，无标签者不得销售。

短线交易大师　工具和策略

著　　者：（美）瓦莱士　（美）卡普拉
译　　者：张丹丹
责任编辑：魏美荣
装帧设计：兆天书装

出　版　者：山西出版传媒集团　山西人民出版社
地　　址：太原市建设南路21号
邮　　编：030012
发行营销：0351-4922220　4955996　4956039
　　　　　0351-4922127　（传真）　4956038（邮购）
E-mail　：sxskcb@163.com　发行部
　　　　　sxskcb@126.com　总编室
网　　址：www.sxskcb.com

经销者：山西出版传媒集团　山西人民出版社
承印者：三河市汇鑫印务有限公司

开　　本：787mm×1092mm　1/16
印　　张：18.75
字　　数：500千字
印　　数：1-8000册
版　　次：2013年12月第1版
印　　次：2013年12月第1次印刷
书　　号：ISBN 978-7-203-08418-1
定　　价：48.00元

如有印装质量问题请与本社联系调换

引 言

朋友们，我们现在正处在一个全新时代的开始。如果我们必须给它一个名字的话，我们就叫它"自我授权"的时代，现在标志着这个时代到来的变革正处在萌芽期。20年来交易佣金的不断下降，新的交易规则、互联网，以及惊人的技术进步已经为我们铺平了交易场地，并且打开了一扇秘密通向华尔街的门。过去那种小心看护、阻止大众接近的方法正在瓦解，华尔街的完全民主从没有像今天这么近。对于普通大众来说也从没有像今天这么多的机会。在以后的几年里，机会将会更多，我们给你的问题是："你准备好了吗？"

我们看到，在不久的将来有那么一天，美国将不存在分散的交易所，取而代之的是一个巨大的统一的美国股票交易所。在那之后不久，将会有一个世界范围的股票交易所，为地球的各个角落带来一种纯粹形式的资本主义。

在那之后不久，或者甚至在那之前会有那么一天，在这个星球上出售的每一台计算机都将会预装能直接与世界市场相连接的交易平台，使得每一个人都可以交易任何一种可以涨跌的东西：股票、债券、期权、期货、岩石、树、姻亲。喔，可能没有姻亲，但是我们要再问一次："你准备好了吗？"

很可能在以后5到10年里上演的一出了不起的戏剧的舞台已经搭好了，那些现在已经准备好了的人，那些现在已经接受了教育和训练的人，很有可能成为华尔街新行业中的巨人。

这是一个新的时期，那些不喜欢它的人最好学会习惯它，因为自我授权的交易者将会坚持下去。

什么带来了这场变革

过去10年里的几个重要的发展引发了这场我认为非常巨大的目前还处在襁褓中的变革：

1. 过去10年里交易佣金的大幅下降提高了短期交易的合理性和其潜在的获利空间。在这次下调之前，只有机构和高净值的个人才能享受到折扣佣金。现在，进入证券市场的成本非常低。

2. 世界范围的利率大幅下降使得拥有证券成为必须。这种改变以及占有压倒性优势的多头态度导致了高度的复杂化和越来越多的对自我授权的需求。

3. 令人难以置信的技术进步使得华尔街成为主要街道。由此，或大或小、或富或穷、或新手或职业人士都可以舒舒服服在他们自己的客厅里通过点击鼠标直接参与世界上最大的市场。这种技术奇迹为个人投资者参与市场铺平了道路。他们已经清除了进入市场的障碍，同时也废除了很多只能由"俱乐部"的精英们享有的不公平的优势。

4. 新的指令处理规则永远改变了华尔街运行的方式。近来交易商处理指令的新变化不仅提高了公平性和透明度，也帮助了那些使用电子通信网（ECN）的用户，而电子通信网这种工具将最终改变金融界运营的方式。

5. 最后一点，但决非最不重要的一点是互联网的到来。自从贝尔发明电话以来还没有什么这么彻底地改变了我们思考和生活的方式。现在，信息源与接收者之间的距离为零。由于互联网，我们真正成为了一个全球化的社会。本地的消费者现在成为全球的消费者。一个本来在美国东北部的业务现在可以扩展到全世界。互联网将在新的千年改变我们思考、行动、说话、生活以及恋爱的方式。那些不能接受它所带来变化的人到那时将成为遥远的历史。

什么是正确的交易

从很多方面看，正确的交易是正确的"思考"的副产品。这本书首要的一件事就是要在你的头脑中进行一次革命，它将改变你看待和考虑市场的方式。例如，我们首先要教给你的功课之一就是"你不是在交易股票，你是在交易人"。太多的市场新手没有意识到他们所做的每一笔交易都有一个对手。每一次你买，交易的另一面就有人在卖股票给你。每一次你卖，交易的另一面就有人从你这里买股票。这个64K的问题就是，"谁更聪明？"是你，还是交易另一面的个人或实体？这本书将通过训练你与人交易的艺术确保你成为那个聪明的人。

我们将使你看到成功的交易需要拥有能找出两种傻人的能力：那些想要把他们的东西很便宜地卖给你的人和那些想要高价从你那里买东西的人。

换句话说，希望我这么说不是很无礼，成功的交易就是找到傻瓜的艺术。这本书

引　言

将确保你不是那个傻瓜。

我们认为日交易的范围比大多数人认为的要宽得多。不幸的是,行业内或行业外的很多人,错误地把日交易定义为一种疯狂的快速的从不让头寸过夜的交易方法。虽然这的确是日交易的一种方式,但这并不是唯一的方式。

我们的观点是如果你的交易以天为基础,并且如果你关注市场每天的变化,那么你就被定义为一个日交易者。另一方面,如果你用我们叫做"落伍者"的方法交易,买入股票,然后睡上5年,希望等你醒来一切都会好起来,那么你就不是一个日交易者。

了解日交易不是投资这一点非常重要。在许多方面,日交易和投资这两种活动是完全对立的。

这本书想要达到什么目的？我会从中得到什么？

这本书想要帮助那些活跃的自主的交易者获得知识和掌握必要的工具,带着智慧制订的交易计划参与市场。换句话说,它将帮助你知道做什么,但却不仅如此,因为光知道做什么并不能保证你将会这么做。因为85%的交易活动在性质上是心理的活动,我们还将帮助交易者处理每一个活跃的市场参与者都会面对的心理和情绪的挑战。

你用什么方法选择你的股票？

我们使用技术法。它基于一系列代表短期市场心理转变的非常可靠的图表形态。某些形态的图表精确显示出买卖双方力量均衡的改变。我们将不仅教给你怎样辨明这些图表形态,还会帮助你建立能够有效利用它们的战术和战略。

图表是钱的足迹。让我们来告诉你,它从不撒谎。它们就像是医生的X射线,能够了解病人的内部。对于交易者来说,市场就是他的病人。

例如,我们发现股票在继续涨势之前会经历3~5天的调整。这3~5天的下跌为受过良好训练的波段交易者提供了一个无与伦比的机会。我们会通过这本书和一系列的服务教给你何时交易者应该出击,什么部位交易者应该设置保护性止损,以及交易者应该在交易中寻找什么。

前　言

大约6年前的一天,我坐在一个很复杂的交易系统前,等待开盘。我急于做交易,这将是我作为一个职业日交易者的第一天。开盘铃声响了,很快,闪烁的红绿报价和不断变幻的纳斯达克做市商的名字就争先恐后地出现在我眼前。它们仿佛把计算机显示器当作了战场。在混乱的报价中,我看到了一个我认为很理想的机会。我很紧张,真正的时刻来到了。在那一瞬间,我甚至犹豫了。但是我已经决心成为一名日交易者。随着信用卡账单的日渐增多,妻子和新生儿的到来,我不得不这样做。瞬间的恐惧攫住了我,使我几乎想放弃。"不",我对自己说,"我非做不可,我一定要交易"。我把手伸向键盘,闭上眼睛呆了几秒钟。在敲击了几下键盘之后,我拥有了4000股Microtouch公司(MISl)——当天很活跃的一支柜台交易的股票。我惊异于这么快我就买到了价值150 000美元的股票。并且,仅过了一会儿,我就挣了4000美元。我简直不敢相信我的眼睛。仅仅几分钟,我就挣了比我以前整整两个月的薪水还要多的钱,这感觉真的不错。在那一刻,生活绝对是完美的。

紧接着事情就发生了。MISI开始停滞不前。我犹豫是否了结这笔快速的获利。毕竟,对于我作为日交易者的新生活的第一天来说,4000美元是一个很不错的开始。"对",我对自己说,"我要把它卖掉,然后拿着钱像一个英雄一样回家"。再一次,我把手伸向键盘。可是,还没等我行动,MISI的价格就开始暴跌,我的心都停止了跳动,周围只有寂静。一瞬间,我的4000美元的赢利就化为了泡影。就在那个时候,被我骄傲地赶走的害怕再次到来。"怎么会这样?"我问。我靠在椅子上,震惊、迷惑。突然,MISI的报价再次跳水,"我的天哪!"我叫道。现在我赔了4000美元。到底发生了什么?我快速向左右看了看,看周围70多个人里是否有人注意到我。没人注意。通过我所看到的几张脸,我断定他们有他们自己的问题要处理。我努力让自己保持镇静,多多少少让大脑平静下来。但是MISI仍然没有放过我,再次下跌的1美元,把我的亏损扩大到了8000美元。我几乎不能呼吸。较为清醒的判断告诉我接受这个损失,但是有什么东西阻止了我。我不能动,我的身体无法移动,我所能做的就是看着,看着所发生的一切。

在接下来的 25 分钟里,我眼睁睁地看着 MISI 从我身边拿走了 16 000 多美元。失望、压抑、绝望,最后我终于鼓起勇气了结了这笔交易。结束了,所有的事情似乎都结束了。再一次,我朝左右看了看,我想看看是否有人注意到刚刚发生在我身上的残酷的一幕。但是看起来没有人注意到。即使他们注意到了,他们也不关心。"我该怎么办呢?"我默默问自己,"我该怎么跟我的妻子、家人和那些支持我的合作者说呢?"对这个问题我无法得到任何有条理的答案,所以我做了唯一能做的事。我把头埋在自己的手里,哭了起来。

我的名字是奥利弗·L. 瓦莱士,这是我作为所谓职业日交易者的初次经历。很多人可能想把它叫做我的开业日,但是我却一直把它叫做我的毕业日。因为就是在这样一个痛苦的黑暗的一天里,我离开了那些不切实际的天真地以为在这个市场上钱好挣、发财容易的交易者的行列。我永远地离开新手的队伍,加入到更聪明的现实主义者的队伍,他们看到并领会到日交易技巧的本来面目:在这个星球上最需要努力的一个职业。毫无疑问,大部分的我在那一天死去,就在那闪烁的显示器前。但是就在那里一些更辉煌、更完美的东西露出了生机。它以一种崭新的强烈的想要去解释所有一切的决心的形式出现。在那不光彩的一天,我成了一个新人。在一个被击败的交易者的遗骸上,再生出一个受到鞭策的致力于寻找一种更明智的、更聪明的,完全不同于大多数人的那种凭感觉交易的方法的人。在那一天,产生了强烈的想要成长的渴望。我想要更多的知识、更多的自律、更多的技巧、更多的指导,并且我决心要不惜任何代价得到这一切。幸运的是,我做到了。

在接下来的 6 年里,我努力去建立一种有意义的交易哲学。慢慢地,一个基于这种交易哲学的交易计划开始形成了,一个不仅理论上听上去很不错,而且在现实中也的确能发挥作用赚到钱的一步一步的计划。你现在手里拿着的这本书,涵盖了这种交易哲学和这些年我所整理的交易计划的大部分。

我从没告诉我的妻子在那个很惨的第一天傍晚所发生的事情,但是很显然她知道。她从不提起这件事就是让我能够保持一点自尊。直到几个月之后,我才能对她坦白,跟她解释所发生的事情。到那个时候,我的新建立起来的决心已经开始结出丰硕的果实了。我所交易的账户已经挣了 25 万美元,头一次,我的妻子不用再向她的叔叔借钱,也不用再使用我们已经透支的信用卡购买孩子的尿布。在那之后 10 个月,我的账户首次突破 100 万大关,我决定归还合作者的钱,开始单干。

今天我可以很诚实地说"我做到了"。正如他们所说的那样,我捕捉到了大猎物,我战胜了市场。在付出了巨大的努力和无数个日日夜夜之后,我发明了一种交易哲学

前 言

和一种明智的交易计划,更重要的是,它真的能使你获利。尽管我所挣到的大部分钱都不是我自己的,但是我感到满足,我感到愉快。事情就这样继续下去,直到有一天我碰到了一个人,这个人将推动我进入一个更辉煌的精通交易的水平。这个人就是格雷格·卡普拉,我的合作者、兄弟和朋友。

* * *

我叫格雷格·卡普拉(Creg Capra),是奥利弗的交易伙伴、合作者和朋友。就在奥利弗开始他改变生活的经历前不久,我才刚刚体验到严肃的市场游戏。在那之前,我的市场活动仅限于乏味的市政债券和稍稍有趣的共同基金。因此很自然当我决定涉足充满活力的交易界的时候,我选择了这个星球上最多变的市场:指数期权市场。以我一个新手的考虑,证券对我来说变动得不够快。我需要令人激动的活动。我想要一次就得到令人麻木的收获,而且我希望它来得很快。我不崇尚很多人所尝试的那种"这儿赚点儿,那儿赚点儿"的方式。这对我来说太落后了,或者说我认为那样太落后了,此外,我作为一个成功的商人 10 年来已经挣了很多钱。到我生命的这一刻为止,我已经完全超越了仅仅满足生存的需要。挣点小钱对我来说没有吸引力,仅仅做好的愿望已经满足了。我所追求的是热情。是的,是百万美金。并且我希望它以一种非常刺激的方式快速到来。正是这种"大量"的方式几乎毁掉我成为今天这样一个日交易者的机会。配备了高科技卫星伺服的延时报价系统,在一个华尔街大经纪商那里开了户,我整装待发。新订的一份"迅速致富"的期权通讯使得我的处境非常危险。我准备好了。拿起电话,速拨了我的经纪人,快速报出我的指令。"买入 200 手 3 月份的 XYZ。"电话那头一阵沉默。"你肯定吗?""你问我是不是肯定是什么意思,"我不假思索地回答道。"买,现在就买。"我挂上电话,焦急地等待依照惯例会报告我的在什么价位成交的电话。电话铃响了,电话那端的声音紧张地报出了我的买入价位。我立刻开始紧盯着延时报价。每一秒我的账户都剧烈地波动,肾上腺激素在我血管里澎湃。对于这种交易方式我太没经验了,我甚至没有意识到 200 份指数合约几乎相当于拥有 20 000 股非常活跃的互联网股票,而这对于一个新手来说几乎是不可置信的规模。一个客户走进我的前门,他需要一些服务。我记得我几乎不能使我自己离开显示器。10 分钟之后我回到我在我的办公室后面设立的交易区,使我害怕的是我发现我的账户损失了 26 000 美元。我四肢麻木。互相冲突的想法在我的脑子里斗争想要控制我的思维,我挣扎着按了速拨键,接通了我的经纪人。电话刚响他就接起来了,表明他也在紧盯着他的显示器,看着我的钱在稀薄的空气中蒸发了。我沉默着。"喂,喂!"经纪人重复着。我用深深的叹气回答他。"卡普拉先生,"他严肃地说,"是你吗?"我再一次沉默了。我不能说话,为了我的生活,我不能说话。电话那端在找卡普拉先生,平生头一次,我不想是卡普拉先生,更重要的是我不想去做我知道我必须做的事。我不想卖掉我的头寸使我的账面损失变成事实,但是我还是那么做了。我在这一行里时间太长了,我知道止损是我这时唯一可能的明智做法。我找回了说服的力量,我喃喃说出了两个交易者辞典里最令人痛苦的单词。"卖掉它,"我说。"卖掉所有上帝所抛弃的东西。""照市价?"我的经纪人问。"是,"我说,"不论什么价。"我挂上电话,关上办公室的门,把我自己与外界隔离起来。

  总之,在那笔交易中我的损失超过 30 000 美元。这些钱还不足以在经济上伤害我,但是钱不是事情的关键,而是我的骄傲和自信的感觉受到了伤害。事实上我在任何我所尝试的事情上都取得了成功,本以为这次也一样。那天晚上回到家我的脑子里不断出现放弃的想法。"我自己的生意已经挣了很多钱,"我对自己说,"为什么我还要参与市场?"但是放弃确实不是我的本意。虽然我尽力说服自己放弃成为一个精明的市场参与者并不是世界的末日,但是我就是无法说服自己放弃。事实上我也的确没有放弃。也许你无法相信,就在第二天我又重复了我的操作。我任意地又买了 200 手同样的期权合约。但是这一次,我发现了宝藏。在令人毛骨悚然的一个小时之后,我获利 32 000 美元了结了这笔交易。深深地吸了一口气,我坐在椅子上努力想让自己对刚发生的事感到高兴。但是胜利者的喜悦却没有到来,尽管已经走出来了,但我还是感到沮丧。那是因为在我心里我不是一个胜利者,只是那天运气在我一边。并且无法让我从无能的感觉中解脱出来。在我的操作中没有任何技巧,无论如何我的方法都不是聪明的做法,这深深困扰着我。那天我关闭了我的期权账户,并且对我自己起誓我要改变我的生活道路。我决定用好命运所赐予我的天赋,让自己投身到一个更必要的学习过程中去。那一天我决定无论成本多高,我要成为一个真正的职业日交易者。当我和奥利弗相遇的时候,我发现我们俩处境相似。我可以很骄傲地说接下来我们在一起的几年创立了一套非常赚钱的交易哲学,本书阐述了其中的大部分。

奥利弗·瓦莱士
格雷格·卡普拉

目 录

第一部分 给交易大师的智慧种子：为成功准备交易者的头脑

第一章 交易大师启蒙：理解交易大师的世界 3
    你知道成本有多高吗？ 3
    交易大师仅需要少量工具 4
    在那个叫"这儿和现在"的地方寻找成功 4
    为什么交易大师使用图表交易 6
    图表不撒谎 7
    跟踪钱的足迹 8
    给我技术，或给我死亡 9
    不要仅拿一把钝刀就出现在枪战中 11
    知识第一，利润第二 12
    短期时间框架：交易高度精确性的关键 13
    为什么短期时间框架是最安全的时间框架 14
    我的三个最大的发现 15
    爱好：交易者最强大的力量 17
    交易者和预言家 19

第二章 发展交易大师的头脑：纠正交易行为的关键 21
    你是在赌博还是在交易 21
    赢的不会总赢，输的也不会总输 22
    大多数人不可能赢得太久 23
    乐队花车理论：市场如何运转一瞥 24

金钱不是一切 ·· 26
问"为什么"的危险 ·· 27
当精确成为问题时 ·· 28
开始是交易的85% ·· 29
你的态度会成为你的事实 ······································ 30
事实不能为你赚钱 ·· 32
在华尔街真相不起作用 ·· 33
为了交易成功你必须成为超人 ·································· 34
机会存在于大多数人害怕去的地方 ······························ 35
天空没有一丝云彩时要小心 ···································· 36
成功交易者的真正标准 ·· 37
当不行动就是最好的行动的时候 ································ 38
保持静止：所有行为中的最高境界 ······························ 39
关于静止的艺术的一个教训 ···································· 39
"嗨，不要教我如何思考，教我如何交易" ······················· 40
如何利用你今天所拥有的东西 ·································· 42
过去是不是挡了你的路 ·· 43
打破痛苦和高兴的循环 ·· 44
正确的技术产生正确的直觉 ···································· 46
一点多疑对灵魂有益 ·· 47
我们交易的是人，而不是股票 ·································· 48
积极的精神状态令你与众不同 ·································· 49
带着看法交易 ·· 50
每日的精神食粮 ·· 51

第三章 损失：拥有交易能力和成功的先决条件 ············· 53

逆境的力量 ·· 53
使你的损失为你服务 ·· 54
小的损失：交易大师的证明 ···································· 55
市场怎样对我们说 ·· 56
如何迷失了你成功的方向 ······································ 57
让每一天都是新的 ·· 58
学会接受不可改变的东西 ······································ 59

亏损可能变成赢利 ·· 60
　　　你必须学会厌恶大损失 ·· 61
　　　交易大师的两种生活 ·· 62
　　　成长是经历时间而开放的花 ·· 63
　　　当损失变得无法承受时 ·· 64
　　　从你的学费中得到更多 ·· 65

第四章　交易大师的培养：怎样为你自己节约大量的时间和金钱 ······ 67
　　　找一个成功者去追赶——然后超过他 ································ 67
　　　老师的个性很重要 ·· 68
　　　不要对你的将来很吝啬 ·· 69
　　　现在，找到那些既会做也会教的人 ·································· 71

第五章　7种致命的交易错误：怎样与之斗争并打败它们 ············ 73
　　　致命错误1：没能迅速止损 ·· 73
　　　怎样消除没有迅速止损的错误 ······································ 74
　　　致命错误2：数钱 ·· 75
　　　致命错误3：转换时间框架 ·· 77
　　　致命错误4：需要知道的更多 ······································ 78
　　　致命错误5：太自以为是 ·· 80
　　　致命错误6：错误的方式获利 ······································ 81
　　　致命错误7：使之合理化 ·· 83
　　　怎样找出并杀死你的恶魔 ·· 85

第六章　12条成功的交易法则：交易大师所遵从的规则 ············ 88
　　　法则1：了解你自己 ·· 88
　　　法则2：了解你的敌人 ·· 89
　　　法则3：迅速地获得教育 ·· 90
　　　法则4：保护你自己最有价值的东西 ································ 93
　　　法则5：保持简单化 ·· 95
　　　法则6：从自己的损失中学习 ······································ 95
　　　法则7：坚持记交易日记 ·· 96
　　　法则8：不要把低价股作为你的主要目标 ···························· 99
　　　法则9：不要多样化 ·· 100

法则 10：知道有时没有行动才是最好的行动 101
法则 11：知道何时从容引退 102
法则 12：永远不要找借口——它们不会
为任何人带来一分钱 103

第七章 交易大师的秘密：15 件每一个交易者都应该知道却不知道的事 105

秘密 1：华尔街没有礼物 105
秘密 2：有些人在你交易的对立面，他们不是你的朋友 106
秘密 3：专业人员出售希望，新手购买希望 108
秘密 4：本垒打为失败者而准备 109
秘密 5：做出图表，大众就会跟随 110
秘密 6：所有主要的股票市场指数都在说谎 111
秘密 7：开盘之后购买通常会更好 112
秘密 8：开盘之前卖出通常不合算 113
秘密 9：11:15 到 2:15 是最坏的交易时段 114
秘密 10：总是黎明之前最黑暗 115
秘密 11：华尔街专家总是错的 116
秘密 12：玩收益是新手的游戏 117
秘密 13：高买的胜算几率更大 118
秘密 14：低买高卖的方法对日交易者来说是错误的 119
秘密 15：知道下一步怎么走能使你致富 120

第八章 交易大师的 10 个教训 122

教训 1：当华尔街变得血腥时，现金就是上帝 122
教训 2：时间多样化可以最小化市场风险 123
教训 3：购买和积累 124
教训 4：最终的决策工具 124
教训 5：卖掉狗，买娃娃 125
教训 6：智慧还是牛市 125
教训 7：为通讯和咨询师评级 126
教训 8：时间就是金钱 126
教训 9：成功者努力争取，失败者无所作为 127

教训 10：使用希望的力量 ·· 127

第九章　来自真正的大师最后的话 ·· 129
　　生活和交易的 8 个基本教导——来自妈妈 ······························ 129

第二部分　交易大师的工具和战术：
发展交易大师的军械库

第十章　把握市场时机的工具和战术 ·· 133
　　市场工具 1：标准普尔指数期货（S&P） ································· 133
　　市场工具 2：纽约股票交易所跳动指数（$ TICK） ···················· 136
　　市场工具 3：纽约股票交易所交易者指数（TRIN） ··················· 140
　　市场工具 4：新低指数（NLs） ··· 144
　　市场工具 5：强力 5 指数 ·· 146
　　股票市场小测验 ··· 148
　　关于市场的最后几句话 ·· 149

第十一章　图表工具和战术 ·· 151
　　图表引言 ·· 151
　　图表入门 ·· 152
　　图表工具 1：小阴（阳）线（NRB） ······································ 156
　　图表工具 2：反转线（RB） ·· 158
　　图表工具 3：影线 ··· 162
　　图表工具 4：缺口 ··· 165
　　图表工具 5：支撑和阻力位 ··· 169
　　图表工具 6：回抽 ··· 175
　　图表工具 7：反转时段 ··· 179
　　图表工具 8：天量 ··· 183
　　图表工具 9：移动平均线 ·· 185
　　图表工具 10：3～5 线下跌 ··· 188

第十二章　执行工具和战术 ·· 195
　　执行工具 1：电子通信网（ECNs） ·· 196
　　执行工具 2：小单执行系统（SOES） ······································ 200

执行工具3：选择网（SNET） ……………………………… 204
　　执行工具4：自动指令发送系统（ARCA） …………………… 207
　　执行工具5：指定单据转向（SUPERDOT） ………………… 210
　　执行工具6：在线经纪商 ……………………………………… 211

第十三章　纳斯达克二级报价工具与战术 ……………………… 213
　　纳斯达克二级报价入门 ……………………………………… 213
　　做市商的特点 ………………………………………………… 222
　　做市商评价 …………………………………………………… 224
　　确定谁是大奶酪 ……………………………………………… 225
　　即兴表演 ……………………………………………………… 226
　　摞大饼游戏 …………………………………………………… 228

第十四章　买入工具和战术：一步一步指导你像一个行家入市 …… 230
　　正确的买入是成功交易的85% ……………………………… 230
　　买入技术1：关键点买入 …………………………………… 230
　　买入技术2：30分钟买入 …………………………………… 234
　　买入技术3：尾市突破 ……………………………………… 236

第十五章　交易管理工具和战术：
　　一步一步指导你像一个行家一样管理你的交易 …………… 241
　　工具1：初始止损：你的保险单 …………………………… 241
　　工具2：持平止损：用市场的钱来玩 ……………………… 245
　　工具3：跟踪止损方法：你的赢利阶梯 …………………… 246
　　工具4：时间止损方法：时间就是金钱 …………………… 248

第十六章　卖出工具和战术：一步一步指导你像一个行家一样卖出股票
　　　…………………………………………………………… 249
　　递增卖出 ……………………………………………………… 250
　　奥利弗·瓦莱士的个人笔记 ………………………………… 251
　　最大化收益 …………………………………………………… 251
　　三个简单的步骤 ……………………………………………… 252
　　知道哪些事件发生时应该卖出 ……………………………… 252
　　当灾难降临时 ………………………………………………… 253
　　如何对付大幅跳空下跌 ……………………………………… 254

灾难降临时应采取的步骤 ·················· 254
　　危险降临的信号 ······················ 256

第三部分　展　望

第十七章　怎样综合运用 ···················· 259
　　怎样综合运用日线图 ···················· 259
　　怎样综合运用日内图 ···················· 268
　　怎样综合运用多个时间框架 ················ 269
　　交易大师的三个测试 ···················· 274

第十八章　ESP：将来的电子交易软件 ············· 278
　　下一代交易工具 ······················ 278
　　自动股票识别和预警 ···················· 279
　　自动股票搜索和筛选 ···················· 279
　　它如何运行 ························ 280

第十九章　结　论 ······················· 281
　　你是领导者 ························ 281
　　花费的时间是值得的 ···················· 282
　　你"将"会成功 ······················ 282
　　剩下的就靠你自己了 ···················· 282

附　录 ···························· 283
　　交易类型 ························· 283

第一部分
给交易大师的智慧种子：
为成功准备交易者的头脑

如果头脑没有严格地准备好的话，交易战术和技术只起很小的作用，或者根本就毫无价值。特别设计的这一部分就是要在交易者的头脑里撒下智慧的种子。假以时日，这些种子就会发芽，成长为高度的觉悟和深刻的理解。我们把这个叫做"深度"。这个时代最不为人所知的一个事实就是成功交易者的最大财富是他们的思想而不是他们所用的方法。完美的方法产生于有完美的头脑的交易者。换句话说就是："正确的交易就是正确的思考。"我们坚定地相信一个阅读并理解了以下章节的交易者将会成为一个更加老练的人。每一次这些智慧的珍珠被采撷，都会有助于培养更深刻的理解，更高度的觉悟，以及更好的情绪控制。在这些短文中，镶嵌着为成功的投资者所熟知的最有效的智慧之珠。通过我们的每日通讯《普利斯坦日交易者》，这些超越时代的宝石丰富了全世界交易者的生活。我们相信它们也将为你提供更为丰富、更为充实的市场生活。

在以下的专题中你将会发现一些重复的内容，但是我们相信重复的重要性。那些不能穿过重重障碍被理解的东西，也许换一种方式就可以被理解。希望你能享受掌握交易的第一步。

第一章 交易大师启蒙：
理解交易大师的世界

你知道成本有多高吗？

　　成为一个交易大师的成本有多高呢？虽然实际的价格很难量化，但是以我们在这一行内这么长时间的了解，它肯定高于大多数人所想象的价格。并且在多数情况下，它还高于大多数人愿意支付的价格。如果你告诉我某个人想要辞去工作成为一个日交易者，我就会告诉你这个人可能不了解成为一个日交易者所要付出的代价。那些认为这只是一场可以在几个月的时间里就能征服和掌握的游戏的人是在欺骗自己。不仅熟悉市场需要几个月甚至几年时间的不懈努力，而且，只有在你经历了各种可能的赔钱的方式之后，你才可能真正成为优秀的交易者。事情的真相就是一个有经验的交易者的痛苦、折磨和伤疤都可能特别长、特别深。如果那些有抱负的市场专家没有坚韧的精神，或者缺少决心，没有激情，不愿意放弃一切的话，他们就不会坚持下去。一个真正渴望交易成功的人必须付出心血、金钱和生命的大部分。无法否认，学费是非常昂贵的。但是那些愿意付出这种代价的人最终所得到的回报也是无法估量的。成功的交易者所享有的独立性是大部分其他人所无法想象的。只要有一个笔记本电脑和一根电话线，他们就可以在世界上任何一个地方交易、获利。他们可以在两个小时之内赚到大部分人一个月所赚到的钱。只要轻点鼠标，敲击几下键盘，成功的交易者就可以实现自己的物质愿望，使自己不再像普通大众那样每天为琐事烦恼。只要正确应对电脑屏幕上闪烁的电子信号，交易者就可以随心所欲地创造世界，以一种可以超越最疯狂的梦想的方式生活，并且不用担心地球上任何一个人会拿走它。但是为了达到这种境界，你必须坚持。为了达到我所说的最高的境界，不论多么困难你都必须坚持下来。而这可不是一件容易的事。所以，如果你真想付出这样的代价的话，这就是我所能给你的最好的建议。制订一个计划，找到一个可以教你的导师,并且永不要放弃。在这一天下定决心,你要么成功,要么毁灭。然后遵照你不可动摇的决心制订出详细计划。我们知道你可以做到,因为我们已经做到了。

智慧种子

了解了掌握交易的成本很高。然后,假定你接受这个成本,决定把获得成功的生活当成你的一个伟大的使命,煽动你的热情的火焰,直到它变成一种白热化的愿望,去达到我们称之为"交易大师"的美妙状态。使克服重重阻碍获得成功成为你生活的唯一使命,永远不要有放弃的想法。这种想成为交易大师的燃烧的愿望是推动每一个现存的赢利的交易者风帆的风。它使得新的交易者能够在他(她)新生活的充满陷阱的第一年中生存下来。

交易大师仅需要少量工具

我总是相信成为一个非常成功的交易者掌握几种交易工具就可以了。大多数想成为成功交易者的人被一种错误的观念所误导,认为想要以交易为生,就必须通过很多年的经验积累大量的知识。这么想是完全错误的,而恰恰是它的对立面才更接近事实的真相。事实上,以我的经验而言,那些拥有有限的交易知识的人比那些过分有经验的人更能成功。为什么?因为各种不同的市场经验如果不能被正确地利用和解释将产生不正确的观念。不正确的观念如果存在的时间长了就会成为成熟的错误的思维方式,最终导致交易者的毁灭。知识就是力量,但仅是正确的知识。掌握本书战术部分的众多交易技术中的任意2个或3个,你就能成为一个保持赢利的交易者。只要2~3个可用的技术就可以赢得我们称作交易的这种游戏。我们肯定你在本书中将找到足够多的技术。

智慧种子

最好的交易者是简单派,他们寻找两三种能够始终有效的技术或战术。一旦他们找到就简单地多次应用。重复真的可以产生价值。

在那个叫"这儿和现在"的地方寻找成功

回头看,了解什么时候、为什么市场长出一个肿瘤,可以说有一定的作用。但

第一章 交易大师启蒙：理解交易大师的世界

是没有什么比预先知道它为什么将会长出一个肿瘤更有价值。如果真是这样，为什么那么多的华尔街分析师和市场技术人士更愿意回头看？可能是因为向前看要求用他们辛苦得来的名声来冒险。它不仅要求这些人去研究和进行大量的准备工作，还要求他们把研究结果向其他人公开。并且我们不得不说我们生活在一个非常挑剔的世界上。考虑到这些风险，就不奇怪那些不愿意以一种前瞻的方式冒险的人是最安全的。然而，如果我们自己可以这么说的话，这就是像《普利斯坦日交易者》和其他的许多服务所要做到的。在过去大约6年的时间里，互联网已经使得大胆的愿意提供预测的企业和市场服务机构多了起来。我们认为当今世界活跃的市场参与者会发现这些企业和服务机构比那些公认的华尔街巨头更有价值，如果这些华尔街的巨头能够提供同样服务的话，他们也会更有竞争力。

在很短的几年里，我们的服务已经吸引了48个国家的追随者。为什么？为什么我们有这样的优势？很简单。因为我们和代表新一代的其他企业愿意冒着使声誉受损的风险，也要尽全力告诉你"将要"发生什么。我们花费很少的时间在只有少量学术价值的"已经"发生的事情上面。我们的主要精力都投向将要发生的事情上。今天的交易者比他们过去的前辈要老练得多，他们将会因此而受益。

然而，还有事情的另一面非常重要，我们不能忽略。尽管我们感到以一种向前看的态度去接近市场非常重要，向后看不太重要，但把一个人的思想和市场看法投向很远的未来也没有什么好处。这就是我们为什么不太关心从现在起8个月之后将要发生的事。这实际上是一种相反的逃避，通过这种逃避的做法，大量无能的人躲开了挑剔的眼睛，玩得很安全。作为一个曾经需要定期报告市场看法的对冲基金管理人，我迅速掌握了这条在华尔街普遍用到的秘密经验法则，很奇怪为什么更多的普通投资公众没有意识到这一点。这个法则就是：当你不确定，有所怀疑的时候，给出一个6到8个月的看法吧。它为你赢得了大量的时间，在这段时间中你可能会理出一些头绪。如果你没有理出头绪也不要紧——大多数人都不能——你总是可以改变你的观点（公众有很短暂的记忆），或者发表另一个观点，那样就可以为你赢得又一个6到8个月的时间。不用说这是很无聊的。尽管很少见，华尔街的真正天才不需要躲在6到12个月的时间间隔后面。当然，他们不会一贯正确，但是他们有信心，在需要的时候愿意每天冒着风险，说："这就是我们认为你应该知道的，这就是我们建议的获利方式。"每一次我从一个分析师、通讯或者交易服务中听到这种带劲的话，我要做的第一件事就是脱帽敬礼表示我的尊敬。第二件事就是去认识他们，或者是通过他们的服务，或者是如果可能的话面对面地认识他们。

我们的全部观点是这样的。对我们来说，我们作为交易者的主要领地是在这儿和现在。我们既不活在过去，也不会通过徘徊在未来中来回避现实。作为活跃的市场参与者，我们的全部生命都将永远花费在以后的2到10天上。你明白了吗？写下来吧。换句话说，我们通过把市场分成很容易了解的2天到2周的周期来向前看。把这个也写下来吧。如果我们对了，我们就会挣到很多钱。如果我们错了——我们有时会做错——我们可以迅速重新来过，继续向前。总会有下一个2到10天的周期里我们会是对的。但是即使我们2到10天的预测是错的话，我们至少不会浪费8到12个月的交易生命。在我们看来那将是一种罪：一种在现在这个快速变化的世界里无法抵赎的罪。为什么要冒这个风险呢？

智慧种子

不要浪费太多的精力向后看。带着一种向前看2天到2周的观点接近市场。作为交易者，我们不能交易过去，并且我们也不能获得精确的看到很远的未来的能力。然而我们获得了掌握在我们身边的时间框架的能力。没有更好的词称呼它，我们把这个时间周期称之为"这儿和现在"。这就是交易者将会找到我们所追求的舒适、成功和高度精确性的地方。

为什么交易大师使用图表交易

大多数市场操作基于技术分析，我们认为技术分析为短线交易者做出聪明的买卖决策提供了更可靠的基础。许多交易者从个人的经验了解到即使基础面再好的公司也可能会在几天甚至几小时之内跌掉2~10美元，而基础面很差的公司也可能完全相反。基础分析尽管用的很多，只有当一个人想要持有股票一年半到五年的时间时它才有最大的价值。而技术分析，如已经证实的价格形态、支撑和阻力、量能特征、机构收集（派发）、向上或者向下的突破等，是短线交易者应该选择的，因为他们基于我们前面提到的"这儿和现在"。但是首先应该记住一个事实就是：技术分析和图表形态仅仅是指引，不多不少。它们帮助交易者评估某个特定的活动的几率，帮助交易者了解在目前它的价值和风险。它们并不是保证，它们也不是十分安全的。并且它们肯定无法带来确定性。但是再问一次，什么能呢？我们认为，作为一个显示特定情况出现的概率的晴雨表，技术和图表是无可匹敌的。

一个不是很精通的新手可能会看到某个特定的技术规则如支撑线没有起作用，就会错误地认为它是不可靠的、没用的。这是一个非常大的错误，应该像躲避瘟疫一样避免。更精明的交易者可以在它不起作用的时候了解到至少与在它起作用的时

第一章 交易大师启蒙：理解交易大师的世界

候一样多的东西。如果支撑线连续四次被证明有用，突然不起作用了，那将是一个非常有用、非常有价值的信息。在我们看来不是规则不起作用了。这是一个正在表明最强烈的、最有价值的信号的技术规则：改变的信号。让我们来看一个例子：在1998年10月中旬，因特尔公司打破了3个月来的支撑线——90美元。毫无疑问，会有一些看到这一现象的人会说："看，技术分析是多么不可靠。支撑线不起作用了。"这些批评者中的很多人因为接下来因特尔跌到70美元而遭受损失。不，我的朋友，因特尔跌破90美元的支撑线不是技术规则不起作用，那正是一个信号：一个很多人希望了解的信号。

智慧种子

基础分析虽然很重要，但是不能帮助交易者在"这儿和现在"评估风险和选择时机。这正是技术和图表胜过基础分析的地方。认为或者期望图表规则能够在任何时候都起作用是非常天真的想法。它们不能。有时它们不起作用，但是当它们起作用的时候，它们会给精明的交易者提供有价值的信号。交易者必须学会如何去听。

图表不撒谎

有太多的随意的市场参与者不懂得一点技术分析或者图表阅读。这并不一定是他们的罪过，但是可悲的是，许多这种所知不多的人正是那些大声批评这种艺术的人。如前所述，价格图表就是以图形的形式展示了我们所说的钱的"足迹"。它们表现了在起作用的人类的心理状态，循环往复的恐惧、贪婪和不确定。我们喜欢图表正是因为图表是基于事实的。你看到，一个大的财产管理人可以在CNBC、MSNBC或者MoneyLine上露面，谎称他（她）多么热爱股票，其实所有的财产管理人真正想要做的是创造足够的买单来抵消他（她）的大宗卖单。但又怎样？图表不撒谎。每一笔打出的卖单一出现就会显示在图表上。正是有了图表我们可以说："抓到你了！"一个主要的分析师可以发布一份重要的经纪报告说XYZ公司如何占据了行业的主导地位，但是你能够分辨出这是不是真的。怎样分辨？因为如果这支股票的图表正涨得比行业内的其他股票快的话，你可以很自信地说："这个分析师是我的朋友。"如果图表看起来像个跌向深渊的阶梯的话，你可以说："抓到你这个家伙了，或者你在骗人，或者你根本不知道你在说些什么！"收益报告加上空想出来的会计报表可以描绘一幅虚假的图画，但是图表不撒谎。一个CEO可以召开会议，大胆地发布一些关于公司的不正确的陈述，但是图表，我的朋友，却从不撒谎。投资者和交易者，无论大小，都是用他们的钱而不是用他们的嘴来下赌注的。尽管打的赌未必总是正确，但是至少你知道组成了图表的那些他们所下的赌注（买和卖），是基于真正的信仰。为了防止你忘掉：事实上每一笔赌注构成了图表，所以图表不撒谎。

智慧种子

每一支股票的走势都是由三种情绪所驱动的：贪婪、不确定和恐惧，不确定是在两种主要的情绪——贪婪和害怕之间的中途加油。当一支股票的多数参与者被贪婪所驱动的时候，这支股票就会涨。我们称之为"牛市阶段"。当一支股票的多数参与者正在经历恐惧的痛苦的时候，这支股票就会稳步向下。当多数参与者不确定的时候，或者说在观望的时候，价格就会出现横向整理的形态，就好像短时间内无家可归，也没有旅行的方向。图表使我们能够快速估计出在任何特定的股票中多数的参与者在经历什么样的状态。图表不撒谎。它们揭示了主导的力量正在想什么和正在做什么。不能在你的分析中使用图表，你就可能成为被那些熟悉内情的人所利用的上当受骗者中的一员。简单地说，精明的交易者无法忍受没有图表。

跟踪钱的足迹

当我们的许多潜在的或者是新的订阅者发现我们大多数（如果不是全部的话）的分析都基于图表形态和其他技术指标，而不是基于更传统的基本面信息的时候，都多少会感到有些担心。历史上，一般的投资公众更习惯于那些关注公司收益、市盈率、债务水平、行业发展等因素的分析手段。技术分析的手段，如经常重复的图表形态、价格突破、量能增加、反转日、移动平均线等，不仅遭到批评，而且被避免使用，并把它们作为骗人的鬼话。但是事情的真相是，技术分析，尤其是图表，就是跟踪钱的足迹。防止你不知道：钱是不会撒谎的。你看，投资者、分析师和华尔街的企业可以说他们想说的话。他们会非常自由地、非常慷慨地广播他们的观点和建议。但是不管说什么，做什么，他们的真正想法只能通过跟踪他们怎样下赌注，监视他们怎样花他们的钱，花在什么地方来了解他们的真正想法。我无法说清有多少次一个大的经纪公司把一支股票提升或者重复"买入"的级别，而事实上，他们却建议他们最大的机构客户去卖出同样的股票。你了解一个企业的董事长和其他高层的管理人员会多么频繁地对他们公司的前景做出诱人的描述而同时从看门人到CEO每一个雇员都在二级市场上抛售他们的股票吗？钱才会说出真相。跟踪它的一

第一章 交易大师启蒙：理解交易大师的世界

举一动能帮助你剥掉迷惑人的外表。它揭示出主要参与者的真正的意图。这就是为什么精明的交易者使用图表。考虑一下吧。难道价格图表不就是真正的钱留下的足迹吗？当然，收益和其他一些指标也很重要。但是数字和报告不会使股票涨跌，只有钱可以。因此我们说不要给我们看报告，给我们看钱！

智慧种子

作为一个活跃的交易者，我们就像医科实习生那样非得看过 X 射线透视结果，看到了病人的内部之后才能做好他们的工作。的确，医科实习生可以从病人那里得到关于他们的感觉的全部报告。但是，好的医生不止步于报告。尽管他们也听病人说，有时也看写的报告，他们还是要安排病人照 X 射线，以便他们能够得到自己的"内部"观点。如果我们的医生不这么做的话，我们会把他们叫做江湖骗子或者高级骗子。短线交易者发现他们自己处在相似的情形中。他们持续地受到好消息和坏消息、这样一种矛盾的观点或者那样一种矛盾的观点的轰炸。从自己的朋友到《财富》500 强公司的执行官每一个人都想影响交易者思考的方式，甚至是他们看问题和信仰的方式。尽管精明的交易者可以吸取全部这些东西，他们知道只有在进行了他们自己的"内部"观察之后，或者说看了他们自己的 X 射线之后，他们才能不受外界的影响。图表以这种方式告诉交易者谁在撒谎，谁是可信的。交易者使用图表可以观察到钱的流动，在什么时候、什么地方大的投资者下了大赌注，或者什么时候他们正在打包准备回家。必须要带着怀疑的眼光来看待那些想让我们以特定的方式思考和相信的人。但是，图表是我们的真正的朋友。它们代表了钱的足迹。防止你记不住：钱才是交易者最终的朋友。因此，为什么我不要一张它的图呢？

给我技术，或给我死亡

许多交易者对我们的交易分析几乎完全以技术因素（量、价格形态、动力等）为基础而不考虑一个股票背后的情况和基础面感到惊讶。事实上，我们完全依赖于技术以致我们很少谈到当天的新闻，除了 CNBC，我们看它是为了看轻松的市场补充资料和偶尔的一些玩笑（CNBC 在使令人厌烦的话题具有娱乐性方面做得很好）。这不是说这些内情和基础信息没有价值。我们仅仅是说这些信息的价值相对较小，并且对于短线交易来说有时是不相关的。怎么会这样？允许我们来解释一下。假设我们在 20 美元买了一支股票，我们的目标价位是 22.5 美元，我们的保护止损（心理的或其他方式的），或者说我们在沙地上画的线设在 19 美元。某个负面的消息突然出现，股票下跌到引发止损的点位。结果是什么呢？1美元的损失（为简化起见忽略了佣金）。现在，让我们再用另一种方式来看看这个场景。同样是20美元买来的股票下跌到设在19美元的止损点，根本没有任何明显的原因。换句话说，就是没有催化剂。难道结果——1美元的损失，不是一样的吗？如果你周密设计的交易计划是在止损点离市，那么知道是什么导致了下跌的意义又何在呢？事实上，知道原因往往会使投资者在需要行动的时候很难行动从而使其遭受失败。我无法告诉你有多少次一则消息、一个高薪的华尔街分析师，或者一些聊天室的传闻使我动摇了持股的决心，而最后股票却大涨。我也曾为相反的情形感到极端后悔过。但是所有我这些年的经验使我确信每一个从事我们这种活动的人都应该听从于周密制订的交易计划，而不是传闻和内情。这就是为什么交易者能在面对混乱的时候严守纪律。这也是为什么最好的交易者能够在其他人都受到麻痹和迷惑的时候还能保持清醒。简言之，这就是为什么交易大师能够赚到钱，通过集中注意力在唯一的有价值的事情上：股票的走势。其他的事情都是多余的。其他事情都是无价值的。我们认为，每一个交易者都应该大胆做出如下断言："我不知道其他的人都采取什么样的行动方针，但是对我而言，给我技术，或者给我死亡。"[摘自我们这场革命的创始人帕特里·亨利（Patrick Henry）]

智慧种子

新闻、内情、传闻和小道消息有时会是潜在的走势突然爆发的导火索。但是精明的交易者不会因这些外部消息而改变他们的计划，即使是涉及卖出的决策的时候。在股票下跌背后的原因对于精明的短线交易者来说几乎没有意义。一旦他们基于技术决定在哪儿卖出就不会改变。没有任何消息和传闻会改变他们的计划。那些寻找持有亏钱股票的理由的交易新手往往会这么问："为什么XYZ下落得像石头一样？""是不是ABCD有什么消息，它为什么完全放弃抵抗？"在下跌背后的消息经常被他们用来寻找借口，"啊，这则消息还不算太坏。也许我再持有一个小时或一天，它就会回来。"交易大师无论如何都会坚持技术和他预先设好的止损。他们在技术或是他们的止损让他们行动的时候行动，事后再去问为什么。我们的观点是问题应该由局外人来问，即应该在战斗打响之前或结束之后再去问，而不要在战斗当中去问。当在战壕里的时候（交易当中），你的计划（交易策略），基于你的地图（图表），必须要遵守它。想一想吧，如果你在战壕里的时候某个人一直在神经紧张地问你大量的问题，你会感到安全吗？

第一章 交易大师启蒙：理解交易大师的世界

不要仅拿一把钝刀就出现在枪战中

我曾被一个加拿大的记者严格地盘问过，他想准确地了解为什么《普利斯坦日交易者》在他的祖国为什么评价这么高。"你是一个职业交易者吗？"他问，"是的。"我回答。"你交易了多久了？"他又问。"到现在为止12年了，6年是专业的，6年是新手。""你曾经是一个失败者吗？""当然，也是最失败的一个。""等一下，让我问得明白一点，"他说，"你曾经是一个失败者？""是，而且连续一段时间是。""持续了多长时间？"他疑惑地问。"大概4到5年的时间吧。"在采访的这个阶段，我可以看出这个加拿大记者非常困惑。这时他转向奥利弗·瓦莱士，《普利斯坦日交易者》——被BARRON'S评为网上最好的日交易服务——的主编，奥利弗正在听我断然地说我曾经是一个连续的失败者。"但是，但是BARRON'S把你们的服务评为最好的。"他继续说道。"那又怎样？我们的服务是成功的，但是这并不意味着我就不是一个失败者。"我用了一点不合作的态度反驳道。接着是一段痛苦的长时间的沉默，而我不想成为打破沉默的人。我开始享受他的不安。"那么告诉我这个吧，"他最后说，"任何事情，先生。""你现在是一个成功者吗？"现在，我知道这个家伙想要听到什么。他还不习惯与那些把冷的、坚硬的、未经修饰的真相告诉他的人谈话。他的平衡被打破，处在一个他不习惯的环境中。我必须承认我热爱这个时刻的每一秒。事实是我痛恨不得不屈从，但是我这样做了。"有时我赢，先生。"我回答道。又一次停顿。"大多数时候？"他以一种处于顶峰的好奇问道。"是的，我现在赢得比亏得多。"又出现了一次停顿。这将是他的最后一次停顿。"最后一个问题，瓦莱士先生。""说。""你能阻止其他人亏钱吗？"他问道。这就是那个陷阱。这就是很多服务的生产者、推广者、营销者会上当的地方。但不是我。我不会被这么明显的陷阱所捕获。我知道这个家伙想要我说我是每一个交易者祈祷的答复，这样他就可以出去找到一群用了我的服务亏钱的人。"不，我不能阻止其他人亏钱。""那么你能做什么，瓦莱士先生？如果你不能使别人不亏钱，那么人们付你钱会得到什么呢？"这次是我停顿了一下。"确保他们不会只拿一把钝刀就出现在枪战中，先生。"他大声笑起来。

大多数寻求指导的交易者在被告知我们不能把他们变成成功者的时候都感到震惊。作为一位很受欢迎的咨询报告的编辑，他们希望我们能对他们宣传这样一种观念，即我们是奇迹的制造者，美梦的传递者，希望、好运和大量财富的保证者。那些更了解我们的人知道，我们永远不会承诺或宣传这样的事。真相是交易的精通没有人能传递。我们不能只挥一下魔棒就把精神状态、心理态度、自律和成功者的方式传递给你。只有你自己才能做到。只有个体才能为他自己获得赢的权利。每一个即将成为交易者的人都拥有赢的能力，但是这种可能性处于休眠状态，只有个体才能把他们叫醒。这是一个个人的挑战，别人无法代替。我们和其他像我们一样的指导者所能做的唯一的事就是在这个过程中带领和指导交易者。即使用我们先进的知识，我们也仅能指出那些设计好来扼杀交易者生涯的圈套和陷阱。我们可以展示给交易者哪些可行，哪些不可行。我们甚至可以教给你我们辛辛苦苦获得的知识，告诉你那些对我们来说非常可靠的战术和技巧。但是不论我们怎么做，我们都不能控制交易者如何去做。我们不能控制交易者思考、感觉和反应的方式。我们不能影响他们的恐惧或者改变他们心理和情绪的天性。我们只能保证他们带着所有必须的东西出现在交易中。但是在我们为他们打点好行囊，在他们耳边说上一些鼓励的话之后，交易者就完全靠他们自己了。我们不能代替他们去考试。我们只能帮助他们准备。这就是我们的使命。这就是这本书所要做的。这也就是全世界的交易者付给我们钱所得到的。同时这也是我们花费不眠之夜所完成的。我们写这本书时脑子里只有一个目的，就是确保你永远不会只带一把钝刀就出现在枪战中。

智慧种子

如果不能掌握一些自我控制的能力，永远不会精通交易。事实是一个教师，无论他是以一个指导者的方式还是以一种交易服务的方式，他传递成功交易的能力都是有限的。一个教师所能扮演的唯一的角色就是确保你为即将到来的战斗做好正确的装备和充分的准备。但是永远不要忘记战斗全靠你自己。没有人可以替你打。没有人可以代替你的位置或者即使是为你减轻一些困难。只有你自己可以达到成功。有正确的指导，你可以，也一定会达到成功。

知识第一，利润第二

成功是一个模糊的概念，它的真正含义应该由每一个人来定义。为什么？因为我们每一个人对于成功是什么和意味着什么都有自己独特的定义。但是事情的另一面——失败，仅由一件事来决定，就是集中精力在小事上的行为或习惯。大多数人花费大量的时间追求和关注那些生活中的小事，那些提供最少价值的事。让我们来看一看这个例子。我们的每日通讯想要给予两种潜在的收益：交易知识和交易利润。尽管交易利润可能受到更多的关注，但是知识才是二者之间更重要的。2美元或者3

第一章 交易大师启蒙：理解交易大师的世界

美元的短期交易利润难道不是得到一次，就不再有了吗？恐怕是这样的。但是掌握了能够产生利润的知识却可以使你一生都会受益。一则著名的中国谚语说得好："授人以鱼，只供一餐，授人以渔，可享一生。"我们在通讯中提供教育因素，是因为我们想让交易者掌握真正有用的东西。我们尽一切办法想让他们追求和得到利润。但是在他们得到的东西中，我们希望他们确实能够得到不仅现在可以获利而且可以一直保持获利的知识。

智慧种子

以重要的程度而论，知识是首位的。精明的交易者会确保他们想获利的愿望让位于想知道的愿望。那些追寻知识的交易者，虽然会损失现在的利润，但却会发现最大的利润在不远的将来等着他们。当确保知识是第一位的时候，丰厚的利润会随之到来，而且是实实在在的，可信的和持久的。以你所能的任何形式去追寻知识和理解，你将很快发现你的杯子满到溢出。

短期时间框架：交易高度精确性的关键

如前所述，我们非常习惯让我们的学生和订阅者了解我们对市场短期（2天到2周）的看法。然而，有时我们的订阅者会要求我们给出关于市场中期和长期走势的观点，以帮助他们更好地了解在将来的几个月里我们的方法会怎样。

到现在为止，你已经完全了解我们对市场超过几周的信号很不关心。这主要是因为我们是短线交易者，但是还有另外的一个理由需要重视。对我们来说很明显，当分析的周期变长的时候，精确性就会迅速减弱。然而大多数的学者和华尔街的分析师却持相反的意见，而这即使是在最基础的层面也是不成立的。难道一个人的视觉的清晰度不是随着观察者和目标之间的距离变长而下降吗？难道我们不是更了解我们下一个15分钟在哪里而不是下一年在哪里吗？当然是这样。所以市场也是这样的。一个人短期的精确度可能很准，但是在更长的时间段里会大量出现变化的环境因素使得长期的精确变得非常难。这就是为什么2~10天的时间周期是我们注意的焦点。

智慧种子

精明的波段交易者知道在以后几天内保持正确的几率要远远大于在以后几年内保持正确的几率。精明的日交易者知道后面几小时保持正确的几率要远远优于在以后几天内保持正确的几率。精明的超短线交易者知道在后面几分钟保持正确的几率要远远高于在后面几小时保持正确的几率。你永远不要忽略这样的事实，即好的交易者在最基本的形式上是真正的熟练的赌客。尽管绝对的肯定没有，但是交易者通过在一个缩短的时间框架里能够使市场的几率向有利于他们的方向倾斜。最好的交易者理解这一点，这也是为什么好的交易者的市场观点和市场方法都是定位于短时间的。

为什么短期时间框架是最安全的时间框架

在市场最麻烦的时候，我们感到作为短线交易者非常幸运。长线的方法，尽管永远是可行的，但当市场进入恐慌状态的时候会受到真正的考验。尽管在骚乱的时候交易者的前景都会变得困难，但是在这种时候，优势永远在短期市场参与者的一边。为什么？因为敏捷的交易者可以一天一天在黑暗中拿到东西。短线交易者有转动硬币的奢侈。他们可以以光速来回变动，改变立场，甚至可以从恐慌中获利。他们可以在情绪开始提高的时候迅速回来。不能否认在黑暗的时期，进进出出的交易者更闪亮，而长线交易者如果不是完全灭亡也会遭受重创。想一想1998年后期那些强大的对冲基金"长期资金管理"的失败吧。如果不是强大的美联储和大批这个国家最大的投资银行，如美林和摩根，世界上最大的和最受尊敬的对冲基金将会成为一种回忆。现在我不知道如果他们的名字和他们的方法是"短期资金管理"，而不是"长期资金管理"，他们会不会经营得好一些。但是有了那一次的经历之后，我相信他们会严肃地考虑一下这个想法。要说的是什么？就是为一个短线交易者而高兴吧。当情况变坏，愤怒的市场下决心要使你感受到它的怒火的时候，你也会有所损失，但是记住长线参与者总是会被伤得更狠。在现今的新世界，做短线交易者更好一些。

智慧种子

不久前曾经有一段时间，敏捷进出的交易被看成是一种伤脑筋的、充满压力的会产生偏头痛和溃疡的活动。那时人们还认为长期持有股票是市场参与者保持心智健全的唯一安全的方法。然而，当今市场的过分活跃，以及经常性的某支股票40%到60%的下跌，已经促使市场参与者变得更加短期化了。今天，成为一个敏捷的短线交易者意味着更少的压力。眼看着你拥有的股票在2周的时间里跌了40%是一种非常令人紧张的情形，而在局外旁观则不会紧张。短线的交易者现在可以自夸他们的方法是更安全的方法。在我们看来，没有任何理由看着一支股票下跌40%。最好

第一章　交易大师启蒙：理解交易大师的世界

的交易者从来不做这样的事。因为他们相信以下的几点：

1. 当你怀疑的时候，最好是出局。
2. 你永远可以再次进入市场。
3. 清盘同时清空大脑。
4. 有些时候市场青睐胆小者。
5. 在一支下跌20%的股票上损失5%是一个胜利，而不是一个失败。
6. 有些时候好的防守就是最好的进攻。
7. 离场观望可以保证你继续参加下一天的交易。

长线持有共同基金和精心选择的蓝筹股总是一种可行的退休类型的投资，但是对于在这个范畴之外的资金来说，短线周期更适用。

我的三个最大的发现

我想简要地与你分享几个引导我成为一个报酬丰厚的职业交易者的几个发现。一个人能够指出一到两个剧烈地改变生活的发现，这样的情况并不常见。感到我已经是能够指出这种发现的人中的一员，我仅希望我的以下几条陈述能够落到那些感到它们有帮助、有启发的人的手中。

把交易作为一种谋生手段毫无疑问是每一个做第一笔自愿交易的市场新手的目标和强烈的渴望。完全的独立、绝对的自由和潜在的巨大的经济回报只是占据他们想象力、点燃希望之火和进入他们的每一个梦中的几个可能罢了。13年前（那时我20岁），我被想要精通市场的想法迷住了。开始时我的风格是一个严格的基本分析者，相信股票未来价格的所有信息存在于那些由被支付了过多的报酬的会计师和高速运转的印刷机所产生的被高度操纵的财务报告中。在经过一段很长时间的作为一个运用比率、锱铢必较的基本分析者所受的挫折之后，我最终意识到知道关于一个公司的所有信息之后，仍然无法判断什么时间、什么位置该买入这个公司的股票。在经历了连续几年的损失，战争基金迅速减少之后，我做出了以下改变生活的发现。现在我把它们写下来供你们参考：

1. 我的连续的亏损记录表明，一个在错误的时间买入正确的股票的市场参与者，可能会输掉他的衬衫和他或她的裤子。我花费了巨大的代价学会了这一点，但是当我学会的时候，它使我思考和入市的方式都发生了改变。

2. 同等重要的发现是，交易者可以在正确的时间买入错误的股票而发大财。这个发现是使得我的思想到达顶峰的灵丹妙药。它帮助我完全认识到在华尔街许多被普遍接受的观念和做法都是错误的。

3. 发现1和发现2合在一起使我真正理解了一个非常重要的基本原理，那是每一个市场参与者都宣称已经明白，但却不是真正明白的。基本的原理如下：在地球上只有一种力量能够让股票涨，这种力量，我的朋友，很简单，就是买盘多于卖盘。就是这样。好的基本面的确能使股票上涨，好的管理不能提高股票的价格，好的收益也不能提高股票的价格。在股票的每一个可能的上涨背后的直接动力仅仅就是买盘多于卖盘。可能会有很多理由引发这种动力。环境的改变会使它开始动作，但是每一个走势背后直接的动力无外乎买盘多于卖盘。

这些发现包含了一些微妙的点，如果你不小心的话很容易忽略它们。最后一点包含了少有的几个通向成功交易的关键之一。因此，让我通过问一个问题来详细阐述一下。如果一个公司在节假日公布了一个良好的收益报告，股票会涨吗？当然不会。如果没有人去买的话，报告就一钱不值，这就很清楚地表明了报告并不能使股价上涨，强劲的买盘才可以使股价上涨。很容易把这看作是一个文字游戏，但是如果你抓住了微妙之处，抓住了它所包含的线索的话，在你的思想里的一些东西会发生根本的改变。在做出了这些发现之后，很明显，我可以通过使用图表来监视我所选择的股票的"买盘"水平。如果我图表用得足够好，能够发现何时买盘开始超过卖盘的话，我就能比那些沉迷于财务报告的人早得多地抓住快速上涨的股票。这就意味着通过使用图表我就总是能够通过早进和早出来击败大多数人。你猜怎么着，我很快发现我自己正在这样做。从这一时刻开始，我决定买进任何我的图表告诉我该买的东西，尤其是我的基本面背景告诉我不要买的时候。为什么？因为有利的图表和不利的基本面意味着我可以在多数人之前，在那些锱铢必较的人明白正在发生什么之前入市。如果一个上涨的股票有奇高的市盈率，而我的图表说要买，那我就买。没有收益？对我来说这不是问题。只要股票在涨（本质上是有人在买），我就冲进去。高的债务水平，荒谬的账面价值与债务的比例，以及负的现金流，当它们不能阻止股票上涨的时候，在我耳边都是令人愉快的音乐。提示：再把这句话读一遍，因为它包含图表成功的关键。不用说，这些被人忽略的宝石在我的交易组合中拥有非常特殊的位置：在最高的位置。

长话短说，在集中于股票本身，而不是故事、报表、提示、流言和巨富的首席执行官对未来收益的空洞承诺之后，我发现我自己更持久地位于市场赢的一边。在26岁的时候，我开始完全靠市场为生了。其余的部分，我的朋友，就是历史了。

我想让这本书的每一个读者都没有任何怀疑地了解，读图表是真实的。无论你从过去的、传统的华尔街人士那里听到了什么，技术分析的确有用。我的全部交易

第一章 交易大师启蒙：理解交易大师的世界

生涯，我们的服务所拥有的高度的精确性，每天都在证明这一点。基础分析的确有一定的价值，它应该在你的全部的投资工具中占有一定的位置。但是每一个短线交易者所需要了解的是一个公司的基本面不能回答一个交易者能够问的最重要的问题，那就是："我什么时候买进？""我已经知道了管理层做得很好，公司有很好的产品，季度收益也呈上升的趋势，我什么时候买它呢？"关注"什么"（什么公司好？），而不是"何时"（何时出击）的短线交易者将会交易很短的时期。

智慧种子

精明的交易者明白股票价格在华尔街的基本面数字变动之前发生变动。这是因为市场是一个折现机制。总体来说，市场会提前2到6个月预测事件的发生。那些等待基本面数字来证实股票价格的变化的交易者会发现他们总是迟了几个月，少了几千块钱。而读图和其他一些技术规则则是唯一能够回答下列问题的分析形式："我已经知道公司是好公司，什么时候买呢？"因此，如果某人胆敢告诉你研究图表是骗人的，没有用的话，把他们送到我们这儿吧。事实上，只要给他们一份我们的通讯，然后问他："你怎么解释这些呢，这些人都是读图的人。"

爱好：交易者最强大的力量

美国最伟大的发明家之一托马斯·爱迪生曾经说过："在我一生中我没有做过一天的工作，都是为乐趣而做的。"我必须承认对市场交易我有相同的感觉。尽管交易会带来无穷无尽的高兴和挫折的混合感觉，只当我坐在实时图表和交易系统前面我才感觉自己最有活力，时间也仿佛停止了一样。即使在市场环境很恶劣，赢利的机会很少的时候，每一个早晨我醒来的时候，我仍然感到很刺激。我对这种游戏的喜爱使我把任何困难的时期都看成是不会减少玫瑰的美丽的刺而已。这个我们称之为交易的游戏是一个人可能尝试的最困难的事情之一。但是尽管艰难，我仍然全身心地爱它。事实上，我正是因为它的困难才爱它的。我爱它因为大多数人不能也不会持久地做它，我能够坚持下来使我有一种成就感，这种成就感我相信不会从任何其他的职业中获得。同其他人一样，我也不喜欢失败，但即使是失败的时候，我对交易的爱也会以一千种方式流露出来。我真的相信如果更多的人爱交易本身，而不是爱它所带来的东西的话，明智将成为所有操作的基础。我真诚地相信我拥有一种秘密武器，这种武器使我走在那些贪婪的人前面，如果可能的话，他们愿意把我的大脑放在盘子里，把我的战利品放在他们的口袋里。我的秘密武器就是我的完全的、不掺假的对交易的爱。当我说到这种爱的时候，我不是指那种通常会与比萨和阳光充足的下午联系在一起的较弱形式的爱，不，我这儿所用的"爱"这个词是指那样一种精神状态，地球上的任何力量和任何东西都不能压制和熄灭的爱。我所说的这种爱是一种深层次的爱，是一种神圣的爱。这就是我的秘密武器，即使拿整个世界来换我也不会放弃的爱。我的爱，我的秘密武器使我能够生存下来。它确保我比大多数人更持久。它保证我能克服成功道路上的每一个障碍，给予我能够经受住市场和（或）我自己的愚蠢所带来的每一次追求、每一次磨难和每一个黑暗的时刻的力量。我再一次很骄傲地对你说，我爱交易。在那些最难受的日子里，我很庆幸我爱交易，因为如果不是这样，我早就成为历史了。如果你试着以我的方式爱交易的话，它也会决定以同样的方式爱你。当交易和市场决定回报你的时候，生活真的变得很美好。

智慧种子

爱被很多哲学家认为是人类已知的最有效的力量。当把爱慷慨给予孩子的时候，他们就会健康成长，培养起高尚的品格，这一切将引导他们大胆地、成功地走向未来。当把爱给予一个人的配偶和（或）一个人所选择的职业的时候，每一次醒来的时候它都会带给你一块温暖的红地毯，引导你最终走向幸福的小屋。在我的头脑里没有丝毫怀疑：生活和世界本身就会完全屈服于这种爱的力量。那些有充分的爱并且能都慷慨付出爱在某种事情上的人将会得到丰厚的回报。我相信如果有抱负的交易者能够真正学会热爱我们称之为交易的艺术的话，没有任何阻力能够经受住由爱和成功的愿望所联合起来的强大的力量。当一个交易者爱交易，仅仅为了交易而交易的时候，损失就不会成为障碍，就可以更轻松地忍受艰辛。那些挫折和危机时刻就会被看作机会和驱使你向更高目标攀登的动力。即使对于交易者来说，爱也的确是一种非常强大的力量。为了防止你认为这一点不符合一本交易书的范围，我请你做一个测试。找出一个宣称自己不喜欢交易的获利丰厚、成功的交易者。找出一个以令人不可置信的敏锐把握市场，但又蔑视这个行业的人。你可以找遍地球，但是我肯定你一个也找不到。这并不是巧合。今天具有令最大多数人的最疯狂的梦想逊色的获利能力的交易者会告诉你他们全身心地热爱交易。问题是，他们是因为现在是成功者而热爱交易吗？还是因为有了对交易艺术的爱才使他们在没有这种爱的人倒下的时候仍能坚持下来？我敢打赌是后者。试着去爱它吧。

第一章 交易大师启蒙：理解交易大师的世界

交易者和预言家

人类的本性想要舒适和确定性。我们从小就想要它、崇拜它、追求它。事实上，我们生命的很大部分都在其他事情的掩盖下去辛苦地追寻它。例如，我们以为我们想要给我们自己和孩子以教育，其实仔细研究就会发现不过是想要安全罢了。我们一般不会把教育看成是一个目的，而是把它作为达到目的的手段，目的就是安全和确定。难道人们不是为了确定性才花费很长时间努力做好不喜欢的工作吗？在某种意义上，我们所做的每一件事都跟我们想要获得安全和确定有关。然而有趣的是，确定性在生活中永远不可能真正获得。当我们把目光转向几乎就是生活的一面完美的镜子的市场的时候，我们发现这句话就更对了。真相的确定性是基于神话的。你会问为什么是这样？因为确定性只有在未来被全部知道的情况下才有，我们不必告诉你，我们——作为人和交易者，没有得到知道未来的恩赐。当然，我们可以猜测明天将会怎样，有时也会猜对。但是我们永远不能保证正确。因此，在某种意义上，寻找确定性的努力将注定是一个会产生挫折和失望的徒劳之举。我们发现太多的交易者在市场上寻找确定性，这就是为什么他们从一家服务换到另一家，从一个专家换到另一个专家时会感到失望。这些天真的人怀有一个秘密的愿望：不是想成为交易者，而是想要成为预言家和占卜者。他们看起来没有意识到，我们所能希望的一切就是一个极好的估算几率的能力。好的交易者是概率专家。就是这样，他们从来都不会确切地知道，但是他们学会忍受这些。

智慧种子

想要确定性的愿望是一个许多交易者都会掉进去的陷阱。但是我们必须知道生活中从来没有确定性，股票市场中也没有。每一个交易者必须学会接受这个事实：我们不能确定将来会发生什么。一旦接受了这一事实，交易者毫无疑问会有一个很大的提高。为什么？就是因为对确定性的寻找是一个沉重的负担，是一个永远不可能停止的徒劳活动。

奇怪的是，人们相信如果获得了确定性，就会带来头脑的清醒和平静。但是，矛盾是，头脑的清醒和平静只有在意识到确定性不可能达到的时候才能获得。确定性是一个无法实现的神话。明天永远不可能被"了解"。我们所能做的唯一的事就是获得一些工具和技术，帮助我们估算明天将会发生什么的几率。这是我们唯一的任务，这也是我们在本书的第二部分将要帮助你完成的任务。那些学会了寻找好的成功概率的人将会朝着职业交易者的目标前进。那些寻找确定性的人将会为自己招来一个充满失败、失望和沮丧的未来。寻找更好的概率吧，而不是确定性。

第二章 发展交易大师的头脑：纠正交易行为的关键

你是在赌博还是在交易

　　交易是最使人愉快的活动之一。每一天、每一小时，甚至每一个价格变动都可以极大地提高或者降低活跃的市场参与者的资金状况。获利可能是迅速的和巨大的，同时如果你不小心的话，损失也可能很快就使你永远地出局。获得快速的和持久的财富的潜力，伴随着令人感到刺激的破产的可能性，使得职业交易成为金融世界里最令人向往的职业之一。然而，大多数尝试从事这一要求苛刻的职业的人都失败了，而且败得很惨。这个冷酷的事实是由几个原因造成的，但是我想指出这些原因中最具毁灭性的一个。造成无数交易新手失败的原因是没能看到"赌博"和"职业交易"之间的区别。在公司发布"期望"是正的收益之前买入股票，和买进那些正在以光速下跌的股票就是符合这种愚蠢的赌博标准的两种行为。尽管这种鲁莽行事的方法有时也能赚到大钱，它们的最大价值在于短暂的娱乐，而不是明智的做法。它们在一种明智的、完美设计的交易计划之中没有立足之地。如果你想要娱乐的话，更好、更便宜的办法是去看电影。如果你想在市场上持续获利，你的方法最好是职业的和极端自律的。这就是为什么我们为我们的《普利斯坦日交易者》的订阅者选取的任何一支股票都伴有一套详细的、专业的交易策略。我们只给猜测和直觉留下很小的空间，集中于（1）正确的买入，（2）正确的头寸管理，当然还有（3）正确卖出。当你以这种方式来参与市场的话，用智慧和完美制订的计划，你的很多交易将会缺乏"赌博"的刺激，有时它们也会辜负你的强烈的期望。但是，作为有专业方法的交易者，你可以确定你还能在下一个交易日、下一年，甚至也许是下一个10年继续交易。聪明的交易需要去执行一个计划。赌博则无非就是买和卖，同时"希望"你是正确的。因此，聪明地交易是非常重要的。你永远不要忽略这个事实：

为了成功，你必须坚持。那些聪明地交易的人可以长久，而赌博的人则不会长久。每一个交易者都必须学会区分二者。

智慧种子

想要挣大钱是真正的交易新手的标志。专业人士完全明白短线交易的艺术归根到底是八分之一和四分之一的游戏，有时是四分之一和二分之一。想一想吧，做市商和专家代表华尔街最精明的参与者。在特定的时间，他们可以控制上亿美元的资金。他们所代表的企业是很大、很有影响、很有实力的。在真正的意义上，这些交易大师就是华尔街。他们是游戏中的巨人，高山上的国王，因此，他们位于金融食物链中的顶层。做市商和专家是真正的专业人士，他们的目的是什么，你知道吗？在他们交易生涯的每一个时刻，他们的目的就是获得他们交易的股票的买价和卖价之间的价差。再读一遍这句话，因为它包含着短期交易成功的关键。在华尔街最大和最有实力的企业，这些聚集和控制了数不清的财富的金融之神们只追求一件事：价差。他们不追求亚马逊40美元的赢利。他们不会试图抓住美国在线4美元的上涨。简单地说，他们不是赌博者，他们是最高层次的职业交易者，他们唯一目标就是获得价差。这里有一个非常有用的信息。那些掌握了它的人已经抓住了这个游戏隐藏最深、保护得最好的一个秘密。尽管新手可能有时很幸运，找到了金矿，获得了令人垂涎的收益，真正的职业人士却追求更小和更可靠的收益。他们只是成千上万次地抓住它。缺乏技巧的新手感到他们的唯一的任务就是挣一笔大钱。没有制订计划，一再错过时机，他们认为更好的交易前途的入场券是以金融彩票的形式出现的。华尔街最精明的交易者不买甚至不期待金融彩票。他们把彩票卖给新手。尽一切办法交易吧，而不要赌博。

赢的不会总赢，输的也不会总输

一次获利能够决定一个交易者是否是正确的吗？一笔交易赔钱，我们就应该自动认为我们是错的吗？对这两个问题的回答都是"决不"。任何单个交易的最后结果都不能决定你的方法和决策的正确与否。许多没有掌握这条真理的交易者发现他们自己总是忙于从一种技术到另一种技术，最终没有获得任何专门技术。太多的交易者没有意识到即使简单的抛硬币有时也是正确的。但是一种"正面买，反面卖"的策略肯定不是一个完美的方法，尽管有时会赢利。我们要说的是，在现实世界里，不论你的策略多么完美，多么可行，不可能每一笔交易都获利。有些时候你的技术

第二章　发展交易大师的头脑：纠正交易行为的关键

没有毛病，但是最后结果仍然是失败。相反，有时尽管你用了错误的方法你仍可能会赢利。专业人士知道只要他专注于确保交易的每一个环节（等待、时机把握、买入、资金管理、卖出，等等）都做得正确，获利是自然而然的事。因此，不应该用一笔交易的最后结果来决定一种交易战术是否是正确的，而是应该用10笔交易的最后结果来判断。事实上，交易者应该在每一笔交易之前提醒自己，任何一次成功或失败从大的方面来看都是不重要的。这会从心理上帮助那些花费太多的时间来担心每一笔交易的最后结果的人，而这样做会产生恐惧、丧失机会和最终导致精神错乱。

智慧种子

成为一个职业的交易者应该是一个永远不会结束的终身过程。以这种思想武装起来的交易者会把每一次交易看成是一生交易中的一小部分。无论结果如何都是微不足道的。以这种方式来进行交易可以消除每一个市场新手通常都会经历的每笔交易的压力。它可以帮助你建立一个平静的、清醒的头脑，从而会更加提高操作的独立性和决策的正确性。但是一个所有严肃的交易者都必须理解的中心思想是，单独一笔交易不会也不可能表明你是一个怎样的交易者，或者你的水平如何。只有通过大量的交易才能体现你的水平。失败的人偶尔中了彩就感到这一天像国王一样。成功者不时会遭受打击，并且在短时间里不会向世人展示他的过人之处。但是在10或12笔交易之后，真的和假的就可以区分了。只有在大量的交易之后，麦子才能从杂草中区分出来，真正的胜利者才会出现在他们应该的位置上——像国王一样在山顶上。你永远不可能通过任何一笔交易来判断你的成功或失败。10笔交易之后再来看成绩。相信我们，在连续的10或12笔交易之后，你就会了解你是谁，作为一个交易者你处在一个怎样的水平。真相在10局之后揭示出来，记住这一点。

大多数人不可能赢得太久

在市场混乱的时候，我们与许多零售经纪商的联系告诉我们什么时候他们的客户、个人投资者大批离市。每当这种时候出现的时候，就是一个强烈的信号，表明近期股票市场下跌的底部已经来到。股票市场有一种内在的趋势，在它重新开始上涨之前要把那些我们称之为"软弱的人"震出去。事实上，零售经纪商的客户强烈的失望和高兴是一些精明的交易者用来判断市场顶部和底部的晴雨表。我们必须承认这个晴雨表运作得很不错。如果你仔细去想一想的话，它是很有道理的。金融市场不是为大众谋福利的，这也是为什么市场的调整总是要消灭典型的投资者（大多数），而精明的市场参与者（很明显是少数）是那些坚持了足够长的时间能够在市场最终出现转机的时候重新爬起来的人。专业人士仅仅是擅长让一般的投资者总是在天平的错误一边的人。当新手想要买的时候，专业人士愿意卖给他。当新手想要认输卖出的时候，专业人士非常愿意从他手中买入，把他从痛苦中解脱出来。我们给你的问题是："在这出盛大的喜剧中，你扮演哪一个角色？"你是悲伤的、被人操纵的，在游戏即将向有利你的方面转换的时候投降的人吗？只有有能力的人才能在这种生意中生存下来，并且很显然也只有生存下来的人才能成功。尽你的全力成为一个幸存者吧。你的成功取决于此。当形势变得困难的时候，成功者会更坚强。为了赢得这场游戏，你必须坚持。下一次你发现你自己想要放弃的时候，问自己，"在这场盛大的喜剧中，我正在扮演什么角色？"这会帮助你保持清醒，而你保持清醒的时候正确的答案就会出现。

智慧种子

交易是在少数人和多数人之间，精明的人和愚蠢的人之间，富人和穷人之间一场永远的战斗。你必须充分了解富人、少数人、知道的多的人几乎总是赢。市场就是这样设计的。为了成功，一个人必须是赢的人中的一员。但是事实是，很少有人能够从失败的多数人变成令人羡慕的、成功的少数人。如这里所说，市场不是为了回报多数人而设计的。事实上，多数人的任务，多数人为什么能够存在的理由就是为胜利者提供食物（永久的利润）。下面的比喻可以清楚地展示出市场是如何运作的。

乐队花车理论：市场如何运转一瞥

设想一个以很快的速度向前运转的乐队花车，花车两边的喇叭里响着非常悦耳的音乐，花车后面聚集了很少的人在娱乐。清晰而响亮的音乐开始吸引很多碰巧悠闲地站在场外的旁观者。这些旁观者不能抵御甜蜜的音乐的诱惑，开始加入这个看起来会继续下去的聚会中。逐渐地，越来越多的人跳上花车，而那些享受了聚会的开始部分的人则开始离开。当新的聚会的人群越来越大的时候，花车很难以同样的速度前进了。它慢了下来，使得越来越多看到了巨大乐趣的后来的观望者有机会跳上去。人群越来越大，越来越大，直到花车不能承受这么多醉醺醺的参加聚会的人而完全停下来。现在花车完全是静止的，多数人都跳了上去，为什么不呢？毕竟在这个时候，加入到欢乐的队伍里很容易。绝对不需要任何的努力，对于那些想要加

第二章 发展交易大师的头脑：纠正交易行为的关键

入进来的人来说，不再需要跑着跳上车。但是花车的自然状态是要向前移动，静止的状态不自然，因此不可能持久。它再次努力向前，但是不能。那些堆积在后面的人群实在是太大了。它必须把自己从这种负担中解脱出来。它快速向相反的方向移动，把一些参加聚会的人摔了下来，音乐也停止了。人群中开始出现疑惑的面孔。在人们明白发生什么事之前，又出现了一次后退，这一次更加剧烈，又一大群人摔了下来。现在，真实的情况出现了。欢乐变成了巨大的梦魇，恐慌蔓延开来。一些人决定冒死也要跳下来。又一次的后退使得更多的醉醺醺的、失去了平衡的人摔到了泥泞的地上。它还没有停止，继续向后移动，每一次的后退都比上一次要剧烈。这时，只有那些顽固的乘坐者还在坚持，他们的性命系于一线。因为没有完全自由，花车愤怒地踩了踏板，这最后的一冲是如此剧烈以至于它的前轮完全离地，有一瞬间完全是垂直的。最后的坚持者摔到了地上，缺胳膊断腿伤得很重。这时，一群新的观望者出现在附近的丛林里。他们未经受过挫折，很平静，他们的一举一动都是深思熟虑的，也是充满力度的，因为他们没有经历刚才发生的悲剧。一些沮丧地躺在地上的人清楚地看到了一些很有趣的事，这些看起来是新来的人其实就是那些在聚会到达疯狂之前悄悄离去的人。这些受挫的旁观者还发现了更令人震惊的事：就是这些人不仅是出现在聚会上的人，他们就是聚会的发起者。"我的天哪！"一些人叫道。这些瘫痪的、无法自由移动的、沮丧的人唯一能做的就是看着这些游戏大师们再次开始工作。花车的轮子刚一着地，这一队专业人士就冲了上去。很快他们又坐在了车子上。很容易，摆脱了庞大人群的花车也开始自由地、优雅地向前移动起来，舒服地载着那些精明的人。它的步子加快了，很快就平滑地、优雅地大步向前了。在经过了几公里没有打扰的移动之后，坐在车上的某些人打开了一个开关，突然令人愉快的音乐就开始大声地响了起来。一些人忍不住笑着说："各位，现在他们又来了，让我们再做一次吧。"不久，那些以前花车后退的受害者就又感兴趣了。音乐几乎能把他们从坟墓中召唤出来。再一次，周而复始的循环开始了。

智慧种子

如果你掌握了刚才你所读到的这个比喻所蕴涵的所有含义的话，它的价值数倍于本书的价钱。如果你真正读懂了这个比喻所传达的信息，抓住了它所隐含的智慧的话，你将发现你理解和掌握上了一个更高的水平。每一次重读，你都会对市场的内在运作，以及华尔街的金融巨头们如何操纵它来获取利润有更深刻的理解。如前所述，本书的目的是帮你完成一个从多数的新手到入场券有限的少数人群体的重大转变。如果你不做这样的转变，你将会成为那些已经转变的人手中的众多玩具之

短线交易大师——工具和策略

一。并且当你不再心甘情愿地参加游戏来娱乐那些人的话，他们就会打发你上路：破产、沮丧和失望。不要让这些在你身上发生。你所寻找的答案就在这本书中。事实上，我们称为交易的游戏的一个重要的线索就在我们刚刚讲到的乐队花车理论中。现在为什么不再读一遍？你的未来可能就要仰仗它。

金钱不是一切

我所引用过多次的奥斯卡·王尔德曾经写道："当我年轻的时候，我认为金钱就是生活中最重要的事，现在我老了，我知道的确是这样。"对于定位于短线的交易者来说，这句话再对不过了。我们作为市场参与者的最终成功取决于并且将永远取决于我们赚钱的能力。因此，在真正的意义上，钱的确是最重要的东西。然而即使王尔德的这句玩笑话是正确的，也别把它太当真了。例如，一笔亏钱的交易，就它本身来说并不一定就表明执行了一个错误的策略，我们必须永远不要忘记我们生活在一个真实的世界里，在真实的世界里，最好的用意，最完美的策略有时也会不起作用。偶尔的损失不足以证明某种特定的方法的整体有效与否。单笔的损失可能是恶劣的市场环境、突然的几率转变、意料之外的消息、买入太迟、卖出太早或者是失误的操作等的结果。当我们测试某一个策略的有效性的时候，我们必须在10笔交易之后再来看。在10到12笔交易之后，最好是跨越几种市场情况，如果最后的收益是正的，我们就可以说所用的策略是可靠的。相反，如果最终的结果是赔钱的，那么只有在那时，我们才有理由认为这个方法是无效的。25年的经验使我们相信，如果方法或策略是正确的，那么自然会赚到钱。我们让我们所有的学生注意方法，告诉他们如果他们这样做了，他们所寻找的东西会随之而来。

智慧种子

对于投资者来说很有必要把那些是因为错误的策略造成的损失同因为策略的错误运用所造成的损失区分开来。如果交易者没有这样做，他们就会发现自己永远在追逐自己的尾巴。那些从一种方法跳到另一种方法，没有留出时间看效果的交易者不会进步。不应该让金钱或利润来影响交易者对某种策略的看法。在这方面，金钱不是一切，因为一些最差的策略也会暂时给交易者带来收益；相反，一些最好的策略也会暂时带来损失。但是只有正确的方法能够最终经受住时间的考验，对我们来说，时间可以用10个一组来衡量。在10笔交易之后，如果你所运用的策略没有任何收获，那时也只有在那时，你才有理由质疑它。正如前面所说的，进步以10个一

第二章　发展交易大师的头脑：纠正交易行为的关键

组的形式出现。不要忘记这一点。

问"为什么"的危险

每一次我听到一些市场参与者做这样的评论的时候，我就感到很好笑，"股票市场是非常复杂和令人迷惑的"。这种观点我们永远都不会同意，你们也不该同意。事情的真相是股票市场的机制非常简单。尽管大多数人第一感觉可能是不同意，稍加思考就会知道的确如此。想一想以下的事实：股票和（或）市场只能做以下三件事中的一件：

1. 上涨
2. 下跌
3. 横盘

仅此而已。这就是所有的股票在做的事。涨、跌或者横盘。很简单。但是"简单"并不意味着"容易"。不，如果交易容易的话，每一个人都会财务独立的。尽管市场交易非常不容易，它的机制却非常简单。想一下另一个简单的被很多人忽视的基本事实：

当买盘多于卖盘的时候，一支股票（或市场）只能上涨。

当然这还意味着当卖盘大于买盘的时候，一支股票只能下跌。"但是奥利弗和格雷格，难道你们不是在陈述很明显的事实吗？"你会问。我不能确定这个概念像听上去那么明显，尤其在每天被问到无数以下的问题的时候：

问题："我刚刚卖出了因特尔，但是它现在在涨，为什么？"

普利斯坦：因为更多的人愿意现在买进，以后再卖。

问题："是的，但是为什么？"

普利斯坦：我亲爱的先生，因特尔公司今天上午发布了坏的消息，但是尽管有这种负面消息，股票仍然上涨。这只能表明一件事：买方（需求）大于卖方（供给），人们对负面的消息不重视。以我们的思考方式，只有一种操作留给你。为什么"理由"很重要？3美元的损失就是3美元的损失，不管理由是什么，不是吗？

最后一句话引出了值得思考的另外一点。无论什么时候我们发现自己正在找"为什么"，而不是"什么"的时候，我们就可以很确定地知道我们有大麻烦了。一支股票正在做什么远比它为什么要这么做重要。"为什么"总是反映在股票的价格中。简言之，图表说明了一切。有无穷多的理由解释股票为什么上涨，问一问基础分析师吧。作为技术分析师，我们只关心股票正在上涨，而且我们也骑上了这匹黑马。毕竟，这才是决定你的利润的东西。

智慧种子

在交易当中问"为什么"的问题是一个表明你正陷入迷惑甚至是瘫痪的状态、无法行动的明确信号。从这方面讲，"为什么"这个词很危险。只要我们抓住了我们的交易者问"为什么"，我们就要求他马上把他的头寸减掉一半。如果这还不能有效阻止问"为什么"的话，我们就让他把剩下的一半也卖掉。然后我们告诉他说，"现在你可以问'为什么'了。"我们这么做的原因是因为战场不是一个质疑你的交易计划的地方。从你开始怀疑你的计划的那一刻起，就提示你该离场了。问"为什么"、寻找理由就证明你迷失了，并且丧失了你的控制权。可以问"为什么"的时候是在交易之前或者之后。当你奋斗在战场上的时候，毫无疑问行动是唯一的选择。提前找理由，或者在你回到安全的洞中之后再找理由。在战场上这样做是危险的，除非你喜欢收集狙击手的子弹。

当精确成为问题时

作为在48个国家有订阅者的最受欢迎的交易咨询通讯之一的编辑，我们总是相信我们几乎看到了和听到了全部。我们所说的全部就是指"全部"。但是不久之前，这种观点以一种非常重要的方式被证明是错的。在1998年的一个寒冷的12月的早晨，我们接到一个已经收到了大概一个星期的《普利斯坦日交易者》的试用会员的电话，我们挑选的股票的表现在前面5个交易日很出色，我们的新朋友没有忽略这个明显的事实。但是很奇怪的是我们的成功对这位绅士来说却是一个大问题，因为他清楚地表明他在寻找一份亏钱的通讯，而不是赚钱的。我引用了他以非常肯定的口气说出来的话："我已经观察你们的通讯5天了，我必须承认你们对的次数要比错的次数多得多。但是这对我来说是绝对没有好处的，因为我在找一个能选出下跌的股票的通讯。你们的股票不下跌，而是上涨。"我愣住了，"你怎么认为？"我问格雷格，"一个人不喜欢我们的精确性。"起先，我们大笑不止。但是这是我们的第一反应。此后不久，当一种更深层次的，更意味深长的领悟出现的时候，我们就不再笑了。这位绅士是一种思想方式的受害者，这种思想方式支持一种流行的认为只有买下跌的股票才能赚钱的观点。如果我们的结果证明不是这样，对他来说也无关紧要，因为他忠实于这种思想，而不是任何结果。一旦意识到这一点，我们就明白了我们在其他的很多方面也犯了这种错误。我无法说出有多少次我错误地卖出了股

第二章　发展交易大师的头脑：纠正交易行为的关键

票，就因为我认为它涨得太快了。那么这还是一开始让我嘲笑的那个想法吗？的确是，只是反过来了罢了。我们要说的是，尽管思想和交易观念有一定的作用，事实上只有结果才重要。有时我们所遵循的观念那么有诱惑力，以致我们忘了我们的目的不是为了聪明，不是为了娱乐，甚至也不是为了正确，而只是为了赚钱。仅此而已。我们知道我们告诉过你金钱不是一切，那是对的，但是如果你发现自己在 10 笔交易之后仍不赚钱，并且还继续喜欢你的思想方式的话，就应该要么寻找另外的思想方式，要么就放弃交易，改玩桥牌、多米诺或者哲学，因为坚持你的思想方式在这些活动中会更容易一些。

智慧种子

正如在前面一节里提到的那样，金钱不是一切。但是在某个特定的时候，它就成为了一切。对于观念、战术或者技术，头 10 次尝试不会产生任何判断。但是在 10 次之后，我们正在使用的观念就必须接受一个以金钱为基础的精细的检查。毕竟，我们交易是为了挣钱，而不是为了挣观念。那些过分热爱他们的方法的人冒着忽略他们复杂的方法需要质疑、改变，或者甚至是抛弃的信号的风险。作为一个职业的交易者，你不能承担忠实于思想或者奇特的交易理念的后果。最终，你必须对那个唯一有意义的东西忠实，那就是进步、提高和金钱。

开始是交易的 85%

成为一个成功的交易者取决于一系列的因素，所有的都必须掌握，但是我作为一个职业交易者的经历使我确信知道怎样买入一支股票几乎占了交易成功的 85%。我很清楚很多人相信正确的卖出是交易成功的关键，但是我自己的经验使我不同意这种说法。我们作为交易者所碰到的大多数问题都直接与没有把握好入市的时间和价位有关。如果买入股票不正确，交易者可能会把正确的交易变成赔钱的交易。相反，如果在正确的点位和时间买入，不太正确的交易可能也会赚钱。因此，入市是短线交易的基础。在正确的时间买入正确的股票，交易者可能在几分钟内（有时是几小时内）就会获利。随随便便在一个太高的价位买入股票，这笔交易可能马上就会赔钱。每一次经验都取决于一个因素：何时、何种价位买入，或者说出击。令人惊讶的是，职业的投资团体如何忽略了这个最重要的一点。多少次你听到一个大的经纪公司推荐"买入"一支股票？但是那到底意味着什么呢？他们告诉你怎么做，却让你自己去决定最重要的何时去做的问题。你能否获利就取决于你什么时候买入他们推荐的股票，而不是你是否买入他们推荐的股票。知道"什么"（买、卖或者持有）固然很好，但是知道"何时"去做"什么"却能使你成为一个伟大的交易者。因此掌握入市的艺术，而当你想把利润变现的时候却不用太在意卖出点位。在本书的后半部分，我们将会深入讨论入市的必要因素（见第十四章）。当你读完的时候，你就会对于入市的科学很在行了。

智慧种子

一个在华尔街被广泛接受的真理告诉我们，知道何时卖出是掌握交易的关键。尽管我们不能完全摒弃这种观念，我们很有信心地说，正确的入市极大地减少了与知道何时卖出相关的问题。每一个交易者都会最终意识到最好的交易是那些马上就能获利的交易。从它们开始到它们结束不会带来任何痛苦。在买入后下跌和买入后上涨的股票之间有什么区别呢？区别就存在于入市上。正确买入的股票就像是一个行为良好的孩子不会给你带来一点麻烦，它在合适的时间做它应该做的事，它服从你的所有命令。卖出一个正确买入的股票要容易得多，因为你只要想着，"我何时兑现这笔交易？"就可以了，与想着"我能够兑现这笔交易吗？"或者"我什么时候不得不了结这笔交易"大为不同。后面的两个问题是失败者和受害者的问题。正确的买入经常会使你处在问一些成功的问题的位置上。知道何时卖出固然重要，但是知道怎样和何时买入更为重要。我们将会在第二部分深入讨论正确买入股票的艺术。

你的态度会成为你的事实

大多数市场参与者没有意识到他们所经历的交易的现实很大程度上取决于他们对市场的解释，而不是由市场做什么决定的。换句话说，不是市场的现实决定了我们的结果，而是我们对市场现实的解释和反应决定了我们的结果。尽管这句话听上去更有哲学韵味，不现实，但是我们发现它对我们的交易帮助很大。让我们先想一下整个市场的性质吧。市场，就其自身而言，不过是一份量子汤，它不提供引导、指导和指令。我们作为精明的交易者必须对它发布指令。指令不是市场的责任，而是我们的。或者说，市场自身不能决定我们的生活和结果，是我们对市场的反应决定了这些，我们的反应取决于我们自己的解释。这种观点把责任放在了它应该的地方，就是在我们这边。想一想有多少次有人以这个问题跟你打招呼，"市场对你怎么样"？仿佛市场能够选择它的敌人和朋友。"你正在怎样对待市场，怎样对市场做出反应？"才是应该问的问题。我们从来都不是受害者，是的，我们可能会因为对

第二章　发展交易大师的头脑：纠正交易行为的关键

市场不正确的解释和错误的理解而失败或经历痛苦，但是解释永远是我们的，至少是我们选择接受的一个。

智慧种子

市场是生活的几近完美的镜子。这就是为什么那些有利于成功的生活的，同样有利于成功的交易。生活和它传达的很多东西依赖于我们的态度。我们只要看一眼我们伟大的国家就能理解这一点。

消极的态度

一个自从出生就生活在这块富裕的土地上的人，除了不幸、失望和失败没有经历过其他的事情，因此，他所看到的都是黑暗、消极和一系列能够证实不幸条件的理由。这个人不会知道生活——一面他或她的认识的完美镜子，反映出的是被创造的和继续被创造的事物。毫无疑问这个人的每一步都会走向不幸。

积极的态度

硬币的另一面我们看到的是另一种人，他们刚刚踏上这块充满机会的土地，这些人的环境几乎与前一种人完全相似，但是他或她看待环境和对环境做出的反应不同。因为这个人在美国，一个充满机会的土地，这个外国人知道他或她的苦难不会太久。他或她不是问这样的问题："生活为什么总对我发怒？"而是会这样问："我怎样能让生活比现在更好？"这些人看到的不是挫折，而是机会。他或她不是像一个受害者一样对待目前的状态，而是采取了一个主人的姿态。生活几乎一定会对这种人展现出与他或她对生活的看法相匹配的一面。为什么？因为生活是我们的思想、反应和信仰的一面完美的镜子。我们发现从整体上说，市场也是这样的。

市场的镜子效应

前面，我们泛泛提到了个人如何对待生活的镜子效应，但是市场有相似的镜子效应。每一个连续损失的交易者都把市场看作一个必须要征服的愤怒的敌人。在失败者的眼里，市场就是要来打败他或她的。它被看成一个最大的敌人，而市场，作为一面完美的镜子，每一个细节都把这种消极的认识反射了回去。换句话说，失败的交易者对市场的看法变成了现实。另一方面，成功者以一种完全不同的方式看待市场，对于成功者来说，市场就是朋友，它的任务就是为他或她服务，回报于他或她。成功者不把市场看作出来寻觅猎物的嗜血的恶魔。相反，成功者把它看作是把梦变成现实的地方，在这里每一天他或她的生活都会变得更好。对于成功者来说，市场是朋友、伙伴和兄弟，它能够也愿意为他或她打开机会、财富和繁荣的宝库。在某种意义上，这听起来太哲学化了，但是我们无法告诉你确保我们对市场的态度是健康的和友好的将会对交易有多大的帮助。正如生活自身，交易也完全是态度问题。有正确的态度，你就会成功；态度不正确，你就会输得很惨。你最终将会得到你认为会成为事实的东西。为什么不把市场看成你的朋友，与它站在一边呢？为什么不与它合作呢？

最后我要说，我们有一个学生在两年的训练之后就达到了交易大师的水平。对他来说一个星期赚 60 000 到 100 000 美元很平常。对，一个星期。你认为这样一个天才的交易者是把市场看作敌人呢，还是朋友？案例结束。

事实不能为你赚钱

你曾经疑惑过为什么一支公布正面消息的股票下跌，而一支出现坏消息的股票却紧接着上涨吗？有多少次你为此感到惊讶，努力想要理解为什么市场或者某支股票有时会完全违反事实和逻辑？事实是真相在投资界无关紧要。对真相的态度才有意义。真相很少（如果说有的话）使股票波动。投资者作为一个整体如何解释这些事实才是在股票波动背后的真正的推动力量。这就是股票为什么和怎样能够与逻辑分离。这种现象使得交易更加困难。作为市场参与者，我们不要在股票上打赌。那些这么做的人常常会失败。我们事实上赌的是人们如何看待这些股票。为什么？因为是人、他们的感觉和情绪最终推动了股票，并且，如你所知，人比世界上的任何东西都更难预料。因此，下一次，如果一个公司报告了使华尔街震惊的收益，聪明的做法是不要盲目地认为这支股票会涨。当然，反之亦然。我们必须永远记住这个事实，我们交易人，不是交易股票。

智慧种子

那些花费精力研究华尔街和新闻机构不断发布的事实的人，不会像那些集中注意力关注和掌握人群如何对这些消息做出反应的人那么成功。精明的交易者知道反应才拥有赚钱的潜力，最好的交易者完全理解人群对事实的态度和反应可能不会与这些事实同步。有时反应可能会完全与这些事实相反，这正是困扰大多数市场新手的问题。实际上，交易大师已经知道理解人和他们的驱动力才能真正获利。那些真正的高手从来不问："有什么新闻？"他们会问："人们对这条新闻怎么看？"这是一

第二章 发展交易大师的头脑：纠正交易行为的关键

个重大的区别，它也通常会造成银行账户上的重大区别。

在华尔街真相不起作用

如果你作为一个交易者或投资者相信市场会对真正的事情做出反应，那么你就大错特错了。更有甚者，如果你实际上是基于这种错误的假设来参与市场的话，你就可以确定自己是一个亏钱的人。真实情况是股票的涨跌是基于观点，而不是事实。你明白了吗？请一定要理解它，因为这一点非常重要。我们在这里所要说的就是真相无关紧要。它从来不起作用，也永远不会。是对真相的态度驱动了市场。如果我们把我们的钱置于风险中，我们就不是在玩股票。当我们使用我们的交易系统下单的时候，我们买的不是公司，也不是公司的基本面。不，不，不。"那么，我到底在买什么呢？"你会问。我们买的是人及他们对潜在的股票的观点。想一想吧。当我们作为交易者使我们的钱处于危险中的时候，我们赌的是人们——其他的投资者，将会在一天左右的时间里喜欢它。是人去推动股票朝一个方向，或另一个方向，而不是事实。一个事实永远不曾推动股票，也永远不会。让我们再讨论得深入一点吧。态度通常比真相更危险。以利率提高的恐惧为例，有多少次市场大量抛售是因为害怕美联储将会提高利率？美联储甚至没有暗示要提高利率。根本没有。起作用的是交易者和投资者认为利率可能上调。这就足够造成混乱。交易者必须完全理解的是市场在性质上是先行的。它对市场将发生什么做出反应，而不是已经发生的事做出反应。事实是过去的残余，他们不能告诉我们明天将发生什么。这就是为什么真正的专业人士买入流言（看法），卖出新闻（事实）。因此不要被迷惑住，在市场上不是事实赢，而是对事实的态度赢。

智慧种子

会有些时候真相（事实）和华尔街大众的看法相同，并且同步。而有些时候事实和对事实的看法完全相反，或者完全不同步。后一种情况迷惑了很多市场新手。为了保持警惕，能利用这些时间来获利，交易者永远不要忘记机会存在于大众对事实的反应，而不是事实本身。在短期时间框架里，真相不会总是获得成功。这就是为什么一个非常好的公司的股价会在应该涨的时候跌掉一半，而一个没有价值的公司的市值会涨到10亿美元。人们可能会说看法和真相不会永远保持不同步，真正的东西总有一天会占上风。但是谁会永远持有股票呢？某一天对于短线交易者来说不存在。他们没有大量的时间可以用。他们的生活和他们的幸福完全依赖于这儿和现在。而在这儿和现在，真相不起作用。

为了交易成功你必须成为超人

在几次获利丰厚的交易之后，交易者有一种自然的倾向，会变得自满，被一个有利的市场环境弄得昏昏欲睡。作为一个每天都要在市场中战斗的人，我们已经知道，舒适是交易者的主要敌人。为什么？因为正确的交易是一个人所能从事的最不自然的活动。如果某些事情让人心理上感到愉悦，大多数时候都是错的。另一方面，如果某个策略或方法心理上或情绪上很难承受，那么它正确的几率就很大。这就是为什么自满的感觉通常是一个表明你可能做错了什么事的信号。正确的事总不是容易做的事，错误的事总是伴随着一种诱人的轻松感觉。不用说，这种看似矛盾的感觉使得交易的艺术很难掌握。不幸的是，这是作为一个有人类情感的人的一个重大缺点。然而，对于一个持久的交易者来说，这种情况，这种在正确和舒适之间的斗争不会永远存在下去。通过警觉和持续的努力，面对错误和舒适的时候坚持做正确的事情，交易者会发现他们自己逐渐成为超人。无数的痛苦和高兴、成功和失败的经验将会使他们的内部系统感觉相反的东西。通过经验，将会建立新的神经路线，继而建立新的思想过程，新的反应和新的感觉。在有了可观的进步之后，正确的东西也开始感觉正确了。一旦转变发生，错误的行为甚至是错误的想法会给中枢神经系统带来一种痛苦和不适的感觉，就像一个自动的内部报警系统一样。换句话说，交易者通过不断的进步之后开始改变他们整个的心理和情感反应的网络。虽然很慢，他们还是逐渐从听到铃声就流口水的巴甫洛夫模型转变为发现舒适的事也是正确的事的有意识思考的人。简言之，到达一定层次的交易者逆转了自然的过程，几乎成为一个超人。

智慧种子

精神病学家告诉我们，自从有了人类以来，人类就发现正确的行为过程是一个最困难的行为过程，而错误的行为过程则是容易的行为过程。这是因为我们已经习惯于追求快乐，避免痛苦。但是事实是痛苦经常伴随着正确的东西，而错误的行为过程通常会产生暂时的舒适。设想一下下面的情景来证实这一点。一个因为错误地买入股票而导致巨大损失的交易者经常会被这个问题困扰："我应该卖掉、持有还是继续买入呢？"其实交易者知道继续买入不是正确的答案，因为这就好比要把火熄灭的时候却加入了更多的燃料。交易者也知道持有也不是正确的答案，因为这是

第二章　发展交易大师的头脑：纠正交易行为的关键

在玩危险的希望游戏，而希望在正确的交易里没有任何地位。这就给交易者留下了一个唯一的选择，就是卖出。理智上，交易者完全意识到卖出是唯一的明智选择，理由是交易从一开始就错了，想要用砍仓以外的其他方法来纠正这个错误都只会加重损失。但是尽管理智告诉交易者要这样做，他或她的心理上却总在与卖出的念头对抗。为什么？因为一旦卖出之后就会使得损失看起来更真实，它将在整个情绪和心理系统中发出一个尖锐的失败的信号，在这个过程中产生心理和生理的痛苦。因此，交易者情愿选择暂时的舒适。拖延、坐等、不采取任何行动。这种拖延为交易者提供了暂时的轻松。尽管事实上持有并不是正确的行为，这样做可以带来一种希望，希望又会转化为一种舒适的感觉。做正确的事与做容易的事的斗争失败了。我们经常可以通过判断我们对于知道的每一个正确的行动如何感觉来判断我们的进步。当正确的事情开始感觉正确的时候，错误的事情带来痛苦和不适的时候，我们知道我们正在进行从人到超人的重大转变。

机会存在于大多数人害怕去的地方

你注意到最困难的交易通常是那些大胆向前的交易吗？为什么呢？为什么不愿意行动经常会使我们错过赢利？我首先想到的是机会通常存在于大多数人不敢踏上的地方。设想一下有多少钱因为这些人不敢买市盈率超过20或30的股票而无人认领？难道经常听到的宣称"我不会交易纳斯达克的股票，因为它们波动性太强，买卖价差太大。"不是已经使很多交易者损失了一笔小小的财富了吗？但是在我们的不情愿背后最大的罪过就是在行动之前向往确定性。我们——作为人类——在行动之前想要知道这是否是一笔获利的交易。我们想要确定这笔交易会达到预期的结果。但是，冰冷的严酷的事实是，成功的交易很难实现是因为它要求我们在知道之前行动。我们必须面对无法否认的事实：我们所做的每一个决定都不可能是"确定的"。为什么？就是因为将来不可能被知道。它永远都不可能被了解。我们可以诚实地去做的就是基于仔细评估的几率建立一套完善的交易策略。我们的各种通讯，以及我们网上的实时交易室都在评估几率。我们不能为我们的追随者做的是操作，这是他们的事。

智慧种子

对确定性的需求或愿望是每一个有抱负的交易者必须学会克服的一种人类的自然本性。为什么？因为确定性是一个神话。它不存在于现实生活中，也不存在于市场中。它是一个幽灵,一个被太多的市场参与者所追逐的梦。作为交易者,我们必须是经营未知的人。我们永远无法逃避我们必须面对不确定性这一事实。那些需要在交易之前知道所有的事实的人会发现机会永远把他们落在后面。财富在不确定性的阴影中等待着它的捕捉者。它藏在最少人走的道路上。活跃的交易者会发现最大的机会存在于没有人愿走的地方。交易者永远无法确定刚进行的交易会获利。交易者可以正确估算几率,甚至设计出一种明智的策略来利用这些几率。但是每一笔交易都拥有使人失望的能力。每一次的尝试都带有潜在的失败的可能性。有抱负的交易者必须学会处理这些,学会在他或她知道之前行动。因为到交易者知道的时候,机会早就没有了。

天空没有一丝云彩时要小心

现在天空没有一丝云彩?哇呜,小心!我们很久之前就知道这是没有任何麻烦的征兆,每一件事都是光明的、令人愉快的、看上去没有问题的时候。需要提高一个人的警惕性的时候是,当最近一个阶段赚钱太容易,当华尔街的"普通人"都在想他或她是奇才的时候,也就是精明的交易者开始不安的时候。为什么?因为市场很少会回报"普通人"很长时间。当平庸先生或女士感到他们已经打开了局面,游戏就开始改变了。通过在这样的关键时刻保持一种相反的想法,我们就可以确保我们永远不与这些人为伍。我们必须保护我们自己与人群的心理状态不同,很多将要成为成功的交易者的人就是没有做到这一点而毁灭的。记住,我们不能预测未来,但是我们能为概率做准备。一种为可能的危险做准备的方式就是当一切看起来太好的时候赶紧逃跑。

智慧种子

有人说市场在爬一堵担忧的墙。把这堵担忧的墙搬走,市场也就失去了爬的愿望。精明的交易者知道担心的时候就是视线内没有可以担心的东西的时候。仿佛市场不喜欢平静的时候。记住,我们所参与的整个金融体系不是要去回报大多数人的。因此当大多数人满意,天空没有一丝云彩的时候,你最好的操作就是逃跑,因为历史告诉我们暴风雪之前是平静。

第二章 发展交易大师的头脑：纠正交易行为的关键

成功交易者的真正标准

泰克斯·考伯，唯一的一个输掉了所有的15轮冠军赛的拳击手曾经说过的一句话立刻抓住了我的注意力。他说："任何一个人都可以成为登山的英雄，衡量一个人的真正的标准是当每一件事都与他作对的时候，他仍有勇气向前。"这句话充分地抓住了成为一个真正成功的交易者的关键。那些正在掌握交易艺术的人毫无疑问已经学会如何在每件事都不利的情况下继续前进。所有成长中的交易者都会经历那样一个阶段，宇宙万物都在与他作对，市场除了想要使他的每一步经受挫折之外不做任何其他的事。但是为了成功，为了获得最终引导我们进入大师境界的必要经验，交易者必须积聚勇气面对困难继续前行。他们必须学会继续向前。并非是在那些所有一切都很顺利的时候，我们进步得最大。就像纯金要经过烈火才能去除杂质一样，我们的品质和交易本领只有在我们面对不断增加的困难继续前进的时候才能成长。在困难的时候，如果我们跌倒了能挣扎着爬起来，继续面对下一次挑战，我们就会变成一个更老道的交易者。看起来进步只有在所有的一切都不利的时候才能取得，你的每一次选择都大声说出了你的不成熟，但是每一次你努力从这样的时刻站起来的时候，你就又向前迈出了一大步。跌倒了能够爬起来的能力证明了这一点。在你成长的岁月里，衡量你潜在的成功能力的标准就是在今天所发生的每一件事都使你无法继续的时候，你仍然有能力面对明天。我们必须提醒自己的是为了胜利，我们必须坚持。尽管坚持本身并不能保证我们能胜利，但是可以确定的是：没有坚持，我们不可能胜利。

智慧种子

面对不断的交易损失和失败继续向前，当然是非常困难的。能够看到和接受这样一个观念就更加困难了，即在这些失败的中间，作为一个交易者的进步和成长也正在秘密进行。但是就像花儿在把它的灿烂展示给世界之前要首先在地面以下生长一样，交易者也必须首先在内部成长。他们的外部环境和损益表可能在一段时间里看起来像一个可怕的峡谷一样，但是在这些时候，在地下，进步的轮子正一刻不停地向前。但是我们必须知道这种神奇的现象在那些能够正确对待这个阶段的人身上才能出现。这条秘密成长的规律只对那些决心每一次跌倒都要再次爬起来，并以更大的决心面对不断的挑战的人才起作用。那些学会做到这一点的人将会发现（常常在回首的时候），他们斗争中的每一回合失败的目的都是为了帮助他们准备下一回合。每一次看起来是要遭受毁灭性打击，其实只不过是又一次击倒罢了，只是为了让他们看到一个人所能完成的最伟大的行为就是在每一次跌倒之后爬起来。

当不行动就是最好的行动的时候

当说到20世纪60年代反战抗议中，思想和行动有同样的重要性的时候，丹尼尔·贝瑞根（Daniel Berrigan）经常说的就是："不要做什么，站在那儿。"尽管很短、很简洁，这句话充满了智慧。很明显，我们作为人，是行动的动物，至少我们努力要这样。在我们的社会，那些努力、获得、完成和行动的人被奉为榜样。那些"做的人"、行动的人在历史上总是被善意地对待。尽管行动有很大的重要性，我们必须永远不要忘记平衡的需要。如果行动是重要的，那么为了达到平衡，在某些时候不行动也同样重要。事实上，我发现我行动的时候的质量经常取决于我之前不行动的时候的质量。交易也一样。现在许多活跃的交易者，包括一些普利斯坦内部交易计划中的交易者，如果不去交易就感到痛苦和无聊。当市场安静下来，低风险的机会很少的时候，这些总是感觉需要做点什么的交易者开始强行交易，就好像他们能够强迫市场勉强做出有利的环境一样。这些交易者没有意识到有些时候最好的行动就是不行动。他们没有领悟到这一事实：静止有时会带来非常必要的平静和清楚。市场进入平静时期时为我们提供了一个重新组织和重新发现我们自己的机会。它们帮助我们重获平静，或者说，给轮子上油，以便我们为下一阶段的快速行动做准备。我已经学会尊重"静止"的需求。我已经学会了怎样用不行动作为准备最终的行动的一种方式。拉尔夫·沃尔多·爱默生（Ralph Waldo Emerson）曾经说过："做事吧，你就会有力量。"这当然是对的。但是他没有告诉我们偶尔的静止将会帮助我们保存这种力量。请做一个活跃的交易者吧。但是要知道，有时静止会有所帮助。

智慧种子

静止，有些时候将成为我们所能采取的最有收获的行为。有时，在行动的静止阶段我们发现我们的平衡。当我们放下所有的行动成为一个没有偏见的旁观者的时候，头脑的清晰经常会回到我们身边。我们作为交易者需要明白我们对这种阶段的需求。参与斗争固然重要，但是我们也需要不斗争的时候，哪怕仅仅是为了休息一下，恢复一下我们的感觉。每一次我们后退一步，离开市场来观察的时候，我们回来的时候会更强大。下一次市场不合作的时候，或者空气中有某种东西不对的时候，静静地待一会吧。体会一下"不行动"会使你对下一次行动应该怎样做有更好的

第二章　发展交易大师的头脑：纠正交易行为的关键

感觉。

保持静止：所有行为中的最高境界

13年的交易经验已经教会了我有时"不行动"是最好的行动，坐着比站着更合适，看远胜于做。在西方的文化里，过分强调那些永远在行动的个人，那些做的人，完全忽略了一点，即不行动有时可以代表更明智的行动。

智慧种子

行动是必要的，它是那么重要，以致我们不行动永远不可能完成任何事或在交易中赚到一点钱。但是我们已经发现很多交易者感到他们需要永远处在行动中，总是交易或者总是准备交易。这种想法是错误的，经常付诸行动对那些正在成长阶段的人来说是毁灭性的。有些时候所有行为中的最高境界就是保持静止，除了观察事情如何发展之外不做任何事情。我们没有控制市场行为的力量，在任何一天我们都不能控制几率的哪一方会出现。我们必须面对这样的现实：就是有些时候所有的系统都运转，事实上我们看到的所有的事情都在喊着机会；还会有另外一些时候，这些时候市场是那么不合作，低风险的机会很少，陷阱和与市场相关的地雷却处处可见。当我们面对后一种情况的时候，不行动不仅是最好的行动，还经常是唯一的我们能采取的省钱的方法。为了表明这一点多么重要，让我们来看一下刚刚加入我们的白原（White Plain）工作室的雄心壮志的市场参与者吧。在这里我们把他叫做"雄心先生"。

关于静止的艺术的一个教训

这是雄心先生作为普利斯坦内部交易者的第一天，他很兴奋，这可以理解。不幸的是，市场却不是很欢迎他，事实上他很生气，标准普尔期货合约在开盘铃声响起之前就跌了超过10个点，空气中充斥着围绕一个关键的政治家是否退位的猜测。但是这一切似乎都没有影响雄心先生。开盘铃声响的时候，他很快用他的崭新的50 000美元的账户在几笔快速的交易中试了试运气。这被证明是一个很大的错误。他对市场开盘前的信息的忽视使他在30分钟内就损失了850美元。哇呜！深深地吸了一口气之后，他才明白他又回到他原来的交易方式中了，因此决定平静下来。他终于开始运用我们在他2周的培训课程中所教给他的一些发现机会的技术。但是在大约2个小时后,他发现很少有交易符合我们在这种技术中所设置的标准。这就使他必须"不行动",而这一点却使他感到不安。这个家伙已经习惯了行动。很明显"静静坐着"不是他的习惯作风,我几乎可以看到他的脸上写满了失望。如果他在原来的经纪公司的话,他一定已经完成了至少10到20笔交易了。现在已经是东部时间接近中午12点了,他几乎都快睡着了。必须改变一下,即使很少的低风险的机会符合预定的交易标准,他也决定要做点什么了。几分钟之内,他就做了几笔如果遵守我们的计划就不会做的交易。一点不奇怪,这些交易都是亏钱的。仍然感到坐立不安,他又在几笔交易中试了试手气。正如你所猜到的那样,仍然是亏钱。我们在旁边看到这一切一再发生(有时你必须让交易者自己面对错误才能让他们觉得你的药方管用)。在交易的最后一个小时,雄心先生脸上的失望已经被愤怒所取代了。一小时之后交易结束,雄心先生一共赔了2950美元。

　　雄心先生那天做了他想做的事:行动,但是却是以正确的交易为代价的。他一定会告诉你,他想要获利,但是现实中他真正的愿望却是刺激。这个交易者没有意识到的是,坚持我们的标准不行动就是能够把他从他自己和市场的陷阱中拯救出来的力量。他也没有看到他所采取的"不行动"的立场不是因为胆小(胆小其实也是一个问题),而只是应用了市场不能达到的很高标准和条件的正确的交易技术。雄心先生不知道这是一种明智的"不行动"的方式。是一个能省钱的不行动。如果他能继续坚持不行动的话,他也许不能在那一天结束时向人吹嘘获得了多少利润,但是他也肯定会多带2000美元回家。我们觉得这清楚地表明了有时不行动是最好的行动。

"嗨,不要教我如何思考,教我如何交易"

　　"嗨,不要教我如何思考,教我如何交易",这是我们每次讲到要思考,而不要一成不变,没有思想的行动这个话题时类似的反应。这些急着要方法的人没有意识到正确的思考就是正确的交易。我们见得太多了,交易者认为他们可以到我们在纽约的白原(地名:WHITEPLAIN)来,接受一堂详细的日交易讲座,然后出去就立即可以赚钱、赚钱,直到他们获得足够的财富可以在法国南部消磨他们的日子,在下午喝暖暖的卡布其诺,在凉爽的黄昏打开贵重的葡萄酒。吓!也许看起来令人失望,知道做什么——我们的讲座的核心,不能保证你就会这么做。这是冷酷的现实,这就是为什么交易中"思考"这么重要。想一想吧,我们可以给交易者成功所需要的每一种工具、技术和交易战术,所有这些只需短短的3天的周末时间。对,一个

第二章　发展交易大师的头脑：纠正交易行为的关键

周末。不管你信不信，学习在市场中做什么，获得有效的赚钱战术并不是最难的部分。遵守它、实践它才是最困难的。有多少次你持有一支下跌的股票早已超过你知道应该卖出的点位？有多少次你知道不应该买进一支股票，但还是买了？在多数情况下问题就在于你能否做你知道是正确的事，而不是不知道什么是正确的。这种会给你回报的我们称之为交易的游戏，在很大的程度上是精神上的。85%是心理上的。一旦你拥有了所有的交易工具和技术，剩下的就是你思维过程的质量决定你是成功或是灭亡。我们一般不会因为缺乏知识而失败，在多数情况下，我们失败是因为我们没有足够的知识。

智慧种子

想要在市场上以交易为生的人中85%在头6个月就失败了。最可悲的是其中的很多人只是因为一件简单的事而失败：缺乏知识。毫无疑问，这些人因为缺乏知识而失败。这是失败的首要原因。然而，即使那些通过讲座、书本，或者通过多年的经验获得了知识的人在向着能使他们终生受益的层次前进的时候也会经历一个很困难的过程。为什么？因为知识是向精通交易迈进的道路上你必须跨越的第一道障碍。掌握正确的工具一定能使你比大多数的市场参与者高出一筹。这是因为大多数人甚至没有到达"知晓"的境界。但是记住，仅仅有木匠的工具箱并不能使你成为一个好木匠。无疑这是掌握木工手艺的第一步，但是只有等到你能熟练地、老道地运用每一样工具的时候你才能成为一个大师级的木匠。

对交易者而言所能获得的最伟大的工具就是他们的头脑。正确地运用头脑几乎可以保证获得一个成功的交易生涯。不能正确、有效地运用头脑将一定导致金融上的失败。不能忘记的另一点是那些拥有了全部的交易工具，像交易战术和技术，但是却有着错误的思维过程的人仍然会失败。成千上万的人可以参加普利斯坦的讲座，但是成千上万的人却不能达到精通交易的状态，不论他们支付了多少学费。而对我个人来说，我却要说感谢上帝。感谢上帝大多数人没有得到正确的知识，我甚至还要说感谢上帝大多数获得了知识的人却没有掌握正确的思维方式。为什么？因为如果不是这样，存在于那些有知识、有思想的人身上的机会就会急剧减少。坦白地说，我们还没有准备好。无知是无知者的敌人，但是其他人的无知却是那些有知识的人的力量，是那些既有知识，又懂得怎样去思考的人的取之不尽的财富源泉。

如何利用你今天所拥有的东西

不论怎样，我们感到如果我们有更多的钱、更多的时间、更多的知识，那么我们就能够做好生意，能够改变生活本身。但是我们已经有的钱呢？我们现在已经有的时间和知识，尽管有限，我们该怎么对待呢？我们是否已经把它们完全利用起来了呢？换句话说，在我们开始寻找更多的供应之前，我们是否已经利用好现在已有的东西了呢？我自己每天生活中的观察表明，我们应该小心这种在没有利用好手头的东西就想要更多的人类秉性。我认为，如果我们浪费了现有的空闲时间，我们就没有权利要求更多的时间。如果供应有限的话，额外的金钱只会挑选那些已经聪明地利用了它的人。知识，所有的当中最富有的，只会在那些已经用好了他们已有的知识的人那里增加。你会问，这些与交易有什么关系呢？那些与人类的秉性相关的都与交易有关。因为所有的人类的秉性，不论是好是坏，都会在我们每天的交易中表现出来。我们要说的就是这个。我们的责任是要在寻求更多之前，确信我们已经利用好了今天我们已有的和已知的。今天，每一个普利斯坦的成员都知道止损的重要性。我们不仅在我们每天的服务中用到它，我们还写了大量的教材，表明它的重要性，详细解释如何应用它。问题是，我们用好它了吗？我们尊重它吗？每一个我们的订阅者都知道等待正确的入市点是多么重要，不要追股票是多么重要。但是他们总是坚持这样做了吗？我们的一些交易者想要更多的推荐股票，尤其是在大量的股票不符合我们的标准的时候。但是我们用好已有的推荐股票了吗？让我们在寻找更多之前，先掌握我们今天已有的和已知的吧。

智慧种子

想要更多并没有什么错。想要更多的愿望已经成为所有人类已知的巨大成就的基础。因此，我们永远不应该为想要展开双翼的愿望害羞。但是如果我们没有完全用好我们今天已有的东西，那么我们就是犯了贪婪的罪。有抱负的交易者经常容易掉进这个圈套。在他们寻找圣杯的过程中，他们从一本书到另一本，一个又一个讲座，为了无止境地追求更多的这个，或更多的那个。更多的战术，更多的技巧，更多的窍门，更多，更多，更多。但是我所见到的这些交易者中的很多人很少坐下来列个清单，看看他们到底已经积累了多少。他们很少记录从这儿学到的战术，从那儿学到的知识用得怎么样。我们经常看到人们参加完强化的"一日交易新兵训练营"，马上想要参加"三天交易"课程，然后是"两周培训"课。他们甚至没有开

第二章 发展交易大师的头脑：纠正交易行为的关键

始消化，利用或者最大程度地使用他们已经获得的知识。他们也不允许它去生根，长成任何有意义的东西。但是他们想要更多。如果我们没有对我们自己证明我们能利用已有的知识，我们又怎么能知道我们能用好更多的知识，更多的智慧，更多的交易战术呢？最大化今天所拥有的。马上把你已经学会的交易技术列个清单，然后尽力去用它，我的朋友。把它用尽，然后，只有这时，你才有权利要求更多。

过去是不是挡了你的路

有一条非常发人深省的格言说："如果你不知道你从哪里来，你就不会知道你要往哪儿去。"这话听起来很正确，如果我在上初中的时候知道这句话，也许我会在历史课上集中精力。我对纳狄罗女士很抱歉，她是我六年级的历史老师。但是过去总是有价值吗？这是你应该虔诚地尊敬、崇拜、珍爱，带在身边的东西吗？我不能肯定。事实上，我情愿说答案是"不"。至少不总是。尤其是涉及交易的时候。我知道这比较复杂，因为即使在交易中，一个人也可以从过去的错误中学到很多。甚至有少数时候我们因为从过去中学到的东西而获利。但是对交易者来说，保留太多的过去可能会导致严重的麻烦，事实上可能是致命的。主要原因来自这样一个事实，85%的交易是心理的。我们可以拥有所有的战术、技术、提示和窍门，但是如果我们的情绪不对，如果我们没有了镇定，没有了正确的、必须的清醒头脑，我们就会毁灭自己。以一个已经连续损失四次，正在市场中寻找平衡的交易者为例。如果过去的四次交易不曾发生的话，这个交易者一定能够开始第五次交易。他或她不能承受让"过去的"交易史影响到将来的交易。如果第4次交易的残余保留到了第5次交易，交易者已经有障碍了。即使不与过去的交易做斗争，只面对当前的交易，要想成功交易已经很难。现在必须像一个新生儿一样干净、纯粹和清白。为了做到这一点，过去的损失必须像是桥下的水，洒出的牛奶。表明我们过去受到的损失污染的标志有以下几种：

1. 长时间的犹豫，其实是隐藏的想要确定性的愿望。
2. 害怕扣动扳机，其实只不过是想知道得更多。
3. 过快地获利了结。
4. 没有止损。

因此，记住，过去也可能是一个敌人。

智慧种子

　　成功的交易者是一种平衡。为了能在交易的世界里自由地活动,我们必须小心地平衡很多事。我们平衡经常同时出现的好消息和坏消息。我们必须平衡来自分析家的对立意见,来自技术指标的矛盾信号以及来自我们内心深处的冲突情感。所有的都与平衡有关,当面对过去的时候也一样。对于一个交易者,无疑过去很重要。在某种意义上,它是我们最伟大的老师和"墙上的一面镜子",永远告诉我们关于我们自己的真相。但是在另一种意义上,它也会成为我们的大敌,一个能在一瞬间摧毁我们未来的敌人。简单地说,保留太多的过去是有害的。这就是需要平衡的地方。我们不能过分重视过去以至于它蔓延出来,污染了我们的明天。过去只能是一扇可以看到以前的窗子,而不是一扇能看到未来的窗子。或者说,它只能是用来上紧皮带的工具。但是一旦皮带上紧了,这种工具就应该放下了,因为它不再有用了。交易者必须学会在每一次开始新的交易的时候放下过去。当我们处理目前的种种因素的时候,没有过去的位置。让我们把包袱放在家里。在交易日里,我们必须轻装上阵。

打破痛苦和高兴的循环

　　像所有的投资者一样,在我交易初期的那些脆弱的年代,我总是在极度的痛苦和高兴之间摇摆。当我赢了的时候,或者经历连续几次的获利交易之后,强烈的成就感就充满我的胸膛,那种称为"高兴"的感觉的顶点,就会拥抱我的整个身心。在那样的时候,我沉醉于我的成功,感觉自己就是交易之神。但是当我经历失败的痛苦的时候,我就会心情沉重。我的身体感到痛,一种深切的失望占据了我的整个世界。这时所有的一切都变得黯淡了,先前的成功带给我的生活的美好立即沉入无边的黑暗之中。然后,突然,几次成功的交易又带回了我的信心,并且,再一次,希望的灯塔又在前方闪耀。换句话说,又开始了一个新的循环。很多年以来我都是这两个主人——痛苦和高兴的奴隶。有时我经历一种情绪多于另一种情绪,但是我总是发现我自己经常造访他们两个。但是最终,非常缓慢地,这两种极端的情绪开始放松了对我的控制。起先,我感觉很奇怪,每一次我失败,我意识到那种痛苦不再那么尖锐,不再是强烈得无法忍受。我好奇地看着我的沮丧让位于一种平衡心理。因此我对于交易的成功感到的高兴也变得少了。经过仔细观察发现伴随每一次成功到来的精神的和心理的高涨逐渐趋于平静和安宁。不久之后,我发现我自己的交易

第二章　发展交易大师的头脑：纠正交易行为的关键

跃升到一个新的水平——一个更高的水平。这种经历教给了我有价值的一课。你看到了，交易者不被结果所影响是很重要的。我们中的很多人没有意识到任何交易的结果都不应该影响我们思考和感觉的方式。真正的交易者，那些因无数的市场经验而成熟的交易者，经历任何一次交易都不会为之所动，总是保持平静。这种成熟的交易者知道结果不如过程重要。他们意识到赢或输都仅仅是他们选择的副产品。当我们专注于交易的每一个元素的时候，而不是把我们的注意力集中于每笔交易的结果是什么的时候，我们就立刻把自己从痛苦和高兴的循环中解放出来了。只有这样我们才有希望达到精通交易的水平。

智慧种子

大多数人花费他们一生的时间追求幸福和避免痛苦是一个不争的事实。这种人类行为的形态也在交易者的世界里找到了它的一席之地。作为交易者，我们在每一个交易时间里尽力避免损失，尽我们的全部所能去追求赢利。尽管这是一个非常自然的愿望，交易者还是必须设法从这种双重的挣扎中脱身出来。为什么？因为在现实中，这是一个陷阱。让我们来解释一下。"千里之行始于足下"，对吗？老子是这么说的。但是在某种意义上，他没有说全。他没有提到就是如果我们的每一步都是正确的话，这个行程就只会通向成功。我们都想到达那个叫做成功的远方的终点。但是每一步该怎么走呢？你感到了这种微妙的差异了吗？如果我们简单地集中注意力于确保我们的每一个选择、每一个决定都是正确的话，成功会自然而然到来。我们一定不仅想要成功，我们还渴望成为一个成功者。一个成功者就是那个小心走过行程中的每一步，确保它是正确的人。那个想要赢（成功的旅程），而不去努力走好通向成功的每一步的人是一个真正的贼。他或她想要不劳而获。这个人想要果实却不想种树，如果你不多加小心的话，这个人就会潜入你的世界，寻找免费的赠品。"嗨，你有没有什么好的建议？"我们的学生知道我们相信要把想赢的愿望换成想成为一个成功者的愿望——真正想要做好交易的每一步的愿望。分析、思考、决定、选择时机、买入、初始的止损、心理平衡、等待、调整止损点、卖出，等等。我告诉他们，只要各个部分（每一步）是正确的，交易的最后结果（终点）并不重要。我告诉他们不要去学那些靠运气赢的人、靠消息赢的人、赌传闻的人和在收益报告的前一天下赌注的人。我告诉他们如果交易的每一步是正确的话，成功就会自己到来。这就是成为一个成功者与追求成功的微妙差别。我们每一个人都必须记住这一点。在交易开始和结束之间有巨大的空间。不要去关注它可能在哪儿结束，而是应该确保中间发生的每一步都是正确的。

正确的技术产生正确的直觉

一个《纽约时报》体育作者最近写道:"教给一个棒球运动员直觉,就好像是用叉子喝汤。不可能……"在交易中也是一样。直觉尽管很重要,但是却无法被教给或传递给交易者。它必须通过无数的情况和多年的经验慢慢建立,逐渐发展起来。可以教会的是正确的技术。一旦交易者发展了一种技术,一旦他们建立了一个能获利的交易工具和战术的弹药库,直觉将会通过多次使用这些工具和战术而建立起来。换句话说,直觉是不断应用正确的战术而产生的一个副产品。我们举办高级的 1 天和 3 天的交易新兵训练营的时候,就是我们出发的地方。我们教授大量的交易生存技术和大量的像游击战一样的交易战术,不仅是为了产生利润,也是为了能够逐渐培养出高水平的职业直觉。直觉,职业的直觉,是真正的专业人士的标志。很多交易者面对的问题是他们应用了错误的技术,因此培养出错误的直觉。我相信不用我说,对于一个市场参与者来说没有什么比有错误的直觉更危险的了。交易不是一门精确的科学,因为它要求艺术的成分,由正确培养出来的直觉所驱动。在我们指导下的交易者经常问我们:"你怎样能知道在精确的时间了结这笔交易?"或者"恰好在它爆发之前介入?"更多的时候,我们的适时操作是一种微妙感觉的结果,一种轻轻地拉动你的大脑和神经系统的安静的暗示,产生了在精确时间内的正确操作。有时因为我们想要把这个过程表达得更充分一些而感到很沮丧。但是我们确信我们的交易者最终能够建立这种直觉。为什么?因为他们正在实践着正确的技术。

智慧种子

交易战术和技术是自行车的两个训练轮。在我们获得熟练的过程中,它们帮助我们保持平衡和指导我们。一旦达到了熟练,我们就不再需要训练轮了。那时,我们将获得交易者的主要部分,或者说是直觉,而直觉是不能够被教会的。这些直觉将帮助我们知道什么时候某种策略应该改变、忽视甚至违反。事实上,我们永远都不能把市场放在一个密封的小盒子里。规则不能够被严格地运用到市场的行为上,而战术和技术就是试图这样做。但是这并不等于说战术和技术没有价值。交易战术和技术,训练轮,非常有价值,因为它们指导我们的行动。它们使我们的反应系统化,训练我们的头脑如何思考。但是经过长期的使用之后,交易者将会开始发展我们称之为第六感的东西。这种第六感有时会从严格的技术所指引的道路中分离出来。它将促使交易者在他们应该改变或打破某种规则的时候去改变或打破规则。当这种

第二章　发展交易大师的头脑：纠正交易行为的关键

第六感开始形成的时候，就是交易者进入了更高的熟练境界的一个标志，一个需要更少的死板的境界。在这种境界到达之前，为了保护他们不受情绪和心理的阴暗面的影响，交易者有必要严格地遵守规则、战术和技术。但是当直觉——第六感出现之后，交易者就几乎进入了不需要技术的境界，在这里直觉起着统治的作用。

一点多疑对灵魂有益

我相信一定程度的多疑是成功的必要组成部分，我发现在任何活动中几乎都如此。在交易者成长的几年里，我相信它实际上是成功的必要前提。有太多寻找快速致富和一种简单地对他们世俗的朝九晚五的牢笼逃避的人无畏地跳进了市场中，而没有尊重市场的破坏力量。害怕，至少在开始的时候，是一种聪明的表现。有一些多疑是交易者对市场力量的尊重。历史清楚地表明了莽撞和冒进，不尊重对手，最终会面临灭顶之灾。低估市场可以对你做的事，尤其是在你的成长阶段，会导致破产和贫困。很多以前的交易者只有在现在才完全了解市场是一个巨大的使人敬畏的机制。

害怕由无知产生，但是初学者不害怕却是太无知了，以至于不知道他们的无知。

——奥利弗·瓦莱士

在交易者的成长阶段，很容易掉进无数正等待着那些缺乏指导和正确工具的人的陷阱和圈套中。这就是为什么一定程度的害怕可以是有益的，一点多疑可以拯救我们。但是当经验产生出更多的知识，知识又产生出更多的力量的时候，害怕和多疑就会让给深深的力量感。逐渐地、静静地，曾经是一个险恶的敌人的市场就会变成一个忠实的朋友。到那时，一切就好起来了。如果你学会尊重市场，最终它也会尊重你。

智慧种子

害怕是一种对我们非常有用的本能。有无数的关于市场的书致力于消除恐惧，在我看来是不对的。害怕不是一种应该被消灭的东西。正确使用的话，它是一个朋友，而不是一个敌人。就像任何的其他工具，它必须被理解和正确的使用。当我们面对危险的时候，害怕可以使我们以最快的速度逃跑，或者猛烈地还击。当它提高了我们的警觉性，最大限度地调动我们的能力的时候，它就服务于正确的目的。害怕对于那些处于起步阶段的新手来说尤其重要。它会使他们保持警惕和小心。当需要出击的时候，它会加快他们行动的速度，提高他们对危险的警惕性。简单地说，它使他们免于麻烦。但是最重要的是,害怕使交易新手不会犯最严重的错误:不尊重市场的毁灭力量。如果说有什么人需要完全理解这种力量的话,就是交易新手。那些因为不尊重这种力量而被永远逐出市场的交易者多得数不过来。我们情愿指导一个过于害怕的交易新手而不愿意指导一个根本不害怕的交易者。前者有幸存的可能性,而后者则是将会发生的统计学数字而已。

我们交易的是人,而不是股票

精明的交易者必须永远记住,我们作为交易者,真正交易的是人,而不是股票。太多的市场新手没有意识到这一点。因此,他们永远对为什么股票总是与理性相悖感到困惑。股票自己不能做任何事情。它们的价格是由人们的看法所决定的,正如你所知道的,人们的看法完全是由他们的情绪来决定的。就是这些情绪,主要是恐惧和贪婪,通常使股票在上下两个方向延伸得太远。当世界看起来愉快而舒适的时候,贪婪就主宰了大地,股价就会远远超出它们的合理水平。这时就是许多传统的华尔街分析师开始迷惑、失望甚至愤怒的时候。他们不理解为什么股票不像他们所用数学方法计算出来的那样运行。如果他们明白股票自己没有生命,他们就不会感到困惑了。当主流的态度或情绪由贪婪转向恐惧的时候,股票就会由同一群人推动远远跌出合理的范围。这时就是那些永远的乐观主义者感到迷惑和失望的时候,因为他们不理解为什么股票没有很快回到原来的价位。这种频繁的从过分的失望到过分的乐观的大范围的波动从没有停止过,也永远不会停止。正是这种波动产生了宏观或微观的时间框架中的机会。它也使新人不断进来,被击败的旧人不断出局。了解了这些精明的交易者培养了知道什么时候一种情绪让位于另一种情绪的本领。这就是交易最简单的表述。而不是知道什么时候股票的收益好于预期,或者试着猜测什么时候公司会宣布一种新的产品。全都是关于人和他们的情绪,这也就是为什么阅读图表对我们来说如此重要。资产负债表和损益表呈现的是过去的情景,一个人们已经从情绪上反应过了的过去。而另一方面,图表作为一个活的地图,逐笔交易地构建了参与者目前的心理状态。在我们看来,这才是活跃的交易者最终的工具,那些参与短线交易而没有图表的人处于非常不利的地位。

智慧种子

我们作为市场参与者,交易的是人,这是一个不可忽视的事实。我们不是交易股票。在我们的所有认识中,这一点在我们的头脑中是最重要的。那些把市场看作

第二章　发展交易大师的头脑：纠正交易行为的关键

是人，而不是数字或者电脑上的二进制的脉冲信号的人更有可能到达精通交易的境界。他们可以更好地理解在突然的价格波动背后的原因，从而使他们处于更有利的地位来利用这些波动。真正的大师从来不会忘记每一次交易的另一面都有人在做相反的事。但是因为股票交易大师是真正的大师，因此那些与他们的交易相反的人通常都是替罪羊。明白你是在交易人，你就有可能进步。没有意识到这一点，你就有可能成为下一个替罪羊。

积极的精神状态令你与众不同

在股票市场获胜有三种主要的因素：头脑、方法和资金（MIND、METHOD、MONEY）。《交易为生》的作者艾尔德博士把这叫做"三个M"。尽管三个中的每一个都很重要，但是头脑是其中最重要的一个。因为没有一种胜利的态度，没有正确的心理状态，没有必要的冷静头脑，即使是用最完美的方法也可能会亏钱。事实上，一个胜利者更多的是由头脑的素质所决定，而不是由方法或资金决定。这就是为什么有获胜的态度和错误的方法的交易者仍然会产生正面的结果，而那些有着失败者的心理状态的交易者即使用了一种优秀的方法仍然会磕磕绊绊。你不这么认为？那么你认为是什么原因使一个交易者连续赢得6笔交易，而另一个却经历了连续8次的失败？怎么会一个交易者用了一种每日通讯赢利，而另一个交易者同样是使用它却亏损呢？你认为什么原因造成一个人买了XYZ的股票而获利，而另一个人同样买了XYZ的股票却亏损？很简单，区别之处存在于头脑中。我所见到的一个最富革命性的格言是这样说的："一个人心里想象他是什么样，他就是什么样。"这条普遍适用的格言同样适用于交易者。观察那些获胜者的态度，你会发现一种难以置信的自信和肯定。尽管大多人错误地认为获胜者自信和肯定是因为他们获胜了，真相却是获胜者不断赢利正是因为他们自信和肯定。对那些每一笔交易之前想象自己亏钱的交易者来说，再好的方法也不管用。对那些总是在心里认为自己"不管我碰了什么东西，都会把它弄得一团糟"的人来说，再多的钱也救不了他。作为可以做出选择的个体来说，在我们接近这个我们称之为交易的神圣活动之前，我们必须选择一套较高明的想法。如果你认识到这个简单的事实：你不是你的结果的话，你就不会失败，甚至不会感到失败。你创造了它们，也就意味着如果你不喜欢的话，你有能力改变它们。每一个专注的交易者都可以在最高境界有一席之地，但是第一步是必须相信这一点。第二步是开始像那样去行动。想一想这个角色，然后表演这个角色，剩下的事情就会不可思议地自己到来。但是不要相信我的话，只要去尝试。

智慧种子

　　头脑，或者我们可以说是态度，在交易者的成长时期会使一切变得不一样。如果你发现这很难相信，所有你要做的就是找到5个失败的交易者（这应该不是很困难），记下他们的态度。你会发现每一个交易者用他或她自己的方式失败，但是他们的一个共同点却是对市场的不好的态度或者说是一种不正常的心理状态。错误的思维方式的结果是他们的每一次操作都缺乏力量和决断。他们的决定很无力，他们怯懦的望出去的眼神表露出恐惧。如果你又找到5个成功者，你将会立刻感到一种完全不同的思维方式在起作用。这些交易者好像是从另一个世界来的一样。他们坐在椅子里的样子几乎像帝王一样。在他们等待下一个交易机会的时候，他们的眼神是凌厉的、清晰的和有力的。他们的动作深思熟虑，他们的决定简洁明快。尽管他们全部心思都在手头的交易中，但是他们仍然看上去轻松、舒适。当他们赚钱的时候，他们不必大声叫嚷让世界上的人都知道，因为对他们来说一点都不奇怪。很多人会错以为这些交易者是因为赚钱才有这样的精神状态，但是事实远非如此。仔细观察会发现他们因为有这样的精神状态才成为成功者的。这些自我奋斗而成功的交易者不是因为赚了钱才有积极的态度，因为他们敢于有积极的态度才赚钱的。记住这一点。

带着看法交易

　　你对市场的看法是什么？你是否把市场看作是很少被参与者了解的一团无序的混乱？或者，你是否把市场看作每一次你冒险进行一笔交易的时候所面对的敌人？在你眼里，市场是敌人还是朋友，是好的还是坏的，是建设性的还是破坏性的？这些都是非常重要的问题，因为它们揭示出我们接近交易这门艺术所持有的态度。积极的市场专家花费大量的时间来磨炼他们的技术，完善他们的交易策略，发展新的技巧。但是很少有人了解正确态度的重要性。把市场看作某种想出来吃你的巨大的怪物的话，会怎样呢？你的每一个决定可能都会小心翼翼，缺乏决断。你的每一个行动都表现了软弱并且缺乏持久的效果，在你头脑里所创造出来的怪物会不时出现在你去救济院的路上。因为缺乏更好的表达，我用了两个流行的词来描述市场，"各种可能性的竞技场"，我的"体育场"。这是唯一真正得靠我自己的地方，尽管有时完全的独立让人害怕，但是我很高兴命运掌握在我自己手里，而不是其他的什么人。如果我失败了，是因为我自己。如果我成功了，我就不亚于一个神。市场不

第二章 发展交易大师的头脑：纠正交易行为的关键

是迫害者，我的朋友。相反它是一个解放者，并且也应该被看成这样。市场中蕴涵了我们每一个愿望实现的可能性，但是这种可能性必须去发掘、争取，而不能靠乞求。因此下一次再有人问你"市场对你怎么样"的时候，你应该这样回答："不，你的意思是'我对市场怎么样'吧？"作为一个精明的交易者，市场就是你的世界。带着看法交易吧，我们就是这样做的。

智慧种子

我们以什么样的看法接近市场会以一种很有趣的方式变成我们对市场的体验，在某种意义上，它就像是一面镜子反射出我们的优点和缺点，揭示出我们深藏的对世界的愿望。如果担心市场不会像对待一个朋友一样对你，那么你就给自己招来了一个永远不会离开的敌人的愤怒。把市场看成一个你可以从中获得不定量数目的金钱的地方，那么你就很有可能把你的每一个物质愿望变成现实。每天我醒来的时候，我都要提醒自己，市场只为一个理由开放，这个唯一的理由就是：让我能够赚钱。在我眼里，每一个参与者的目的都是为了要做我的交易对手，当我想要他们的股票的时候，他们就卖给我，当我想要卖掉股票的时候，他们就接手。这也许听起来过于自大了，但是我把市场看成是我的世界，我从其中得到的结果也强烈地暗示我是这样。

每日的精神食粮

我们提供了几个关于每天使用的词、行为和情绪的一些想法，以此来揭示出它们在你每天的交易中所扮演的角色。我们鼓励你经常去重读一下，这是为了使你保持心理健康，警惕那些困扰所有积极的市场参与者的情绪陷阱而特别设计的。

1. 思考。太多了不好。可能多数人觉得听起来很奇怪，但是大多数的交易大师已经超越了思考的需要。只有当你问他们为什么要做某些事的时候，他们才会停下来去"思考"。以我的经验，那些最好的交易者甚至不能正确表达他们在做什么。也许是因为他们是"行动者"，不必再去考虑正在做什么了吧？

2. 想象。如果你想象的话，可能是一个问题。想象是一种与非现实世界有关的品质。但是成功的交易者坚持根植于真实的、现实的东西。他们经常考虑是什么，而不是可能会是什么。他们不去想象、猜测或者希望。他们仅仅考虑事实，对事实做出反应，一秒一秒，一分一分，几乎没有想象或观点。

3. 害怕。害怕是明智交易的大敌。它不仅损坏头脑，损坏的头脑又会去损坏判断过程，而且侵蚀对于老练的交易者非常重要的直觉能力。害怕是一剂毒药，破坏把事情做好所需要的品质。它是一个非常重要的（如果说不是最重要的）成功的阻碍。

4. 贪婪。这个词可以用这句话来很好地表达："牛和熊赚钱，但是猪不赚钱。"本垒打者应该留下来打棒球。想要得大分在交易中不适用。并且，这样说可能使人吃惊，想赚大钱是新手的标志。成功的交易大部分是数字游戏。不是每次赚 10 000 美元，而是要赚 10 次 1000 美元。相比于 10 000 美元，1000 美元的收益来得更快，风险更小，也更确定。

5. 信息。越少越好。太多的信息刺激想象，而你知道想象是不好的。观点开始形成，不知不觉中你就与消息发布者的观点一致了。永远不要忘记信息的重要性不存在于信息本身，它的重要性在于其他人对信息作何反应。

6. 期望。太多或太高的期望无疑是新手的符号。有理由的期望是可以的，但是必须是安全的期望。过分热烈的期望总是为那些不知道他们在做什么的人所有。它们是那些还没有经历过在获得成功的路上的一个接着一个的困难和艰辛的人的标志。你指出一个有过分期望的交易者，我们就能告诉你他是正在学会如何尊敬市场（以一种困难的方式）的新手。

7. 过分分析。瞎忙会阻止行动和提高不确定性。分析就是挑出，分离。想一下这个事实，一朵玫瑰一旦摘下来就不再是玫瑰了。我认识的每一个成功的交易者只有几个基础的非常简单的方法决定他们是否应该买、卖、持有或者忽略。他们不会使事情过分复杂化，他们总是愿意做，然后看看会发生什么。

8. 希望。希望是一个危险的东西，尤其对交易者而言。它是那些有持有亏损头寸习惯的人的头号敌人。在这种情况下，恰恰是希望在该采取行动的时候使你不去行动。它在一个人最不该坐等的时候助长了安逸和自满。希望就像是一副麻醉药，夺走了人们合理推理的能力。那些希望的人对事实视而不见，他们总是受那些靠出售希望谋生的人的支配。如果让我选择的话，我愿意成为一个卖希望的人，而不是买希望的人。交易的时候，要像避免瘟疫一样避免希望。

第三章 损失：拥有交易能力和成功的先决条件

逆境的力量

13年前，在20岁刚刚成熟的年纪，我经历了我的第一次股票交易。这是一笔亏钱的交易，但是从那时起，我就知道我找到了我的快乐，我的爱，一句话，我生活的目标。那种激动、那种忙碌，甚至是痛苦都使我感到我找到了如那句话所说的，"你穿着衣服所做的最有意思的事"。尽管我在开始的阶段是一个令人沮丧的失败者，但我一点也没有被吓倒。为什么？因为我不允许自己被吓倒。我决定去征服市场，以我自己神秘的方式学习。但是我将首先承认我付出的学费是非常高的。在我开始持续的进步之前我花费了6年的时间。我是不是非常沮丧？当然。被打败？不。有时我是那么接近最低点，唯一可能的其他方向就是上涨，然后它就上涨了。在某一个时刻，我开始获得了一种有节奏的步伐，带领我迈向光明地带——那一个我感到我从来就在那儿的地方。两年之后，我发现自己能够经常从市场中获得巨大的利润。我成为了一种需要重视的力量，而不再是一个受害者。现在，我每天都被人问道："你把你非凡的市场成功归结为什么原因呢？"我的回答总是一样的："我今天是一个成功者因为我昨天是一个凄惨的失败者。"最终是那些失败的交易促使我发现了我今天还在用的每一个战术、战略和技巧。回头看，对这一点我看得更清楚。我的那些成功的交易把我送进本地的酒吧向朋友们吹捧，我要加上一句，这是一种无利可图的活动。而那些失败的交易把我送回到绘图板旁边——一种特别有利可图的活动。现在，我把这些告诉你是为了告诉你我所能提供的最有价值的一条建议。那就是逆境——损失——是市场能给予你的最大的财富。损失不过是伪装的机会罢了。每一个错误、每一次失误都为交易者提供了一个消灭一种缺点，打败一个魔鬼的机会。从今天以后，我鼓励你开始一个"失败者的旅程"。记下每一笔失败的交易，使用代码、日期、买入点位、卖出点位和买入和卖出的理由。一旦你积累了5次以上的损失，再回头看看，研究一下，寻找它们的共同之处。相信我，一定会有共同之处。一旦你找到了它，毫不留情地消灭它。当这些做到足够多的时候，你的问题就不再是损失钱的问题了，而是缺少那些能让你从中学到更多的失败的交易的问题。

智慧种子

我做交易已经有13年多了，但是直到最近我真正懂得我所遭受的那些失败和挫折阶段的价值。那时我觉得我是在为我的生活而奋斗。现在我明白了这个阶段是帮助我来赢得我的生活的。我的失败使我彻夜不眠，研究、纠正和修改我的思维方式和我的方法。它们激发我去除掉不适用的，加强适用的；现在，回头去看，我真的可以说那些年的经常的失败构成了我现在还在享受的美妙的成功的基础。如果我只能有一个愿望，我会希望每一个有抱负的交易者都能够形成一种成熟的认识：失败并不是敌人。对你的失败不采取任何措施才是真正的敌人。

使你的损失为你服务

通向精通交易的路常常是一条布满了无数危险的旅程。一个有抱负的交易者所必须忍受的危险、失败、考验和磨难足以挫败和毁坏大多数敢于踏上这条路的人的精神。很遗憾，我们这么快就假定那些已经有完美的技巧，能够以令人难以置信的灵活性控制市场的人是因为他们的一些天生的禀赋和天资而获得的。这与真相太不相符了。痛苦、失败、挫折、困惑、不确定、矛盾，这些都是教给我们提供到达理想的成功所必要的教育的老师。每一个今天享受了一定程度的成功交易者昨天都曾经经受过一个失败者的痛苦和折磨。我们，作为人，就是不会从我们的成功当中学会更多。只有我们的失败会照亮我们的道路，为我们指明方向。我们知道永远不要去触火，因为在我们年轻的时候，某一次我们曾经被灼伤过。交易也一样。我们只有在学习了所有输的方式之后才学会如何去赢。这是托马斯·爱迪生尝试发明灯泡的时候所用的方法。所以我给你的问题是这样的：你对你在市场上的失败做了些什么？它们是不是被毫无价值地浪费了？或者它们作为有价值的例子教会你不要做什么？记住，只有首先向后退一步，我们才能向前跳得更远。

第三章 损失：拥有交易能力和成功的先决条件

智慧种子

可以理解，我们花费大量的能量和精力试图避免损失和损失所带来的痛苦。但是我们是否曾经停下来想过失败的伟大意义呢？难道不是通过多次的失败我们才确定我们的行为需要改正？失败的痛苦以它最原始的状态提供了针对个人的改变信号。每一次我们触犯了法律，它就会以毋庸置疑的方式告诉我们的行为需要显著的改变。这就是我们为什么通过失败成长，经过痛苦而更加优秀。这些不适促使我们行动，去掉我们的麻烦，做点什么。没有挫折的折磨和由此产生的痛苦，我们很怀疑我们的交易者能够成长。学会尊重失败，因为恰恰是它以某种奇怪的方式，引导你走向你向往的未来。

小的损失：交易大师的证明

在市场中损失钱永远不会是一种愉快的经历，但是如同所有的聪明的交易者知道的那样，它是——而且将永远是——交易的一部分。太多的过分乐观的新手竭尽全力——更不用说它们宝贵的金融资源了——去寻找能永远去掉等式的损失一边的完美的投资方法或者交易系统。不用说，这些人只是在欺骗他们自己，因为圣杯在现实的生活中不存在。事实上，大部分交易者的成功仰仗于他们如何控制损失，而不是如何去除它们。更有意义的是，成功的交易会照顾好它们自己，因此，仅仅集中注意力关注如何控制损失的精明的交易者将会永远出现在最顶端。简言之，损失是一种艺术，如果我们想要达到高水平的精通程度，我们就必须掌握它。为什么？因为我们作为交易者的职业不是由成功的交易来衡量的，而是由我们如何熟练地让我们损失在"可控制的范围内"来衡量的。学会如何专业地损失，其余的细节就会自动地各就各位。你可能会问，那么什么是一个专业的损失呢？当然是一个小的损失。请记住这个概念。它的潜在的含义远远比大多数人认为的更有价值。

智慧种子

有人说在成功的交易者和失败的交易者之间的差别可以用八分之一和四分之一来衡量。如果真是这样，并且我们也相信是这样，对损失的管理就是在成功者和失败者之间的全部差别。让我们来面对它吧，对交易者来说幸运地进入获利的交易是很平常的。事实上，在牛市中，一个人可以经常幸运地进入赢利的交易中，仅仅因为水涨船高。这把我们引入一个无法回避的事实，就是获利的交易不总是交易者是成功者的真正标志。事实上，只有一个职业的标准：小的损失。无论新手多么幸运，关于他们的真实情况可以通过看一看他们的损失的大小来判断。另一方面，无论职业交易者那时多么失常，如果他们的损失保持很小的话，你都可以肯定他们是真正的高手，这就是我们要说的。你可以假装是一个成功者一段时间，但是你不可能假装或很幸运地始终一贯地保持很小的损失。这种标志只能属于那些精明的人、专业的人和成功的人。新手不可能始终保持损失很小。这需要太多的技巧和自律才能实现。他们可以偶然很幸运地获得大的收益，但是他们的损失每次都会使他们丢尽面子。成功者的标志不是他们如何获利，而是他们如何损失。如果学会控制损失，你甚至不用去寻找成功。成功会找到你的。

市场怎样对我们说

正确地看待市场，就应该把它看成一个朋友——一个不会像我们平常了解的方式说话的朋友。这个朋友不能坐在一张椅子上，告诉我们它想要打断它的平稳的走势的计划。它不能说出它想要发动一个猛烈的不期然的以下跌的意图。它能够做的就是通过行动来警告我们。作为一个朋友，它以失败的形式来对我们说——强力5[美国在线（AOL），花旗集团（C），通用电气（CE），通用汽车（CM），和微软（MSFT）]没有保持领先水平，或者尝试在2或3天后重新上涨失败。或者，没有与历史上有效的强势时期——如年末的圣诞老人现象——对应，也是它的语言的一部分。这就是它与我们交谈的方式，这就是它警告我们的方式。这就是它通过失败告诉我们的方式。难道这不是很有趣吗？市场使用失败的语言来传播它的福音。那些足够警惕和精明的，较早接受这些信息（说起来容易，做起来难）的交易者将会生存下来，或者至少成为那些最顺利的人。因此，下一次市场直截了当地拒绝去做"应该"去做的事的时候，想一想，这可能是一个友好的疲劳的信号，赶快离开市场吧。

智慧种子

每一个交易大师都已经学会如何破解市场隐藏的信号。如果你仔细观察他们，会发现没有什么能逃过他们锐利的眼睛，不论市场发生了什么，这些大师都知道如何去解释它。他们的秘密是什么呢？他们是怎样做到这些的？他们的秘密就存在于他们理解失败的能力。如果他们买的一支股票应该以某种方式表现，但是它却突然以另外的方式表现了，在这个过程中使他们遭受未曾预料到的损失，他们不会哭

第三章 损失：拥有交易能力和成功的先决条件

相反，他们会说"谢谢你"。为什么？因为他们知道市场通过失败的方式警告他们。如果一个可靠的技术规则突然失败了，他们也不会开始怀疑技术分析的有效性。相反，他们把这看作市场友好的对他们使了个眼色，警告更险恶的情况将要来临。假定一个经过证实的交易策略突然失去了精确性，你认为他们会抛弃它吗？不会。他们把这看作是市场在轻声说，"我只想让你知道，我的朋友，我又一次改变了我的性格。你明白了吗？"每一个希望达到精通境界的有抱负的交易者必须学会这么做，他们必须学会理解失败的语言。这是市场能与我们交流的少数几种方式中的一种。

如何迷失了你成功的方向

在我多年的交易中，我所学到的最有价值的教训之一是：问题可以变成好事，只要我们允许它们使我们发生改变。这是因为在每一个问题的内部都存在着我们所需要的答案。想一想下面的例子吧。尽管我们可以每天报告我们所选的许多股票都有可观的短期收益，我们还是经常会遇到很多从来没有进入过这些2美元、3美元、4美元的获利交易的订阅者。如果我们所选的四支股票中的三支都获利，他们几乎总是会持有那一支亏钱的股票。尽管不能买入我们推荐股票的全部产生了选择的必要性，一个人还是不能无视这样的事实：即简单的数学平均的法则仍然表明交易者应当经历很多这种获利的交易。令人振奋的是他们的问题实际上包含了他们的答案。近距离的观察可以发现这些有意识的或无意识的规避或害怕的共同特性。例如，交易者可能发现它们自己避免那些价格超过50美元的股票，或者那些属于互联网行业的股票不被考虑——某种阻止了成功交易的选择，和某种必须被找出来的东西，因为它们就是问题的答案。我们必须做的就是训练我们自己跳出盒子思考问题，几乎以一种违反常情的方式思考。如果我们避免那些在上午跳空高开的股票，但是我们在亏钱，那么答案就很明显。买入那些在上午跳空高开的股票。如果高价股总是那些高质量的头寸之所在，并且你发现自己总是避免它们，那么，同样，这就是你的答案。买入高价股。获利的交易就在那里，如果你没有得到你自己的一份，就让你的损失来揭示出需要改正的地方。如果允许的话，你的损失可以说出很多东西，只要你去听。

智慧种子

我们所经历的每一笔损失都会告诉我们一点关于它们自己的东西的。把足够多的损失放在一起，它们将会揭示出比你喜欢的人所知道的更多关于你的情况。既然交易者永远不能消灭损失的经验（这是生活经验中的永恒的一部分），他们必须学会利用它去寻找藏在每一笔损失深处的宝石。这颗宝石，或者说教训，将包含能精确地揭示出下次必须改变的东西的重要信息。如果你感到迷惑，答案总是可以在你的损失中找到。决心从今天起决不允许不从中提取到它所携带的金子。让从所有损失中寻找宝石变成你的"伟大的执着"吧。这样做，你的伟大的执着会引导你走向伟大的交易生涯。

让每一天都是新的

每天我都能听到一些交易者被最近的损失击垮了精神。既然市场会不时出现困难的时期，我能够想象今天读这本书的很多人除了一些帮助之外，都还需要一点鼓励，而这些是我们很愿意给予的。对这些特殊的人，我要说：一个交易者的生活应该每天都是新的。如果那种很难达到的高水平的成功是你真正想要的，你必须培养一种能力——忘记过去的失败，或者更精确地说，忘记它们所带给你的沮丧，同时保留它们所带给你的有价值的教训。应该知道，只要你从中学到了它所要教给你的教训，每一次你的失败就是你在将来少犯一次错误。这样看，你的损失事实上就是你的力量，你的错误就是你将来成功的另一面。我经常对于交易者在几次亏损的交易之后就那么轻易地放弃感到吃惊。但是经过一些思考之后，我就不那么吃惊了。在任何领域里的伟大都存在于一个人坚持到所有的障碍都被克服之后的能力。"普通"的人完全缺乏这种决心，这也就是优秀和伟大为什么如此稀少的原因。今天我们的表现年复一年超过了市场的表现，是因为昨天我们是失败者，但是一些从错误中汲取了教训的聪明的失败者。今天我们享受其他在我们的领域里的人只能梦想的市场精确性，是因为多年之前我们就知道不必为犯错误感到羞耻，只要你从中得到了教训。每一次失败，每一笔损失的交易里，都有一颗宝石，使你更接近富裕的宝贵的一课，等待你去发现。找到那些宝石吧，最终你会获得巨大的回报。

智慧种子

交易者损失的方式是有限的。这句话清楚地表明了只能有有限的错误。我们作为有抱负的交易者都面临的挑战是不要避免失败，而是要学会与它们相处，以便我们能从每一次的失败中都学到东西。如果我们能经历每一种可能的失败，并且完全汲取了其中包含的教训，我们的智慧和交易技巧会飞跃到一个很少有人能达到的水平。但是必须记住每一次失败，在经过短暂的分析之后，必须从操作桌上拿走。我

第三章 损失：拥有交易能力和成功的先决条件

们必须随身携带的是那些教训。损失本身，只是包含教训的壳，必须永远从我们的头脑中抛弃。这会保证我们在每一天开始的时候都是崭新的。有新的教训和又一个有限的损失方式被否定，每天都会离精通更近一步。

学会接受不可改变的东西

有一条交易者在平静中的祈祷非常有效，"主啊，赐给我力量去改变那些可以改变的东西吧，赐给我平静去接受那些我不能改变的东西吧，然后再赐给我智慧能够了解二者的差别"。棒极了！有力度！深刻！我坚定地相信交易者应该永远记住这则祈祷，因为其中包含了得到有利可图的交易和生活的关键。奇妙的是那些适用于成功的生活的格言同样适用于成功的交易。我有幸每年与成千上万的交易者交谈、教授他们，给他们建议，我发现他们中有太多的人花费宝贵的时间和精力试图去改变——如果说不是消除——那一件他们永远无法改变的事：损失。每一个行业都有我们必须对付的事情。而作为交易者我们必须永远对付损失。你也许会问，我们到底能做什么？精明的交易者能够管理他们的损失。他们能缩小损失，止损。使它们保持小的和可控制的。但是他们永远不能完全消灭损失。致力于这样做的人注定是徒劳无功和浪费精力。损失，我的朋友，就停留在这里。它是某种我们必须学会与之共存的东西。并且一个人获得足够的智慧去更快地理解这一点，他也就能够更快地掌握那些能够改变的东西。智慧已经传递了这样一个真理：成功的生活不是由我们获得了多少来决定的，而是取决于我们如何对付失败。对于交易也是一样。多年以来，我明白成功会神秘地照顾好它自己。我们作为交易者有时甚至会偶然撞入获利的交易。赢利不是我们的问题，损失甚至也不是我们的问题。而是没有处理好损失才会毁掉我们。这需要我们的注意，对此我们有能力改变，并且这将最终将我们送入成功的最顶层。

智慧种子

具有讽刺意味的是每一个有抱负的市场参与者都是通过尝试一件不可能的事开始他或她的交易生涯：避免损失。我们作为交易者，永远不可能消灭掉损失的交易。它们会永远伴随着我们。我们力所能及的就是控制损失的能力，如果我们能正确地控制损失，损失就会失去伤害我们的能力。仔细观察会发现，那些最有才能的交易者会损失，并且有些时候还很频繁。然而他们仍然每周作为胜利者出现，因为他们已经不再去浪费精力避免损失，而是花费他们大部分的时间去控制它。每一个完全理解了这一点的交易者都会很快发现一些不可思议的事——当你专注于正确控制损失的时候，曾经一度离开了你的获利的经验又自动地回来了。

亏损可能变成赢利

在股票市场中持续获利直接与一个人如何成功地损失相关联。你听清楚了吗？为了使这个革命性的真理更容易理解，我换种方式来说：知道怎样正确地损失是任何一种成功方法的标志。最后，对那些只能理解坦白说出真理的人，我要这样说：如果你不知道怎样损失，你就最好收拾好你的行李，因为你在股票市场的日子是屈指可数的。因此在这段旅程还在继续的时候享受它吧。这可能听起来很刺耳，但却是事实。认为你不会在这种游戏中失败就是在欺骗你自己。损失是非常真实的（有时是经常的）交易的一部分，知道如何正确地去损失是生存的关键。任何人都可能偶然幸运地进入大的赢利的交易中。股票价格上涨，参与者赚钱，一切都进行得很好，很简单。但是如果股票价格下跌呢？那时会怎样呢？你会卖吗？如果会，在哪里卖？何时卖？怎样卖？只有专业人士在开始交易之前就有这些问题的答案。新手，就像一只鸵鸟，把它的头藏在沙子里，忽略了下跌的部分。为什么？因为他没有预先制订好的计划来处理它。如果所有的交易者坚持我们止损策略，他们就会被强制像一个专业人士一样处理下跌。现在，我们永远不会没有预先设好止损点就开始一笔交易。会不会有些股票在我们止损刚被执行后就上涨呢？有！是否有些时候我们痛斥自己在止损点卖出没有继续持有？当然有！这些不愉快的事情永远是我们所参与的这种游戏的一部分。但是休息可以保证我们永远不会在任何东西上损失5、10、15或20个点。我们永远不会遭受15%、20%或者40%的损失。事实上，作为我们止损策略的一个结果，我们在每一笔交易上的损失会少于3%。是的，当市场很脆弱时，我们可能会频繁地止损，但是当好时候再次来临的时候，我们将是第一个跳上乐队花车的人。为什么？很简单！我们有钱！那些没有止损，或者没有坚持止损的人将不会有钱。

智慧种子

每一次一支仔细挑选的股票被止损，而你没有损失，你就已经成功了。这就是我们教给我们内部的学生，并且反复对他们强调的东西。我们尽力使他们改变他们的方式，把每一次的止损作为一次胜利，而不是失败。起先，很多人都无法相信我们，他们认为这句话只不过是一个心理的欺骗，现实中没有任何基础。但是这不是

第三章 损失：拥有交易能力和成功的先决条件

欺骗，止损并不意味着你已经赢了。你赢得了什么呢？你会问。首先，对他们的交易进行止损的交易者赢回了他们的大部分金钱。有很多以前的交易者都希望他们也这样做了。因为他们没有止损，所以现在他们成了历史的一部分，一段被遗忘的历史。第二，止损了的交易者赢得了再次成功的机会。同样有无数的不再存在于市场中的人不再有任何机会了。他们只能希望他们有机会。最后，止损了的交易者赢得了市场参与者所能获得的最大的财富：尊敬，尊敬自己。每一次交易者坚持了他们的计划，他们的自律就会更强，他们的决心也会更大。当这些交易者做了那些他们预先定好要做的事的时候，他们的股票也许没有涨，但是他们内心的股票涨了。这种财富会在将来给他们带来很多分红。因为你坚持了预先设好的止损而损失根本就算不上损失。以我们的思维方式来看，这是获利。

你必须学会厌恶大损失

每一次因为期权到期，或者其他一些影响市场的事件发生，而使市场格外多变，使得环境变得困难时，不可避免的止损的交易者的数量就会增加。这是一个不幸的部分。然而，幸运的是，如果一个人设定了相对偏紧的止损点的话，这些损失永远都不会太严重。我们在普利斯坦的人痛恨损失，但是如果我们必须选择一个更痛恨的东西的话，那就是大损失。不幸的是，在我们亲切地称为"交易"的这种上上下下的游戏中，损失是不可避免的一部分，但是市场参与者是否能够长久完全取决于他们把损失控制在小范围内的能力。让我们面对它吧。任何人都可以幸运地进入一笔获利的交易。股票或者涨，或者跌，使得输赢的几率各接近一半。但是只有职业的交易者能够始终让损益表的损失一边保持最小。给我看一个专业人士的经纪报告，我敢打赌他或她的每一笔损失都很小。相反，给我看一个新手的报告，我会指出一系列大得足以填满纽约市的路面大坑的损失。如果我们有时必须损失，为什么不损失得小一点呢？记住，你不会总有机会的，但是当你有机会的时候，选择小的吧。

智慧种子

我们在生活中所追求的大多数的都完全不是小的。在我们最诚实的时候，我们中的许多人都会承认想要数目庞大的银行账户，巨大的利润，加长的车，宽敞的房子，房子的延伸平台上装有大的按摩浴缸，沉浸在浴缸中可以俯瞰无尽的大海。但是如果我们希望成为成功的交易者，我们就不得不习惯于一些好的东西是以小包装到来的这样一个观念。对于交易者，有两件事最好是小的：损失和错误。小的损失是职业交易者的标志。他们迅速摆脱伤害的方式证明交易者的老练和技巧。小的错误甚至是好事,因为它们通常产生小的损失。如果我只能对有抱负的交易者提一条建议的话,那就是学会损失得少的艺术。那些只关注赚得多的艺术的人在不可避免的损失时期到来的时候,会不知道该怎么办。而掌握了损失得少的艺术的人会确保自己有足够的时间获利。如果你学会了如何正确地损失,就是说如果你学会了怎样损失得少,你就会坚持到最后。正如我们已经说过很多次的那样,如果你没有首先学会坚持的话,你甚至不能希望在交易上获胜。损失得少将会确保你能够坚持下来。

交易大师的两种生活

如果人有两种生活的话:第一种就是让人去犯那些必须犯的错误,而第二种就是从这些错误中受益。

劳伦斯的这段充满智慧的话无疑是精神食粮,尤其对于交易者来说。但是劳伦斯先生看起来质疑是否存在他所说的两种生活。我会更进一步说,如果你没有经历过这两种生活,你将永远不能在任何事情上成功,更不可能在交易上成功。你看,交易者成长的第一个阶段总是关于损失的。在过去的13年里,我遇到并且面对面教授过成百上千的交易者,我可以诚实地说,我还没有遇到过一个没有经历过失败的成功的交易者。当然,只有那些从他们交易的第一个阶段获益了的人才能赢得进入第二个阶段的权利,而第二个阶段是关于获利的。无论你如何切割它,事情的真相就是我们作为交易者,在我们希望能够面对成功之前,必须首先学会面对失败。事实上,成功或者获胜实际上就取决于我们处理失败的能力。可悲的是大多数有雄心的交易者甚至从没有经历过第二种——获胜生活的喜悦,主要是因为他们没有学会第一种失败的生活所给予他们的教训。更不幸的是大多数人甚至没有意识到他们正在犯的错误,更别说从中得到教训了。在普利斯坦,我们把我们的职业生涯奉献给帮助交易者忍受作为交易者的第一种生活,这种生活是关于走路、磕碰甚至是摔倒的。通过奉献、自律和勤奋,我们的交易者最终会重生,进入第二种生活。在那种生活里我们不再被需要。但是只要需要我们,我们就将在这里教给交易者如何在第一种生活的危险中生存下来。感谢你们允许我们在你们的旅程中给予指导。

智慧种子

在某种意义上,每一个人都过着两种生活,一种作为一个成长中的孩子或者少年,另一种作为一个成长中的成年人。每一个交易者都有童年,但是很少有人能忍

第三章 损失：拥有交易能力和成功的先决条件

受足够长的时间毕业进入成年。作为交易者的成年期就是要求把童年期的所有的教训都学习、消化和正确地运用到实践中。如果这种成熟的过程没有发生，交易者就仍然停留在儿童的低级阶段，为成熟和老练而奋斗。最大程度地利用你童年阶段的学习过程的最好办法就是记交易日记。不仅要把你的每一笔交易和你的评论记下来，还要把你关于交易的思考、想法和领会记录和保存下来。学到的每一个教训都会因为在你的日记中占了一席之地而永久保存。这日记就像一面镜子，能够反射出你是谁，又像一个引导你该往何处去的路线图。通过培养记下每一种经验、每一种情感、每一种想法的习惯，你就一定能持续成长，直到最终到达你非常向往的成年世界。所有在第一种生活中的艰苦努力和奋斗都会在第二种成年的生活也即每天的交易中显现出来。

成长是经历时间而开放的花

我知道这看上去很奇怪甚至是难以置信的。但是成长中的交易者不要通过单笔交易的结果来判断他们的成长或者成功，这一点很有必要。的确，每一笔交易的目标都是为了获利。也的确，如果一个交易者赚得比亏得多，我们就称其是成功的。但是获利的交易者是已经成为成功者的交易者的更高版本。换句话说，交易者不是因为他们获利就是成功的。交易者获利是因为他们是成功的。获利是一朵经过长时间成功的成长过程之后才开放的花。获利很少发生在成长过程中，它也肯定不会发生在成长过程之前。换种方式说，在他们的成长过程中，正在逐渐进步的交易者通常仍在亏钱。事实上，损失就如同种下了成长的种子。你看，有一段时间，交易者的外部成功，或者说获利的交易不会表现出来，尽管巨大的进步已经在悄悄发生了。这是因为最初的成长是秘密发生的。逐渐地，几乎是秘密地，在我们内部集结，就好比是怀胎九个月尚未出生的婴儿，从外面是看不到的。不幸的是，很多交易者从没有意识到成长事实上是在他们痛苦的损失中发生的。他们没有意识到每一笔损失实际上都在推动他们向最终的成功的目标更近一步。并且这种短视使得很多人恰好在他们的进步过程中间退出。通过外部的获利还是损失来判断你内部的进步水平是错误的。看看你有多少次是以同样的方式损失的，是一个更好地评定你进步的标准。让我们来重复一遍：看看你有多少次是以同样的方式损失的，是一个更好地评定你进步的标准。仅仅因为你的交易分录出现红字并不能表明你没有进步，只要处理得当，红字最终会变成黑色的涓涓细流，在你还没有明白之前，你就可以感受完全精通的一丝希望。但是永远不要忘记精通不是天生的，它是培养出来的。它从不会立即出现，它要求一个孵化期，在这期间来集聚规模和力量。那些明白了这一点的人有更大的坚持下来的几率。并且，我们感到有必要再一次提醒你，为了赢，你必须坚持。

智慧种子

园丁每一次种下一种新的花卉的种子时，他们都知道种子成长的一个阶段必须在地下进行。那些太早走到花园里想要找到成长的外部表现的人注定要失望，但不是我们的园丁。园丁的脸上永远保持微笑，这种微笑来自他们对自然的完全理解。即使他们不能从外部目击这一过程，他们也确切地知道成长的奇迹正在内部发生。很快这种秘密的成长就会在外部世界呈现出来。他们知道，迟早它会以一种灿烂的花朵的形式出现，它的灿烂将会令所有看到的人感到高兴。我们是许多有抱负的交易者的园丁。我们在学生的头脑里种下的种子总是需要时间发育。但是一旦他们发育了，一个神奇的成长过程就开始了。多年以来，我们已经无数次见证了这种成长的奇迹。它几乎总是肉眼所看不到的，但是它不能以获利交易的形式被看到并不意味着它没有发生。有时你会像我们的很多学生一样变得很气馁，看不到美妙的事情正在内部发生的事实。但是不要长时间的失去信心。如果你能平息你的紧张，缓和你的恐惧，坚持足够长的时间让这个过程完成，一个闪光的交易者就会出现，而这正是坚持到底就是胜利的活生生的例子。

当损失变得无法承受时

在最近的一个训练营中，我的一个学生用一种热烈和欢快的语调向我表达了她一生的梦想。她热烈的愿望就是成为一个职业交易者，一个以市场为生的人。"但是"，她说，某种像突然出现的乌云一样的想法使她有些悲伤，"我在亏钱，奥利弗，我很害怕。""为什么？"我问。"因为每一次我亏钱，"她继续说道，"就会使我离我的伟大目标更远一步。我不得不止损，否则我将不得不放弃我的伟大梦想。帮帮我，奥利弗。我的船正在下沉，我需要帮助。"我坐在那里，沉默了几分钟，我的大脑在快速运转，寻找合适的话说。我怎么能告诉我的朋友正在她身上发生的是她所能经历的最好的事情呢？我怎么能够解释要想成为一个胜利者，一个人必须首先成为一个有才能的失败者，而不使她听起来有些疯狂呢？失败是成功之母。有多少次我们听说一个企业家经过多次的失败而成功？难道婴儿不是先通过多次的摔倒才学会走路的？也许听起来是违反常理和荒谬的，但损失的确是交易者获得成功

第三章 损失：拥有交易能力和成功的先决条件

的门票。它是通向我们所说的精通交易的境界的桥梁。很多人所不知道的是我们称之为成功的理想状态——成功者的境界需要花费代价，很高的代价。并且说实话，当发现是这样的时候，多数人不愿意付出这样的代价。交易不是对每一个人都有意义的游戏。这就是为什么多数人已经失败，而且还将继续失败。只有那些坚持的人，那些经过了长时间的失败的人，才能有机会得到它。你曾经想过为什么大多数最好的交易者是那些在他们生活的其他方面失败的人吗？他们擅长交易是因为他们已经学会了如何面对失败。他们已经学会了如何对付它、利用它。我不想对我的朋友重复什么深奥的思想，但是我应该说的是"好"！

智慧种子

萧伯纳说的这句话再正确不过了："你不可能通过站在那里防卫而在这个世界上立住脚，而是通过出击和让自己受到更多的锤炼才能够。"生活对于那些交易新手来说是一个连续不断地获得更好的磨炼的故事。但是就像森林里的大树通过抵抗风暴长得更强壮一样，每一次跌倒了都努力爬起来的交易者才能经历那一天，那时他们站在高处，接受人们对胜利者的辉煌的尊敬和崇拜。我们想让你知道你所经历的每一次失败都会使你在面对下一次失败时更坚强。我们想让你知道，每一次你站起来，你就是一个更加有知识的人。我们有超过20年的交易经验，所有这些年的经验让我们得出一个小塞涅卡①很多世纪之前就发现了的真理。"我们因为逆境而更聪明，太早的成功破坏了我们对正确事物的认识。"

从你的学费中得到更多

萧伯纳曾经说过："你不可能通过站在那里防卫而在这个世界上立住脚，而是通过出击和让自己受到更多的锤炼才能够。"我不能肯定萧伯纳是否涉足过金融市场，但是他这句见解深刻的话里包含着所有的交易者都能肯定从中受益的智慧。市场要求所有想要学习它的方式的人支付一定数量的学费。我们作为交易者，很不幸要以亏钱的方式支付学费。但是伴随着损失的钱一同到来的是一种充分教育，如果正确运用这种教育，它会最终产生越来越少的损失和越来越多的富裕。因此，我给你的问题是："你对你的市场经验，尤其是损失的经验做了些什么？"它们是丝毫没

---

① 译注：Lucius Allnaeus Seneca，罗马哲学家、悲剧作家、政治家。

有被用到，还是被用来当作向精通交易的更高的高度进发的垫脚石？"你从你的错误里学到了什么？""你分析了你每一次的错误了吗？"你找到了每一个交易错误所包含的宝石了吗？我真诚地希望你是这样做的，我的朋友。因为这就是精通市场所要花费的代价，一个从我们的损失中获得的丰富的教育。

智慧种子

我们获利的交易，尽管令人高兴，但是不会告诉我们任何东西。是我们的损失引导我们走向精通交易的境界。

第四章 交易大师的培养:怎样为你自己节约大量的时间和金钱

找一个成功者去追赶——然后超过他

如果真的想要以交易股票为生,应该做的首要事情之一就是找到一个成功者去赶超。当我们说"成功者"的时候,我们指的是一个真正的成功者,某个每天交易或者几乎每天交易,并且持续地从市场胜利者中获利的人。我们肯定不需要提醒你在字面上有无数的胜利者,但是真正的却很少。那些谈论获利的交易的人数总是超过那些真正获利的人数。因此找到一个成功者并不容易,找到愿意负起导师的责任的人就更不容易。然而,不管这种寻找多么困难,一定要去寻找,直到你找到一个这样的人,尽量不要放弃。为什么我们这么想让你做这件事?就是因为没有更快的方法来学会我们称之为日交易的这种高要求行业的全部内容。并且一个成功的导师所为你节省的时间和金钱是没有其他东西可以替代的。我们如此相信导师对日交易成功的作用,以致我们会确保每一个普利斯坦新的内部交易者都会与一个已经赚钱的老的交易者结对。通过让新手与那些走过了对新手来说还很陌生的坎坷道路的成功的交易者结对,我们大幅地缩短了试错的亏钱阶段,而这个阶段是很多无人指导的交易者必须经历的。可悲的是那些无人指导的人很少有人能够经过试错阶段之后活下来。通过让我们的交易新手与那些已经克服了新手所面临的困难的老练的交易者来联合,我们使年轻的交易者可以真正独立,不需要担心和恐惧的那一天加速到来了。以这种方式加快教育过程可以提高生存的几率。它铺平了通向我们所说的精通交易境界的道路。但是正如我们刚才提到的,靠你自己去找到一个成功者是很困难的。找到一个愿意把你保护在他或她的翅膀下面的人就更困难。但是如果你能设法找到一个,为了幸福的生活而紧紧抓住他或她,坚持下去。无论做什么能让他或她有理由教你,都去做吧。换句话说,你的目标是成为一个吸血鬼去吸取成功者的大脑。但是你必须保证能成为这个星球上最有用的吸血鬼。带午饭，给他或她的孩子送礼物，如果管用的话放弃一部分你的交易利润。如果必要的话，设想有3到6个月的奴役期。如果你选择的导师是一个真正的成功者，付出什么代价都不为过。

一旦这个成功者同意指导你通过开始的充满陷阱的成长阶段，你的任务就是首先模仿这个成功者，然后再超过他或她。作为任何一种知识的学生，你不应该只企图与你的老师比赛，这将会使你仅仅是一个模仿者。你的目标是去超过你的老师。请允许我们进一步阐明这一点。每一个真正的老师传授他或她的知识都只有一个目标——就是让他或她的学生超过自己。这种品质很罕见，但是我们相信它存在。这太难了，以致我们无法相信我们也是其中的一员。因此尽你所能去寻找吧。不能保证你能找到一个真正的成功者，但是如果你找到了，就把那一天作为你新生活的开始吧——你作为交易大师的新生活。

老师的个性很重要

西方人都认同这样一种想法：只要老师有知识，老师的性格并不重要。这是完全错误的。事实上教授知识的老师的性格可以传授生动的生活。它使得知识变得很真实。是老师和他或她的性格激发了真正的学习和深层的热情和体验。作为一个在全世界培训和教授交易者的人，我已经意识到教育决不仅仅是吐出知识。事实本身并不会给头脑以翅膀，或者在任何方面提升精神。传授智慧需要特殊的天赋，提升另一个人的认知水平需要独特的工具。这些使得老师成为一个伟大的教导者的工具是不能被教会的。热情、积极性、正直、活力、觉悟、小心和敏感这类东西是不能够在某些二流的公共课堂上买到和获得的。它们是通过多年的发展而得到的无价的品质。当一个老师具备这些的时候，它们就是一种动态的证明，证明这个老师是值得你花费时间和精力的。寻找擅长交易艺术的老师的人应该去寻找那些拥有正确的知识同时也拥有正确性格的人。东方人比西方人懂得，师生之间的关系多么神圣。他们知道二者之间的结合需要极大的耐心来处理。我们建议你也以同样的方式来对待你未来的交易。一个人可以通过与很多有跟你所找的老师学习的经验的人交谈来做到这一点。这对一些人来说可能不重要，但是记住，你选择的老师就是你所追求的知识的过滤器。在许多方面，你将把你未来的道路和方向交到这个人手里，因此不应该轻率地对待。如果你相信错误的老师，你将会被指向一条崎岖不平的下坡路，不会得到任何回报。你的老师的品质将决定你所得到的教育的质量。必须记住这一点。

第四章　交易大师的培养：怎样为你自己节约大量的时间和金钱

不要对你的将来很吝啬

当面临作为一个交易者的教育问题时，你最不应该的就是吝啬。永远不要忘记付出多少，得到多少，在交易场上，这一条尤其明显。现在，每一个人和他们的祖父母都宣称是交易领域的教育专家。但是我们肯定你意识到了每一个人和他们的祖父母要么不是真正的交易者，要么不是真正的教育者。表明你遇到了一个假的交易者或者一个假的教育者的一个明显标志就是低廉的价格。如果你以低得滑稽的价格接受了一个一流的教育，很可能不会得到真正的教育。看起来很多流行的不可信任的交易学校的行业规则就是"当没有价值的时候，就比拼价格吧。"我们发现当一个真正的交易公司提供了某种有价值的东西的时候，他们会让这种价值的好处自己体现出来。不需要用二手车交易者那样的低级的滑稽表演去吸引订阅者。好好想一想吧，法拉利什么时候比福特的价格低？当然不会。如果的确出现了这种情况，就要小心了。交易教育的道理也是一样的。我们并不是说价格就是价值的唯一衡量标准。它仅仅是其中的一个，但却是一个太少被应用的。最好的教育者不会是很便宜的。你可以打赌。最有才能的老师知道他们的价值，不会屈从于低价来贬低这种价值。如果他们真的为他们的成功付出了代价，就不会用一个廉价品的价格来贬低他们的成就。为什么一个成功的交易者要用便宜的价格与他人分享他辛苦换来的成果呢？为什么他或她为了达到一个职业市场参与者的成熟期所花费的这些年只要几个硬币就交换给别人呢？如果真是这样，恐怕就没有真正的果实可以分享了。那些有很多知识可以提供的人知道他们所传授的知识是多么珍贵。他们知道他们确实可以永远地改变那些从业者的生活。因为他们是成功的，他们不需要去教授别人，宁愿没有学生也不愿意有一个不尊重他们所付出的艰辛和赢得的斗争的学生。因此，当寻找老师的时候，确定你可以对以下问题得到肯定的答案。

1. 这个老师每天都交易吗？如果这个问题的答案是"不"，立即走出门去，或者挂上电话。关于这一点没有任何可以接受的借口。没有"如果，和或者但是"能被接受。你愿意付钱给一个不飞的飞行指导员教授的飞行课吗？如果日交易公司不能为你提供一个交易并且交易得很好的好老师的话，也许他们就没有这样的老师。如果回答是"是，"看一看这个老师是不是一个赢利的交易者。你可能会惊讶于你会那么多次走进那些提供由退休的、不再交易的交易者来教授课程的公司，而这些交易者已经把他们自己的账户打爆了，现在他们想要教给你怎样做同样的事情。这里有另一个问题给你。你愿意去参加一个由那些每一次尝试飞行都坠毁的人来教的飞行课程吗？还需要我们说得更多吗？

2. 这个公司的教育价格是不是一般都很便宜？如果这个所谓的日交易教育的价格太好了，以致不像真的话，那么它可能的确不是真的。找出为什么他们这么便宜提供"无价的"知识的原因吧。如果你得到的回答是诸如，"我们不想欺骗公众"或者"我们便宜是因为我们通过交易来赚钱，"赶紧跑吧，越快越好。注意我们说的不是走，而是跑。因为这些是没有说服力的江湖骗子的伪装和借口。事情的真相是如果你想要哈佛的教育，你就必须付哈佛的价钱。记住，一个法拉利从不会卖福特的价钱，无论这个卖车的人多么富有，或者他或她声称自己多么仁慈。慈善的汽车经销商可能会捐赠给联合公益基金会（Umtd Way）或者其他慈善机构，但是永远不要指望他们会把一辆法拉利按福特的价格卖给你。如果他们这么做了，你就要小心了。把法拉利按福特价格出售肯定是行不通的。

3. 在交易课程之后，你可以停留一到两天来观察指导者是如何交易的吗？我们感到如果指导者不让你看他或她实际操作，也许是因为交易操作和课程不值得观看。能做的人做，不能做的人可能就去教了。但是那些能做又能教的人不会介意你观看他们的实际操作。如果他们介意，或者找很多借口不让你看，那就把他们取消掉吧。

4. 课堂上教授真正的交易技巧还是教给你怎样使用某种交易软件？尽管学会使用交易软件很重要，但我们相信交易公司不应该把这种形式的培训假装成传授通用的交易技术和战术的教育。交易教育的最真实形式应该不论对什么交易系统都是适用的。这就是最有价值的教育。那种只适用于某种交易系统的指导，尽管如果你打算使用那种交易系统的话也是有用的，但却是价值最少的那种。如果你将来打算使用一种不同的交易软件系统怎么办呢？是不是你所花钱学来的教育就过时了呢？当我们说交易教育的时候，我们不是说软件培训。这种东西我们作为交易公司是免费提供给我们的客户的。当我们说到教育的时候，我们说的是那种不论交易者是使用电话交易，还是使用现有的最快的纳斯达克二级交易系统交易，都可以使用并且能从中获利的永恒的知识。我们交易的工具尽管重要，但却不是关键。一个超快的交易系统如果在未受教育的交易者手里，只会加速他们的灭亡。如果你知道你在做什么的话，快速执行只是一个锦上添花的东西。否则的话它们只会招致尽管快速但却痛苦的死亡。

5. 你可以与老师保持联系，确保知识之火不灭吗？这一点非常重要。为什么？因为随着从你所参加的培训到现在之间时间间隔的不断扩大，经常会伴随着在开始阶段不断降低的信心。一个免费或者只收取象征性的费用提供后续教育的公司（记住，你已经付过钱了）是负责任的，并且把学生的进步真正放在心上。

第四章　交易大师的培养：怎样为你自己节约大量的时间和金钱

这些就是在你交出你辛苦挣来的钱之前应该找到答案的几个问题。它们并不是完全详尽的，但是可以帮助你在正确的基础上开始你的追求。

现在，找到那些既会做也会教的人

"会做的人不会说"，这种说法已经不再正确了。曾经有一段时间这样说还有一定的道理。并且，也许在某些情况下，它仍然保持一定的可信度。但是这个行业现在比从前有更多有才能的交易者碰巧从事着这种折磨人的，但是却值得的教育。我很骄傲地说，在这个国家的很多最好的老师都是有经验的普利斯坦的校友。我教授交易者以市场为生的艺术有将近 5 年了。一个在我们的 1 天或 3 天的训练营里最经常被问到的问题就是，"为什么你要教学？""如果你是这么棒的一个人，为什么你要浪费你的时间在我们身上，"是另一个被经常问到的问题。这两个都是很好的质问，如果不进入我的个人哲学信仰就很难回答的问题。在过去的 5 年里，我发现被迫去准备课程的过程使得那些我所教授的战术和技术更成为我自己的东西。并且每一次我休长假没有教课的时候，我就感到某种微妙的东西从我的骨头里溜走了。我可以诚实地说，我从没有做一个讲座而自己没有在某种程度上有所改变，这种改变是向着更好的方面的改变。每一次我教课的时候，我都某种程度地经历了一个更伟大、更优雅的灵魂体验。每一次经历都使我更丰富、更有知识，并且更精明。这些发现让我相信在某种意义上，分享你的知识使得知识更成为你自己的东西。我发现每当你把你的智慧给了他人，你给自己留下了容纳更多东西的空间。回头看过去的几年，我感到非常高兴，我对交易的热情已经转化成了对交易者的同情。作为 5 年持续不断教课的结果，我作为交易者的成长也向前跃进了一大步，以一种我只是在梦里想到过的在无人指导的情况下所能取得的速度。今天，教授别人使我更完整。尽管我作为一个交易者还在继续成长，任何接受过我指导的人都会告诉你教课让我精力旺盛、精神兴奋、充满激情。我不知道为什么会这样，但是它的确如此。我要说的是什么，你会问，我尽力要传达给你的是什么样的讯息？这个讯息就是去尝试一下吧。尝试帮助别人成为一个更聪明的交易者，尝试把别人提升到你的水平或者更高的水平，并且看着你作为交易者飞速进步。你将很快明白帮助别人而不在某种程度上提高自己是不可能的。

一个非常聪明的人曾经这样对我说，如果你特别想要某种东西，你要做的就是送出你想要的那种东西。如果我特别想要得到爱，我就去给予更多的爱。如果我想要知识，我就去送出知识。钱，也送出去吧。他说我可能没有大量的我想要的那种东西，但是如果我给出我仅有的那一点，我的问题就不再是缺少它了，而是为更多的这种东西腾出了空间。作为一个把他的全部的职业生涯奉献给教给交易者如何成为交易大师的人，我可以证明我的朋友是对的。不论你有什么水平的知识，教给别人吧，把它送出去。在你居住的地方最高的屋顶上喊出来吧。然后，看看会发生什么。在你回答我之前我只有一个问题给你："你做好要飞的准备了吗？"

第五章 7种致命的交易错误：怎样与之斗争并打败它们

致命错误1：没能迅速止损

作为已经教给成百上千人如何以市场为生的自我奋斗的职业交易者，我们经常被学生问到这样的问题："什么是有抱负的交易者最经常犯的错误？"我们的回答：没有快速接受损失并且止损。我们相信交易者最珍贵的财富是他们的初始资本，如果他们不尽最大努力去阻止本金损失的话，他们将注定会失败。接受快速的小的损失是交易者保证本金仅有的方法和工具。但是交易者不仅要愿意接受快速的但是可控制的损失，他们还必须接受损失将永远是他们交易生活的一部分的事实。这也许是最令人无法理解的事实。大多数奋斗的交易者花费他们全部的交易生涯去避免损失。他们不停地从一个经纪人转向另一个经纪人，一个服务转向另一个服务，一种通讯转向另一种通讯，一种交易系统转向另一种交易系统，希望、祈祷，誓死找到"圣杯"，那种完美的、渺茫的能够带来报酬丰厚的、不可置信的、令人垂涎的收益而没有一点损失的方法。一句话，那是不可能的。为什么？因为成功的交易就像成功的生活一样，是由我们控制损失的好坏决定的，而不是由我们避免损失的好坏决定的。如果你真的想成为一个精明的交易者，通过让损失变得小，学会如何用专业的方法减少损失吧，这才是关键。这就是我们所需要的技巧，这就是挣大钱的路子，这也是能让我们的交易生涯长久的东西。通过把损失控制得小来管好你的损失吧，我们保证获利的交易会管好它们自己的。

智慧种子

每一笔损失都像是肿瘤在你的账户内扩展，具有破坏你的整个金融生涯的潜力。因此，为了保证交易的长久性，交易者必须在肿瘤露出它丑恶的头的时候，迅速除掉它。每一笔损失都是从小开始的。这时控制它，或者完全除掉它，几乎不会产生任何疼痛。交易者的主要问题出现在他们允许损失或肿瘤扩大的时候。每一次股票被允许向消极的领域更深入地侵占的时候，交易者和他们的行动的能力就会更弱。增长的损失就像一个肿瘤，夺走了交易者的智慧，侵蚀了他们的精神和体力，直到他们完全堕落成一个奴隶。如果想要成功，任何有可能毁掉你的将来的疾病都必须及时治疗。

怎样消除没有迅速止损的错误

以下的行动步骤将会阻止你成为最凶恶的敌人——没有止损的猎物：

1. 当事情变坏时永远不要在还没有决定你该在什么位置保护你的船就开始一笔交易。这就好比说，"永远不要没有设定止损就开始一笔交易。"没有决定在什么价位你该逃跑就开始一笔交易，就好比从一个陡峭的山顶上全速冲下来而没有任何刹车装置。你可能最后活了下来，但是只有那些喜欢与死亡游戏的人会每每尝试这样的事。

2. 总是坚持你预先设定的止损。这本来不用说，但是只有很少有抱负的交易者能够有足够的自律做到这一点，以致我们不得不提到它。为什么这个这么难做到？因为在止损点卖出你的股票就是很明白地承认你错了。这个行为不会带来温暖的骄傲的感觉，也不会树立一个人的信心。但是真正的交易大师已经学会了去克服这些困难。他们已经成为以令人目眩的速度止损的专家。他们这样做是因为他们已经培养出了对那些不为他们工作的股票一种无法容忍的感觉，并且在麻烦刚一出现时就会杀死它们。我们教给我们的交易者把他们买的每一支股票看成是他们雇来做一项工作的雇员，这个工作就是：涨。即股票暗示出它无法完成它被雇来做的这项工作，我们就立即解雇它，就像解雇一个明白地拒绝做他或她的工作的雇员一样。我们训练我们的交易者一点也不要容忍那些无法达到他们的期望的股票，以致有些时候，他们在这些股票到达止损之前就解雇了它们。

3. 如果你很难坚持你的止损，先养成卖出一半头寸的习惯吧。做到足够自律来严格地止损需要时间。设置并且坚持止损与接受损失的艺术有关，这就是为什么止损都是不情愿的和以痛苦为基础的。对我们的那些看起来不经过再一次的思考无法让他们自己接受损失的学生，我们鼓励他们卖出一半头寸。这种方法更容易做到，因为它满足了两种对立的冲动：摆脱下跌股票的冲动和给下跌的股票一个重新上涨的机会的冲动。通过把问题分成两半，交易者通常会获得更大程度的清醒和精神的

第五章　7种致命的交易错误：怎样与之斗争并打败它们

集中。从心理上，交易者发觉他们的情形不是那么困难了，因此会感觉好一些。如何处理剩下一半的问题仍然存在，但是因为一半的问题已经不存在了，拿出一种可行的办法变得更加容易了。注意：我们将会在第十五章中详细介绍设置止损的艺术。

致命错误2：数钱

奥斯卡·王尔德曾经说过："当我年轻的时候，我以为钱是最重要的东西。现在我老了，我知道钱确实是最重要的。"每一个短线交易者的目标和关注的焦点就是利润。乐趣、行动、胜利的激动，甚至是失败的痛苦都可能是诱人的。但却是那种能够极大地增加一个人的财富的潜力点燃了大多数市场参与者心中的火焰。简单地说，正是赚钱才是交易和投资背后的推动力量。但是尽管获利是而且应该是主要的目的，一旦进行交易之后，交易者就必须努力忘掉利润。听起来很矛盾对吗？让我们来解释一下。一刻不停地监视着一笔交易怎样涨或跌是一种可能会夺走交易者多年利润的一种毁灭性的活动。这个过程，通常叫做"数钱"，它不仅会加深恐惧，而且提高了每一刻的不确定性，使人无法将注意力集中到正确的技术上。而正确的技术最终决定着我们能获利多少。多少次因为害怕损失一点小利而使你在一支股票将要大涨之前就抛掉了它？多少次因为损失的麻痹使得你在应该卖掉它的时候没有及时卖掉？事实就是，太过专注于"你在什么位置"的念头，而不是做你应该做的，会导致不明智的、缺乏根据的下意识和过快的反应。相反，交易者必须确信他们每一步的技术都是正确的，并且如果正确遵守技术，利润是自然而然到来的。"我是不是在正确的位置入市？""我的止损——心理或其他形式的——是不是设置得正确？""我的目标价格是什么，当到达我的目标价格的时候我应该采取什么样的行动？"这仅仅是交易者该不停地问自己的问题中的几个而已。你的行动应该受一个周密思考的交易计划指导（我们将在这本书里为你提供），而不是由你的账户每一分钟的变化来决定。好的技术会自动产生利润。

智慧种子

"数钱"通常是那些还不习惯于经常获利的交易者犯的毛病。只要这些交易者有幸赢得了一点小利，怕失去这点小利的恐惧就会使他们眼睛睁大，双手颤抖，呼吸加速。在某些情况下，还不完全属于他们的钱开始在他们的口袋里烧一个洞，直到想要立即终止交易的愿望完全占据了他们。这种可怕的在河流中间数钱的习惯就像一个吝啬鬼，不仅掠夺了交易者可观的收益，而且助长了长期的不确定感、对损失的恐惧和一种能够导致毁灭性行为的情绪的不平衡。在战斗胜利之前就开始清点战利品（获利）的战士（交易者）正专注于进出的小事。他们不能或不想知道战利品会随着战斗胜利自动出现。过于专注于战利品就会使人的注意力从战斗本身转移。从战斗中转移了注意力的士兵会丢掉他们的战利品和他们的脑袋。

如何克服"数钱"的毛病

我们教给我们内部的交易者专注于他们的技术，不是他们的赢利或亏损。我们培养他们让很好的执行策略把他们带出交易本身。如果你发现自己因为"数钱"的致命错误而损失了更大的收益的话，试试以下的步骤：

1. 对每一笔交易，设置两个保护性的卖出价格，卖出你的全部头寸。第一个卖出点设在低于当前的价格。我们称之为"止损"。第二个卖出点设在高于当前的价格。这就是你期望股票到达的高度，作为价格目标。例如：你在 20 美元买入 XYZ。立即在 19 美元设置止损，可以是心理的也可以是实际的止损。你还设置一个 22 美元心理上的目标价格。**提示**：你做的每一笔交易都应该有一个入市点和两个出市点，即止损和目标。止损是为了保护，目标是为了获利。在后面的章节我们还会详细介绍。

2. 仅当你所持有的股票到达止损点或目标点位的时候卖出，不管哪一个发生在前。坚持这条原则，交易者把每一笔交易的命运放在他们的交易策略上，而不是在他们自己的贪婪或恐惧上。继续前面的例子，如果 XYZ 跌到 19 美元时，你卖出它，损失 400 美元。当 XYZ 涨到 X 美元时，你卖出它，获利 800 美元。

3. 如果想要在任何一个卖出点之前卖出的愿望无法克制时，仅卖出一半，保留剩下的一半直到策略许可的卖出点，例如，假定在你买入后不久 XYZ 涨到 21 美元，你现在有了一个 400 美元的账面赢利，但是你的策略还没有让你采取任何行动。然而，你可以锁定 400 美元赢利的想法那么难以抗拒，尽管你知道 800 美元会更好，但是你"数钱"的毛病使你无法正常思考，害怕 400 美元的赢利会蒸发掉的恐惧使你产生强烈的想要拿了钱就跑的愿望。你可以在 21 美元卖掉 200 股，锁定 200 美元的赢利，同时给剩下的 200 股一个走完全程的机会。这样做，你既满足了想卖出的渴望，同时又保留了你的交易策略的完整性。这三个步骤将会帮助你减轻（如果不能完全消除的活）"数钱"的致命错误。

第五章　7种致命的交易错误：怎样与之斗争并打败它们

致命错误3：转换时间框架

有4种主要的时间框架可供市场参与者行动：超短线、短线、中线和长线。在我们的世界里超短线包含从分钟（有时是秒）到小时；短线包含从天到周；中线覆盖周到月；长线涉及月到年。这后三个定义清楚地表明，没有一个周期开始，另一个周期结束的精确的点，而是在交汇点重合。我阐明这一点是为了指出很多市场参与者都会犯的一个非常普遍的错误：在一个时间框架买，在另一个时间框架卖。它是这样发生的。一个交易者以想要获取一个好的短线收益的想法买入一支股票。但是交易并没有产生计划的结果，交易者没有在短线所限定的时间框架内卖出，而是决定要持有这支股票成为一个中线的或者甚至长线的交易。听起来很熟悉吧？各种水平的职业交易者都不时地会犯这种致命的错误。这个"转换"时间框架的问题不过是忽略止损的一个理由罢了，而止损是我们对付灾难的唯一的保护。"转换"还能保护交易者的自我，使其不用去承认他们错了。对于那些沉迷于这种错误的交易者来说，只要交易没有卖出，亏损就不是真的。这种鸵鸟式的方法可能会在牛市的帮助下行得通。事实上，我曾亲眼目睹了一些交易者逃脱这种致命错误的惩罚达数月之久，但更多的时候是，它使得交易者被扫地出门。不幸的是，在历史上这种致命的错误已经把很多投资者放逐到黑暗、阴冷和发霉的地牢里———一个今天努力在市场里生存的人都如此害怕的地方。在我所说的这个炼狱里，每一个僵尸一般的囚犯都背着这样一个标志，上面写着："警惕转换，我曾经是一个交易者。"相信我，你不想到那里去，避免这种错误吧。

智慧种子

转换时间框架事实上是一个懦夫的伪装行为，它帮助懦夫暂时逃避他们的不幸处境。通过从一个时间框架转换到另一个时间框架，交易者推迟了成为失败者的最终感觉。用一个脆弱的计划来掩饰他们的失败，通过培养错误的希望麻痹自己进入一个致命的否认状态。犯这种错误的交易者事实上不适合交易，市场不会容忍他们伪装太久。最终，转换时间框架的错误将会侵蚀交易者的决心，剥夺他们思考和自由行动的能力，把他们永远贬为悲惨的受害者。

怎样消除转换时间框架的错误

这种转换时间框架的致命错误是不能允许它存在的，必须彻底清除，因为每一次犯这种错误，都会使交易者降低水平。一旦习惯形成，就很难打破，但是我们已经拟出了几种对付这种错误的有效方法：

1. 如果你在一个时间框架内买入，那么务必在同样的时间框架内设立你的卖出点。例如，如果你基于日线图买了XYZ，务必使用日线图来设置卖出策略。记住每一笔交易应该有一个买入点和两个卖出点。那些用日内图表来交易的人尤其需要小心这种错误。基于5~15分钟图买入一支股票必须保证卖出策略基于5~15分钟图。中途转换成小时线或日线将成为否定的行为。

2. 当做多（空）的时候不可向下（上）调整止损（出市点1）。这是你要犯转换时间框架错误的一个主要的信号。让我们假定你基于日线图（我们将在第十一章涉及更多关于图表的内容）在20美元买入XYZ，你也要基于同样的日线图设立止损点和获利点。当XYZ下跌到接近你的19美元的止损点的时候，不要屈服于想要把止损调到18美元或更低的价格的冲动。正确运用的话，向上调整保护收益可以。但是向下调整止损就失去了止损的意义，并且会使你更不情愿去做你原定要做的事。一旦你采取了这种行动，你将会一而再、再而三地这样做，直到止损失去了保护你免于灾难的能力。这两种方法将会很容易地阻止你犯转换时间框架的致命错误。

致命错误4：需要知道的更多

在这种使人兴奋的我们称之为"交易"的游戏中，我们作为活跃的市场参与者，被迫处理每一种可以想到的阻止我们成功的威胁。每一天，我们必须克服由大量的所谓专家的不同意见所带给我们的迷惑。我们必须从源源不断的公司报告和一刻不停的新闻事件中分辨出哪些是有价值的，哪些只不过是无意义的玩笑话。但是这样还不够，我们还必须永远是自己的主人，因为骚扰交易者的心理的魔鬼远比我们所能看到、感觉到和触摸到的魔鬼更危险。这种心理疾病最严重的形式之一就是害怕扣动扳机。多少次你想要参与一支股票，但是决定不采取行动直到它又涨了1/8点？多少次你错过了大的获利机会，就因为接连的损失使你犹豫，再猜一次，或者暂停，摆脱再亏一次的恐惧？在这些场景中，罪魁祸首就是要确定的愿望和想要知道更多。对我们来说，在行动之前需要确定性是很自然的。但是事情的真相是发财的机会总是给那些不需要知道更多就能明智地行动的人。市场是先行的，大的获利总是在事实到来之前出现。在下赌注之前想要知道更多的人将会永远落后一步，并且永远处在曲线的错误一面。那些不想要获取更多信息，不被这种需求束缚的人才能自由行动。当他们真正理解了不确定性的智慧时，他们就成了图表制造者，而不

第五章　7种致命的交易错误：怎样与之斗争并打败它们

是图表阅读者。因此要点就是，你作为交易者承受不起想要知道更多的欲望，因为到你知道所有事实的时候，机会已经跑了。

智慧种子

"传闻时买入，新闻时卖出"已经成为几十年来华尔街一条广为人知的原理。然而，想要第一个知道一笔交易的全部事实的愿望总是驱使交易者做出截然相反的事：新闻时买入。在传闻阶段，或者技术人士所说的分析阶段，不可能知道所有的事实。然而，奇怪的是，这正是机会存在的阶段。如果参与市场就是收集事实然后按照收集的事实行动，或者等待知道事实这么简单的话，每一个人都可能是华尔街的上帝。"需要知道更多"是一个致命的错误，一个使人在该采取行动时不采取行动，在不该采取行动的时候又鼓励你精确地采取行动的错误。这种错误就像是一个贼，偷走了交易者的机会。它还会使交易者永远待在游戏的错误一方，当他们应该持有的时候放弃商品（股票），并且买入别人的那些他们本该远离的商品。我想知道微软是否两个星期之后将会公布好的收益。等待答案，你肯定会行动太晚。FDA（美国食品与药品管理局）是否会批准新的药物？不到迟到无法明智的去交易它的时候我们是不会知道的。价格支撑会不会第三次起作用？谁知道？我们所要做的就是去参与，信任我们周密制订的交易策略，用它来指导我们的每一步。200天的移动平均线会阻止股票上涨吗？可能会，也可能不会。我们玩的是几率，而不是算命，那些直到所有事实清楚之后再交易的交易者永远不会成功。

怎样消除"需要知道太多"的错误

如果你想要知道太多的愿望使你总是延迟交易和（或）同时导致你错过好的交易时机的话，那么你就需要采取下面的步骤来治好你的病：

1. 不要紧跟利好新闻的脚后跟买进。对于做空来说就是紧跟利空新闻卖出。既然职业人士习惯于传闻时买入，新闻时卖出，报告了好新闻的股票将会跳空向上，震荡一段时间，然后再向下，有时候会急剧下跌。这种情况通常叫做新闻反转，它是最常见的新手陷阱之一。对一个公司来说很难发布一个好的新闻而没有聪明钱已经知道新闻将是什么或者将会带来什么。这就是为什么聪明钱通常在重大新闻出现之前就已经在股票中的原因。好的新闻在新手当中产生我们所说的欢呼效应，"哇呜，XYZ 刚刚宣布了正面的新闻。我想我应该买一些。"已经重仓持有了的专业人士，利用新手的抢购来卸掉他们沉重仓位中的全部或者部分。

提示：机构为了从数目巨大的股票中脱身需要大量的买家。任何能够产生新手抢购这支股票的事情都会受到这些有大量的股票要卖的人的欢迎。"进来吧，伙计，水很好。"的确如此。

2. 使用图表来形成你的买入和卖出决定。正如你已经学习到的，图表不会撒谎。新闻会，而且经常会欺骗。股票在好的新闻出来的时候下跌（通常当这条新闻是预料之中的时候），在坏的新闻出来的时候上涨（通常股票在新闻出来之前已经剧烈下跌了）。但是无论哪一种情况，正确地解释价格图表就会揭示出那些大孩子正在做什么和正在说什么。我们将会在后面的一章里详细介绍一些图表技术。

3. 如果你发现自己因为想要知道更多而犹豫，那么停下来，问你自己："我所寻找的东西对交易来说是必要的，还是我只是在寻找更舒服的感觉？"这个问题将会结束忙乱的行为。如果你对买入的股票有一个正确选定的止损点，并且发现你正在寻找一个为什么你的股票跌到了卖出点的理由，你很可能是在努力感到舒服。没有必要知道更多，或者甚至是为什么。股票已经跌到了预先设定的卖出点。所有对交易有必要的东西都已经知道了。

致命错误5：太自以为是

当市场对你非常好，所有的事情都对你的交易有利的时候，你无法逃出疏忽的毁灭之手。当一连串的赢利使你的钱包鼓起来的时候，你必须尽全力去保护你辛辛苦苦得来的收益，保持能帮助你产生这些收益的清醒的头脑。很遗憾，每一个交易者最终都会意识到连续的赢利通常会降低一个人的警惕性，因为这时自满已经乘虚而入了。但是如果你希望自己仍然是一个质朴的交易者，那你就必须不屈服于通常的倾向。恰恰是在每一件事都正确的时候你应该提高警惕性。为什么？因为你将会认识到最大的失败会紧随最大的成功而来。一个长时间的获利的过程就是你该后退一步去享受你成功的喜悦的理由。即使是一个职业打牌的人也会不时地离开桌子去数数他的筹码。因此获胜的交易者也应如此。

智慧种子

正如在棒球当中，一连串的击中之后会紧跟着击不中，在交易中，大的损失通常会在一连串的赢利之后到来。就好像市场替你攒着在顺利的时候没有遭受的损失，就是为了在一两次的交易中还给你。我们教给我们的交易者不要去与数学趋势争。当我们内部的交易者经过持续一段时间的赢利之后，我们鼓励他们采取一些谨慎的步骤，以下我们将会详细介绍这些步骤。我们这么做是为了使他们不至于成为"自

第五章 7种致命的交易错误：怎样与之斗争并打败它们

以为是"这种错误的受害者。许多新手不理解这些是因为他们没有认识到当获利相当长的时间后，那种他们熟悉的市场环境的一些特征将要发生变化。事实上，很多情况下，市场环境以及它所带来的机会都已经发生了变化。设想一下，一个交易者连续5天获利，这时市场已经连续强势上涨了5天。很明显这时市场短线已经竭尽全力，需要一个2~3天的休息。它已经不是那个交易者在第一天开始交易时的那个市场。它有了不同的特点和一系列不同的机会。然而正是在市场将要改变的时候，那些没有经验的交易者开始变得自满，提高他的筹码，冒险赌博。没有意识到那个带给他一连串的胜利的环境已经不存在了，没有经验的交易者天真地想要弄清事情的真相，冒着损失所有他辛苦得来的收益的风险。每当交易者开始感到满足、沾沾自喜、骄傲自大的时候，市场就要接近反转了，仅仅就因为它可能是那个使交易者先前感到自大的市场环境。记住我们的话，那种环境不会长久延续。

怎样消除"太自以为是"的错误

学会在每一个连续的获利之后，退后一步，做以下两个步骤之一：

1. 把你交易的筹码减少一半。如果你一般每次交易1000股的话，减到500股。大多数交易者事实上做的正好相反。因为他们已经经历了一连串的获利，他们很自信地提高了他们的筹码。但是他们这样做的时候恰好是即将以失败结束一系列胜利的时候。这就是交易者如何在一两次交易中就损失了他们所有的赢利的。你最不希望的就是为小筹码获利、大筹码损失而懊悔。

提示：我们发现采取措施1的最好时机就是在连续4~5笔获利的交易之后。

2. 减少交易的频率。如果你本来一天交易4次，那么就改为一天交易2次。我们建议只有当交易者已经感到了运气改变的时候采取这个措施。如果交易者的一系列获利还没有停止的迹象，措施1是最好的选择。当你走运的时候，你就是走运。没有理由通过少交易来阻止或减缓你的获利。但是如同我们前面提到的，以较少的筹码交易比较明智。

提示：措施2最好在你经过连续的获利之后又连续遭受了两次损失的时候采取。

致命错误6：错误的方式获利

我们都知道，钱可以通过正直诚实的方式获得，另一方面，我们也知道它可以通过不诚实的、可耻的方式获得。最终结果（在这里是钱），可能是相同的，但是获取钱的手段可能大相径庭。这就引出了一个古老的问题，"可以不问手段只管结果吗？"不用说，答案是断然否定的。这就好比是问一个心外科医生和一个毒品贩子，都一样挣很多钱，是否能够被同样尊敬一样。当然不能。在交易界同样是这个道理。许多交易新手没有意识到以错误的方式在市场中获利也是可能的。想一想那些在某个头寸上没有坚持保护性止损的人吧，这样做可能最终会在这笔交易中赚钱。尽管在普利斯坦我们将不得不报告我们在这笔交易中亏钱了，这些人感到很高兴，他们没有遵守止损，因为"最终的结果"是获利了。这些人并不知道他们对自己犯了罪，惩罚会随之到来。这些人领略了错误的成功滋味，市场将会或早或晚收回这些不该得到的利润。下一次这些人在一个引发了保护性止损的交易中时，你认为他们会怎么做？当然是再次无视止损。为什么他们不应该这样做呢？上一次他们不遵守止损时他们获利了，为什么这次不追求同样的收获？但是这一次，股票不会像上次那样反弹了。这次他们可能抓住了一支刚刚开始一个持续几个星期的自由落体运动直到在他们的股票账户上砸出一个大坑才罢休的股票。你必须知道不正确的方式赚钱会强化坏习惯和不负责任的行为。一旦交易者品尝到来自错误方式的成功滋味后，他们几乎总是要去重复这个错误直到这种错误方式打劫了自己，并收回了由于不正确的方式获得的钱甚至更多的钱。市场是一个非常有趣的东西，它看起来不喜欢给那些不配得到利润的人利润。因此努力以正确的方式获利吧，这样更持久。

智慧种子

交易大师对于在市场中交了好运不感兴趣，他们不去追求、希望或者进而享受那些尽管他们犯了错误、采取了错误的交易操作仍然来到他们跟前的收益。事实上，每次一笔交易不是靠技巧而意外获利，他们中的很多人会感到他们损失了。为什么？因为真正获利的交易者理解在市场上没有礼物。那些看起来像一个温暖的礼物的东西可能实际上是一个冰冷的伪装起来的债务，一个必须以高额的利息偿还的债务。只有缺少必要技巧的新手，会寻求他们能够得到的任何方式的收益。那些没有完全成长起来的交易者发现自己处在获利的情况中的时候那么少，以致它们希望并且急切地抓住他们能够得到的任何形式的利润。新手会以孩子般的、天真的欢呼来迎接一次不劳而获的获利。因为他们不应该获利，他们感到仿佛是给了他们一个转机。他们感到他们已经熬过来了，战胜了狡猾的人，逃出了危险的虎口。但是他们不知道，他们不能正当地要求任何不是他们自己努力结果的利润。他们不知道通过错误的行动得到的利润根本就不是利润。它们也可以是从贷款骗子那里得到的贷款。因为它们最终必须偿还，有时是以血的代价。正确的行动和正确的方法不会总是为诚实的交易者产生利润。但是有一件事是肯定的。多次重复的错误行动，最终会导致

第五章　7种致命的交易错误：怎样与之斗争并打败它们

一个懒散的交易者的灭亡。确保你是以正确的方式获利吧。

如何消除不正确的方式获利的错误

以下是几个简单的步骤帮助你对这种错误保持警惕：

1. 在每一笔获利的交易之后，回顾一下交易的每一个环节：买入、初始止损位置、等待、资金管理、卖出等等。找出错误和违反规则的地方。如果你找到了什么，把这笔交易记作一次损失，把它记在你的交易日记里，注明下次需要改进的地方。

提示：一个关键的问题是，与这些不是真正的获利交易相伴随的胜利者的感觉。每当交易者容许自己在一笔交易中感到像胜利者，而事实上那并不是真正的胜利的时候，它们就传达了一个信息——所做的事是正确的、好的。这将会强化错误的行为，鼓励一个人去重复这些错误。不用说，错误会最终抓住这个交易者。

2. 意识到两个邪恶的 H——希望和持有（hoping and holding），是导致以错误方式获利的两个主要罪犯。当市场处在明显的牛市模式中时，像一个鸵鸟一样参与市场也会管用。让我们来面对它吧。水涨船高，如果交易者在一个快速上涨的市场中弄糟了一笔交易可以持有足够长的时间，市场将会弥补他们的亏损。但是当这种补偿事件一再发生的时候，这些交易者就开始相信"把头埋在沙子里等待"的办法是当他们处在一笔亏钱的交易中时的正确行为。这种错误的看法实际上是一剂毒药，一剂能够静静地蔓延直到它完全消耗了这个交易者的整个金融生涯的毒药。当市场不那么友好的时候，它会计算出所有的不该获得的利润，提交一张账单。这张账单的数目如此巨大和令人痛苦，以致很多交易者都因此破产，从此再没有被听说过。真正地了解两个邪恶的 H——希望和持有会最终导致交易者的毁灭，是阻止这种情况发生的一种方式。

致命错误 7：使之合理化

让我们来看一看你是否能够找到在下列场景中交易者做错的地方。一个激动的交易者在一个日内交易图表中发现了一个很好的交易机会。所有的一切看上去都很合适，一个有放量特征的日内回调，在支撑位，一个严密的日内止损，等等。并且所有的市场指标在经过一个下午的整固之后在一个特别积极的交易日开始活跃起来。然后……砰！触到了入市的点位。交易者执行了操作并且成交了。在短暂的砰然声之后，股票突然开始掉头向下，吐出了短期的获利，现在正在入市点位盘整。"发生了什么？"交易者想。"这是非常滑稽的！！！"午后的上涨现在完全蒸发了，市场明显很弱，并且是报复性的。现在他的止损只有一个点位之遥了，交易者开始研究这支股票，寻找为什么完美入市的股票开始下跌的线索。在检查了所有的新闻之后（没有新闻），交易者检查了日线图。"是的，日线图看起来很好，真的很好。"他评论道，"我要把止损下移到今日的最低点。对，不可能跌破这一点。"10 分钟后，随着完美入市的股票带着他或她的钱跌向南极，新的止损被击穿。很困惑的，交易者卖出了股票，不敢相信损失了这么多。这个交易者什么地方做错了呢？是不是交易者忽略了发展中的市场的弱势呢？不完全是这样。交易者犯了三个致命的错误：

1. 转换时间框架。选择和买入股票基于完全的日内的基础，由一个日内的入市点和一个严密的日内止损点，转换到了一个日线图并且基于日线调整止损完全改变了初始的交易，是初始的风险/收益比例向不利于交易者的方向倾斜。

2. 计划了交易，但是却没有执行交易计划。坚持初始的计划——不论是什么时间框架——是绝对必要的。没有执行交易计划把你置身在市场的恩惠中，腐蚀了有效交易的必要的自信。

3. 合理化。其他两种错误的心理的基础，使时间框架和计划的变化合理化是一种否认的形式——否认正在发生的事实。诚实——真正的诚实——无论真相如何丑恶——将使你置身于大多数市场参与者之上，这些人不能从内心唤起力量，相反宁愿保持舒服的状态，把他们的损失归咎于某些事或者除他们之外的某些人。

智慧种子

如果你希望带着智慧来接近市场，计划你的每一笔交易是必需的。大多数失败的交易者凭着感觉驾驶，甚至没有一点关于如何制订交易计划的知识。然而，计划了你的交易但是有没有按计划交易是一个更严重的罪恶行为。那些知道怎样去做，但是却没有那样做的人最不配得到这种知识，市场通常会留心让他们得到他们应得的回报：损失。合理化是隐藏在这种和其他许多致命的错误之后的罪魁祸首。因为多数人本性上是过分乐观的，他们很难结束为他们带来损失和（或）痛苦的事件。当该采取行动的时候来到时，可以说很多人无法集聚足够的决心和勇气一跳。相反，他们开始了一个合理化的过程。这个说服自己不要去做正确的事的过程最终会令交易者完全离开这个游戏。

怎样消除使之合理化的错误

消灭和阻止合理化的过程可以通过以下两个步骤做到：

1. 首先交易者必须知道他们在合理化。你正在劝自己不要采取行动的关键的信号有以下几个：

第五章 7种致命的交易错误：怎样与之斗争并打败它们

a）问"为什么"一支股票会这样表现。在一支股票的行为背后的理由对于交易者的已经计划好的行动没有任何意义。如果计划是要在跌到20美元之下时卖出YYZ，找出股票为什么下跌的理由没有任何价值。交易者正确的行动是首先卖出，然后再问为什么。

b）检查新闻。了解某个股票的新闻本身不是一件坏事，然而，当核实新闻背后的真正目的是推迟计划好的行动的时候，它就不过是一种逃避主义的做法了。

c）以"可能"的用语来思考。每当一个交易者在止损或者价格目标要求行动时，开始使用"可能"，不确定就占了上风。坚持预先制订的交易计划几乎总是比在中间选择改变要好。这种对先前计划好要做的事情的坚持可能不总是会产生最好的结果，但是它将会培养自律，而自律是一个交易者可以有的最宝贵的品质。一旦一个交易者发现了合理化的信号，唯一正确的行动如下。

2. 卖出头寸。这可能听起来很苛刻，但是我多年的经验使我确信合理化更经常的会导致伤害而不是带来好处。如果你发现卖出全部的头寸有困难，那么至少卖出一半来减轻负担。简言之，如果你尝试寻找一个理由留住一个头寸，很显然没有明显的理由。寻找理由意味着你没有理由。一个没有一个坚实的理由而留在一支股票中的交易者将会是一个失败的交易者。

怎样找出并杀死你的恶魔

约吉·财主[①]（Yogi Berra）喜欢这样说："我只是不想证实我犯了错误的错误。"这是一个非常迷人的人说的一句非常迷人的话。我不能肯定这个传奇的棒球经理人是否曾经参与过股票市场，但是他的话肯定适用于富于挑战性的交易活动。交易者必须永远记住有两种类型的错误或损失：（1）那些由于平均法则不可避免的和（2）那些七种致命的错误的和（或）不正确的执行交易计划的结果。交易者不仅必须明白这个事实，而且区分由"错误"导致的损失和那些由统计学导致的损失对他们来说是非常重要的。必须永远不要忘记损失是并且将永远是交易活动的一部分。无论我们知识多么丰富，损失的交易永远是我们现实的一部分。我们作为交易者的任务不是去完全避免损失，而是去聪明地控制损失，并且让那些我们所经历的损失仅仅因为我们不能赢得全部才出现。我们也必须开始完全消灭我们交易生涯中

---

① 译注：美国前职业棒球明星。

的那些错误的损失。换句话说，我们必须对那些恶魔——错误——那些因为"错误"而产生并且有能力把我们逐出这种活动的错误——永远保持"搜索并破坏的任务"。我们在这里详细阐述了我们教授的并且要求我们所有内部的学生都去终生追求的一项活动。我们肯定它同样能对你有所帮助。

建立

在你开始把"好的"损失从"坏的"损失中区别开来的时候，有必要以一种使你可以很容易地追踪你的进步的方式，整理出一段你的交易日记。下面的三个步骤将会帮助你做到这一点：

1. 在你的普利斯坦交易日记中找一页，把它分成两栏。
2. 左边的一栏的题目是："你不可能赢得全部。"
3. 右边的一栏的题目是："杀死它们或者被它们杀死。"我们确信你已经掌握了要点。

现在，你已经准备好了开始一个很重要的"区分"过程。我们把这个活动称之为"把好的损失从坏的损失中区分出来"。

把好的损失与坏的损失区分开来

1. 仔细检查每一笔损失的各个组成部分：买入、交易管理，即初始的止损设置和跟踪止损方法，卖出，等等。
2. 在检查之后，如果你确定没有犯错误，就把它列为"你不可能赢得全部"的交易中的一个，继续检查下一笔交易。这些"没有过失"的交易这时可以很大程度上被忽略。
3. 在检查之后，如果你确定犯了一个可以避免的错误，就把它列在"杀死它们或者被它们杀死"的一栏，用一个子类命名这个错误。这样做是为了帮助你把一个错误同另一个错误区分开来。这样的子类如："买入太晚"、"卖出太早"、"忽视止损"，等等。如你所知，我们已经在本书的第六章详细介绍了类似的过程。

找到并且杀死那个导致你毁灭的头号恶魔

在一系列的损失的交易之后，你将会发现一个子类的错误开始超过其他子类。一旦你发现了这种情况，你就找到了导致你毁灭的头号恶魔。你必须立即开始毫不手软地杀死它。这时你生活中的唯一目的就是把这个经常犯的错误完全从你的生活中清除出去。不计成本、不计代价，你必须警惕地结束这个错误。如果这个错误是

第五章　7 种致命的交易错误：怎样与之斗争并打败它们

"忽视止损"，那么你必须坚持你的止损。如果那意味着要早卖出，那么就早卖出吧。但是无论你做什么，都不要让你的另一次交易超出你预定的止损，永远。向你自己承诺在接下来的几天、几星期，或者几个月，标着"忽视止损"的这一栏有最少的记录。

一旦这一个子类的错误成为你的问题中最少的一个时，开始致力于下一类突出的最大问题。答应终身继续这个过程，最终你的最大的问题将不是确定要杀哪一个恶魔，而是找出要杀的恶魔来，定期地！

第六章　12条成功的交易法则：交易大师所遵从的规则

法则1：了解你自己

了解自己是谁，是什么样的人，对于交易者来说很重要。因为只有到那时他们才知道他们应该怎样来参与市场。你知道，交易者的风格应该完全基于他们的脾性、喜好、愿望、恐惧等。如果交易者尝试一种不符合他的心理上的天性的风格的话，结果将是灾难性的。以一个非常没有耐心的交易者为例，他发现持有一支股票超过10天是非常折磨人的。事实上，即使是5天对他来说也像是永恒。因此以这样一种强烈的个性，而做一笔长达两个月或更久的交易就是一个大错误。事实上这个交易者可能通过市场与自己为敌。但是如果了解了这些，交易者可能就会限制自己只参与那些有更快、更迅速的走势的股票。尽管损失的频率可能很大，这种类型的参与会与他或她的个性一起凝固成一个更好的整体。结果就会产生更好的决策。明白了吗？下面就是为了找出你是谁、是什么和在哪里而需要问的几个问题。一旦你知道了答案，确定你本性上是一个交易者还是一个投资者就容易多了。

1. 我耐心吗？如果答案是肯定的，你就是一个自然的中线到长线的市场参与者。如果你本性上不耐心，短线的交易方法可能更适应你的情绪和心理特性。

2. 我在对时间的掌控中感到安全吗？是意味着你愿意认为和相信所有的事情经过足够的时间最终可以解决。这将使你在本性上是一个中线到长线的投资者。如果你感到你愿意击败时间，在时间能够解决问题之前更快地解决问题，你就是一个内在的交易者。

3. 时间的增长使我更紧张吗？如果你开始交易之后一秒钟你就感到了一点紧张，你肯定是一个交易者。如果在交易（赢利或损失的）中你越来越紧张，短线交易适合你。如果你可以买入一支股票，立即走开，打电话给朋友，抓起一块三明治

第六章　12条成功的交易法则：交易大师所遵从的规则

或者阅读报纸，或者跑开办事，你就不是一个交易者。

知道下列问题的答案将决定你是否应该集中于超短线、短线还是中线到长线的时间框架。

1. 我对于风险的舒适度怎样？如果一笔交易损失了250美元就使你感觉到失败，你的正确的参与形式应该是短线。如果你可以在一笔短线的交易中损失1000美元，仍然对其前景感到乐观，参与长线的时间框架最适合你。

2. 我是不是一个愿意接受更大的风险来换取潜在的更高收益的人？如果是这样，参与长线的时间框架更适合你。

3. 我是否愿意更小的价格波动同时把我的损失控制在最小的限度？如果对这个问题的答案是肯定的，你的天性就是一个短线交易者，参与超短线的时间框架会有最好的效果。

以下问题将会帮助交易者确定该使用哪些技术和战术。

1. 我是一个赌徒吗？
2. 我喜欢把自己置于很大的危险中吗？
3. 我是不是喜欢零零碎碎的收获？
4. 我是不是很小气？
5. 价格或者质量对我是不是最重要？
6. 我是不是即使是对小的损失也憎恨？
7. 刺激是不是与获利一样重要？

我们可以一直列举下去，但我们相信你已经掌握了要点。

法则2：了解你的敌人

尽管了解你自己是每一个交易者一天中的第一件事，一个人还必须知道敌人是谁。正如我们在前面几次提到的，交易就是战争。但是跟谁打呢？作为交易者我们的对手主要是其他的交易者和市场参与者。让我们把这个事实想上一分钟。每一次你买入一支股票，另外的某个人就在交易的另一面，把它卖给你。换句话说，另外的某个人处理了你正在买入的同一支股票，并且是利用你来做的。注意，这某个人认为他或她比你更聪明、更精明。你知道那个人是谁吗？就是你的敌人。大多数市场参与者忽略了这一点。他们某种程度上带着这样一种观念来操作——就是他们是从一般而言的市场中买入。他们头脑里有一个模糊的地方或者房间的图像，在这里存放着他们想要的股票正等着他们去购买。错！任何时候你买，你是从某个人手里买的。相反，任何时候你卖出一支股票，另外的某个人从你手里买走了它。问题是，你了解这个人吗？你理解这个人的想法、动机、信仰、感觉和当前的情绪吗？因为如果你不了解，你怎么能知道他或她不是那个正确的人呢？

认识到当你在纳斯达克交易股票时，你通常是在与一个做市商交易这一点很重要，做市商是指那些全美交易商协会（NASD）的会员，他们为客户也为自己的账户买卖股票。一些主要的做市商有 GSCO、MLCO、FBCO 等等。尽管他们的名字令人肃然起敬，但是当在纳斯达克交易的时候他们通常不是你的朋友。这些就是典型的你的交易的另一面。你买的时候，他们正在卖给你。反之亦然。他们是否会慷慨地给予你想要的股票？当然不会。他们认为他们是正确的，你是错误的。他们在与你打赌，这使得他们是什么？对了，是你的敌人。但是让我们永远不要忘了所有的敌人当中最大的敌人不是某个远处的交易者或者做市商，是我们。我们自己是我们最大的敌人。我们是我们的进步和成功最大的阻碍，并且我们是唯一的拥有战胜自己的力量的人。所有必须被征服的心理上的和情绪上的魔鬼都来自我们内心。它们属于我们，如果我们希望做一个成功的交易者，这个所有敌人中最大的敌人必须被击败、改造和再生。如莎士比亚几百年之前告诉我们的，"错误不存在于星星中，而是存在于我们自己"。以下是几种了解你的敌人的方式：

1. 永远不要没有首先问"谁在我交易另一面"就做交易。这个问题使你明白敌人总是存在于你的交易的另一面。交易成功的一部分就是首先了解你交易的另一面的敌人，然后学会如何智取他们。

2. 永远不要责备除你自己之外的任何人。如果你作为一个交易者正在损失，你就是在这些损失背后的最终的敌人。尽管其他的交易者和市场参与者也是敌人，他们其实是次要的敌人。征服了他们自己的交易者（情绪的和心理的魔鬼），就征服了其余的全部。精通交易是自律的一个副产品。

法则 3：迅速地获得教育

对于一个会计师、一个律师或者甚至一个管道工，大多数人都完全理解教育的需要。整个国家，甚至全世界呼唤更高教育的声音振聋发聩。作为这种关注教育的结果，有教授各种东西的学校，从编织到化学和电子工程。但是奇怪的是，对于交易，大多数人认为不需要教育。对此我们感到非常令人困惑，尤其事实是交易可能是生活中最困难的一种活动。但是多数市场参与者，甚至是那些所谓严肃的市场参与者，当对待他们的钱的时候某种程度上也丧失了对教育的信任。市场拥有导致财

第六章 12条成功的交易法则：交易大师所遵从的规则

务破产的能力并不重要。大多数人愿意要么没有经过指导就鲁莽行事，要么更糟糕的是，信任其他的鲁莽行事的人。看来学会成功交易能够得到比大多数人的最疯狂的梦想还要多也不重要。许多人认为可以没有人指导在黑暗中独自摸索。事情的真相是尽管一般人从没有梦想可以不受教育就从事像律师和医生这样的职业，但是当面对交易的时候，他们的态度就变了。某种程度上他们被这样一种错误的观念所欺骗，即他们可以天真地进入市场，与纽约股票交易所（NYSE）的专家们、纳斯达克的做市商和像我们这样的专业人士竞争，并且能够获胜。不用说，没有比这个离事实真相更远的了。我们已经交易了超过13年。到达我们目前这种熟练的交易水平并不容易。我们为了到达这种境界所经历的痛苦和艰辛仍然历历在目，有时还能真切地感受到。你认为会有那么一刻我们和像我们一样的交易者会允许那些根本没有任何知识的人进入我们的世界，从我们家人的桌子上取走食物吗？那种事情发生时将会是炼狱最深处的冰冷一天。

我们如此强烈地相信交易教育的需要，以致我们已经培训职业的交易者、做市商和资金管理人5年多了。我们丝毫不怀疑教育是打开通向交易精通大门的第一把钥匙。我们已经在这个我们称为交易的游戏中有足够长的时间，所以我们知道每一个人必须要为成为胜利者的权利付出代价。一个人不支付哈佛的学费是不会得到哈佛的教育的。应该认识到你必须支付学费。作为一个交易者，可以用两种方式支付：情愿的和不情愿的。市场一定会留意这一点的。你将不得不决定采取哪种方式。我们认为你应该选择情愿的方式支付。以下就是为了获得教育你可以采取的几个步骤：

1. 找到一个高质量的能为交易者提供培训课程的公司。它会在你的成长阶段使你不用去进行多年的试错，为你节省很多金钱。我们所知道的几个较好的培训项目，包括我们自己的，列举如下：

a) 普利斯坦（WWW. pristine. com）——交易教育中的劳斯莱斯。我们提供各种各样严格的培训项目，从只是让你湿湿脚1天和3天的训练到全部6个月的培训课。我们所提供的较长的培训被人称为普利斯坦辅导项目。我们的重点是训练认真的交易者怎样以市场为生。参加的人学习怎样运用与我们所用的相同的成熟的交易战术和技术每天从市场中获利。我们教授执行技巧、纳斯达克二级报价的正确解释、图表阅读和交易新闻。交易成功的一个关键因素——正确的思考，也是一个重点。我们也教授不同风格的交易，例如为获得少的但是持续的每天的获利而进行的超短线交易，为了获得更多收益的在2到5天的时间框架内的波段交易，和为了通过市场建立财富的中线交易。许多我们培训项目的毕业生转向了作为一个职业交易者的成功职业。这些人中也有提供培训和个人指导的，这也就是为什么普利斯坦被认为是不仅那些想成为成功的交易者的教育源泉，也是那些想扩大他们的成功的人的教育源泉。

b）基石证券（CornerstoneSecurities，Inc）——最早专门研究电子化交易的公司之一。如果你寻求在即日交易行业的专业化，你可以停在基石证券的门口。这个公司在全国有 20 多个办事处，为那些想要通过网络交易的人提供最好的全面的课程。我们尤其喜欢这个公司是因为它是几个在美国最顶尖的交易者的家。基石证券坚定地相信教育，并且它的大多数（如果不是全部）的培训师是普利斯坦培训项目的学生。

c）交易者优势网 Trader's EdgeNet（www.dxtytracling.com）——没有装饰、没有废话的交易之家。由畅销书《电子化即日交易者》的作者 Marc Freidfertig 和 GeorgeWest 所经营的交易者优势网（Trader's Edge Net）为那些想要学会像专业人士一样交易的人提供了为期一周的讲座。课程主要集中在基本的纳斯达克二级报价的解释，对《观察者》（*the Watcher*）——一个基于 DOS 的提供极其迅速的纳斯达克执行的非常复杂的交易平台——要求苛刻的软件培训。尽管在交易者优势网只有一个知名的教师接受了普利斯坦的正规培训，我们喜欢这样的一个事实，就是百老汇交易，LLC，他们的姊妹公司是一些非常活跃的和赚钱的交易者的家。

2. 读一些真正有价值的交易书。有大量的涉及交易和市场参与主题的书。并且这个数量还在以几何级数增长。不幸的是，这些书中的大多数在基本的事实和模糊的学术理论之外几乎没有提供其他的东西。最好的书是那些能帮助交易者正确思考的书。战术和技术也很重要，许多书甚至没有很好地涉及游戏的这一部分。但是少数几本既提供了思想因素又提供了战术因素的书就像真金一样。我们列出了 10 本经过证明对大多数成长中的交易者有帮助的书。尽管不是所有的这些书都拥有刚才所说的两种重要因素，它们还是值得仔细研读。标有星号的是有这两种因素的，因此它们对我们思考和交易的方式产生了巨大的影响。

推荐的读物清单

1. 《我怎样在股票市场赚了两百万》（*How I Made ＄2 Millionin the Stock Market*），作者 Nicholas Darvas（＊＊＊＊）。

2. 《交易为生》（*Trading for a Living*），作者 Dr. Alexander Elder，John Wiley 出版（1993）。

3. 《日本蜡烛图技术》（*Japanese Candlestick Charting Techniques*），作者 Steve Nison，Prentice Hall 出版（1991 年 5 月）。

第六章　12条成功的交易法则：交易大师所遵从的规则

4. 《怎样在股票市场赚钱》（*How to Make Money in Stocks*），作者 William J. O'Neill，McGraw-Hill 出版（1994年9月）。

5. 《自律的交易者》（*The Disciplined Trader*），作者 Mark Douglas，Prentice Hall 出版（1990年6月）。

6. 《胜利者拿走全部》（*Winner Take All*），作者 William Gallacher，Irwin 出版（1997年3月）。

7. 《股票作手回忆录》（*Reminiscences of a Stock Operator*），作者 Edwin Lefever，Market Place Books 出版。

8. 《电子化的即日交易者》（*The Electronic Day Trader*），作者 Marc Freidfertig 和 George West，McGraw-Hill 出版（1998年）。

9. 《怎样开始电子化的即日交易》（*How to Get Started in Electronic Day Trading*），作者 David Nassar，McGraw-Hill 出版（1998年11月）。

10. 《在线即日交易者的策略》（*Strategies for the On-line Day Trader*），作者 Femando Gonzalez 和 William Rhee，McGraw-Hill 出版（1999年7月）。

法则4：保护你自己最有价值的东西

作为一个活跃的交易者，你将被迫去面对这些情况——无数的经纪商降低评级、负面的收益报告或者负面的经济新闻对整个市场和你的开放的股票头寸进行破坏。尽管损失对每一个市场参与者来说是一个永恒的不可避免的现实，但毕竟不是让人高兴的事，尤其是当损失由超出我们控制的事情所引起的时候。因为不确定性因素永远不能从金融市场中完全消除，因此，有必要设置保护性的卖出策略。我们把这种卖出策略称之为普利斯坦保险单。正如我们许多的订阅者知道的那样，这是一个我们永远在强调，几乎过分强调的主题。但是谨慎要求我们必须尽一切努力去保护我们所拥有的最珍贵的东西：我们的初始资本。一旦本金丧失了，我的朋友，你可以在我们身上叉上叉子，因为我们已经不中用了，被煮熟了，结束了。得到要点了吗？掌握这一点很重要。我们相信每一笔职业的交易都应该有一个精确买点和两个卖点。一个卖点向上，给出获利的参考点。然而，因为我们活在真实的世界里，我们必须也有一个卖点处理交易变坏的可能性。因为人类的本性是乐观的，经常太过天真，"保护性卖出"通常得到交易者最少的注意。不用说，这就是为什么大多数的获利远远少于损失。作为普利斯坦交易者，至少在这一方面，我们不能承担作为一个人的后果。钱包无法承担这种后果。因此，确保每一次交易时脑子里有三个价格。买入价、获利价和保护性止损的价格，更为人所知的说法是普利斯坦保险单。永远记住保护性价格，你的止损价是所有价格中最重要的，至少在你交易的开始阶段。这个价格代表了你很明智地为市场划出的一条线。它为你提供了一个预先的提醒：如果错了的话，你的最大成本将是多少？最重要的是它是一个保护，在遇到一个失去控制的崩溃的股票时的保护，这种情况是唯一能令你离开这个奇妙的我们称之为交易游戏的东西。设置一个止损策略可能使你损失的次数增加，但是这些损失总的来说都是可以忽略不计的，从长期看是无关紧要的。记住我们的话。我们曾经损失得大，也曾经损失得小，损失得小要好得多。不惜一切代价保护你的本金吧。

以下我们概述一下对波段交易——涉及 2 到 10 天的持有期和日内交易——涉及几分钟到几小时——如何设立我们的普利斯坦保险单的基本说明：

波段交易

1. 首先，我们基于三种买入方法的一种开始每一笔波段交易。特定的买入价格通常是基于日价格图。我们在第十四章会非常详细地谈到这三种买入方法。

2. 一旦我们买入股票，我们在当日的最低价和前一日的最低价之中更低的一个价位之下 1/16 到 1/8 处，建立一个保护性的卖出。例如，我们在 20 美元买入 WXYZ，当日的最低价（买入日的最低价）是 19.25 美元，前一日的最低价是 18.5 美元，因为前一日的最低价低于当日的最低价，我们的保护性止损将设在 $18\frac{7}{16}$ 或者 $18\frac{3}{16}$ 美元。

3. 初始的保护性卖出价格在两天内保持不变，买入日计为第一天。在 2 天之后，我们经常做一些向上的调整以保护我们的某些利润。关于止损调整的更详细的说明在第十六章给出。

日内交易

1. 首先，我们使用日内买入方法的一种买入，买入的价格通常基于 5 分钟或者 15 分钟的价格图。我们将在第十七章详细谈到日内买入方法。

2. 一旦我们买入股票，我们在低于当前的 5 分钟或者 15 分钟线的最低价 1/16 处设立止损。如果我们的买入是基于 5 分钟图，我们的止损直接置于当前的 5 分钟线（买入线）之下。如果我们的买入是基于 15 分钟图，我们的止损直接置于当前的 15 分钟线（买入线）之下。怎样使用 5 分钟和 15 分钟图买入股票的详细说明将

第六章 12条成功的交易法则：交易大师所遵从的规则

在第十七章中讨论，保护本金的资金管理技术在第十五章讨论。

法则5：保持简单化

在极大的程度上我们相信，不顾一切追求"圣杯"的交易者，没有必要掌握任何使人想起"超级复杂"这个词的东西。对数、神经机理和令人迷惑的数学交易公式只是表明我们已经离开基本东西有多远的几个例子而已。基本的东西如主要的趋势线、价格支撑位和阻力位、成交量的增加和减少、主要的移动平均线、核心的图表形态，等等。尤其是西方式的思维总是认为如果不复杂，就不管用。我们的观点接近这种错误观念的完全对立面，由简单的方法产生的头脑的清醒和行动的确定性是难以形容的。所有我们的学生都站在基本知识的基础上，通过不断的造访学习它们的价值。今天就决心做一个基本知识的大师吧，你将会很快了解简单是清楚之母。

如果你对以下的任何问题回答是"是"，你的交易方法就太复杂了：

1. 你的交易战术和技术是否会使一个聪明的12岁的孩子糊涂？
2. 你的方法要求数学计算吗？
3. 你交易的时候需要计算器吗？
4. 你的交易是否需要3个以上的软件？
5. 把你的交易策略写在纸上是否会花超过5分钟的时间？

这些仅仅是几个指向过分复杂化的问题，确保简单化吧。

法则6：从自己的损失中学习

通向精通市场的道路是一个充满了无数危险的道路。一个有抱负的交易者必须经受的危险、损失、磨难和艰辛足以令敢于踏上这条道路的大多数人气喘吁吁，精神崩溃。很遗憾，这么多人很快就认为一个掌握了技巧，能够无比精明地驾驭市场的人，完全是因为他的某些内在的品质和天生的禀赋而偶然造就的。这远非真相。痛苦、损失、挫折、困惑、怀疑和矛盾，这些只不过是提供了到达理想的伟大高度而必须受的教育的几种情形和环境而已。今天，每一个获得了一定成功的交易者，昨天一定都曾忍受过一个失败者的痛苦和折磨。作为人，我们不能从成功中学习，而只能从失败和错误中学习。作为成年人，我们知道火是不能摸的，因为在童年的某个时候，我们曾经被灼伤过。交易也是一样。我们只能通过学习了所有损失的方式之后才能获利。因此，我给你的问题是：你将要对你的失败做些什么？它们是不是被浪费了、忽略了，任由它烂掉了并且以后随着时间的推移它们变得更加强大了？还是它们成了将来不要去做什么的珍贵的例子？在我们的损失中存在着我们正在寻找的成功的秘密。我们必须首先失败，然后把这些失败当作跳板才能成功。记住，我们向前跳得很远只是因为我们先向后退了。或者说，我们向后退，然后再向前跳。这就是自然规律。这就是成功的蓝图。并且，我的朋友，这就是通向精通交易的道路。不首先向后退，我们向前跳的尝试就是虚弱和无力的。因此，当我们经历失败交易的时候不要唉声叹气。相反，你应该高兴。因为失败，如果被正确对待的话，就是一个神奇的、天使般的指引，引导你走向成功的未来。

智慧种子

对交易者来说，一个最有价值的工具不是某个神奇的市场指数，或者某个诱人的交易技巧，而是一个简单的但是有效的失败交易日记。我发现记录我的所有损失的日记使我更容易辨认趋势和重复发生的错误。例如，一个人在回顾了连续5次的损失之后，可能发现延迟的买入造成了其中的4个。这个有价值的发现，如果被正确地对待，就是一把可以大幅提高一个人获胜机会的钥匙。那时交易者应该集中注意力去更快速地买入，或者避免追逐理想的股票太远。我记得多年之前我在用我的日记去回顾我之前一年所有损失的时候，所做出的一个有趣的发现。经过仔细的分析，我发现我的损失交易78%都在于那些成本在8到15美元之间的股票。我记得那一天，就好像它就在昨天一样。这是一个神奇的发现，我敢肯定如果不用日记的话我肯定会忽略它。很明显，这种分析揭示了一个简单的事实，就是如果我远离低价的股票，我的表现可能会至少是翻番。这么多不可置信的事情都可以从仔细回顾一个人的失败获得。记录失败的日记告诉我们，我们正在往哪里去，以及我们是否在向着某个方向前进。没有这个我不会离开家，没有它我甚至不会在家。我5岁的女儿通过摔跤学会了怎样走路，现在她都会跑了。我这个33岁的交易者和作者通过损失学会了如何交易。现在我教给全世界的交易者如何像我一样在市场中获利。成功会自己到来。只要学会正确损失的艺术，你的梦就会变成现实。

法则7：坚持记交易日记

一个交易者能够进行的最有价值的活动就是保存一份记录交易错误的日记。我们的大多数学生和订阅者都知道，我们坚定地相信我们的失败（在生活中和在市场中），如果正确地加以利用，就会成为我们到达精通市场的更高程度的阶石。保存

第六章　12条成功的交易法则：交易大师所遵从的规则

你的一份详细的市场错误历史将会帮助你了解你是谁、你是什么以及你正往哪里去。7年前，这个简单的举措让我的交易精确性提高到一个我自己都认为不可能达到的水平。我们有理由相信，同样的事情也会发生在你身上。以下是我如何执行这个简单的但是有效的措施。首先，我拿出我所有的可怜的结算单，记下每一笔损失的交易的所有细节——交易日期、股票代码、买入价格、卖出价格、全部佣金、交易理由，等等。在一个图表册的帮助下（现在我使用 www.executioner.com 的图表部分），我研究和分析每一个失败的决定，找出许多次重复的同样的错误。然后我开始把这些错误归在不同的类别下面，如"买入太迟"、"卖出太早"、"持有太久"、"太贪心"、"太紧张"、"卖得太早"等。完成这个工作之后，我就有了一个清楚明白的关于我作为一个交易者是什么样子（一个失败的新手），以及我需要立即做什么才能成为某个完全不同的人（一个成功的专业人士）的真实的图案。然后我找出数量最多的一类错误，忽略其他的，开始致力于把这类错误从我的生活中清除掉。我不停地做直到这类错误完全消失，然后我开始消灭第二个经常犯的错误。然后我消灭下一个，再下一个。10个月之后，当我在消灭我的最后一类错误的时候，我发现我已经有几个月的交易都获利了，而我完全没有意识到。我是那么专注于消灭我的错误，以至于没有注意到我的交易获利的整体效果。这是我的一个活生生的例子，证明获利会自然而然到来。正确的获利，但是错误的损失的交易者将会最终是一个统计学的数量。那些错误获利但是正确损失的交易者将会存在足够长的时间直到最终能够正确获利。那些正确获利并且正确损失的交易者必须找到创造性的方式来把他们挣到的钱花出去和送出去。通过这样一个跟踪我的错误的全过程，我学会了什么是不能做的，并且我的账户也扩大了。记下你通向成功的道路，我的朋友，观察你的交易精通程度的提高。你将会对这个简单的记交易日记的举措如何帮助你除掉某些你的最大的交易错误，并且因此提高你的获利能力的过程感到吃惊。

以下是我和我的学生怎样建立个人交易日记的一个例子：

交易1

交易日期：6/15/99

市场评级：正（关于怎样对市场评级将在后面的章节里详细谈到）

代码：PSFT

股数：100

交易类型：做多

交易风格：波段交易（2~5天）

买入价：18.5 美元

买入理由：30 分钟买入规则（详细描述见后面章节）

初始止损价：17.6 美元（低于当日的最低价）

目标：20.5 到 21 美元（期望涨到 200 日均线）

卖出日期：6/16/99

卖出价格：16.75 美元

卖出理由：触及初始止损价

结果：1.75 美元，或者 175 美元的损失（佣金忽略不计）

错误 1：害怕扣动扳机，买入时犹豫，使得买入价比我应该买入的价格高了 1/4 点。单是这个错误就使我损失 25 美元。

错误 2：忽略止损。在我的 17.5 美元的止损价，我屈服于叫做希望的敌人，或者说把我的脑袋埋在沙地里，欺骗自己去相信反弹的几率很大。这个错误使我损失额外的 3/4 点，或者 75 美元。

错误 3：N/A

这个记录下来的交易揭示出一个交易者的信息。两个最常见的错误，害怕扣动扳机和忽略止损，说明交易者正在经历怀疑，而不是乐观；天真地感到乐观而不是最大程度的怀疑。这是太常见的情况，因此，通常没有被注意。然而，以这种方式记录我们的失败，将会揭示出这些隐藏的东西，清楚地表明我们作为交易者是谁、是什么和在什么位置。如果这种情况继续，这个交易者生活中的唯一目标将是把这两种感觉逆转过来，确保在以后的 10 笔交易中不要重复这两种错误的任何一种。交易者可以或者一次改正一个错误，或者尝试两个都改。以任何一种方式，交易者的目的都不是去赚钱，而是确保没有一笔交易以低于预先设定的止损卖出。即使这意味着盲目的在止损价之前卖出，交易者也不要让一笔交易违反止损价或者通过预先设定的卖出点。事实上，交易者应该希望每一笔交易都下跌，以便他或她能够消灭掉这个危险的习惯（魔鬼）。交易者也应该练习快速地执行初始的买入。一旦买入信号出现，交易者的工作就是清除其他的想法，一心只想让交易完成。即使这意味着有一点盲目，也应该不惜任何代价在每一笔交易中都这样做。这种想法不一定会赚钱，虽然赚钱可能是最终的结果。去"杀死"这两个有可能令交易者永远出局的恶魔才能让交易者赚钱。

以这种方式记录每一笔损失的交易将会为你带来奇迹。我们知道会是这样，因为通过一段时间的练习，我们自己的交易上升到一个全新的水平。记录损失也是我们私人交易学生的一个必须的练习。试试吧，我们保证它能极大地帮助你的交易。

第六章　12条成功的交易法则：交易大师所遵从的规则

法则8：不要把低价股作为你的主要目标

如果有一个错误——一个主要的过失是我碰上千万次的，那就是基于价格来决定股票的表现。我把这个看作一个新手所犯的错误中除了没有坚持止损之外，导致最多伤亡的一个。我理解它从哪儿来，为什么这种愿望存在，但是这是错误的，应该被所有的交易者都认识到。有限的本金是这种愿望的主要原因。因为有限的资金，许多交易者选择在低价区域作交易。错！你必须知道赢利的几率通常随着你攀登价格阶梯而提高。想一想吧。为了让一支10美元的股票涨2美元，必须涨非常巨大的20%。这种收益是令许多投资者高兴一整年的收益。事实上，超过60%的职业资金管理人每年的收益甚至不能到达这个数，而有些交易者竟然希望在一到2天内获得。"这能够发生吗？"能。"那么问题在哪里呢，奥利弗？"问题就是有限资金的交易者恰恰是那些特别需要高额的获利率的人。然而如果他只关注低价的范围，该交易者就摆向了较低可能性的那一侧。我更愿意看到交易者买入少量的高价股票，因为这样胜算的几率更大。现在让我们从另外一面来考虑吧。一个价格在60美元的股票一天或者两天涨2美元容易吗？回答是：非常容易。对60美元的股票来说，即使在一天之内，2美元的上涨也是一个经常发生的事。一个10美元的股票上涨2美元，通常在第二天的报纸上就会提到了，因为这很罕见。这个我们称之为交易的游戏几乎完全是基于概率的。某种程度上，尽管操作起来很困难，这其实是一个很简单的数字游戏。不知道最大胜算概率在什么地方的交易者将会有一个非常短暂的市场生涯。但是有一件事是肯定的，那就是这将是非常令人兴奋的。然而，我猜想如果你正在读这本书的话，你想要比兴奋更多的东西。如果情况是这样，经常参与高价的股票吧。它们会为你工作得更努力。并且，妈妈难道不是经常告诉你吗，"你会为你付出的得到回报的。"

智慧种子

这条建议不是说低价区的股票绝对不能参与。事实上，我们刚开始的时候训练我们的内部的交易者只参与低价的股票，因为低价股票的风险相对要小。但是一旦这些人完全理解了做市商是如何运作的，以及我们的交易策略如何利用了做市商的狡猾的活动，我们就开始让他们沿着价格阶梯向上攀登。我们执行我们的"积累方法"的时候，我们也使用低价的股票。

注意：我们的积累方法是要在一支股票期望的上涨之前的 1 到 2 天内建立一个相当大的头寸。这是一个我们高级的内部交易者学习的先进策略。记住，有时好东西是以小包装的形式到来的，但是在大多数情况下，高价的股票会更经常地带着你想要的礼物。

法则 9：不要多样化

一个在投资专业人士中最经常使用的词是"多样化。"今天，你打开一份经纪报告，阅读一本金融书，遇到一个投资顾问，或者甚至与一个金融规划师喝一杯啤酒，都至少会听到五六次"你必须多样化"的教导。几乎在我们学会优先股和普通股的区别之前，不要把所有的鸡蛋放在一个篮子里的观念就植入了我们心里。但是随着时间的推移，我们开始怀疑这个信条的有效性，并且在这个过程中发现了一些非常有趣的事。**提示**：作为一个精明的交易者，你应该怀疑一切，即使最基本的普遍接受的定理也要在实践中检验。你将会对你所发现的东西感到非常吃惊。有趣的是，我们发现事实上当交易者正确的时候，充分多样化缩短了一个人的进步，并且缩小了潜在的获利。然而，当交易者错了的时候，多样化起到了大幅损失的一个有效缓冲器的作用。难道这不是很有趣吗？多样化事实上没有阻止损失，也没有提高获利的几率。它只是当交易者错了的时候提供了一个厚厚的垫子。我们不知道你们是怎样的，但是我们更对提高正确的几率（并且因此提高正确的概率）的规则感兴趣，而不是那些仅仅帮我们成为更舒服的失败者的东西。不要误会我们的意思。多样化有其作用。正如我们说过很多次的，正确的损失是交易的很大一部分。只是对我们来说很清楚的是当交易者有才能的时候，多样化没有什么作用。简言之，过分的多样化无非就是对缺乏才能的一个替代品。它是一个被创造出来使一个人的损失更舒服的概念。尽管有些时候应该多样化，我们还是愿意你把自己的精力放在做一个全面赢利的交易者上面。想一想吧，当交易者能够赢 8 次，输两次的时候，交易者还要多样化干什么呢？达到精通的交易者希望尽可能地提高他们的高额赢利的比例。多样化只会稀释他们的平均赢利。

智慧种子

我们不想低估多样化有其作用的事实。但是我们发现当面对某些方面不太一样的短线交易挑战的时候，它就是一个过分被强调的原则。不仅交易大师想要使用集中的头寸去最大化他们的精确性，交易新手也会通过一笔交易一笔交易地培养熟练

第六章　12条成功的交易法则：交易大师所遵从的规则

性而逐渐提高。成长中的交易者最不想做的就是通过提高他们决策的数量来增加他们经常犯的错误。在开始时，必须做的决定越少越好。但是即使在成长的另一面，这也是正确的。达到的精确和熟练程度越高，一个人越不需要多样化的保险。在交易界，才能的提高是与多样化的减少相伴随的。

法则10：知道有时没有行动才是最好的行动

在多年的对全世界成千上万的市场参与者解说、咨询、授课和讲座之后，我们已经明白了许多困扰成长中的交易者的问题分成两大类：缺乏耐心和不知道什么时候应该不做任何事情。有多少次你决定卖出一支股票，却眼睁睁看着它在你卖出之后一到两天就一飞冲天。现在问问你自己有多少次那些卖出的决定是基于预先设定的卖出策略，有多少次只是由于你感到紧张、厌烦或者被其他的股票或者事情分心才卖出的？在你开始一笔交易之前有一个预先设定的卖出策略是老练的交易者的标志之一。但是即使老练的交易者也会在股票没有任何问题的时候提前卖出他们的股票，犯破坏他们预先设定的卖出策略的错误。如果你犯了这种错误，需要注意了，因为如果允许它继续发生，它将会夺走你交易生涯中的某些最辉煌的时刻。到目前为止，第二个问题是最具破坏性的，也就是它要为我们在"获利和损失"之间的无尽的摇摆负责。这种停滞不前的获利和损失的循环本身就够写一本书的，但是知道什么时候不交易是能够结束它的一剂灵丹妙药。大多数的交易者没有看到知道何时应该坐守不动的好处。他们错误地认为如果你很棒，你就总是能够找到一些事情来做，找到一些股票来交易。这不仅仅是天真，这是有潜在破坏性的想法。作为职业的交易者，我们只稍稍好于赌点的人，非常像职业的扑克玩家。正确地估计几率的人可以持续赢得全部赌注中相当大的一部分。事情的真相就是有时不行动，就是最好的行动，知道何时和怎样在行动和不行动的两极状态之间转变使你成为杰出的交易者。请把这两点记在心里，它们就比本书的价格要值钱得多。

智慧种子

交易大师的一个最有价值的财产就是他们正确地确定"不行动"的时机的能力。不行动是只有最成功的交易者才学会使用的一个非常有效的工具，一个不仅为他们节省数以万计美元，并且帮助他们赚到数以万计美元的工具。我每天坐在那里观察成长中的交易者，他们在一天的初始阶段赚到可观的钱，只是为了在一天的后半部分把它们还回去。他们很容易就把他们辛苦挣来的收益吐出去，因为他们没有看到在合适的时机"不行动"的好处。每一笔获利的交易使他们想要更努力,去获取更多。在一个获利阶段不行动通常是他们脑子里最不会想到的事。但是这是一个不容争议的事实,那就是有些时候风向不对,你应该待在家里。有些时候,出垒击打是不应该的,即使该轮到你了也不应该。有时你应该停止交易一会、一天或者甚至是一个星期。如果掌握了这一点,交易是一个非常充实的职业。但是那些想要成为交易者的人,而又没有很快学会有时不交易是更好的选择的人,将会在到达我们所说的精通交易的状态过程中经历很艰苦的时刻。

法则11:知道何时从容引退

在反复无常的市场中及时回避和减少活动的能力是职业交易者的标志。太多的未受过教育的市场参与者认为超级的交易者是能够与最邪恶的市场抗争并且能够成功战胜它的人。不能比这个更远离真相了。精明的交易者明白超出一般水平的表现更多的是把损失控制得小的结果,而不是使利润大的结果。因此,在合适的时候熟练地从市场中退出是成功交易的不可分割的一部分。考虑一下如下的事实吧。如果一个长线投资者恰好在过去14年里的20个最积极的日子里没有交易,大概全部14年收益的30%将被错过。令人吃惊,真是这样吗?一个买入并持有的方法的最有力的证据,对吗?错!这句话里没有提到的是硬币的另一面。如果同样的投资者保持完全投资,但是设法在14年里最坏的20天里避免交易,利润将会翻番。避免坏的时期比抓住好的时期更有利可图。但是让我这么说吧,能够两者都做到,避免最坏的,参与最好的,就能成为一个超级交易者。因此当运气不在你一边时,坚守在边线之外吧,相信这样的事实"错过的钱比损失的钱好"。

如果以下的一个或者更多的情况发生,也许是从容引退的时候了:

1. 在经历了一连串的获利之后,你已经连续损失了两次。

提示:交易者经常因为在一连串的获利之后立即的自我破坏而毁灭自己。换句话说,我们的最大的失败经常跟在我们最大的成功之后。

2. 由标准普尔期货合约所衡量的市场急剧恶化。

提示:标准普尔期货合约是一个重要的市场指标。它经常会给警惕的交易者市场反转的提前警告。

3. 你感到不在状态、不确定、迷惑、分不清方向,并且不知道为什么。

提示:假以时日交易者会培养出一种成为交易者的"能力"的东西。这种能力,经过多年的磨炼和经验得来,通过我们的情感的和知觉的能力说话。有一个发展完备的能力的交易大师学会了尊重这种"暗示"。

4. 你预先制订的交易计划被某些突发的市场事件破坏。

提示：当一个破坏性的因素闯入你的交易计划的时候，最好是退出。当某些事情发生时，比如意外的负面新闻公布时，许多交易新手企图抵御必然的退出需求，但这通常会导致交易者去赌，而赌又会反过来导致更大的损失。

5. 你感觉不舒服。

提示：交易者就像是职业的运动员。他们必须让自己保持好的身心状态。如果你感到不舒服，你就不可能表现得像平常一样。

6. 你的心情很疲惫。

提示：交易者的最有力的武器是一个平和的心态。如果精神的平衡不存在了，完美的交易决策也就不存在了。

7. 你正在处理个人问题。

提示：个人问题影响精神的平衡，精神的不平衡又会影响交易决策。市场就像是一个关于我们是谁和我们是什么的完美的镜子。我们的个人问题会通过奇怪的方式表现在我们的交易中。

法则 12：永远不要找借口——它们不会为任何人带来一分钱

"你可以找借口，你也可以赚钱，但是你不能两者都做。"我们发现这句睿智的话在几乎所有的领域都是如此惊人的正确。对于交易者尤其如此。作为一个活跃的股票参与者，我们每天都要对付复杂的和不确定的东西。在我们追求持续获利的时候，也让我们辛苦赚来的本金在每一笔交易中都冒了真正的风险（尽管是明智的风险）。"困难"一词甚至都不能描述交易者的困境。然而，真正的交易者要去行动。当你考虑这个问题的时候，会很迷惑。引领交易者走向交易成功的道路不是一条平坦的路，我们都知道这一点。但是我们中成千上万的人仍然存活了下来，并且选择每天都继续向前。这个通向持续获利的艰苦的旅程是一个我们都希望完成的旅程。并且尽管很多人跌倒在路旁，仍然有很多人继续走下去。初始的交易者不断地在与金融毁灭游戏。每一天他们都与挡在路上的心理的魔鬼对抗。尽管成为一个成功的交易者要遇到巨大的困难和极端的艰苦，我们不是十分惊讶于仍然有很多人拒绝寻找任何借口。并且是这些人最终会赚钱，或者用另一个词，"甜蜜的美元"。每一次我被打倒，被一连串的损失击败——我们都会遇到这种情况——我就提醒自己没有人曾经许诺我一个成功的生活，或者许诺我成功的交易会很容易。是的，借口很容易找到。但是它们永远不会为它们制造者的口袋里带来一分钱。我热爱和尊敬交易者——那些真正的交易者——因为他们明白，勇气最好的描述就是害怕，但是"无论如何还是要做"。借口是给失败者的。真正的钱，"甜蜜的美元"将永远投奔那些真正明白这个道理的人。因此，当你下一次遇到大白鲸的时候，不要找借口，找一点鞑靼沙司吧。

智慧种子

交易是完全自由的最后堡垒。律师事务所和会计师事务所的合伙人其实是在为他们的客户工作，医生其实是在服务他们的病人。交易者只为自己工作，只服务于自己。没有人能够正当地要求交易者的成功，因为它只来自内部。并且失败也不能被共同拥有或者冒充是其他人的。简言之，交易者完全生活在他们自己的世界里。每一个波峰和波谷都属于他们。但是因为没有地方可躲藏或者逃避每个行动的个人责任，损失的交易者经常很容易寻找借口。责备其他人可以在对待缺点时心里感到更轻松一些。指责一个通讯、责备一个分析师和埋怨华尔街系统只是失败者逃避他们自己应该对他们的决定负责任的几种方法。不要成为这些找借口的人中的一员。他们走的路很清楚。最后的目的地只能是失败，这已经是人所共知的。为你在市场中的每一个举动负起完全的责任。在心里知道任何行动的最终认可权都只属于你。最好的交易者在一个自力更生和完全独立的世界里生活。换句话说，所有失败的过错都在他们自己，并且他们知道他们拥有获取所有美妙收益的权利。不找借口的交易者将会最终得到比损失多得多的收益。

第七章 交易大师的秘密:15 件每一个交易者都应该知道却不知道的事

秘密 1：华尔街没有礼物

在生活的大游戏中确定的东西不多，死亡和税是立即出现在脑海中的两件。可以说另一种确定性就是变化。但是对于更小的交易活动或者市场，唯一可以确定的就是华尔街没有礼物这一简单的事实。如果你认为你在一笔交易中很幸运，通常时间会揭示出你最初感到幸运的事实上是不幸。以等待进入一支多数做市商已经从其内部报价中消失了的不断变动的纳斯达克股票的交易者为例。如果只有一个或两个做市商留在报价中，交易者的交易成交了，几乎可以肯定交易者不是真的想要完成这笔交易，或者我应该说他不应该想要这样做。每次你认为你被给予了某种东西，很可能是你被给予了某种你不想要的东西。这与接受一个礼物类似。简单的事实是在华尔街没有人想不要求回报而放弃任何东西。是的，即使那些最精明的交易者也总会犯错误。并且，也总是会有一些无知的人永远会在错误的时间买卖商品。但是投资于这类事件是机灵的交易所要做的。这与被给予你认为是礼物的东西有很大的不同。我是指幸运地得到某种你认为你不配得到的东西。这就是交易者必须警惕的地方。换句话说，利润和（或）机会是要在市场中抓住，而不是被给予的。当某人给你某种东西的时候，很可能是一个如果你不希望被烫伤，应该马上传给另一个人的热土豆。这可能会使你感觉不太好，但是华尔街的进化论是最聪明和最精明的人生存，而不是最幸运的人生存。抓住你想要的东西，但是不要接受任何礼物。它们不存在，无论如何不在华尔街存在。

大师交易提示

如果你得到某种你认为你不配得到的东西，很可能它是一个陷阱。当某种东西太好了以致不像是真的的时候，总是保持怀疑吧。以下是几个被当作"礼物"送出的潜在的负面警告：

1. 你的买毕（你买入）低于当前的市场价成交。这意味着某人是那么想要抛售这支股票以致他们愿意低于当前的买价卖出。尽管多数新手将会感到高兴，交易大师会立刻感到怀疑。事实是，这个人可能知道某些你所不知道的事。每当这种情况出现的时候，要小心，并随时准备在第一个麻烦信号出现的时候卖出这支股票。

2. 你的卖单（你卖出）高于当前的市场价成交。这正好与前面一种情形相反。这意味着某个人是这么渴望得到这支股票，以致他们愿意为它付出高价。这也可能是一个不知道自己在干什么的新手或者是一个被贪婪虫子咬了的激动的交易者。但是有时这些愿意以比当前的买价高的价格买入的人是真正的专业人士。当他们想要所有的当前能得到的股票的时候，他们愿意高于市场价买入。这就意味着股票可能已经处在爆炸性上涨的边缘。我们教给我们的交易者当这种情况是职业性质时，随时准备进攻性再次买入这支股票。

3. 一个做市商给出的卖价上只显示了很小的数量，而你的仍然以令人眼花缭乱的速度成交。这通常意味着被展示出来的力量不是真正的力量。让我们来看一个例子。四个做市商出价买入一支40美元的股票，只有一个做市商在40.25美元卖出1000股。第一眼看起来，这支股票很强因为四个人想要在40美元买入，而只有一个做市商愿意卖出。然而，大量的交易在40.25美元成交，而挂在40.25美元的做市商保持不变。注意：这意味着做市商正在"更新"他或她的卖单。在以40.25美元成交的紧张的交易中间，你下了一张买单，以40.25美元买入1000股。你立即就成交了。尽管一个交易新手会对股票在40.25美元成交感到高兴，交易大师会立即产生怀疑。有时交易大师的怀疑导致立即在40.25美元甚至是 $40\frac{3}{16}$ 美元卖出这些股票。

当然还有其他很多的情形，但我们相信你已经掌握了要点。

秘密2：有些人在你交易的对立面，他们不是你的朋友

我总是认为我们的学生有必要明白每一次他们进行一笔交易，在交易的另一面总有人在赌相反的方向。例如，每一次你买入一支股票，在交易的另一面就有某个人在卖给你。这个64 000美元的问题是谁是更聪明的？谁是正确的，是你，还是在交易另一面的人？太多的交易者和投资者在市场上操作就好像他们是从某个大的空

第七章　交易大师的秘密：15 件每一个交易者都应该知道却不知道的事

中仓库中买卖股票，在这个仓库中，有大堆他们想要的股票堆放在那儿。这个模糊的和错误的概念忽略了交易最关键的因素，产生了一种不正确的心理状态。交易必须总是被看成是一场战斗，一场首先和最重要的是与自己进行的战斗，同时也是与其他市场参与者进行的战斗。作为一个交易者，你必须永远清楚：在每一笔交易里，你都在让你自己与其他交易者或者投资者的观点和信仰相竞争，他们很可能是正确的一方。作为交易者，有必要理解你只能在其他人急于卖出一支股票的时候买到它。相反，当你以某个价格卖出一支股票的时候，只能是因为某个人急于要在这个价位买入它。为了成为正确的时候多于错误的时候的一方，你必须首先理解什么是成功的交易。这可能听上去很简单，但是你将会惊讶地发现很多交易者都不知道。我们已经对来参加我们 1 天和 3 天讲座的这个国家的成千上万的人问过这个问题，"什么是成功的交易？"每次我们问的时候，我们得到的典型回答是这样的，"成功的交易就是低买高卖"和"成功的交易就是赚得比亏的多"。尽管这两种说法都包含了某种真理，它们远不是真正的答案，主要是因为它们是模糊的，并且消灭了我们前面谈到的个人因素。为了以正确的情绪开始交易，你必须知道这个简单问题的答案。因此，在我们更深入研究主题之前，让我们现在在这儿把正确的答案告诉你吧。成功的交易就是从某些太便宜的卖出商品（股票）的人那里买入它，以及当你知道它太贵的时候，把它卖回给这个人或者其他某个人。在我们继续前进之前，把这句话再读几次，因为它包含了精通交易的一个最重要的关键点。如果你正确地理解了它，你将会知道，事实上，成功的交易就是找到和利用一个傻子，一个完全不知道手中的商品当前价值的人。这是成功交易的真正定义，那些把这个记在脑子里开始交易的人将会带着更深入的和更尖锐的洞察力来参与这个游戏。其他对成功交易定义的问题在于它们忽略了最有价值的一点。在每一笔成功的交易中，某个人一定是糊涂虫、白痴和傻瓜，他把商品以太便宜的价格给了其他人，又以太昂贵的价格把它买回来。我们的工作就是确保你和我们的学生不是傻瓜。

大师交易提示

交易大师在很多方面扮演着慈善的撒马利亚人①的角色，他们在那些被压制的人经历痛苦的时候，通过从他们手里买入他们的股票，减轻了这些人的负担；在他们变得贪婪的时候，通过把股票卖给他们满足他们急切的心情。在某种意义上，交

---

①　译注：源自圣经，指乐善好施、愿意助人的人。

易大师就是减轻痛苦的人和满足贪欲的人。

秘密 3：专业人员出售希望，新手购买希望

许多新入市的交易者——和一些不是那么新的交易者——认为只要有足够的时间和金钱让他们去逛一逛附近的大书店，翻阅一本又一本的交易图书，他们就会找到它：指标的圣杯，肯定能够通过它的简单的使用和内在的逻辑为他们带来巨大的财富。另一些人怀有相似的希望：也许下一笔交易就会为他们带来主脉矿，罕见的大满贯，或者也许在一个辉煌的往返旅程中让他们重新持平。但是每一个交易大师都知道，希望在市场中是一个危险的事情。尽管希望经常是最初把人们带入市场的理由，它本身很少能帮助一个人在市场中获得成功。而是看到"是什么"的能力可以产生持久的利润。我们所说的这种能力是指不把一个人的希望、愿望和害怕投射在其中的，阅读显示在价格图表上的东西的能力。与很多值得做的事情一样，这个也是说起来容易，做起来难。所要求的清楚程度是一种成熟的、健康的超脱。换句话说，不是集中注意力在自己和就在眼前的财富上，它要求完全集中精力在关于潜在交易的事实上。它要求一个人采取科学家的态度，在得出结论之前勤奋地收集所有的事实。如最近的支撑位和阻力位在什么地方，目前趋势的方向和持续时间，最新的价格和前面提到的事实之间的关系如何，这些事实都是为了确定买入价、止损价和价格目标。它也要求一个人去问令人不太舒服的，但是却很现实的问题，如"如果它没有达到预期的结果该怎么办？""我是否准备好了损失这个数量的我的宝贵的本金，或者我是不是应该减轻仓位，或者仅仅静观待变？"以及"我是否足够自律，按照计划卖出？"这是一个看看是什么的过程——一个最终会变得很快并且最后成为第二天性的过程——让一个人做出精明的交易决策，留在这个游戏中，并且，最重要的是最后成为一个胜利者。

大师交易提示

希望是一种职业交易者通常没有的心理状态。每当他们感到自己希望某个不存在的事的时候，他们知道有麻烦了，并且会立即采取必要的步骤去处理掉这笔交易。希望是为那些缺乏知识和简明扼要的交易计划的新手保留的东西。交易大师完全知道卖出希望比买入希望更有利可图。例如，期权游戏很大程度上是一种希望的游戏，以至于我们叫它穷人的跑道。在期权游戏中最大的赢家是那些卖出期权（希望）的人，而不是那些买入期权（希望）的人，这种情况并不是偶然的。如果可以选择，

第七章　交易大师的秘密：15件每一个交易者都应该知道却不知道的事

交易大师将会总是希望的卖出者，而不是希望的买入者。这样更有利可图。

秘密4：本垒打为失败者而准备

交易大师知道马克·马奎尔（Mark McGwire）和萨米·索沙（Sammy Sosa）是两个在1998年打出了棒球联合会本垒打记录的棒球巨星，但他们不会成为好的日交易者。为什么？因为对大的、长距离的球和全能的本垒打的追求存在于他们的天性和血液里。职业交易者——我是指那些精通这个游戏的人，是稳定的"一垒打"击球手。他们只会偶尔打出二垒打球。当他们非常幸运的时候——而这只会偶尔发生——他们会打出三垒打的球。但是交易大师从来不追求趣味，或者像某些人说的"大个的东西"。他们从来不期望获得高分。想要获得高分和击中累积赌注的愿望通常是失败者的事，他们缺乏技巧，想要通过一次大胜利留在或者回到游戏中。在日交易中追求本垒打是典型的绝望的行为。为了防止你不知道，我们要说明智的人的特征不是去做绝望的事。我们经常能看到这种情况。一个努力挣扎的日交易者连续赔了3天，或者连续3个星期，甚至也许是3个月，这种痛苦是如此无法忍受，以致他或她开始绝望。达到了止损的股票被忽略了，因为交易者确信他或她再也无法忍受再一次的失败。或者，这个交易者已经到手了1美元或者2美元的收益，但是无法做出卖出的决定因为这甚至还不能让他们持平。因此交易者继续持有（就好像股票知道他或她需要得更多一样）直到股票最终下跌带来又一次毁灭性的损失。我们看到很多交易者被束缚在这样一种循环中，以致他们没有意识到他们正在加速自我毁灭的过程，这个过程最后只能以心理和财务的双重破产而告终。我们作为交易大师需要马奎尔（McGwire）① 的心再加上皮特·罗斯（Pete Rose）的智慧。我们需要索沙（Sosa）的力量和罗德·卡瑞（Rod Carew）的头脑。简言之，我们需要成为一垒打、安全打的，小的但是稳定的收益的大师。如果我们那样做了的话，偶尔这种方法也会回报我们一个意想不到的礼物——一个叫做本垒打的礼物。

大师交易提示

一个大的获利通常是新手的标志。这不是说在一支股票上获得大的收益应该被

---

① 译注：下文的皮特·罗斯（Pete Rose）、索沙（Sosa）和罗德·卡瑞（Rod Carew）皆为美国棒球明星。

嘲笑。但是每一个交易大师都知道成功的交易是稳定的，而稳定性对于一个一垒打的击球员来说比对一个本垒打的击球员来说更容易获得。这就是为什么他们把本垒打留给新手，作为留在游戏中的一个诱饵，而他们却从比他们低的那些人那里获得较小的但是却更稳定的收益。想一想吧。游戏最终的胜利者是专家和做市商。像SPears、Lead&Ke Hogg（SLKC）、高盛（GSCO）和美林（MLCO）这样的公司代表了华尔街的贵族，游戏的巨人，他们也是现有的利润最丰厚的一群。你认为他们会有一刻寻求亚马逊美元的收益或者是美国在线14美元的高分吗？答案是不。只有交易新手寻求这样的东西。这些大师在每一笔交易上的唯一任务就是简单地获得价差——在买价和卖价之间的差额。这些华尔街的大师和他们的代表宣扬买入并持有的方法，但是任何一个纳斯达克二级报价系统都会揭示出他们自己并没有实践买入并持有的方法。他们为 $\frac{1}{8}$ 和 $\frac{1}{4}$ 竞争，但是他们比神仙还有钱。事实上，他们就是神，华尔街的神，也许你应该从真正的大师那里得到一点经验。

秘密5：做出图表，大众就会跟随

通常一个人一天之中大约会有60 000个想法。不幸的是，我们中95%的人今天与昨天的想法是一样的，使得我们无非就是大量的条件反射。然而，如果一个人真正希望成为一个优秀的交易者，就必须学会独立思考，完全跳出框子思考。作为交易者，有时非常需要主动，而不是被动。交易大师有时创造市场反应，而不只是对市场做出反应。换句话说，当他们可以很容易地左右市场时，他们就会这么做，而不仅仅是对其做出反应。那些使用一种很大程度上受连续不断的变化和其他人的行动的影响的交易方法的参与者是真正的跟随者，而不是交易大师。自信的、独立的、很肯定的行动是进入交易游戏高级阶段所必须的，但是这只有当一个人按照自己的知识和判断行动的时候才有可能达到。不要理解错我们的意思。在某种程度上，我们的确跟随我们叫做"聪明钱"的引导。这就是图表所做的。但是我见过太多这样的例子，我的一个交易者决定去做一件事，但却没有做，只是因为他没有从其他人那里得到肯定。但是一旦独立的交易者决定如何行动，他们在开始行动之前，不需要其他人的肯定。让我们假定一个交易者决定在40美元之上买入XYZ。突破出现了，这个人不是立即按计划行动，而是在想，诸如"现在XYZ在40 $\frac{1}{8}$ 美元了，也许我应该等等看量是否增加。""让我看一看在我行动之前他能否再涨高 $\frac{1}{8}$。""让我

第七章　交易大师的秘密：15件每一个交易者都应该知道却不知道的事

看一看做市商是否开始拉升，或者卖单是否变少。"这些无非是需要其他人来确认一个决定的借口罢了。真正的交易大师会成为其他人在寻找的量。他们用自己的买单，帮助创造出额外的1/8，并且他们不愿意让GSCO或者卖单的数量来动摇他们的决心。他们知道他们想要做什么，并且他们充分相信它，每次他们的完美方法给他们OK信号的时候，他们就行动。这就是独立，这就是一个大师，这就是不仅可以心情愉快，还可以赚钱的关键。

大师交易提示

我们教给我们的交易者成为其他人正在等待的市场事件的制造者。"如果大众正在等待一支股票在他们购买之前涨到40美元之上"，我们说，"那么就让这支股票涨到 $40\frac{1}{8}$ 美元。"换句话说，"做出图表！"这是真正的精通，需要多年的经验才能够做到，但是我们认为知道专业人士怎样与大众抗衡对你来说是有益的。就是通过让大众跟随你的引导来点燃希望的行动。这不可能总是做到，但是我们的交易大师比别人认为的更频繁地使用这种手段。

秘密6：所有主要的股票市场指数都在说谎

每一个严肃的市场参与者都应该知道主要的股票市场指数，如道琼斯工业平均指数（DJIA），标准普尔500指数（SPX），和纳斯达克综合指数（NASDQ），都是对真正在发生的事的非常不精确的衡量指标。这是真的，尽管每天它们都通过媒体得到极大的关注。我们当然不是说这些流行的东西根本没有任何价值。但是交易大师，尤其是那些短线交易大师，知道他需要一个比这些宽泛的指数所能传递的更敏捷的、更精确的描述。我们已经目睹过SPX仅仅跌了12%，而在纳斯达克交易的股票平均下跌了36%的市场时期。我们已经经历过很多这样的时期：纳斯达克100指数（NDX）下跌18%，而在纳斯达克交易的股票平均下跌了46%之多。这条技术的经验法则就是任何超过20%的下跌都表明了一个熊市的下跌。刚刚所引用的数字清楚表明了这种情况是有可能的：市场事实上在胶着的熊市的掌握中，却对外描绘出一幅乐观的图画。这是主要的股票市场指数不总是说出整个市场情况真相的一个活生生的例子。比人们想象的更常见的是，这些指数不圆滑地向公众撒了谎，但是交易大师永远致力于揭露它们的谎言。你会问，它们怎么可以被允许撒谎？这些宽泛的指标可以撒谎是因为一些大公司，如宝洁（PG）、Merch（MRK）、微软

（MSFT）、戴尔电脑（DELL）这样的公司控制了它们。这些大股票在大多数指数中的权重很大，因此它们经常向一边大幅倾斜这些数字。今天精明的交易者必须能够走进市场"内部"，去寻找真正的答案，如果你能的话，去拍一个X射线。从表面不再能够看透它，今天的交易者如果想要一个关于市场健康状况的精确的图像，完全依靠那些被竭力吹捧的指数是不行的。今天的交易者必须知道如何看得更深。

大师交易提示

作为一个短则几分钟，长则几天持有头寸的短线日交易者，我们发现对更广泛的市场当前的状态有水晶一样清楚的图像是非常重要的。如我们前面提到的，主要的市场指数没有也不可能提供精确的图像。我们依靠其他的技术指标，这些指标集中反映内部正在发生的变化，因此能使我们处于优势。一个这样的技术指标是纽约股票交易所TICK指数（$ TICK）。这个优秀的日内市场衡量方法计算纽约股票交易所向上交易①的股票数量与当前向下交易的股票数量的比例。例如，如果TICK显示+400，我们知道目前正向上交易（被买入）的股票比那些向下交易（被卖出）的股票多400支。换句话说，买的比卖的要多得多。如果TICK显示是-400，那就是相反的情况。这就是非常重要的地方。假如道琼斯工业平均指数下跌了120点（负的），但是NYSETICK稳定地上涨，并且超过了+600的区域。你会倾向于"卖出"还是"买入"呢？如果你是我们内部的交易学生，你会急切地寻求使你自己处在多方（买方）的位置。尽管被支付了高额报酬的新闻主持人会谈论股票正在经历的大屠杀，你的内部阅读会使你看到事情光明的一面。这仅仅是能帮助日交易大师正确理解市场的一个指标而已，对市场的正确理解又反过来能证实正确的交易决策。我们的交易学生使用的其他内部标准是纽约股票交易所TRIN指数（$ TRIN），更为人所知的名字是ARMS指数，标准普尔指数期货合约，公用事业指数，和美国债券。所有这些指标帮助我们的交易大师保持一种大多数交易者梦想拥有的一种优势。深入看到内部是一种许多人没有掌握的艺术，但是只有能够辨认出什么是真的（真相）和什么不是真的（谎言）的交易者能够向精确交易的更高层次前进。我们为我们的订阅者完成了其中的很大一部分，这是一种所有的人都必须努力掌握的无价的能力。

---

① 译注：指以卖价成交，下文的"向下交易"是指以买价成交。

第七章　交易大师的秘密：15 件每一个交易者都应该知道却不知道的事

秘密 7：开盘之后购买通常会更好

尽管在开盘之前买入和卖出股票的能力在提高，交易大师知道通常在开盘之后开始股票头寸（买入）最好。让市场先开盘给了交易者一个更精确的知道市场将在哪个价位开盘的机会，而知道这个通常会为一个更明智的决定留出空间。当环境开始变坏的时候这样做尤其重要，因为在开盘时股票价格的缺口（向上的或者向下的）可能是不受交易者欢迎的敌人。在开盘之前下单不仅会对这些缺口有所贡献，而且也提高了你以整个上午最高价或者接近最高价买入的几率。只要等待一会儿，看一看股票会在哪里开盘，新手人群会偏向哪一边，交易者就可以明显地提高他或她买入的正确性。并且，要记住开盘跳空缺口超过 50 美分的股票要基于我们的 30 分钟缺口规则买入。详细介绍见第十四章。缺口经常会改变方法，而如果你不等上一分钟让市场开盘，这种改变不能完成。

大师交易提示

更容易地接入 Instinet（INCA）和其他的 ECNs（电子通讯网），为普通的个人提供了开盘前和收盘后的参与手段。不久之前，这些还是仅由那些有权势的、富有的和聪明的人享有的特权。但是尽管由像执行者（Executioner.Com）这样的公司提供的专业交易系统已经使得开盘之前交易很平常，我们还是鼓励我们的交易者尽量避免这种操作。尽管有时在开盘之前买入可能有利可图，更多的时候展示出来的是一种假象。很多把戏在这些"外部"事件内玩。因为成交量是那么小，价格操纵和合法形式的价格控制经常会构成新手的死亡陷阱。总之，最好的行动是等着看什么是真的，这要等到游戏真正开始的时候才能揭开。记住，华尔街没有礼物。如果你得到了某种你认为你不配得到的东西，当你最终发现真正的内部消息时你就不想要它了。

秘密 8：开盘之前卖出通常不合算

正如在秘密 7 里所提到的，在今天的电子网络时代，交易者与专业人士有同样的在开盘之前和收盘之后卖出的能力。通过使用 Executioner.Com 交易系统，我们的内部交易者和远程交易者可以在开盘之前和收盘之后几个小时就参与市场。很快，24 小时的交易将会在所有的交易所里开始，在任何时间进行交易将被看作很平常的事；然而，我事实上教给我们的交易者在 24 小时交易出现之前不要在这些额外的时间框架里交易过多。我们教给我们的交易者尤其不要当一支股票在开盘之前的交易中上涨时，在开盘之前卖出。为什么？因为我们发现在开盘之前上涨的股票通常在开盘之后会以更高的价位交易。这是因为在纳斯达克的做市商很少会在开盘铃声之前展示出股票的真正情况。为什么他们要这样做呢？难道这样做不是在游戏开始之前就向世人展示了他们的参与了吗？当然会。我的经验教给我如果能够在人群的其他人中间以一个看上去有吸引力的价格卖出我的商品（股票），这个价格就不是真的有吸引力的价格。我们必须总是记住在华尔街没有礼物。让我们来看一个更能说明这一点的生动例子吧。我们假定你拥有 1000 股 WXYZ，该股前一天以 20 美元收盘。大约在开盘前 30 分钟，你打开 CNBC 和你的二级执行系统。你很高兴地发现 WXYZ 被几个做市商抬高了 1.25 美元。在二级系统的屏幕上，你看到你可以得到美林的出价 21.25 美元，锁定 1.25 美元的利润或者 1250 美元。你对自己说："仅敲两次鼠标就可以得到这些很不错了，生活真是美好。"是的，生活在这时是美好的，但是在多数情况下，只要你等到开盘，生活会更加美好。保留交易直到开盘铃声响过之后几分钟，从统计学的结果看会产生一个更好的卖价。当然情况不总是这样，但是肯定是这样的时候多于不是这样的时候。

大师交易提示

交易大师知道大多数在开盘之前价格被抬高的股票会在开盘之后也会以较高的价位交易，他们知道交易新手会在开盘之前下买单，这些累积的买单经常会为股票的上涨提供更多的燃料。如果由标准普尔指数期货合约所衡量的市场在开盘之前的确很强的话，我们可能会对我们的交易者喊出下面的话："嗨，伙计们！市场很强，我们昨天买的 WXYZ 在开盘之前的交易中涨得很好！这意味着有很多贪婪的新手想要我们拥有的东西，而且他们愿意出高价！这就是为什么做市商向上调整了价格。他们想要让这些新手支付高价，所以我们也应该这样！在开盘之前想都不要去想卖出你们的 WXYZ。那将会太便宜地放弃你们的货物。我们将会有足够的由新手驱动的市价单来让我们得到更好的价格！"

注意：当一个交易者持有相当多的获利的在开盘之前上涨的头寸时，我们指导他在开盘之前卖掉一半的头寸，而让剩下的一半留到开盘之后。如果开盘之前的获利已经开始在你的口袋里烧出一个洞的时候，这是一个很好的可供选择的做法。

提示：当在两种可能的措施中犹豫该采取哪一种的时候，尝试两种都做。真理通常存在于两者中间。

第七章　交易大师的秘密：15 件每一个交易者都应该知道却不知道的事

秘密 9：11：15 到 2：15 是最坏的交易时段

许多一天之内交易数次的活跃的日交易者，没有意识到一天当中有一些时候成功的几率急剧下降。这样的时段有时很长。一个这样的时段是美国东部时区 11：15 到 2：15。我们经常把这 3 个小时的时间称之为日中萧条期，因为在一天中的这段时间股票变得非常没有方向性。在这段时间很多日交易者受到打击。假的启动和短命的突破盛行，同时迷惑人的假象也是常客。事实上，一天中开始的时段和结束的时段总是给交易者提供最好的交易机会。这就是为什么我们告诉我们的交易者少参与一天当中中间时段的交易，仅仅参与一些抢帽子的活动。尽管这仅适用于活跃的日交易者，那些想要立即减少日中交易 50% 或更多的损失的人可以通过远离这个时段来达到目的。试试吧，我们鼓励你这样做。

大师交易提示

交易大师知道最有利可图的交易机会在一天中的早些时候和晚些时候出现。尽管他们可能不时涉足中间时段，他们完全知道一天的中段要求他们用不同的方法。为什么 11：15 到 2：15 是乏味和平淡的呢？因为那时华尔街的很多人用午餐，把控制权交给他们手下的时候。他们的手下无权做大的动作，因此直到大人物们回来之后股票才会重获生机和方向。每一次我在讲座上讲到这一点的时候，总会有人说，"但是奥利弗，11：15 到 2：15 是一个很长的午餐。你确定是因为他们去吃午餐了吗？"我的回答总是一样的。"如果你曾经看到过一群做市商，我相信你就不会问这个问题了。"当我们说 2：15 大人物回来的时候，我们就是这个意思。他们的午餐很庞大，他们人也很庞大。

注意：这条规律现在已经不适用了，但是华尔街的重量级交易者因他们超重而闻名。现在你知道是为什么了。

秘密 10：总是黎明之前最黑暗

告诉你一个我们的很多追随者都不会想到的极其严密的秘密。某种程度上，这就是一个供述，它传递了对所有活跃的交易者都非常重要的信息。每一次当我们决定在我们的每日通讯中列出所有空单的时候，市场事实上很快就会反转向上。对，反转，并且相当剧烈。现在很多人可能感到我们的小秘密令人不舒服。事实上，有时这种揭露会让我们感到某种尴尬。今天，我们或者已经变得太无情以致感觉不到尴尬的刺痛，或者只是因为我们成长了。无论如何，我们知道你正在问的问题是"为什么？"为什么每当我们看到只有空单的时候，我们所有的知识、技巧、才能和对市场时机的选择都是错误的？事实上它非常简单。一个长长的卖出名单证明了事情已经变得多么糟糕。注意这里"变得"是一个起作用的词。当我们建议只能卖出的时候，市场不是正在变得丑陋，它已经非常丑陋了，换句话说，总是在黎明之前最黑暗。如果市场经历了一个长期的卖出，在某个时候，事情看起来是那么糟糕，以致没有一支主要的股票看起来会上涨。那时精明的短线交易者将会意识到黎明的瞬间——一个解围的上涨——即将到来。我们决定把这个说出来是因为"黎明前最黑暗"是一个很重要的概念。这是我们知道的每一个交易大师都完全了解的一件事情，它可以让你永远保持警惕。它可以阻止你不要太专注于一种想法，你知道面对市场的时候这样做是有害的。

提示：交易大师总是保持一定的不确定，即使事情看起来很肯定。

大师交易提示

每当事情看起来最肯定的时候，交易大师知道它们一定非常不肯定。每当事情看起来倒向一面的时候，交易大师知道要去考虑相反的一面。他或她是否这么看并不重要。交易大师已经知道了市场不过就是人群所经历的事情的一个反映。当人群已经经历很大程度的痛苦和折磨时，没有任何东西看起来吸引人。但奇怪的是，这就是事情要开始改变的时候。市场中的丑陋和肮脏只能是由那些已经卖出的人造成。明白了吗？已经卖出的。一旦卖出结束，一旦黑暗结束，循环中的买方就出现在眼前了。总是在黎明之前最黑暗。每当事情看起来最糟糕的时候，你就可能是在黑暗的最后一小时了。永远不要忘记这个简单的事实。

秘密11：华尔街专家总是错的

如我们所知道的那样，有时一些华尔街顶尖的市场战略家呼喊金融文明的结束。在那些时候，黑暗和毁灭被这样一些专业人士的大合唱唱出，以致即使最老练的市场支持者也开始长出白发。每一次，市场都会当面嘲笑这些黑暗和毁灭的呼喊。到现在为止，你会认为这些专家已经找到了他们把握时机的能力如此低下的原因了。也许如果他们知道秘密10中揭示的"总是在黎明之前最黑暗"的事实的话，他们就会有线索了。但是让我们来告诉你为什么当大量的这类专家开始同时喊"剧院着

第七章 交易大师的秘密：15件每一个交易者都应该知道却不知道的事

火了"的时候，市场几乎必然会反转的原因吧。华尔街市场战略家有责任提前告知公司的主要客户他们的观点。事实上，负责任的市场战略家不到他们的多数客户已经或者卖出或者至少为即将到来的事件重新调整头寸之前，他们不敢告知公众熊市的到来。换句话说，这些专家只有在他们感到他们的客户已经为灾难做好准备之后才会告知公众他们的熊市观点。市场总是与这些人作对就不奇怪了。所有他们的大客户（共同基金或者对冲基金，等等）已经卖出了。他们认为谁还会卖出呢？我的爷爷比尔？或者是持有两个他们所担心的共同基金的我们办公楼里的热心管理人？他们不会明白的。我的爷爷和我所知道的辛勤工作的管理人不听他们的。他们甚至不知道他们的存在，他们只是待在市场里。即使他们不是这样，难道这些"专家"不知道真正他们需要担心的是他们的客户？我猜他们不知道。这就是为什么市场总是嘲笑他们。你能听到吗？它还在笑着呢。

大师交易提示

交易大师知道每当大批华尔街的最警惕的分析师开始预测有麻烦时，相反的事情就可能会发生。我们知道一些交易者通过用标准普尔指数期货合约和股票指数期权赌这些专家意见的对立面而获得了巨大的利润。害怕和贪婪的本性对专家和对市场新手一样起作用。只是专家更不愿意承认这一点。这就是为什么市场尤其会在证明他们错了的时候大笑。学会当华尔街整体看一个方向的时候去考虑相反的方向，因为如果当专业人群被证明错了的时候，向相反方向的走势会非常猛烈。当大孩子被迫争抢的时候，市场真的会动。

秘密12：玩收益是新手的游戏

如果我说过一次，我还会说一千次。收益报告不会使股票涨跌，是对收益的期望使股票涨跌。太多的新手忽略了这一点。因此，他们经常会感到困惑：为什么一些股票收益差的时候涨，而一些股票收益好的时候跌。每一个交易大师都知道的关键一点是市场是一个折现机制，它会试着预测每一个报告说什么。正面的预测会使股票在报告未出来之前提前涨，负面的预测会使股票在报告出来之前跌。交易大师也知道那些在报告出来之前涨得最凶的股票，最有可能在报告出来时跌，即使报告是正面的。为什么？因为报告的正面性质已经被预测到了，因此缺乏使人吃惊的因素。当然，如果在股票大涨之后报告出来是负面的，那么股票将会一落千丈。反之亦然。

大师交易提示

　　交易大师总是注意卖出正面的事实。因为如公司上一季度的收益报告这样的事实，是一些为公众展示和包装的事件。这些被热切期待的事实几乎总是使很多人采取相同的行动。这就是为什么那些永远不想与多数人在一起的交易大师，会与多数人相反，在正面消息时卖出，尤其是那些被期望是正面的正面消息出来的时候。在预测阶段买入是为了卖给那些事实阶段买入的人，这是一种真正的交易大师的典型操作方式。这种方法不会总是抓住最大的收益，但是如前所述，本垒打是为失败者准备的。

秘密13：高买的胜算几率更大

　　一个最经常被问到的关于股票市场方法的问题就是，"为什么你们的多数交易策略要求在现价之上买入股票？""为什么不在现价买入，这样可以买得更便宜？"尽管我们会在下一章详细谈到这个问题，我想要从两个方面回答这个问题。首先应该清楚，我们擅长两种形式的交易。我们是职业波段交易者，集中大量的注意力在寻找几天（1到5天）内走势即将启动的股票。我们也是职业的日内交易者，专注于发现在后面的时间里即将启动超短线走势的股票。很明显，在这样短的时间里，我们无法承受把我们大量的资金冻结在那些股票里——那些还要在发射台上徘徊几天、几个星期或者甚至几个月的股票。因此我们要求股票在我们开始交易之前就能够向要求的方向移动。如果它没有表现出足够的力量、强度和韧性能够承载其上的许多卖出者，我们就不会考虑它。提示：记住，所有的股票都是坏的，除非它涨。第二点同样重要的是，买上涨股票的方法比我们的弹药库中的任何其他方法（除了止损）都能使我们省钱。我无法说出有多少次我们感兴趣的股票没有涨到我们的买入点，而是在那天跌了2美元、3美元，甚至是4美元。我可以很自信地说如果我们像很多新手那样习惯于在市价或开盘价买入股票的话，我们今天会更穷一些。现在，一些人可能会说当一支股票没有到达我们的买入标准而是掉头向下是因为我们错了。然而，我们认为我们是完全正确的。记住每一个我们的买入推荐说，"我们喜欢XYZ，但是仅当它能表现出足够的力量在这个价位之上交易的时候。"简言之，我们特别的"在现价之上买入"的策略使我们避免了大量不必要的重大损失。难道知道"怎样"买不是和知道"买什么"一样重要吗？当然是。

第七章　交易大师的秘密：15件每一个交易者都应该知道却不知道的事

大师交易提示

波段交易大师——那些寻找1天到5天或10天走势的人，通常期望在上一个交易日的高点之上买入一支想要的股票。超短线交易大师或者日交易者期望一旦想要的股票在价格图表上超过2分钟、5分钟或15分钟线的高点时买入。优秀的超短线交易者知道选择底部可能会更有利可图，但是已经知道（通常以痛苦的方式）只有撒谎的人总是能在底部买入。因此，交易大师让那些认为自己是超人的人徒劳地浪费他们的钱试图抓住底部。超短线交易大师只是等待股票发出明确的信号。这种信号就是前面所说的股票能够在上一周期的高价之上成交。只有当股票获得了这样的力量的时候，交易大师才会拿家庭的未来冒险。

注意：我们将会在后面一章里详细谈到如何正确买入的艺术。

秘密14：低买高卖的方法对日交易者来说是错误的

我发现在市场里你心里认为容易做的总是证明是错的，对此我总是感到很迷惑。我发现没有什么比这个更能解释为什么成功交易是如此困难的一件事。让我们来看一看被普遍接受的低买高卖。这种方法几十年来被鼓吹为正确参与市场的基础。"低买高卖"，简单、基本、简洁，表面上是对的。但它是极端错误的，至少在大多数时候。为什么？因为低买必然要买那些朝与理想的方向（上）相反方向（下）运动的股票。当我们花一点时间对这条规则哪怕运用一点浅薄的智慧，也很快会发现它是多么愚蠢。为了低买，一个人必须集中注意力于那些正下跌的股票，而我们的真正愿望是要它们涨。这有意义吗？我们愿意哪怕只有一小会乘坐一辆与我们所去的方向相反的火车吗？即使是一个六岁的孩子也知道为了向东先向西是极大地浪费时间，尤其当一个人可以朝东的时候。那么为什么大多数人没有把这个简单的智慧运用到交易或投资中去呢？为什么不简单地买那些已经在做我们想要它做的事（上涨）的股票呢？为什么？因为低买吸引我们本性的东西。它很舒服，听上去正确，感觉起来很好。毕竟少花钱是美国方式。是的，但是当涉及市场的时候，它就会使你浪费时间、金钱和潜在的收益。我承认我可能有点简单化了这个问题，但简化得不是太多。集中注意力于那些已经表现出上涨能力的股票是聪明的交易和投资。注意那些正在做我们不想让它们做的事，而希望它们能很快做我们想让它们做的事，无异于猜测和赌博。

大师交易提示

所有的交易大师，尤其是那些做日交易的，知道一支股票除非它涨，否则不是好股票。短线交易者，无论多么精明，没有那么多的时间。当他们开始交易的时候，他们必须确信能够在很短的时间内达到收益目标。时间是交易者的朋友，但是对于短线交易大师来说，它是一个大敌。尽管买一支正朝下走的股票可能也会获利，但是交易大师学会等待股票朝理想的方向运行之后，再用他们的全部力量扑向它。不是说交易大师买得晚，而是该说他们买得聪明。他们对猜测和赌博不感兴趣。他们知道跳上一列已经开始向获利的方向移动的火车远比在那些他们认为最终能够向理想方向运行的火车上碰运气要明智。

秘密15：知道下一步怎么走能使你致富

很多短线交易者错误地认为对市场大方向（中期到长期）的把握与短线交易者的世界无关，或者说有很小的影响。尽管对大势的看法对短线交易者来说一定没有对长线投资者来说那么重要，但是认为它一点没用也是不对的。我们一定不能忘记一个自上而下的方法（从宏观到微观）可以帮助我们更明智地设计短线策略。例如，假定我们对市场的看法是在平静一段时间之后，会重放光彩。让我们进一步假设我们恰巧对大势判断对了的话，我们把这种观点运用到某些最有可能上涨的板块，短线交易者因此可能会用大量的精力注意在这些板块中的领涨股票，建立一个当环境改变的时候可以参与的股票的列表。你看，赢得交易的大部分存在于抓住"现在"正在发生什么的能力。但是，最大的回报总是给予那些能够建立一个基于现在之外的策略的交易者。毫无疑问，知道如何从现在发生的事情上赢利是必须的。但是能够使用他们对大势的看法来为下一步做准备的交易者将会在市场上赚大钱。那些最好的交易者总是问两个问题：

1. 怎样从目前正在发生的事情中获利？
2. 怎样为不久的将来可能出现的机会做准备？

第一个问题（微观部分）提供了在市场中每天的适当获利，但是大钱总是伴随第二个问题赚到（宏观部分）。为什么？因为对第二个问题的正确答案使你能早做准备。如你所知，早起的鸟有虫吃。当然，我们的难题就在于成为鸟而不是成为虫子。

第七章 交易大师的秘密：15 件每一个交易者都应该知道却不知道的事

大师交易提示

我们一直在教一种双重的交易方法，一个用来赢得健康的生活，一个用来积累财富。头寸交易和波段交易是被设计用来积累财富的，而即日交易和抢帽子则是为了每天的生计。那些能够掌握两种方法的交易者永远不会为金钱担忧。

第八章 交易大师的 10 个教训

教训 1：当华尔街变得血腥时，现金就是上帝

有一种说法：胆小的人在危险来临之前就被吓倒，懦弱的人在危险中被吓倒，勇敢的人在危险之后被吓倒。如果真是这样，我认为我们作为交易者应该适合最后一种情况。我们很少在危险之前或危险之中被吓倒，我们经常发现自己在危险已经过去之后感到害怕。但是对专业人士来说不是这样的。例如，我们发现多数年轻的共同基金管理人在危险期间感到害怕，如果我们为此忧虑的话，这会让他们成为胆小鬼。作为许多资金管理人和共同基金公司的顾问，我们每天都会与这些掌握着大量金钱的人聊天。我们可以肯定地告诉你，每当市场经历一个不确定的困难时期的时候，巨大的恐慌和混乱会出现在这些年轻人当中（美国共同基金管理人的平均年龄低于 30）。在一次市场急剧下跌期间，一个寻求我们对市场每天的反应的年轻基金管理人无法更好地总结出对这种职业的深切恐惧，他说："奥利弗，这次我真的非常紧张，我感到自己就像一张要送给饥饿的人的比萨饼。"当我们从这些专业人士口中听到这些的时候，我们真的忍不住为公众担心，因为这些年轻人事实上掌握着很多美国人的"钱途"。但是所有这些当中最可怕的事是这些基金管理人，手中掌握着上亿元的资金，只知道做一件事。换句话说，他们只有一种市场工具，一种方法，一种简单的方法。他们只知道怎样买更多。为什么是这样？因为在整个 20 世纪 90 年代，这种方法就像有魔力一样始终都管用。在整个 10 年中，如果说不是更长的话，在下跌时买入更多就是要做的事，一个成功的做法，一种能创造财富的战术，一种能建立舒适生活的方法。最重要的是，它很容易。但是当市场变坏的时候，困难的部分就到来了，因为那时我们就没有那么肯定"买入更多"的方法仍然是一种可行的方法。但是公平地说，对于这些年轻的职业人士，除此之外他们又能做什么呢？当你在拥有 200 万股崩盘股票的时候你采取什么行动呢？你会卖，加重恐慌

第八章　交易大师的 10 个教训

和混乱吗？还是会勇敢地面对混乱，买入更多？当你的资产每小时每天都在削减的时候，你会只是坐等，希望和祈祷所有的一切会很快好起来吗？还是会站起来，寻求破产？这是一种两难的处境，我的朋友。一种你我应该感到庆幸没有牵扯进去的处境。我能说的就是"感谢上帝，我是一个交易者"。作为交易者，你我不必与这种处境斗争。当我们看到一支股票有可能会在接下来的 2~5 天内上涨的时候，我们就买进它。同时意识到我们不是生活在一个完美的世界，我们做好了卖出的计划，一个我们称之为止损点的卖出点。这不是胆小，这是聪明和现实。你看，很多新手在他们设的保护性止损到的时候感到不安。尽管引发止损是令人沮丧的，但是它们应该被看成是受欢迎的朋友，而不是敌人。想一想吧，止损的目的是为了保护、保全和预防灾难。更重要的是它们强迫交易者做的事——引发的止损强制交易者拿到现金，而持有现金在市场到达底部之后，机会来临的时候是非常必要的。你看到，那些在底部有最多现金的人将会获胜。换句话说，当华尔街变得血腥时，现金就是上帝。在下跌时能够止损出局，可以帮助我们为下一轮机会到来做准备。这不是一件不高兴的事。相反，是一件我们应该感到高兴的事。想一想有多少基金管理人希望他们有保护性止损的奢侈吧。想一想有多少人希望他们没有被锁定在"买得更多和祈祷"的方式中。止损是一件有利的事，一种特权。它们不是完美的，这一点可以肯定，但是它们是保护我们已有东西的最好方式。所以感激它们吧，最重要的是使用它们吧。它们是一些只有个人交易者可以享有的少数东西中的一个。

教训 2：时间多样化可以最小化市场风险

我们经常被问到的一个问题是，"我应该买你们每天的推荐表上的每一支股票吗？"答案总是完全的"不"。下面就是为什么。首先，买入每一个推荐的股票可能会超过大多数人的财力所能承受的范围；第二，更重要的是，例如你买了所有今天推荐的股票，将会提高成为我们称之为"时间的受害者"的几率。这就是说，把所有的资金全部放在一天选择的股票上的人就会完全依赖这特定一天的表现。如果一个难以置信的机会在 1 或 2 天之后出现怎么办呢？如果钱都在星期一花掉了的话，哪儿能再弄到钱呢？更坏的情况是，如果我们选择的股票恰好在你决定全部买进的那一天"臭"了呢？我们鼓励波段交易者把他们建仓的周期延长到 1 或 2 周的时间。例如，一个拥有 30 000 美元的账户成长中的波段交易者可以每次投资 $\frac{1}{4}$（7500 美元），每星期做两次。在 2 周时间结束时，全部 30 000 美元投入使用。这个计划的好处是：当交易者投入最后的 7500 美元时，他或她可能会卖出第一个 7500 美元，甚至是第二个，在波段交易的情况下。这种方法保证了当偶然出现"大"的机会的时候你手头总是有钱。不要认为在成长阶段一个星期两次操作太少。应该记住每一笔交易都是由两个主要的操作构成的——进和出——不要提其他涉及交易管理的事项。事实上，一个一星期做四笔交易的人将要做 8 次决定。我们认为 8 次决定要比 15 次的质量高，试一试吧，我相信你会喜欢的。

教训 3：购买和积累

做底的股票必须与那些趋势确立的股票区别对待。我们认为交易者应该买那些上涨趋势中的股票，而投资者应该积累那些在底部的股票。这里有一个重要的区别。买入意味着在某个特定的价格一次性买入，而积累则是指涉及多个时间框架和价格的多次购买。后一种方法提供两种形式的多样化：时间的多样化和价格的多样化。还有另外一种形式的多样化是股票的多样化，要求你在多个股票上做交易。尽管我们不是非常推崇股票多样化，应用这三种形式的多样化有时可以带来好处，尤其是当寻求中期到长期投资的时候。

教训 4：最终的决策工具

我们认为太多的交易者过分强调了整个市场及其潜在方向的影响。这种倾向主要是媒体造成的，它们每天报告对于宏观金融形式的观点。尽管市场气候和方向有它们自己的作用，但不应该以牺牲正确的交易技巧和正确的资金管理的代价过分关注方向。这就是为什么我们主要注重于给我们订阅者和学生提供有用的交易提示，在我们看来，这些提示远比告诉他们市场"将会"做什么更重要。这当然不是说市场方向不重要。事实上，很多时候当你对整个市场有一个精确判断的时候意味着能够连续赢，而不是偶尔赢。然而，一个人的交易周期越短，宏观或整体的市场分析就变得越不重要。为什么会这样呢？因为短期的价格变化（上或下）事实上不能在任何市场环境中发现。但是比这更重要的是这样一个事实，那就是市场方向永远不应该成为交易者的最终决策依据。永远不要基于某个特定指数的表现来了结一个已有的头寸。最终的决策依据是止损指令或者你预先设定的卖点，而不是市场。让我们从这个角度来看。如果道琼斯指数上涨了，你的股票也触及了止损点，交易大师仍会卖出。市场分析在什么时候起作用呢？任何时候都不起作用。只要你最终的决策依据是你的止损，市场分析就不起作用。因此，尽管考虑建立一个新的头寸的时候市场方向有一定的作用，但是一旦你已经买入了股票，它就应该让位于你的初始的卖出策略。这个严格的方法要求严格的纪律，但是如果坚持这样做的话，交易者将会获得丰厚的回报，而损失极小。

教训5：卖掉狗，买娃娃

许多人以高度的职业态度来经营他们的生意，但是当需要以一种财务上非常完美的方式来处理他们的交易或投资的时候却不幸失败了。我知道一个很优秀的零售商处理商店里卖得不好的商品比你我在一个获利的交易日说"普利斯坦"这个词还要快。这些"狗"（他这么叫）价格急剧下跌，一旦卖出（通常以初始成本零头的价格）之后，他就迅速把钱用在购买卖得最好的商品上面。这个简单的但是很有效的办法——迅速卖出亏损的商品（狗）买进更多的获利商品（娃娃），已经使他成为几倍于百万富翁的人。但是让这个精明企业家卖掉他的一个股市上的"狗"的时候，你会跟他激烈地争吵，在争吵当中总是会听到这样的话："但现在它真的是廉价货"，和"我必须再买一些"。在他成功的零售业务当中，他迅速地处理掉那些不能产生积极效果的"狗"。但是在投资生涯里，他转而买入更多的"狗"，同时迅速兑现他的获利品种所产生的微小收益。这能解释得通吗？对他而言是可以的。但是我在设法说服他。在那一刻我们的工作对象就是你。如果你发现你自己因为钱套在旧的、没有表现的股票上而不能利用新的机会的话，设想你正在进行车库大甩卖。保证让你的钱以能获得的最好商品的形式为你服务，让我们远离"狗"，我的朋友。

教训6：智慧还是牛市

能够在弱市中赚钱的交易者远远高出其他人。为什么？因为大多数市场参与者只在牛市赚过钱，完全缺乏处理市场环境变糟时的能力。我把它称之为"牛市糊涂头脑"。请注意当市场90%的股票在涨的时候赚钱是不需要什么天分的，但是当市场变坏的时候，交易者的真正能力才会显示出来，机警、精确性和高于常人的选股能力成为必不可少的要求。为了发现你的经纪人、财务顾问、共同基金管理人和（或）通讯作者的真正能力，你必须关注当几乎地球上所有的人都在赔钱的时候他们靠什么生活。我们已经在这里展示了我们的能力。我们建议你对你所有的"付费"顾问也做同样的要求，除非你愿意忘记"付费"的事实。

教训7：为通讯和咨询师评级

有时在我们的每日通讯——《普利斯坦日交易者》中推荐的股票有非同寻常的一周表现。在这些时候，我们的每周表现回顾就可以说类似于下面的话："20笔交易中的15笔涨了2美元或更多，为短线交易者提供了足够的赚钱机会。"尽管实际的表现总是因交易者而异，但是任何一个出现上述情况的一周里，都会收到大量的电子邮件和祝贺信。但这是判断我们（或任何人的）的推荐信整体成功的正确方式吗？答案是"不"，我的朋友，绝对不是。太多的市场参与者受这种宣传的毒害。是的，这些陈述是正确的，但是正确地判断一种服务是否有效的方法是看"失败者"。要问的重要问题是"这些所谓专家是怎样赔钱的？他们的失败交易与成功交易相比是怎样的？""他们损失总是小于他们的获利吗？还是我听从他们的建议会损失大量的资金？"这就是怎样评估通讯、顾问、共同基金、系统等的有效性的正确方法——就是他们怎样损失而不是如何获利。在最好的环境中，几乎所有的人都能展示给你获利盘。但是只有真正的专业人士能够在艰苦的时候依然能一直保持小幅损失。想成为一个出色的交易者吗？那么学习如何损失得专业吧。获利会自己到来，记住，专业的损失总是一个很小的损失。

教训8：时间就是金钱

一个最近的研究表明，作为父母，在每天孩子入睡前这个最易接受有价值的信息的时候，我们每天花在每个孩子身上的时间还不足60秒。这不仅是很令人遗憾的，在我看来这是严重的犯罪，不仅孩子是受害者，父母也是。尽管很容易意识到与孩子相处时间的巨大重要性，生活和其丰富多彩的细节有时使你很难做到。但是困难不会也永远不可能成为一个可以接受的借口，不是涉及孩子时的借口，因为他们太重要了。任何关爱孩子的父母都会同意这一点。但是让我们把目光投向交易吧。我今天给你的问题是，"你每天花多少时间来培养你自己成为一个好的交易者？"如果说孩子的大脑在一天的活动之后接受能力最好，那么交易者的头脑在一天的交易结束后接受能力最好。在结束的铃声响过之后你是否花费了大量的时间整理你的思想、回顾你的操作、分析你的交易，为明天做准备和（或）在你的日记上作记录？或者你是那些在下午4：01一到就冲出办公室、家或者你的椅子，像一只飞出地狱的蝙蝠找乐子去的交易者中的一员？大多数即将成为交易者的人没有充分意识到成为一个成功的交易者需要付出努力。这是一个很长的渐变过程。多数人不知道在每一天结束之后花时间来反思他们的操作可以使头脑灵活，钱包鼓起来。犯经常犯的错误的交易者没有前途，因为他们每天只花少于 60 秒的时间使自己明天成为一个更好的交易者。如果你想成功，你必须每天都撒下提高的种子。在这里，时间就等于金钱。为你的未来花费一点时间吧。

教训 9：成功者努力争取，失败者无所作为

　　我总是相信成功的生活是做出来的，创造出来的，而不是找出来的。我相信那些能在交易生涯中获得成功的人是通过他们自己的奋斗和不懈的努力来获得的。很多人的问题是他们认为成功不需要真正努力就会到来。在某种程度上，他们没有意识到成功是一个长期努力过程的终点。简单说，"成功者努力争取，失败者无所作为。"以那些每天上午 9：30 到下午 4：00 都待在市场中的有抱负的日交易者为例。他们或者在交易室里或者在家里交易。在这段时间里，他们集中注意力，寻找机会，买进或者卖出，但是在下午 4：00 之后几分钟（如果不是几秒钟）他们就跑了。呸，那些想成为交易者的人以为交易成功就是在上午 9：30 到下午 4：00 之间发生的。他们在此之外不做任何努力。但是他们希望成功仅仅因为他们在 9：29（开盘前一分钟）坐下来交易就会出现。生活，尤其是成功的生活不是以那种方式获得的。为了成功，交易者必须在收盘之后或开盘之前的几小时里工作、学习、反思、练习、分析、研究、思索、记忆、分类和组织。如果成功果真是他们想要的话，交易者必须在世界和市场都没有注视着的黄昏和清晨的时间里为成功做准备。到上午 9：30 的时候成功的车轮已经开始转动了。但是很多交易者欺骗自己。他们认为在交易时间里他们跟市场在一起，市场也就会站在他们这边。错！市场是很有趣的，它只屈服于那些在交易时间之外仍花时间研究它的人。这也就是你该怎样努力去获得成功。

教训 10：使用希望的力量

　　最近我到我女儿的小学里进行了一次访问，她将在今年 9 月开始上学。怎样的一次经历！我惊异于与我上学时相比学校所发生的巨大变化。没有那些让关节变大的木头尺子了，在我女儿学校所看到的尺子是用一种柔软得多的材料制成的。老师也不再用柔术来惩罚淘气的学生。他们看起来和蔼、睿智，非常愿意培养学生。书

全是新的，每一个指导员，包括教学助理都能流利地说两种以上的语言。我必须承认所有这一切都使我眼花缭乱。哼！从看到海绵尺子的时候我就上钩了。但是给我印象最深的是现在新的教学方法是多么简单又是多么有效。在经过一间教室的时候我偶然向墙上看了一下，墙上贴满了班里每个孩子的个人承诺。吉姆说："我答应只用我的手去做好事。"玛利说："我答应用友爱的话。"贝茨说："我答应在被允许以后再做事。"我最喜爱的一条来自乔伊，他说："我答应把我的嘴留给我自己。"还有许多。但是教会正确行为的简单方法令我震惊，不仅作为一个父亲，而且作为一个交易者。为什么？因为成功的交易最终要落实到正确的行为。作为一个交易者的指导员和老师，很有必要找到一条能在我的学生中间推广正确行为的方法。我们有多少人真正对自己做过关于交易行为的承诺？有多少人真的写下过这样的话，如"我答应不再追任何一支涨幅超过 3/8 的股票。""我答应总是坚持我预定的止损。"以及，"我答应永远不在开盘前下市价指令。"这条怎样？"我答应总是在追求回报之前首先考虑风险。"让我们不要忘记这些。"我答应承担每一笔交易的责任。""我答应把从失败交易中获得的教训写下来。""我答应记住我作为交易者的最大的两条缺点。"也许看起来很奇怪，但个人承诺有一种力量，尤其当把它们写下来的时候。在某种程度上，当没有遵守承诺的时候，精神会意识到针对自己的罪行正在进行。它们的确起作用。为什么不今天就做一些承诺呢？把它们写下来，每天看看。为什么？因为知道什么是对的还不够。有时还需要发一个毒誓让自己去做自己认为对的事。知道和做经常是两件完全不同的事。

第九章　来自真正的大师最后的话

生活和交易的8个基本教导——来自妈妈

作为一个对知识有着永不满足渴求的专心观察者，我把自己看成是生活的一个非常精明的学生。因此，我努力学习在生活中非常有价值的教导。但是在近来考虑了这个问题之后，我意识到每一件我想要了解的关于交易的事我都在10岁之前从妈妈那里学到了。以下是当我是一个孩子的时候她教给我的几件事。

教训1：跌倒不要紧，只要你从爬起来的过程中有所收获。到今天为止，我宣传和实施从交易错误中学习的艺术。我的每一个交易损失都成为我向精通交易的更高程度前进的跳板。

教训2：总是要了解其他人在想些什么。这就是为什么我的伙伴——格雷格·卡普拉是一个如此成功的交易者的原因。他总是寻求了解在某一个特定的股票中其他的交易者在想些什么。其他交易者的痛苦对你来说可能是机会。为什么？因为成功的交易无非就是从那些痛苦的人手中便宜地买到股票，高价卖给那些贪婪的人。要想在交易的游戏中真正精明，你必须知道市场中其他交易者的感觉（痛苦或者贪婪）。掌握这种能力能使你致富。谢谢妈妈。

教训3：无论今天的事情有多坏，明天将会是另一个改正它的机会。作为一个交易者，你不可以把昨天的包袱带进今天可能发生的事情当中。前一次失败交易的残留物必须在你开始下一笔交易之前完全被清除掉。否则的话，你就注定要毁灭。

教训4：知道你采取每一个行动的原因。永远不要在害怕或者贪婪的情绪状态中采取行动（买或卖）。我们，尤其是交易者，很有必要知道智慧存在于这两种情绪之间。换句话说，在害怕和贪婪之间有一个空白，这就是我们应该采取行动的地方。到今天为止，我永远不会在我感到害怕的时候卖出一支股票。有时我会因此损失更多的钱，但是更多的时候，我因为等到智慧出现的时候而获得更多。

教训5：不要把自己太当回事。 每当我连续获利的时候，我就听到这些话在我耳边响起。尽管我几乎在我生活中的每一天都在市场中获利，所有我的内部交易者可以证实，当我交易时，我从来不会太把自己当回事。事实上，我很愚蠢，但这是因为妈妈。

教训6：只打你能赢的仗。 从这条至理名言里，我学会非常仔细地挑选我的股票，我的买入点和卖出点。例如，每当我买入一支股票，我会舒服地感到它在我一边，准备为我工作。我尽力不去与市场为敌，因为我知道这是一场不可能赢的战争。当我意识到我做了一个与市场相冲突的选择时，我就退出，并且立即让我自己与有实力的一方站在一起。在《圣经》中，大卫可能战胜了歌利亚①。但是让我来告诉你吧，在市场中，歌利亚永远会赢。

教训7：生活不是某种要去征服的东西，而是要去友好对待的东西。 这条来自妈妈的教导教给我与市场合作，而不是与之作对，把它看作可以令你致富的盟友，而不是一个会掠夺的对手。市场不是法兰肯斯坦②，它是一个朋友。它不是美梦的扼杀者，它是美梦的解放者。简言之，市场是一个有可能发生各种事件的舞台。

教训8：一笔损失不一定使你更贫穷。有时，损失就是胜利。 太多的日交易者忽略了这有价值的一点。如果我止损了某支股票，损失了1美元，股票又跌了2美元，我没有损失。我赢利了。获利的艺术由你怎样聪明的损失来决定。

记住这些来自我妈妈的教导吧。如果你在每天的生活中用到它们，她将会很高兴。如果你在每天的交易中用到它们，我也会感到很满意。但是我要说它们是一些在我生活的方方面面都起作用的教导，我希望它们也对你有用。

---

① 译注：歌利亚（Goliath），《圣经》中被牧羊人大卫杀死的巨人。
② 译注：法兰肯斯坦（Frankenstein），英国女作家 Mary Wollstonecraft Shelley 所著同名小说中的主人公，被自己所创的怪物所毁。这里指怪物。

第二部分
交易大师的工具和战术：
发展交易大师的军械库

发展交易大师的军械库

在接下来的几章里，我们将会告诉你几个简单的工具和战术，它们将会对交易大师了解市场是如何运转的有所帮助。以下的技术构成了普利斯坦专业交易方法的基础。这也是我们教给全世界的职业交易者的战术和技术。在对这些建筑材料有了清楚的理解之后，交易者将再也不会感到迷惑，不知道该做什么了。事实上，一旦掌握了下面的工具和战术，交易者将会发现他或她很少在市场错误的一面。我们肯定你知道，所有交易损失中的65%都可以归结于在市场的错误的一面。让我们开始下一步吧，它将会建立起一个加快你向交易精通境界前进过程的工具和战术的军械库。

第十章　把握市场时机的工具和战术

有一个古老的华尔街格言说："市场总是对的。"尽管多数关于市场的所谓至理名言都没有什么用处，这句话却非常正确，尤其对于短线交易者来说。在一个主要的市场走势中站在了错误的一边是非常令人沮丧的，而不承认这个错误（换句话说，是与市场争论）可能会导致交易者被永远逐出这个美妙的游戏。这就是为什么每一个想要成功的股票交易者必须学会怎样正确地"读懂"市场，"感受"它的情绪，并且"预测"它的下一个念头。尽管有相反的评论和意见，我们作为交易者生存下来的一部分原因将总是在于我们让自己与市场的力量站在一边的能力。必须知道、了解市场的"愿望"，并且知道怎样让自己屈服于市场的想法，才有助于长期交易的成功。

现在，我们将首先承认短线市场时机的把握是一个非常难获得的技巧，但是有几个市场时机把握的工具可以使你对的时候比错的时候多得多。以下我们将会告诉你几个我们用来估计市场短线方向的最可靠的工具和战术。正如我们大多数的追随者知道的那样，在普利斯坦的我们也是人，同样也会犯错误。但是由于有以下的把握市场时机的工具，我们经常可以不是凡人。我们现在就将开始把这些简单的但是非常有效的把握时机的工具传授给你。

市场工具1：标准普尔指数期货（S&P）

标准普尔指数期货描述

芝加哥商品交易所是世界上最大和最有效的金融工具之一——标准普尔500股票指数期货的家。与其现金等价物——标准普尔500指数不同，标准普尔期货合约，允许大的交易者和投资者（通常是机构规模的）来赌整个市场的未来方向。仅仅因为这个原因，它就被现有的每一个老练的经济和市场的专业人士严密地监视着。交易大师，尤其是日内交易大师，甚至从没有想过没有它作为指导来进行交易。以下是每一个交易者必须警惕的几个事实。

交易大师怎样解释标准普尔指数期货

· S&P 是整个市场的一个主要晴雨表。

· S&P 经常领导整个市场的方向。

· S&P 是许多个股如美国在线（AOL）、思科（CSCO）、戴尔计算机（DELL）、微软（MSFF）等的主要指标。换句话说，标准普尔指数期货合约的日内走势通常先于前述股票的类似走势。这一事实通常为警觉的日内交易者提供了某些有趣的抢帽子的机会。

· 我们用2分钟、5分钟和15分钟的图表监控标准普尔指数期货合约（图10-1）。

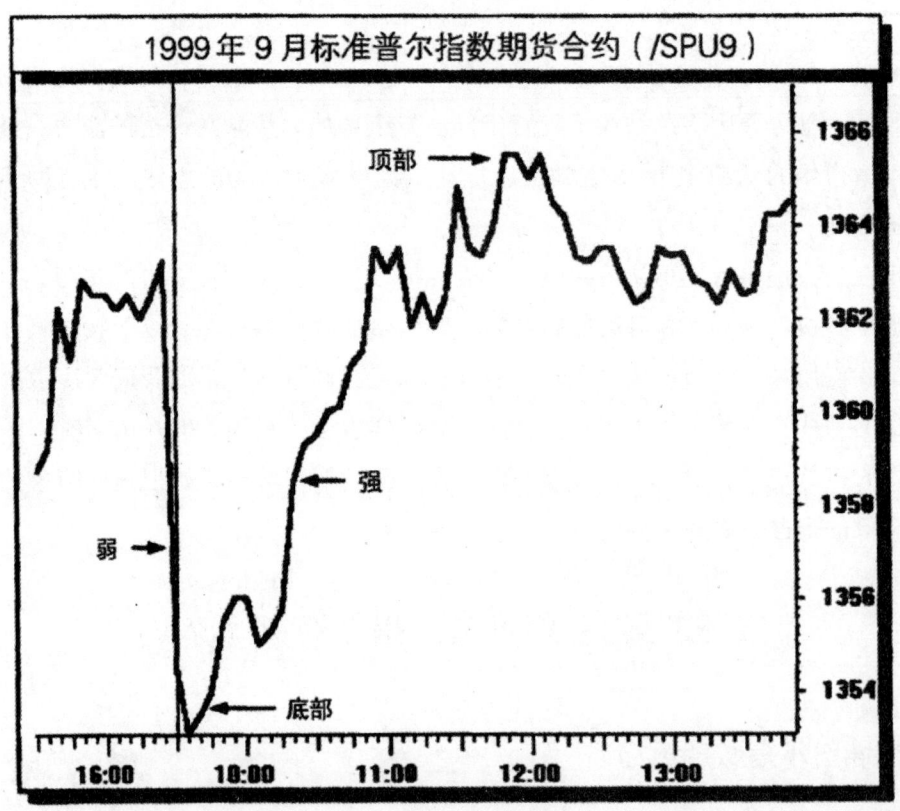

图 10-1

/SPU9 的 5 分钟单线图。注意在上午 10：00 和中午 12：00 的两个反转时段是多么有意义。在上午 10：00 一个温和的上涨开始，在中午 12：00 终止。

第十章 把握市场时机的工具和战术

交易大师怎样运用标准普尔指数期货

· 当 S&P 高于开盘价，并且在上涨时，交易大师会优先采取日内多头头寸。

· 当 S&P 低于开盘价，并且在下跌时，交易大师会优先采取日内空头头寸。

· 交易大师使用 S&P 支撑和阻力的分析来把握日内的买卖时机。

· 交易大师联合 S&P 和反转时段来预测潜在的市场反转。

· 交易大师看添加了 200 简单移动平均线（SMA）的 S&P 的 5 分钟和 15 分钟图。200SMA 通常作为重要的日内支撑和阻力位（图10-2）。

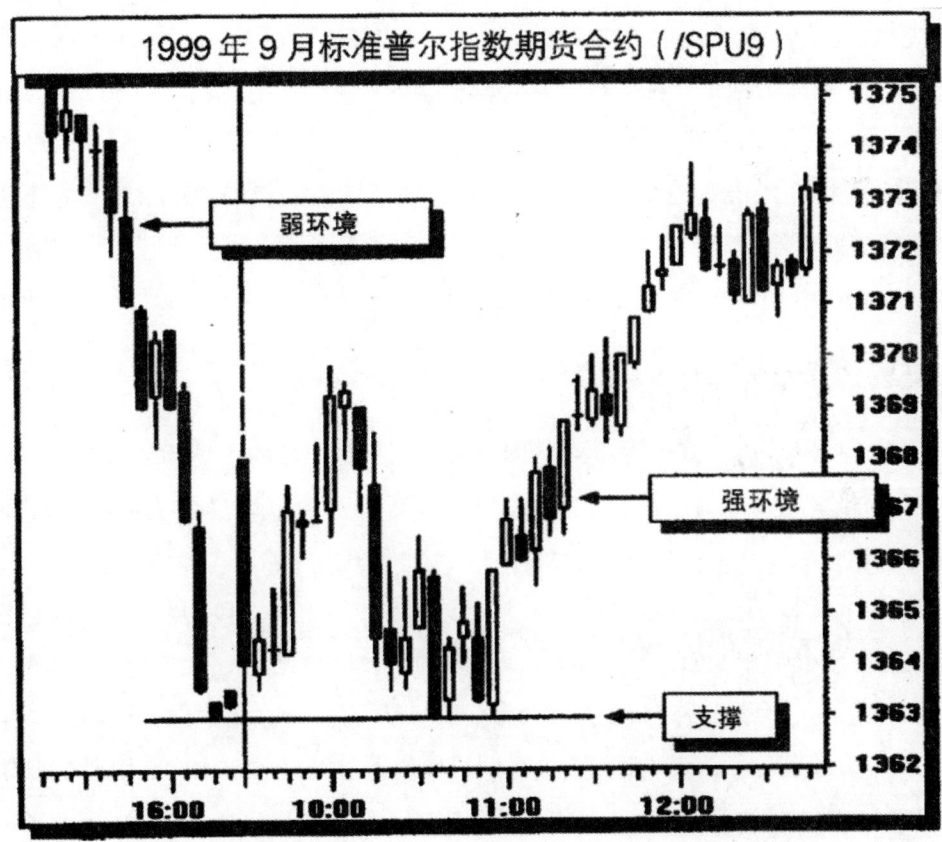

图 10-2

标准普尔指数期货合约的 5 分钟单线图。交易大师通过标准普尔指数期货合约的 5 分钟单线图来选择日内的做多和做空的时机。

市场工具2：纽约股票交易所跳动指数（＄TICK）

NYSE ＄TICK 描述

＄TICK 已经被证明是对日内交易者来说最可靠的市场标尺，我们相信它在每一个交易大师的弹药库里都应该有一个特殊的地位。这个简单的，但是有效的指标是用来计算纽约股票交易所向上跳动（上涨）的股票数量相对于向下跳动（下跌）的股票数量。一个向上跳动是一个高于前一笔交易的价格成交的交易，一个向下跳动是股票低于前一笔卖出的价格卖出。例如，一个显示为+500 的＄TICK 表示目前向上跳动交易的股票比向下跳动交易的股票多 500 支。一个显示为–500 的＄TICK 表示相反的意思，向下跳动交易的股票比向上跳动的多 500 支。以一种最简单扼要的表现法，＄TICK 帮助交易者每时每刻地监视市场中买卖的主要水平。它也提供了一个瞬间的快照，显示谁在控制市场，是买方还是卖方。以下是我们怎样在每天的交易中使用＄TICK。

交易大师怎样解释 ＄TICK

·＄TICK 显示在–300 到+300 之间通常表明一个中性的市场环境。

·＄TICK 显示在+1000 附近，表明过分看涨，接下来通常会有一个向下的反转。

·＄TICK 显示在–1000 附近，表明过分看跌，接下来通常会有一个向上的反转。注意在熊市中＄TICK 值比–1000 低得多的时候很常见。

举个例子，让我们假定市场连续下跌 4 天。在第 5 天，再次向下突破，产生一个负的＄TICK 值为–1100（记住，这表明目前向下跳动的股票比向上跳动的股票多 1100 支）。精明的交易者将会开始为市场日内的反转向上做准备。提示：＄TICK 值为很大的负数的时候表明有人在喊，"着火了，"那些有"从众"心理的人会同时想要离开（卖出）。这种放量向下的跳动使得市场在一天之内用尽了所有的"卖出子弹"，为接下来的几天留下了很少的潜在的卖盘。

向上的情况同样适用。在强势上涨几天之后，＄TICK 值为很大的正数，如+1000 是一个警告在一天内市场已经耗尽了所有的"买入子弹"的信号，很像一个小孩在一个地方花光了他所有的零花钱。图 10-3 和图 10-4 是例子。

第十章 把握市场时机的工具和战术

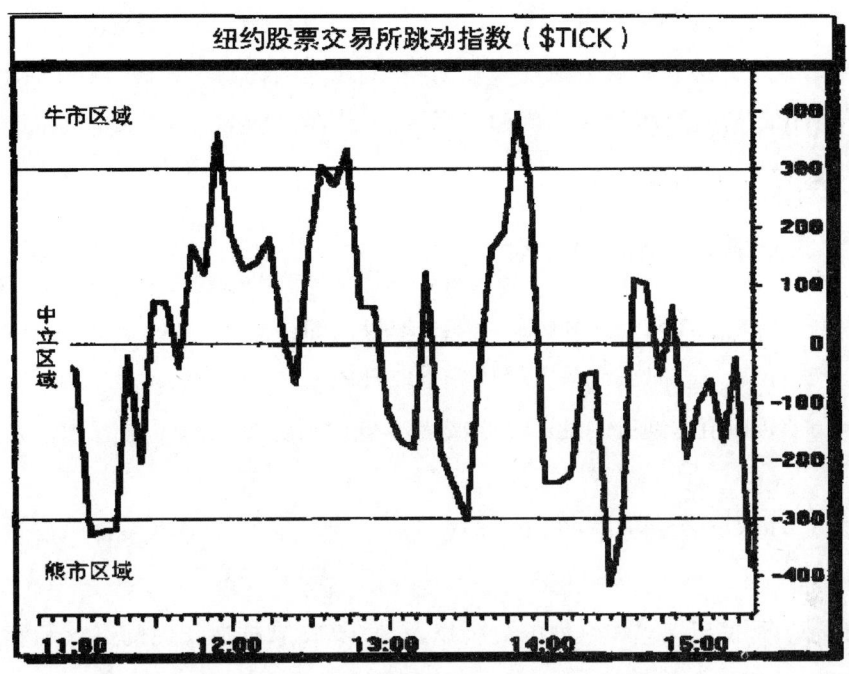

图 10-3

表示中立区域的 5 分钟 $ TICK 单线图。

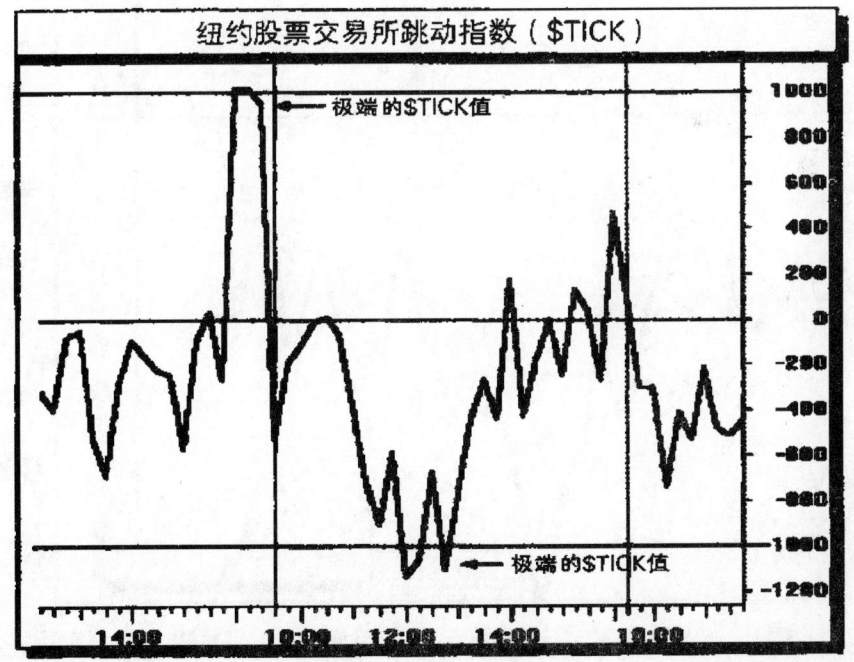

图 10-4

这个 15 分钟 $ TICK 单线图表明极端的 1000 水平是多么可靠。在到达+1000 之后，$ ITCK 迅速地向下反转。一个极端的低于-1000 的 $ ITCK 值开始了一个同样方式的快速向上的反转。

137

- 在一个持续的调整之后，$TICK 变动范围为+1000 通常表现出一个明显的底部，且随后几个月会开始价格回升。$TICK 变动范围计算当日最高的$TICK 值与最低的$TICK 值之间的差额。例如，同一天$TICK 最高为+1200，最低为+200，则$TICK 变动范围为+1000。

交易大师怎样运用 $TICK

- 当$TICK 上涨时，交易大师优先采取日内的多头头寸。
- 当$TICK 下跌时，交易大师优先采取日内的空头头寸。
- 当$TICK 值达到极端的-1000 或者更低时，交易大师寻求日内潜在的做多机会。
- 当$TICK 值达到极端的+1000 或者更高时，交易大师寻求日内潜在的做空机会。
- 交易大师使出支撑和阻力的分析以及$TICK 来把握日内的买入和卖出（图10-5、10-6 和10-7）。

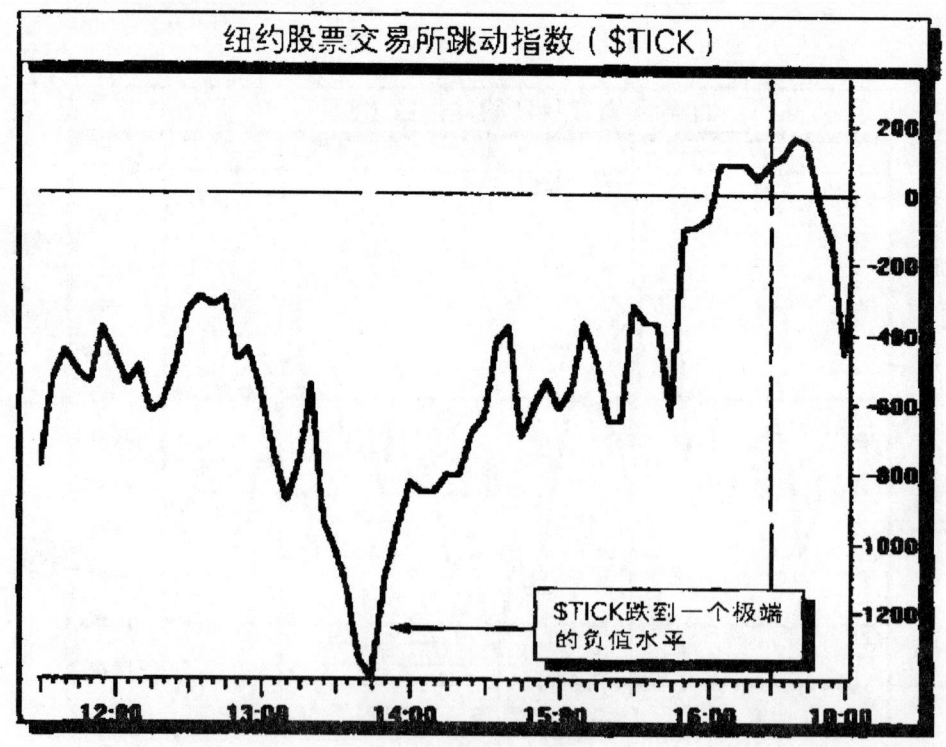

图 10-5

这个5分钟$TICK 单线图表明一个低于-1000 很多的严重的下跌。这个极端的趋势表明大多数的卖出已经发生。应该注意$TICK 在下午1∶30 的反转时段跌到底部，并且强劲反弹到收盘。

第十章 把握市场时机的工具和战术

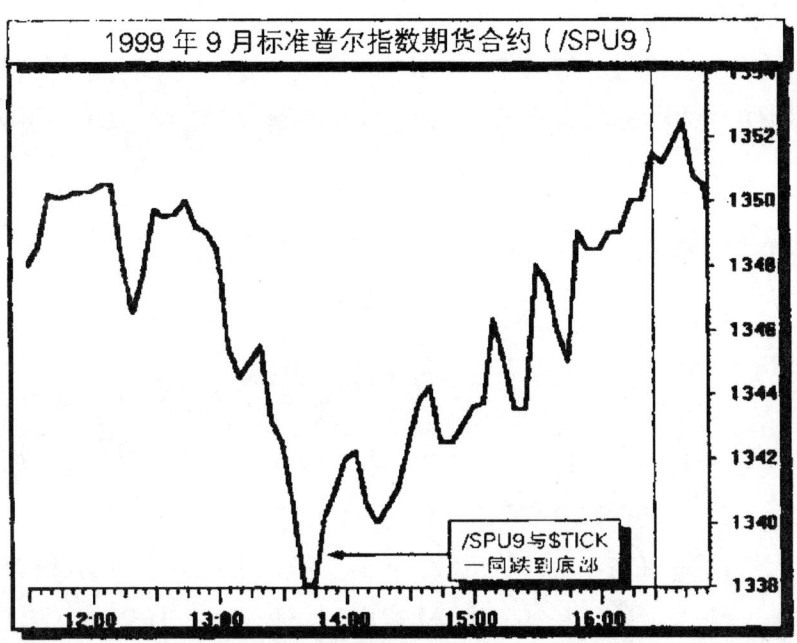

图 10-6

这个 5 分钟的单线图表明 /SPU9 的底部怎样与 $TICK 的极端值完美一致。随后直到收盘的反弹，/SPU9 几乎与 $TICK 完全同步。

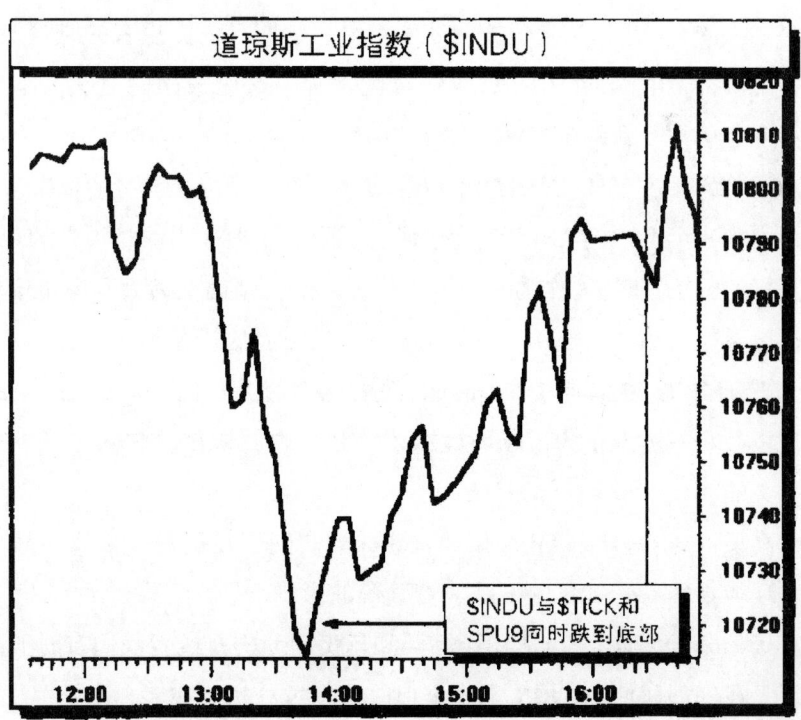

图 10-7

这个 5 分钟的单线图表明 $INDU 跌到底部与 $TICK 的极端值同时发生。INDU 的随后直到

139

收盘的反弹也几乎与 $ TICK 和/SPU9 同步。

市场工具3：纽约股票交易所交易者指数（TRIN）

NYSETRIN 描述

TRIN 的公式如下：

$$\frac{上涨的股票数量/上涨的股票成交量}{下跌的股票数量/下跌的股票成交量} = TRIN$$

纽约股票交易所交易者指数（TRIN），也被称为 Arm's 指数，是我们和我们的内部日交易者使用的把握日内市场时机的最有价值的工具之一。它是一个神奇的能帮助我们监控市场中日内"交易"风险的工具。作为日内抢帽子的人或者说是超短线交易者的一个最忠实的朋友，它是无人能比的。使用一个 TRIN 的 5 分钟单线图，我们以下的方式来解释市场：

交易大师怎样解释 TRIN

· 一个上涨的日内 TRIN 是短线的悲观信号，表明日内交易者的风险上升。

换句话说，一个上涨的 TRIN 就等于风险增加。这里采用的是买方的观点。记住做空的卖方会认为上涨的 TRIN 是乐观的信号。

· 一个下跌的日内 TRIN 是短线乐观的信号，表明日内交易者的风险下降。

换句话说，一个下跌的 TRIN 就等于风险下降。这里采用的是买方的观点。

除了直接的分析，TRIN 作为一个日内指标，也会帮助交易大师决定市场的总体健康状况。以下是我们如何使用 TRIN 来确定市场当前的状况：

· 一个低于 1.00 的日内 TRIN 值通常意味着我们正在面对一个健康的市场环境。记住这里假定一个人正为市场环境照了一张日内的快照。它对于长期的观点来说是没有意义的。

· 一个高于 1.00 的日内 TRIN 值通常意味着我们正在面对一个风险较大的市场环境，这种环境更容易受到日内下跌或者跌价的影响。

除了直接的分析，TRIN 也适用于超买和超卖的分析，或者我们有时所说的极限分析。以下是我们如何使用 TRIN 来决定何时市场过分超买或者超卖：

· 如果日内 TRIN 跌到 0.35 以下，市场环境已经变得过分乐观了。换句话说，一个跌到 0.35 以下的日内 TRIN 告诉我们大多数人、人群和大众已经进入，市场正

第十章 把握市场时机的工具和战术

在准备一个强有力的日内回调。

·一个日内高于 1.50 的 TRIN 值表明过分的悲观,市场正准备好要用一个强有力的日内反弹来使那些看空的人吃惊。

·一个收在 1.50 或者之上的 TRIN 值表明一个高度的悲观和尾市的看空。这说明恐慌性的卖出正好发生在收盘时,为市场提供了在早上反转或者猛烈上涨的可能。

提示:1.50 或者更高的 TRIN 收盘值,再加上一个 -500 或者更低的 $ TICK 收盘值,提高了在第二天开盘时上涨的几率。尽管我们不能把这本书里的每一个工具的细微差别都讲到,那些对进一步教育感兴趣的人可以在我们的网站 www.pristine.com 上获得更多的报告。

几个说明这些观点的例子在图 10-8 和 10-9 中给出。

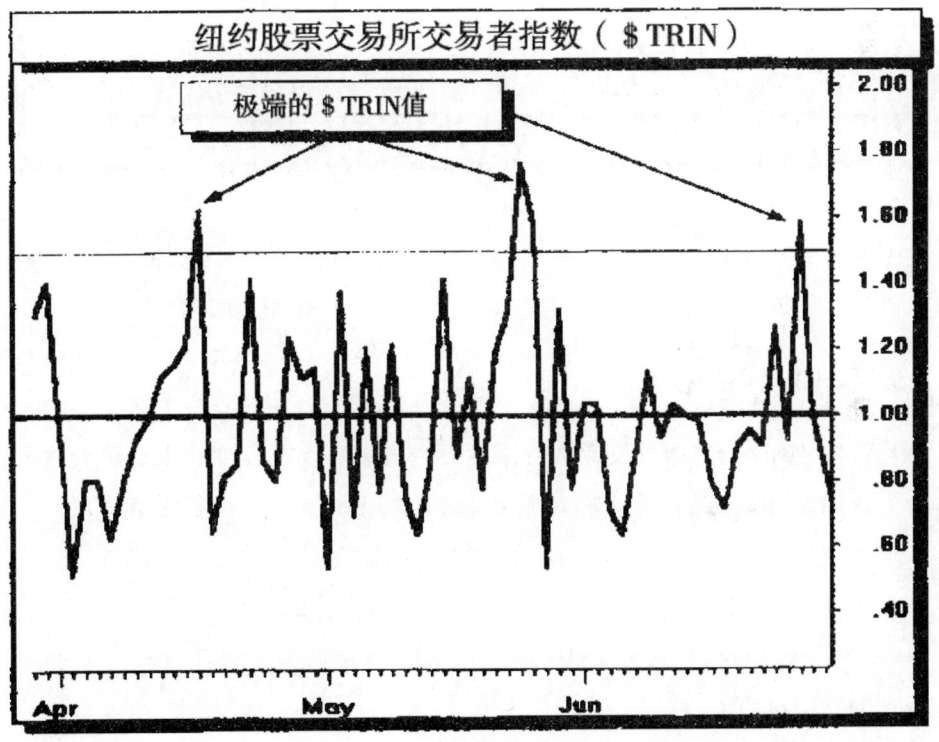

图 10-8

$ TRIN 的 5 分钟单线图表明 1.00 的阀值和极端的 1.50 的阀值。

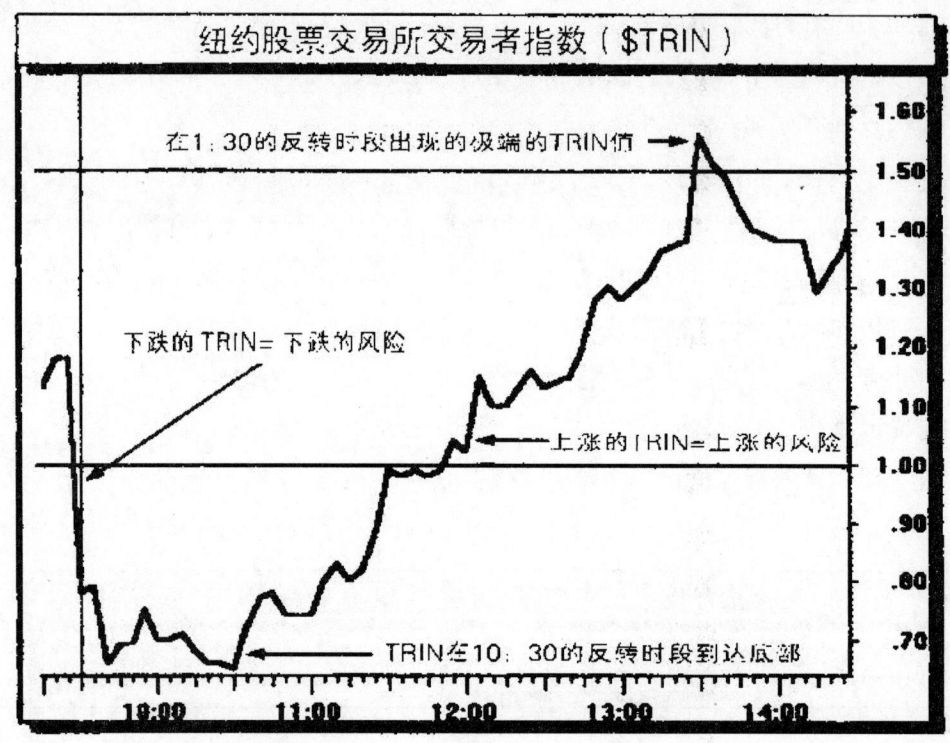

图 10-9

$ TPdN 的 5 分钟单线图。**提示**：一个上涨的 $ TRIN 表明上涨的日内风险。一个下跌的 $ TRIN 表明一个下跌的日内风险。注意 $ TPdN 的底部和顶部出现在关键的反转时段。

交易大师怎样运用 TRIN

· 当日内 TRIN 上涨时，交易大师减少日内的多头头寸，变得更有防御性。

· 当日内 TPdN 下跌时，交易大师增加日内的多头头寸，变得更有进攻性。

· 当 TRIN 低于 1.00 时，交易大师通常会保持买方的立场。

· 当 TRIN 高于 1.00 时，交易大师通常会保持卖方的立场。

· 当 TPdN 跌到 0.35 或者更低时，交易大师会寻求卖出所有的多头头寸，开始寻找潜在的做空机会。

· 当 TRIN 涨到 1.50 之上，交易大师寻求平掉所有的空单，开始寻找潜在的做多机会（图 10-10 和 10-11）。

第十章 把握市场时机的工具和战术

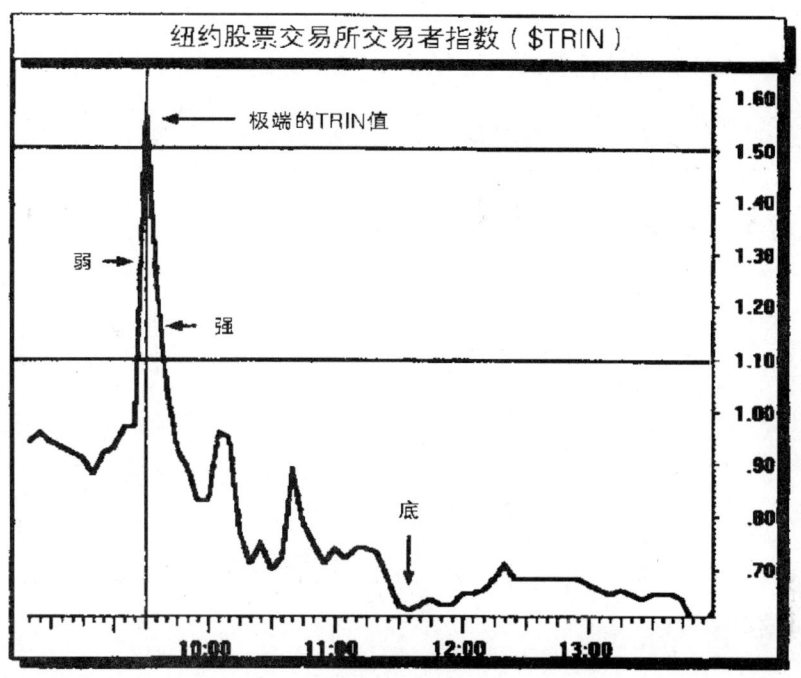

图 10-10

这个 5 分钟的单线图表明一个收盘大于 1.50 的 $ TRIN。这个极端的值表明一个市场底部近在咫尺了。在极端的上涨进入收盘之后，$ IBIN 在随后的上午开始了一个多小时的下跌。提示：一个收盘大于 1.50 的 $ TRIN 通常会产生在随后的上午的反弹。

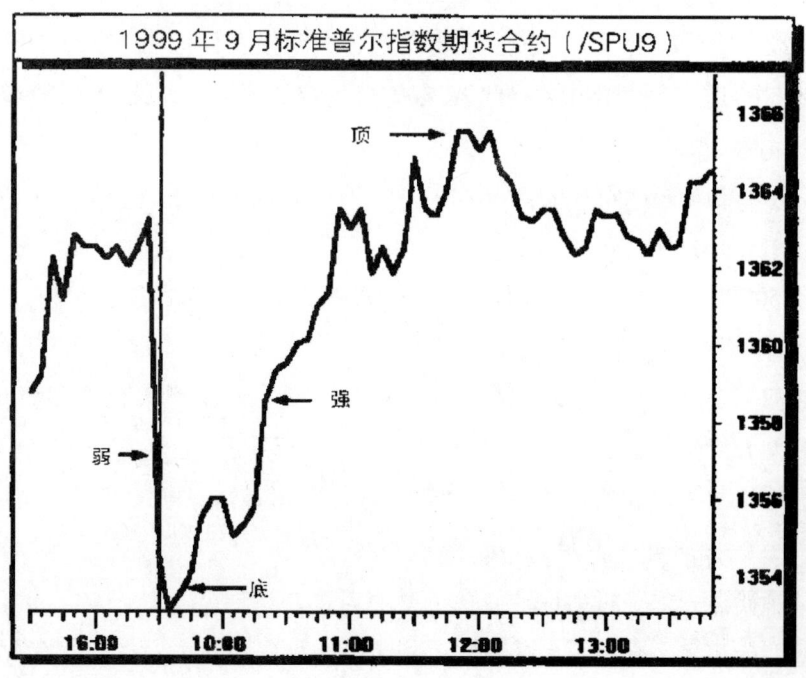

图 10-11

143

这个/SPU9 的 5 分钟单线图表明标准普尔指数期货与 $ TRIN 可以多么同步。注意/SPU9 怎样与 $ TRIN 完全一致地到达底部和顶部。

市场工具 4：新低指数（NLs）

纽约股票交易所每日新低指数（NLs）报告纽约股票交易所跌到 52 周最低的股票的数目。这个单个的（每日的）统计数字为我们提供了一个最快的和最精确的衡量市场健康状况的方式。因此让我们更近的看一下，一个经常被交易者忽略的基本事实是："卖出"是唯一能导致市场变弱，或者股票到达 52 周最低的原因。是卖出或者缺少卖出真正揭示出市场是怎样的状况。因此，密切关注卖出程度的任何突然变化非常重要。NLs 非常精确地监控市场的卖出压力。以下是我们怎样使用 NLs 来揭示市场的状况。

交易大师怎样解释 NLs

·上涨的 NLs 表明市场的卖出压力正在加速，环境可能将变得更加困难。

·下跌的 NLs 告诉我们买入兴趣正在增加，卖出在变少，一个更好的市场环境将会出现。

我们发现几个 NLs 水平非常重要，因为它们告诉了我们市场的状况：

·低于 20 的每日的 NLs 代表可以想象的最乐观的环境。这种乐观的状态通常不会持续很久。事实上，它可能很快产生一个市场的下跌。

·在 20 到 40 之间的每日的 NLs 代表一个向上的市场环境。

·高于 40 的每日的 NLs 代表一个中性的或者冷却的市场时期。

·高于 60 的 NLs 表明一个病态的或者是某种程度上有麻烦的市场。

·高于 80 的 NLs 代表一个悲观的市场环境。做空的机会通常会很多。当向上的走势被突然的向下的反转迅速地和有力地消除时，这种环境通常会重创那些一心一意的买入和持有的参与者。

提示：应该注意 NLs 值可以高出 80 很多，但是这种情况不常见。插入一个题外话，我们曾经在 1998 年 8 月见过 NLs 超过 1000。

监视这个简单的数字将会帮助你在一些非常困难的时候保持清醒。我们建议你每周使用它作为指导。它会对你掌握以下列出的 5 种主要的市场状态大有帮助：

1. 贪婪和极端乐观的状态（NLs 低于 20）；

第十章　把握市场时机的工具和战术

2. 健康状态（NIs 在 40 之下，20 之上）；
3. 休息的状态（NLs 在 60 之下，40 之上）；
4. 混乱和困惑的状态（NLs 在 80 之下，60 之上）；
5. 害怕和悲观的状态（NILs 超过 80）。

交易大师怎样运用 NLs

· 在 20 之下的 NLs 代表一个极端乐观的市场环境。在这种乐观的阶段，交易大师将会只做多。交易大师也会想要在规模和利润目标方面更进取。

· 超过 40 的 NLs 代表一个冷却的阶段。这个数值通常提供了一个早期的警告信号，表明市场有一点累了。市场将可能提供两个方向的短线交易机会。但是在这种环境里，交易大师想要快速地进出，因为走势可能会非常短命（见图 10-12）。

· 超过 80 的 NLs 表明了一个非常糟糕的市场环境。交易大师把注意力完全集中在寻找做空的机会，因为反弹会非常少，抵抗的方向最终将是向下的。

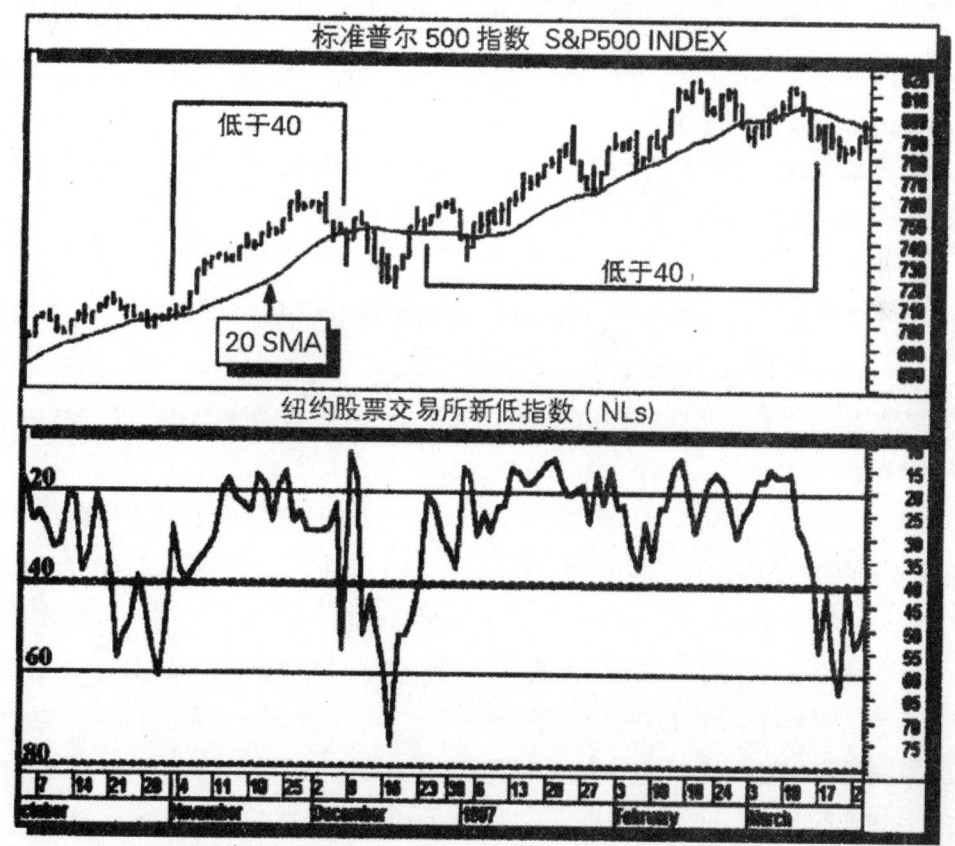

图 10-12

这个标准普尔 500 指数的日线图和纽约股票交易所 NLs 清楚地表明当 NLs 保持在 40 之上的时

候，整个市场是多么弱。**提示**：40 的 NLs 阀值是牛熊之间的分界线。

市场工具 5：强力 5 指数

强力 5 指数是由普利斯坦所开发的一个小型的 5 支股票的指数，我们创造它是为了帮助我们的内部交易者密切关注市场的整体健康状况。多年来我们发现某些关键的股票不仅模仿了整个市场的行为，它们还经常领导市场。这种领导的趋势可以为密切关注的交易者提供非常珍贵的线索和获利机会。通过简单的每天监视这些关键的股票，交易大师可以保持一个对市场的"感觉"，这种感觉可以与所谓的华尔街的专家感觉相当。我们会详细介绍构成强力 5 指数的 5 支个股。我们保证你将会发现它们每一个所讲的故事都非常有趣。

强力 5 指数

通用电气（GE）。那就是市场。如果我们必须选择一支股票用来作为整个市场健康状况的代表的话，那就是 GE。不论市场做什么，GE 都会做。不论 GE 做什么，市场也将会做。这是世界上最大的公司之一，它几乎卖地球上有的每一样东西。GE 是如此的包罗万象，没有一个长线的股票组合会缺了它。

花旗集团（C）。这支股票单独就包括了整个金融行业。通过它的部门划分，它代表了三个金融部门：银行、经纪和保险。C 的花旗银行代表了银行业；所罗门美邦（Solomon Smith Barney）代表了经纪业；C 的旅行者（Travelers）代表了保险业。应该注意的是没有金融业的合作和全面参与不可能有持久的市场上涨。在 C 中，你有整个金融业的画面。

微软（MSFF）。今天没有人可以怀疑技术对我们的生活、我们的市场和我们的世界所带来的巨大影响。在过去的 10 年里，技术业作为一个整体已经成为了股票市场的心脏，或者说是命根子。我们认为这种情况将会在以后的几个 10 年里继续。这就是为什么密切关注市场的这个巨大的部分成为今天最重要的事，精明的交易者能够通过监视 MSFF 每天的活动轻松地做到这一点。通过这个巨无霸股，整个技术行业的起起落落可以被看到和感觉到。如果技术业是当今市场的心脏，那么 MSFF 就是当今技术业的心脏。没有仔细考虑 MSFF 在做什么，不要进入技术业。

美国在线（AOL）。互联网狂热已经前所未有地抓住了我们的想象，控制了我们的生活，并且改变了我们的市场。互联网的前景是十分惊人的，无论怀疑者怎么

第十章 把握市场时机的工具和战术

说，互联网，就像电话一样将在很长的时间内影响我们与世界的其他部分联系和做生意的方式。因为这个新兴行业已经对市场的总体精神如此关键，每天密切关注它是精明的交易者必须做的事。那些追随这个行业的人永远也不会怀疑 AOL 在这个领域的主导地位。一种非常真实的感觉是，AOL 是所有互联网股票的爷爷，因此它可以很简单地作为整个互联网行业的晴雨表。

通用汽车（GM）。周期性的股票对于精明的交易者来说是极其重要的，因为他们是经济的几近完美的晴雨表。并且我们肯定你知道，一个健康的经济就等于健康的股票市场。GM 是一个主要的周期性的股票，因此它本身也是整个经济的一个重要的晴雨表。如果人们愿意买车，它们就愿意举债，这也就意味着他们对他们的工作和经济有信心。愿意借更多债的有信心的消费者，使得金融市场繁荣。跨市场的分析本身就是一个得用一本书说明的话题。但是交易大师通过简单的监视 GM 几乎可以与专业的经济学家一样精明。它几乎可以说明一切。

交易大师怎样解释和运用强力 5 指数

·当所有的 5 支在强力 5 指数中的股票上涨时，交易大师集中精力做多。

·当所有的 5 支在强力 5 指数中的股票下跌时，交易大师集中精力做空（卖出）。

·当微软（MSFF）和美国在线（AOL）同时表现很好时，交易大师在主要的技术股票中寻找大多数的（如果不是全部的话）交易机会。

·当 MSFF 和 AOL 都下跌时，不对技术股票日内做多。但是，做空是在这种情形下的一个选择。

·当花旗集团（C）表现好（在这一天上涨较多），金融行业正在支持整个市场。这通常意味着市场日内的回调是买入的机会，而不是担心的理由。也可以寻找在银行业、经纪业和保险业的交易机会。反之亦然。

·当 MSFF 大幅下跌时，许多的技术股票也将会经历卖出。当 MSFF 大幅下跌时，技术股票的日内反弹将会很快消失。这提供了最好的卖出机会。反之亦然。

·当 AOL 大幅上涨时，在互联网行业内的做多机会增多。在这种情形下，交易大师认为互联网股票的回调是潜在的买入机会。反之亦然。**提示**：尝试与 AOL 的相反方向交易的互联网股票交易者是在玩火。

·如果通用电气（GE）大幅上涨，而市场大幅下跌，交易大师认为市场将会最终跟随 GE 的方向。因此，交易大师使用支撑和阻力的分析以及其他的交易策略和技术来寻找早期的买入机会。反之亦然。

不用说，我们可以继续罗列可能的情形，但是最重要的是注意这些情形仅仅是指导方针。他们提供总体的方向和（或）大致的日内交易计划，而这些是多数交易新手没有建立的东西（图10-13）。

最新价	代 码		最高价	最低价	涨 跌
$TICK ①	513	S	600	-798	-513
$TRIN	1.84	S	1.84	.65	+.64
/SPU9 ②	1331.80	S	1358.00	1330.00	-18.00
/NDU9	2276.50	S	2327.00	2276.00	-10.75
$INDU	10655.15	S	10825.80	10647.86	-136.14
$TRAN ③	3333.24	S	3366.48	3327.62	-15.71
$INX	1328.72	S	1350.92	1328.49	-12.31
$COMPX	2638.49	S	2676.45	2631.87	-1.52
GE	109	S	112 5/16	108 11/16	-3
GM	61 1/8	S	64 1/8	60 3/8	-2 13/1
C ④	44 9/16	S	46 1/4	44 1/2	-1 3/16
MSFT	85 13/16	S	88 5/8	85 1/2	-1 1/8
AOL	95 1/4	S	100 1/2	94 1/4	-1 5/8
$SOX.X	493.97	S	501.93	490.99	+1.33
$NF.X	532.39	S	541.95	532.11	-9.40
$IIX.X ⑤	278.33	S	285.51	276.77	-3.69
$XBD.X	389.71	S	398.22	389.56	-8.41
$DRG.X	349.02	S	352.77	348.84	-.54
$XOI.X	514.68	S	519.73	508.70	+5.88

图10-13

这个列表表明我们怎样使用Executioner.com的市场提醒功能来保持在整个市场之上。这个监控表整天被监视着，提供一个决定哪个行业正在被买入，哪个行业正在被卖出的很容易的方式。①TICK和TRIN，②标准普尔和纳斯达克100指数期货合约，③道琼斯工业指数，交通业指数，标准普尔500指数（现金），纳斯达克综合指数，④强力5，⑤半导体、金融、互联网、经纪商、药品和石油指数。注意显示的这一天是非常弱的一天。

股票市场小测验

问题1：哪个月是历史上最看跌的月份？提前了解这些可以帮助投资者和交易者据此安排他们的股票组合和交易计划。

答案：9月，在过去15年里，9月只上涨了5次。

问题2：哪个月是历史上最看涨的月份？知道这个答案可以帮助精明的交易者

第十章 把握市场时机的工具和战术

赢得优势。

答案：5月，在过去12年里，5月有11次都是最好的月份。

问题3：哪3个月的时期是最好的完全投资和（或）增加保证金的时期？知道这个可以为精明的交易者收获到超出市场平均水平的巨大收益。

答案：11月、12月和1月。由于年终的税收计划和共同基金、公司以及私人养老基金共同为了年终有一个好的表现所做的最后的努力，这3个月代表了股票市场最友好的时期。

问题4：历史上哪个月结束熊市？知道这个答案可以帮助精明的交易者精确地估计转折点和抓住底部。

答案：10月，1946、1957、1960、1966、1974、1987、1990，当然还有1998年的熊市都在10月份结束。

问题5：一个月中哪5天的时间是最好的完全投资于市场的阶段？知道这个可以帮助投资者和交易者掌握他们进攻的水平和规模。

答案：一个月的最后一天、第一天、第二天、第三天和第四天。历史上这5天的表现超出了一个月中其他的日子，因为基金在一个月的结束和开始的时候有最大的现金流入。

问题6：一个月中的哪一天是历史上最好在市场中的一天？

答案：一个月的第二天。市场在一个月的第二天比在一个月的其他交易日更经常上涨（62.3%）。

统计数字是从 Yale Hirsch 的股票交易者年鉴中获得的，这是对市场趋势的一份不可缺少的指南。

关于市场的最后几句话

当我们把20世纪永远抛在后面的时候，几乎不可能不去想这样一个问题，"交易者和投资者为新千年储存了些什么？"在20世纪的最后10年，股票价格强劲的上涨产生了无数世界末日的预言家，所有这些预言家都重复同样的价值高估的说法。当与计算机相关联的股票上涨超出所有人的预期，互联网股票飞速上升到银河系时，"过度"这个词被许多专家一再重复。在某种程度上，这种"超买"的喊声是可以理解的。纳斯达克100指数在1998年一年就上涨了82%，是它有史以来最好的表现。在那之前，1991年61%的收益是它最辉煌的时候。帮助指数上游到不可置信的高度的股票是微软（MSFY）、思科（CSCO）、MCI Worldcom（WCOM）、戴尔计算机（DELL）和 Sun Microsystem（SUNW），所有这些公司仅在过去的 5 年里就已经翻了 4 倍。不用说，主要的互联网股票在最近几年表现尤其突出，在一年里亚马逊（AMZN）涨了 10 倍多，雅虎（YHOO）涨了 8 倍多。这种情况能继续吗？导致互联网股票比历史上任何其他股票涨得都快的疯狂是不是到了顶点的标志？许多职业的华尔街市场观察家感到是这样的，但是同样是这些专家曾经感到道琼斯工业平均指数超过 3000 太荒谬。我们的观点不是市场过度，而是我们已经有并且将会继续享受一个过分的市场。尽管我们比多数人更了解说"现在事情不同了"的危险，但不可否认的事实依然存在。今天我们生活在一个由不同的动力和不同的媒体驱动的不同的世界里。一个尽管尚在襁褓中的技术爆炸已经点燃了心灵之火，给人们、公司和全球的国家的精神插上了翅膀。通信的完整循环——从信息源到公众——正在接近即刻的标准，并且那些曾经因为空间和时间而加大的强大的障碍也已经让位于一个工业的单一和普遍，而这一切即使是对最开放的头脑来说也是令人惊愕的。如果世界上新的技术奇迹已经给我们的头脑插上了翅膀，为什么这不应该转化成一个起飞的市场？如果今天的进步让我们的成就达到越来越高的水平，为什么反映了这些东西的市场不应该也上涨呢？市场只是我们作为人类经历了什么和成为什么的一面镜子。如果我们进步，因此市场也必须反映我们人类的经历。那些藏在他们的豪华办公室里的华尔街行家们忘记了市场最终是对人们的反映。而不是相反。如果我们的生活一年比一年好，市盈率不会阻止市场友好的回应，无论它多么庞大。技术快速的步伐正在把我们推向越来越高的地方。只要情况如此，市场也必须涨得越来越高。可以肯定，我们将会有突然的上涨和下跌，以及偶尔的猛烈地打嗝。但是如我妈妈常说的那样："打嗝表示你在长大，高兴吧！"

第十一章　图表工具和战术

图表引言

现在你应该不会对我们的交易方式在性质上是短线交易感到惊讶了。这就是说，所有我们的买卖点都是基于技术活动，而不是基础或经济活动。我们所做的每一个特定的操作都是基于一系列代表市场心理重要的短期转变的非常可靠的图表形态。下面就是"普利斯坦"的入市方法非常有趣的地方。想一想以下的事实：每一个特定时段（即天、小时、15分钟、5分钟、1分钟）都不过是仅有的参与双方——买方和卖方，或者更为大家熟知的多方和空方之间的战役或小冲突。

例如，当你看一个日线图的时候，你所看到的每一根线代表在一场正在进行的战争中的一次独立的战役。如果你看2分钟线，那么每一根线代表的是在一场从不停止的战争中的一次2分钟的冲突。如果是这样的话，相信我，交易大师的成功完全取决于他们能正确判断出哪一方正占据战争的优势的能力。虽然一方可能赢得了目前的这场战役（阶段），另一方可能在这场战争（趋势）中占据着优势。那些能够始终与占据优势的一方保持一致的交易大师可以一直把市场作为一个赚钱的手段。然而，那些能够预测出一方压倒另一方的时刻的交易大师能利用市场产生收益和积累财富。

我们已经发现了一系列能够精确指出买卖双方的力量均衡何时发生改变的非常可靠的图表形态。在阅读并仔细研究过以下部分之后，你就不仅能够知道怎样辨认出这些图表形态，而且还能知道如何去建立能够利用它们获利的战术和战略。

正如我们前面所指出的那样，图表是钱的足迹，而且它们不会撒谎。它们就像是医生的X射线，能够探查到病人的内部。在我们这里，市场和组成市场的单个的股票就是我们的病人。这一章我们将提供给你能使你成为最高等级的市场医生的工具。我们将要接触到一些基本的图表规则，它们对我们将在本章以后部分涉及的更高级的图表规则非常重要。让我们开始吧。

图表入门

蜡烛图将照亮前进的道路

交易大师有各种各样的图表类型可供选择。有用的最多的西方的线图、较少使用的点数图、有时可以在每天的报纸上和股票市场报告上能够看到的单线图、因我们的功劳而迅速流行的日本蜡烛图和相对较新的等量图。这才仅仅说出了几个。虽然多样化有好处，但是我们相信日本蜡烛图是最好的也是交易者仅需的一种图形。事实上，我们认为日本式的图表非常优异以致我们现在如果不看蜡烛图的话，就不看任何图表。这就是为什么蜡烛图对我们的成功至关重要。

我们不是在说蜡烛图拥有一些其他图表所没有的神奇力量，或者说它比其他常规的图表包含了更多的信息，因为它确实不是。我们非常喜欢蜡烛图只是因为一个简单的原因：使用它更容易直观地看到多空当中的哪一方正控制着市场。使用它也更容易看到哪一方将要失去控制或者重获控制。它没有提供额外的事实。它不具备任何其他图表缺乏的能力。蜡烛图只是使交易者更轻松地直观判断出谁正在赢得这场战役。或者说，它提供更快速判断优势在哪一方的能力：在买方还是在卖方。正如我们前面所提到的，那些能够顺势而为的交易者而不是逆市而为的交易者才能总是成为胜利者。让我们看两个例子吧。第一个优势在买方，第二个优势在卖方。

确定何时多方处于控制地位

每一次一支股票收在开盘价之上，多方（买方）就赢得了这个阶段。

收盘>开盘<牛市标准

图 11-1 就是一个以线图表示的多方（买方）赢得战役的例子。图 11-2 表示同一个多方赢的例子。只是这次我们使用了日本蜡烛图的形式。注意在这两个例子中，股票收盘价高于开盘价，表明买方足够强大，推动卖方到一个更高的价位。我们教给每一个交易者把开盘价当作战斗的开始点。如果战役结束时比开始时要高，买方就赢得了战役。如果买方赢得了大多数的单个战役，很明显他们目前在这场战争中正占据优势。计算和跟踪谁赢得了战役正是许多图表专家称为的趋势分析。向上的趋势无非就是一场由很多买方赢得的战役构成的战争。

第十一章 图表工具和战术

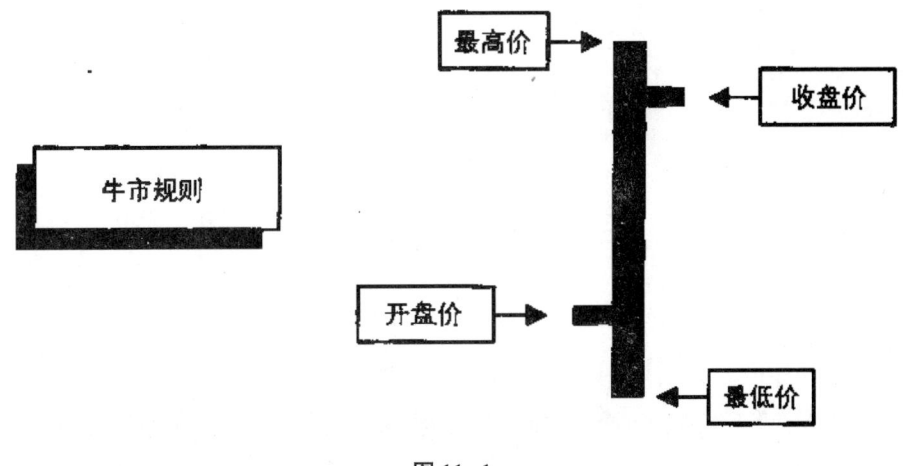

图 11-1

使用西方线图表现的多方（买方）赢得了战斗。

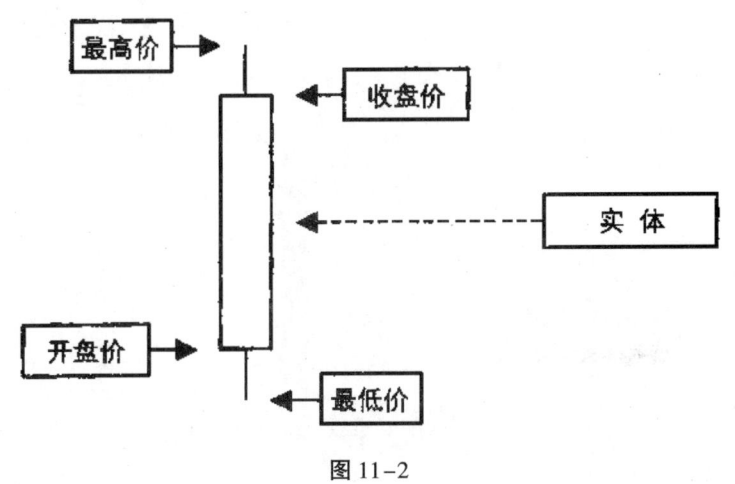

图 11-2

使用日本蜡烛图表现的多方（买方）赢得了战斗。

但让我们仔细看看第二个例子蜡烛图形式多么好地表现了战役的结果。由于日本人完全理解确定谁赢得单个战役的重要性，他们直观地用蜡烛体来强调开盘价和收盘价之间的关系，或者说如通常所说的实体。在 11-2 蜡烛图的例子中，实体的下方代表开盘价，实体的上方代表收盘价。两端的影线，或者说"烛芯"，代表在这个周期的最高价和最低价。尽管最高价和最低价也很重要，开盘价和收盘价之间的实体部分才最为重要，因为它代表了谁赢得了这场战役。当多方赢的时候，实体部分是白色的。我们教给我们的交易者把白色想象成重量上比较轻。当多方赢的时候，价格从开盘开始向上浮动，因为它轻。因此，事实上白色或浅色的蜡烛线立刻告诉我们多方（买方）赢得了战役。让我们看看相反的情形。

确定何时空方处于控制地位

每当一支股票收在开盘价之下时,空方(卖方)赢得了这个阶段。

收盘<开盘=熊市标准

图11-3和11-4显示了一个空方(卖方)赢得战役的例子,我们用西方线图形式(图11-3)和蜡烛图形式(图11-4)展示出来。注意在这些例子中,股票收盘低于开盘,表明卖方足够强大迫使卖方回到较低的位置。还要注意决定这场战役的不利后果的难易程度。日本蜡烛图有黑的、重的实体,很清楚地表明卖方占据优势。当卖方赢得战役的时候,实体的颜色总是黑的。因此,其实一个黑的蜡烛图就立即告诉我们空方(卖方)赢得了战役。再说一次,记住你必须把开盘价作为一场战役的起点。如果战役以一个低于开始点的价位或者水平结束,空方(卖方)就赢得了战役。如果卖方赢得了大部分的单个的战役,很明显目前他们正控制着战争。一个向下的走势无非就是一场由空方(卖方)控制的战争。

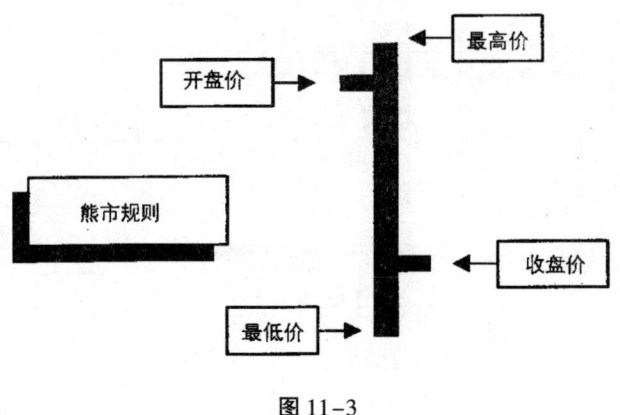

图 11-3

使用西方线图表现的空方(卖方)赢得了战斗。

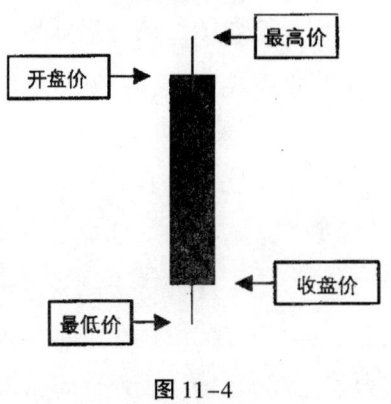

图 11-4

使用日本蜡烛图表现的空方(卖方)赢得了战斗。

第十一章 图表工具和战术

当多空双方打成平手时

值得注意的是有时多方和空方都没有获胜。如果买方通过收盘在开盘价之上获胜，卖方通过收盘在开盘价之下获胜，那么平局就是当开盘价与收盘价相等的时候形成。这种不活跃的情况，或者说中立的情况，在蜡烛图中形成一个没有实体的线。图 11-5 是一个例子。

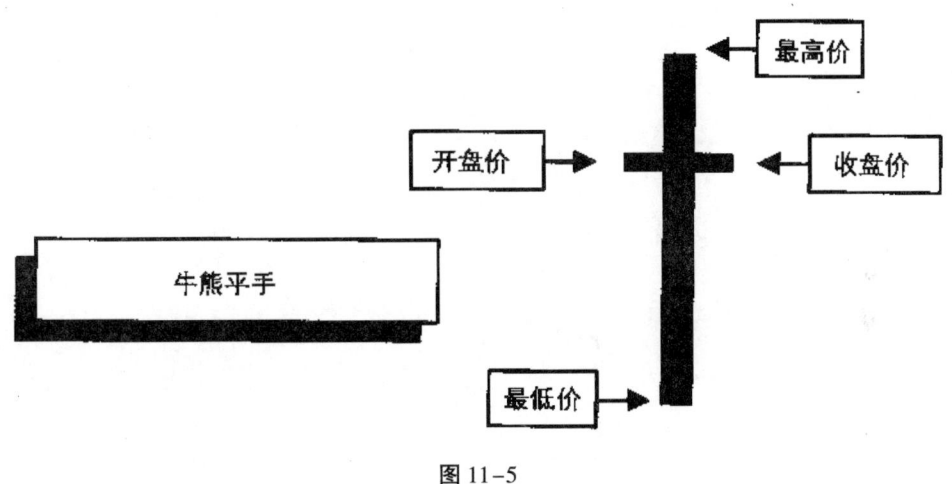

图 11-5

没有实体的蜡烛图表示僵持状态。

尽管这个例子是以西方线图的形式表示的，它同样也是蜡烛图的形式。因为开盘和收盘是同一价位，没有实体或者是没有价格范围可以显示。这些所谓的平局，根据它们在何时何处发生，可以是非常有价值的。

在下面的一节里我们将告诉你一些我们最有效的图表战术和技术。在我们看来，以下的一节是整本书最有价值的一节，我们鼓励你研究和多次重读。那些真正熟悉了以下这些工具和技术的人将会向着最高级别交易大师的水平前进。我们想让你知道你将要读到的东西为我们服务得很好。一旦你学会怎样辨认、使用和联合下面的工具，我们保证它们将会在以后的多年里回报你。现在让我们开始我们的第一个图表工具吧。

图表工具1：小阴（阳）线（NRB）

小阴（阳）线描述

一根小阴（阳）线（NRB），像我们叫它的那样，是一根高低之间的范围小于通常范围的 K 线。NRB 的出现表明变化性的急剧下降，强大的走势将会从这些变化性较小的阶段产生。让我们看一个小阴（阳）线的例子。

如果 XYZ 公司的股票星期一最高 22 美元，最低 20 美元，这一天的范围是 2 美元，第二天，XYZ 在 21 美元和 21.5 美元之间，那么就可以被认为是一根小阴（阳）线，看一看图 11-6 和 11-7 的例子。

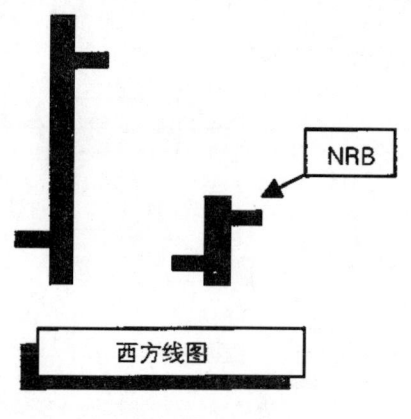

图 11-6

一个用西方的线图表示的小阴（阳）线。

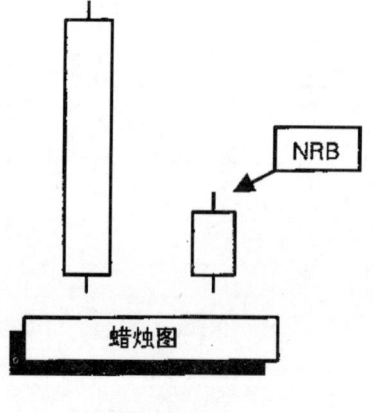

图 11-7

一个用蜡烛图表示的小阴（阳）线。

大师们如何解释小阴（阳）线

· 小阴（阳）线的出现表明买方和卖方力量接近均衡（图11-8）。
· 一根小阴（阳）线只有在几根正常阴阳线之后出现才有意义。
· 一根小阴（阳）线为交易大师提供了一个可能的最清晰的信号，表明强烈的转变即将发生。
· 在一根小阴（阳）线之后的改变（反弹或下跌）将比由正常的阴阳线产生的改变更有力度也更可信。
· 当一根小阴（阳）线在几根下跌线之后出现时，交易大师认为股票将上涨。
· 当一根小阴（阳）线在几根上涨线之后出现时，交易大师认为股票将下跌。

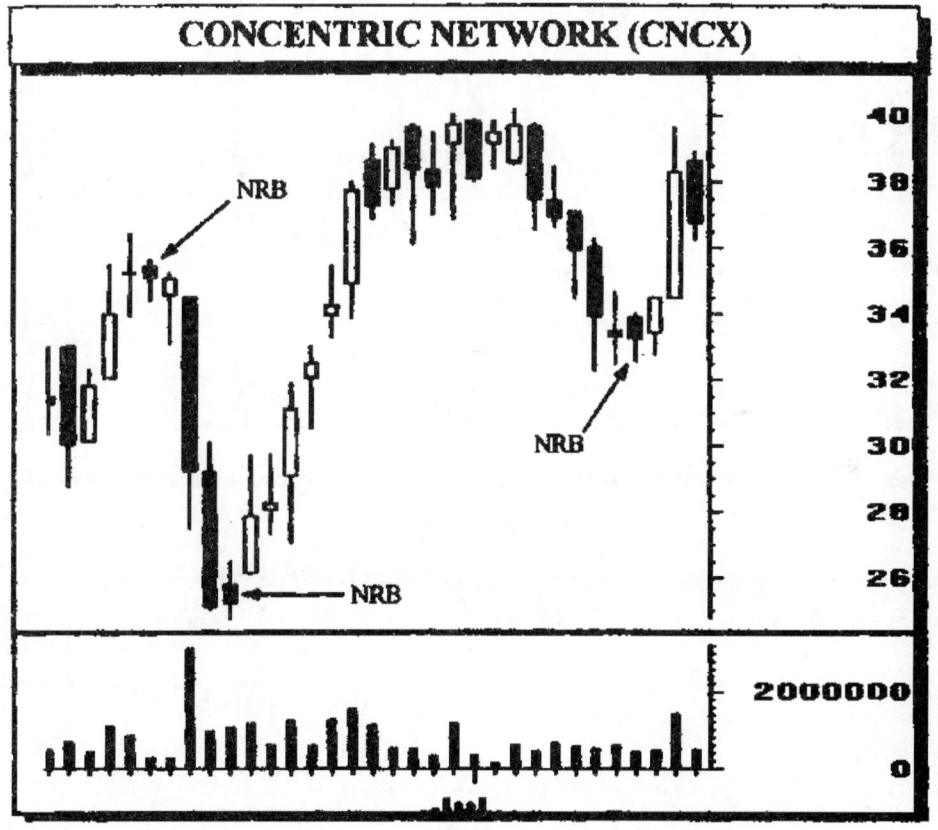

图11-8
在CNCX中小阴（阳）线（NRBs）表明了明显的顶部和底部。

交易大师如何使用小阴（阳）线

· 交易大师在几根下跌线之后在小阴（阳）线的高点之上买入。

短线交易大师——工具和策略

- 交易大师在几根上涨线之后在小阴（阳）线的低点之下卖出。
- 进取型的交易大师通常在几根下跌线之后出现小阳线就买入。
- 进取型的交易大师通常在几根上涨线之后出现小阴线就卖出。

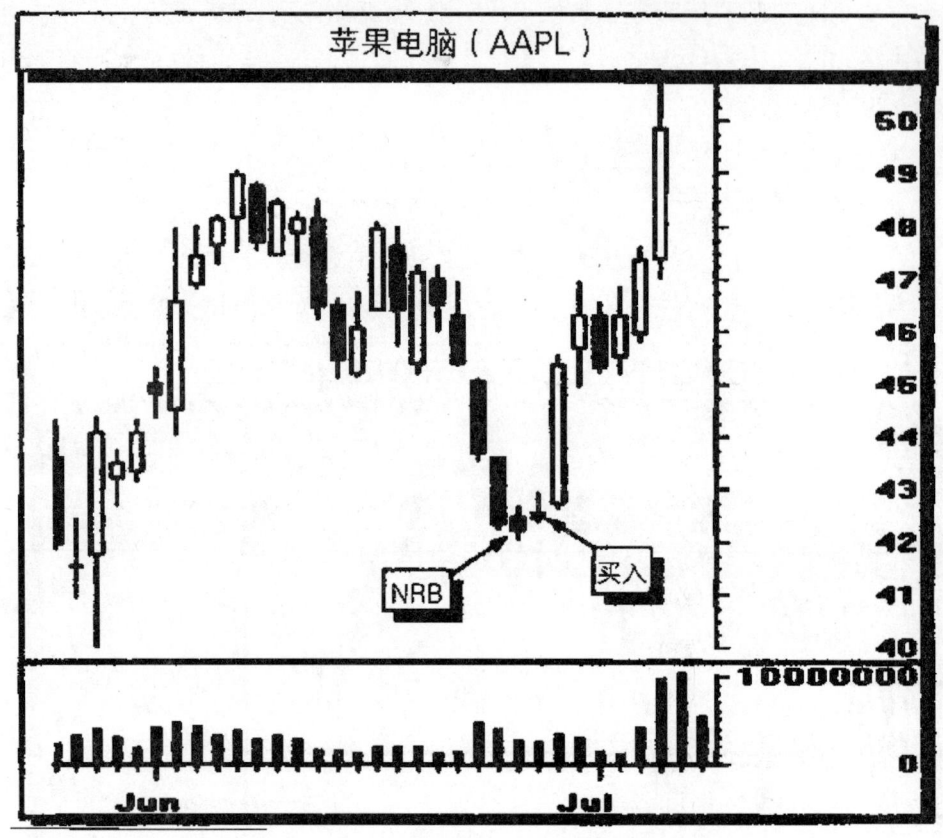

图 11-9

在几根下跌线之后，AAPL 经历了一个 NBB，这个 NRB 开始了一个非常强劲的上涨。交易大师在小阴（阳）线之上买入。

图表工具 2：反转线（RB）

反转线描述

一根反转线，正如我们所叫它的那样，就是由开始的强烈的一个方向的移动突然变向，在开始点位之下以相反的方向结束周期。例如，开始的快速下跌之后的牛市反转线使得价位接近当期的最高价，高于开盘价。在上涨之后，熊市反转线使得

第十一章 图表工具和战术

价格接近当期的最低价，低于开盘价。让我们来看两个例子。

牛市反转线。XYZ 星期一以 20 美元开盘，下跌到当日最低点 18 美元，然后反转向上收在 20.50 美元（见图 11-10 和 11-11）。

熊市反转线。XYZ 星期三以 20 美元开盘，一天中最高以 20 美元成交，然后反转向下收在 19.5 美元（见图 11-12 和 11-13）。

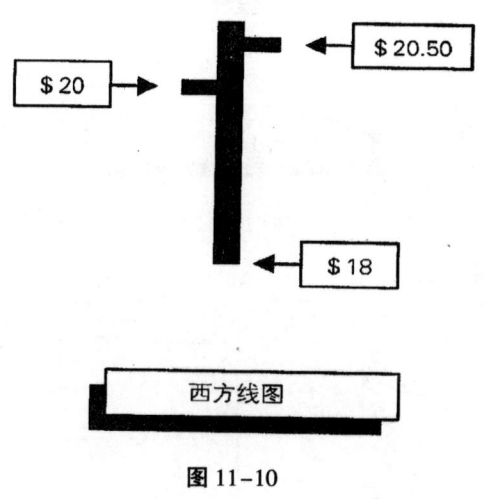

图 11-10

用西方线图表示的牛市反转线

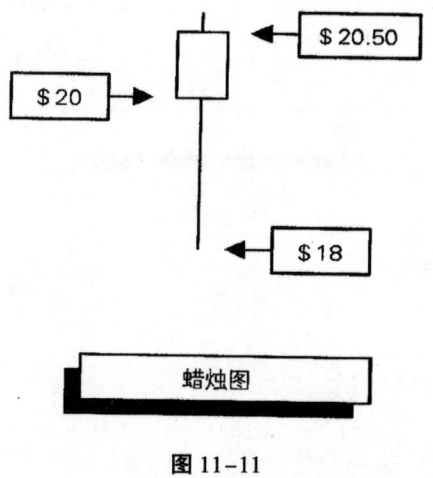

图 11-11

用蜡烛图表示的牛市反转线

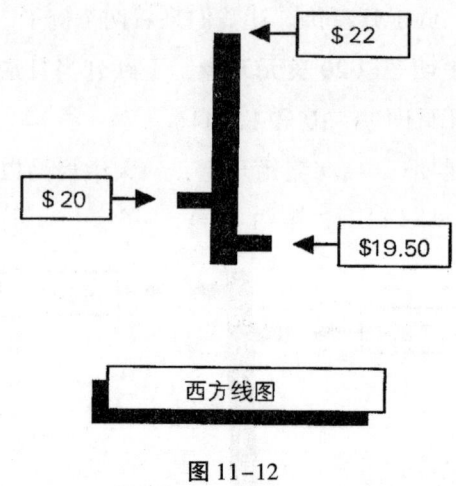

图 11-12

用西方线图表示的熊市反转线

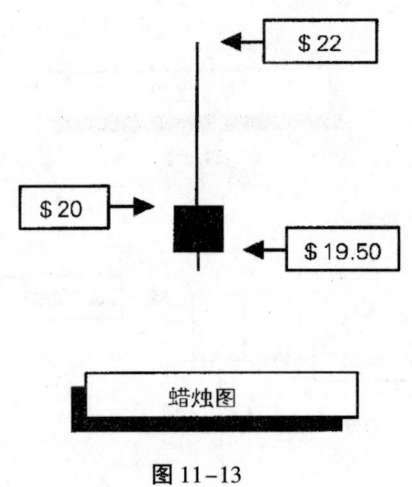

图 11-13

用蜡烛图表示的熊市反转线

交易大师如何解释反转线

·反转线的出现表明快速的变化趋势即将结束。

·在反转线之后一个反转（反弹或下跌）可能会比在正常线之后的反转更有力也更可靠。

·反转线表明震荡开始。

·牛市反转线表示市场的控制权已经由卖方转移到买方。

·熊市反转线表示市场的控制权已经由买方转移到卖方。

·出现在几根下跌线之后的牛市反转线更有意义。

第十一章 图表工具和战术

- 当几根下跌线后出现牛市反转线的时候，交易大师期望股票将会上涨。
- 出现在几根上涨线之后的熊市反转线更有意义。
- 当几根上涨线后出现熊市反转线的时候，交易大师期望股票将会下跌（图11-14）。

交易大师如何使用反转线

- 交易大师期望在连续几根线的下跌之后，在牛市反转线的最高价之上买入。
- 交易大师期望在连续几根线的上涨之后，在熊市反转线的最低价之下卖出。
- 进取的交易大师经常在牛市反转线接近收盘时买入。
- 进取的交易大师经常在熊市反转线接近收盘时卖出。

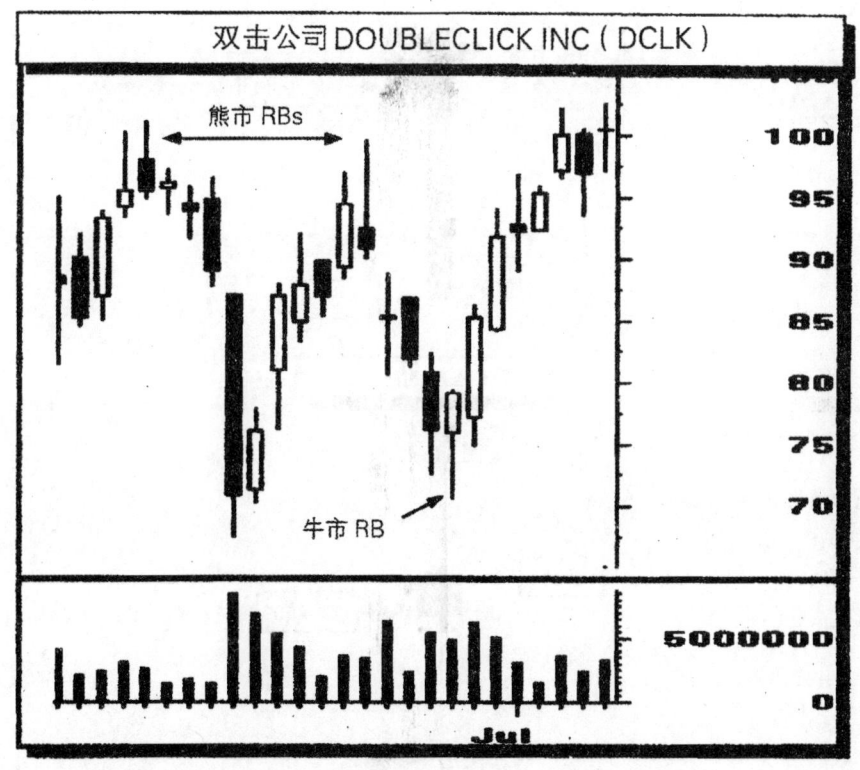

图 11-14

DCIK 在形成熊市反转线（RBs）之后急剧下跌，牛市反转线（RB）也开始了一个主要的价格上涨。

图表工具3：影线

影线描述

影线标志着买卖双方力量均衡的改变。上影线，指向上方，由开始的向上趋势突然转为向下的趋势。下影线，指向下方，是股票由下跌突然转为上涨。让我们来看两个例子。

下影线。XYZ在30美元开盘，跌至一天中最低27美元，然后反转向上收在29美元。这种情况下，影线的长度是2美元，等于线的最低价（27美元）和线的收盘价（29美元）之间的距离（见图11-15和11-16）。

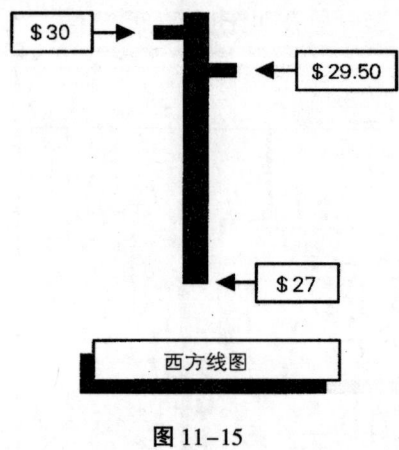

图 11-15

用西方线图表示下影线

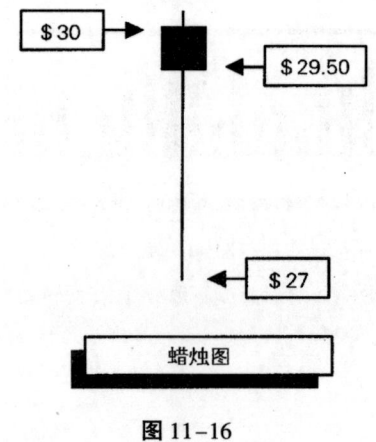

图 11-16

用蜡烛图表示下影线

第十一章 图表工具和战术

上影线。XYZ 在 31.5 美元开盘，涨到一天中的最高 34 美元，然后反转向下收在 31.75 美元。这种情况下，影线的长度是 2.25 美元，等于线的最高价（34 美元）和线的收盘价（31.75 美元）之间的距离（见图 11-17 和 11-18）。

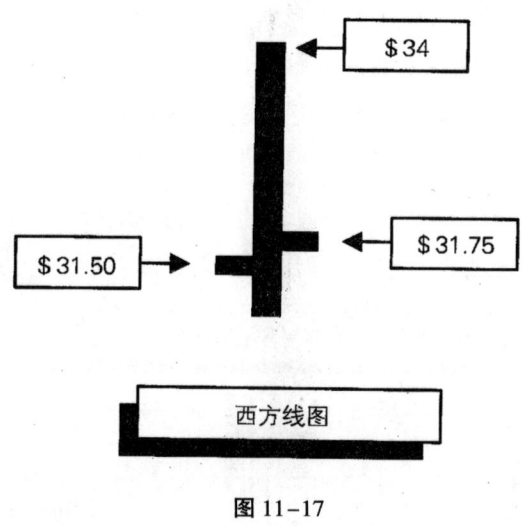

图 11-17

用西方线图表示上影线

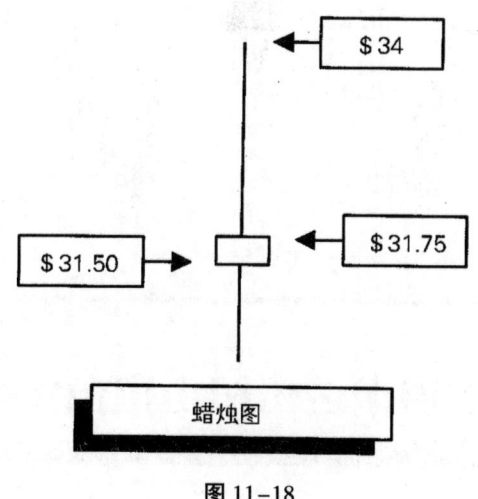

图 11-18

用蜡烛图表示上影线

交易大师如何解释影线

· 影线之后的反转（反弹或者下跌）更显著。

· 影线表明发生了震荡洗盘。

· 上影线表明职业的卖方正在卖出，把股票倾销给普通大众。

- 下影线表明职业的买方正在买入,便宜地收集股票。
- 下影线表明市场的控制权由卖方手中回到买方手中。
- 上影线表明市场的控制权由买方手中回到卖方手中。
- 发生在连续几根下跌线之后的下影线最有意义。
- 当下影线出现在连续几根下跌线之后,交易大师期望股票上涨。
- 发生在连续几根上涨线之后的上影线最有意义。
- 当上影线出现在连续几根上涨线之后,交易大师期望股票下跌。

交易大师如何使用影线

- 在连续几根下跌线之后,交易大师在下影线的最高点之上买入(见图11-19)。

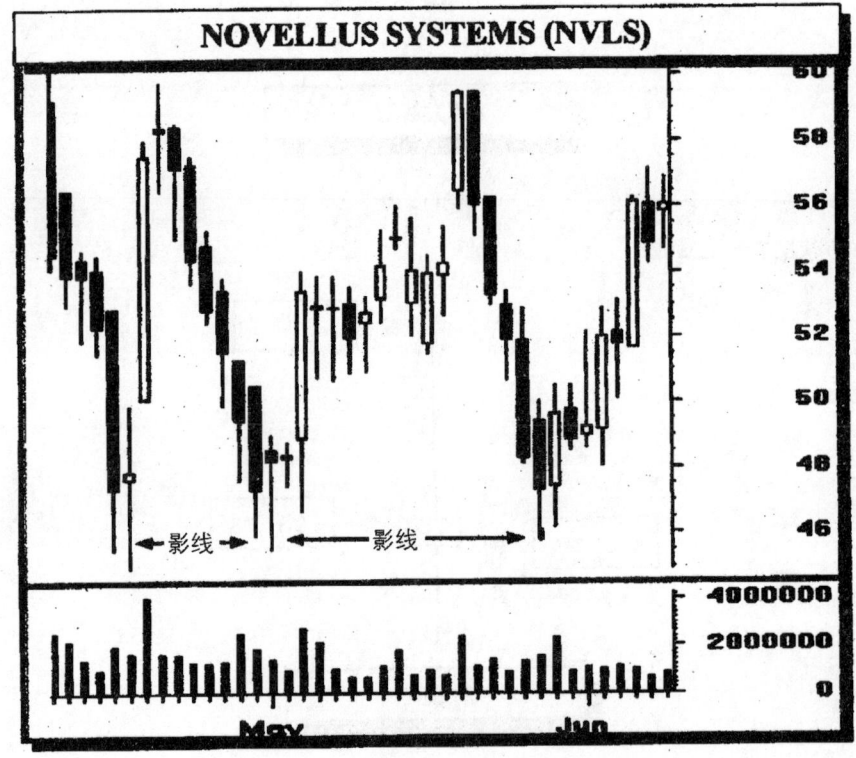

图 11-19

这个NVIS的图显示出下影线多么有提示作用。下影线揭示出买方在46美元的区域忙于收集股票。

- 在连续几根上涨线之后,交易大师在上影线的最低点之下卖出(见图11-20)。

第十一章 图表工具和战术

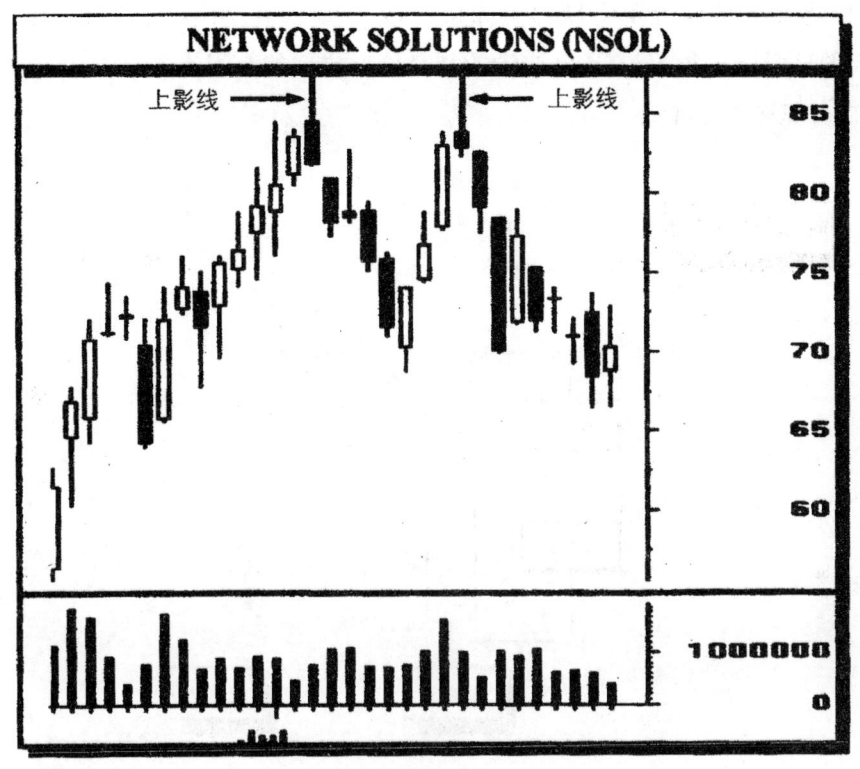

图 11-20

这些上影线也形成了两根熊市反转线。买方在 46 美元的 ▓▓▓ 忙于收集股票。

图表工具 4：缺口

缺口描述

缺口是交易大师最严密监视的图表事件之一，因为它们是大量交易技术的基础。严格地说，缺口分成两种，向上的缺口和向下的缺口。

当当前线的开盘价高于前一根线的收盘价或者最高价时出现向上的跳空缺口。当当前线的开盘价低于前一根线的收盘价或者最低价时出现向下的跳空缺口。缺口，或者有些人叫做窗户，形成了一个没有交易发生的空白。让我们来看两个例子。

向上跳空缺口。星期三 XYZ 在 30 美元（当日最低）和 32 美元（当日最高）之间交易，并且收盘价是 31.75 美元。如果星期四这支股票以 33 美元开盘，就会在 31.75 美元（前一天的收盘价）和 33 美元（当天的开盘价）之间产生一个空间，代

表一个1.25美元的向上跳空缺口。如果XYZ星期四在28美元开盘，在30美元（前一天的最低价）和28美元（当天的开盘价）之间的空间代表一个2美元的向下跳空缺口（见图11-21）。

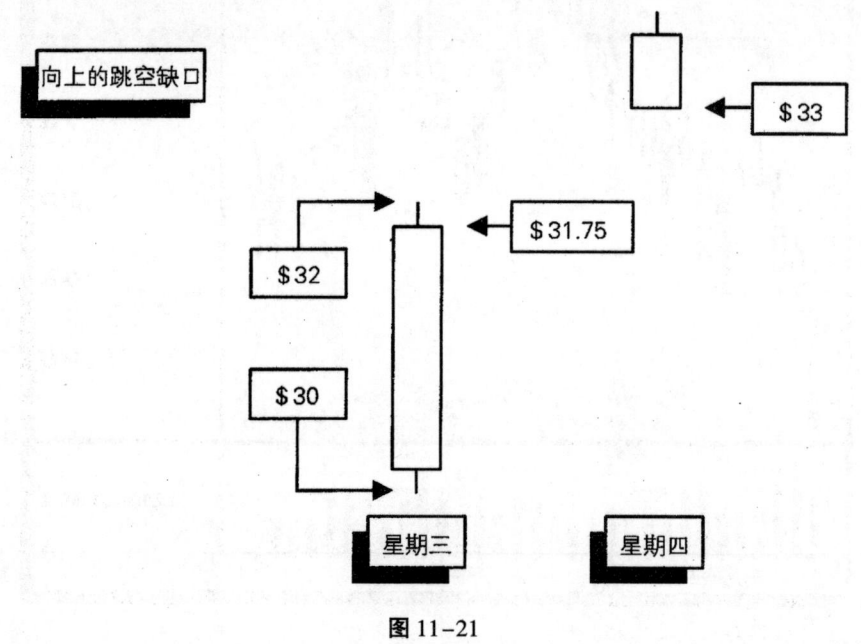

图11-21

向上跳空缺口的例子。

向下跳空缺口。XYZ星期三在32美元（当日最高）和30美元（前一日最低）之间交易，并且收盘价是30.25美元。如果星期四股票在29美元开盘，就会在30.25美元（前一日的收盘价）和29美元（当天的开盘价）之间产生一个空间，代表1.25美元的向下跳空缺口（见图11-22）。

根据向上或者向下的跳空缺口发生的位置，它们可以为交易者提供主要的转折点的预警。

第十一章 图表工具和战术

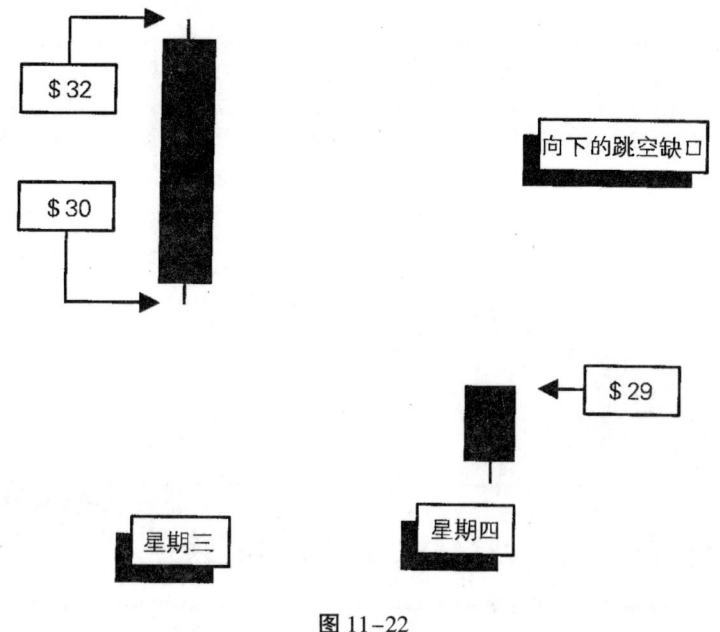

图 11-22

向下跳空缺口的例子。

交易大师如何解释缺口

·市场不喜欢缺口，因此，通常缺口在形成之后很快就会回补，经常在当天就会回补。

·缺口经常作为价格支撑或阻力位，意味着它们经常会阻止或逆转接近它们的反弹或下跌。

·在几根下跌线之后出现的向上缺口是专业性质的。就是说，由超卖产生的向上的缺口是典型的出手较快的专业人士购买的信号。

·在几根上涨线之后出现的向上的缺口是业余性质的。就是说，由超买产生的向上的缺口是典型的出手较慢的新手购买的信号。

·在几根上涨线之后出现的向下缺口通常是专业性质的。就是说，由超买产生的向下的缺口是典型的出手较快的专业人士购买的信号。

·在几根下跌线之后出现的向下的缺口通常是业余性质的。就是说，由超卖产生的向下的缺口是典型的出手较慢的新手卖出的信号（图 11-23 和 11-24）。

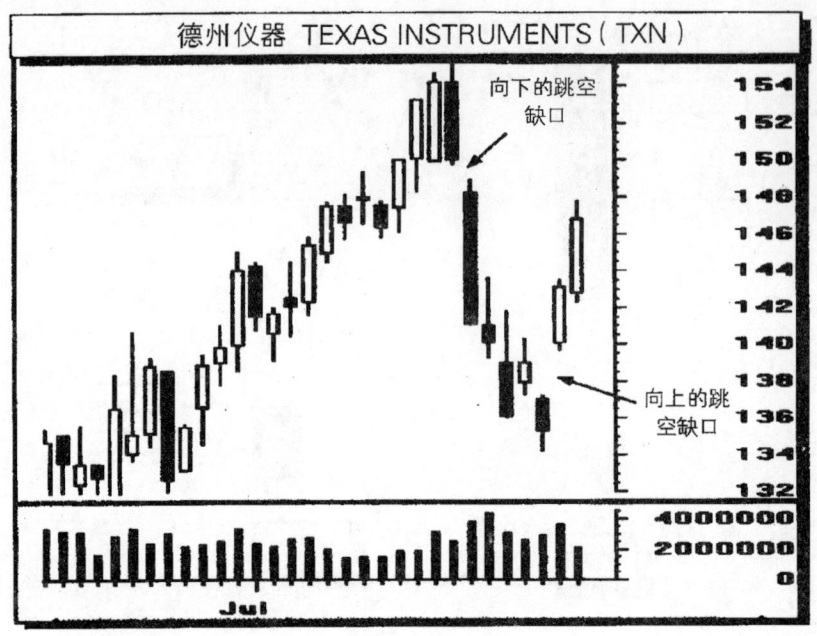

图 11-23

在 TXN 大幅上涨之后的向下跳空缺口产生了一个急剧的下跌。在下跌之后，向上的跳空缺口开始了一次大的反弹。

图 11-24

1999 年 9 月的标准普尔指数期货的日线图表明从新高区开始的一个向下的缺口多么具有破坏性。这些向下的跳空缺口是那么容易引起下跌，当它们出现的时候，我们经常说该股票或者指数正在遭受一场"缺口病"。

交易大师如何使用缺口[①]

- 交易大师希望在超卖条件下的向上的缺口高点之上买入。
- 交易大师希望在超买条件下的向下的缺口低点之下卖出。
- 日内交易大师希望在超卖条件下的向上的缺口第一次回调时买入。
- 日内交易大师希望在超买条件下的向下的缺口第一次反弹时卖出。

图表工具5：支撑和阻力位

支撑和阻力位描述

支撑和阻力的概念形成了一整套日交易战术的基础。许多交易大师只使用支撑和阻力位的概念就在市场中获得了一份生计。支撑是一个价格水平或者价格区域，在这里股票的需求可能超过现有的供应并且使当前的下跌停止。相反，阻力是一个价格水平或者价格区域，在这里一支股票的供应将可能超过现有的需求并且使当前的上涨停止。为多数交易者所不知的是，当价格下跌到去考验以前的低点的时候，出现主要的支撑。当股票下跌到去考验以前的高点的时候，出现次要的支撑。主要的和次要的阻力则相反。以下是两个例子。

主要的支撑和阻力。在跌到20美元（图11-25a），让我们假定XYZ24美元，然后停止（图11-25b）。从24美元的区域，XYZ下跌到20美元（图11-25c）。20美元的区域就是一个主要的支撑。这就是交易大师期望XYZ再次反弹的位置，24美元区域就可能是一个主要的阻力（图11-25d）。这就是交易大师期望XYZ开始又一次潜在的下跌的位置。

[①] 见由普利斯坦所开发的另一种使用缺口的复杂方式——30分钟缺口规则。访问www.pristine.com来获得一个详细的使用30分钟缺口规则的有指导意义的报告。

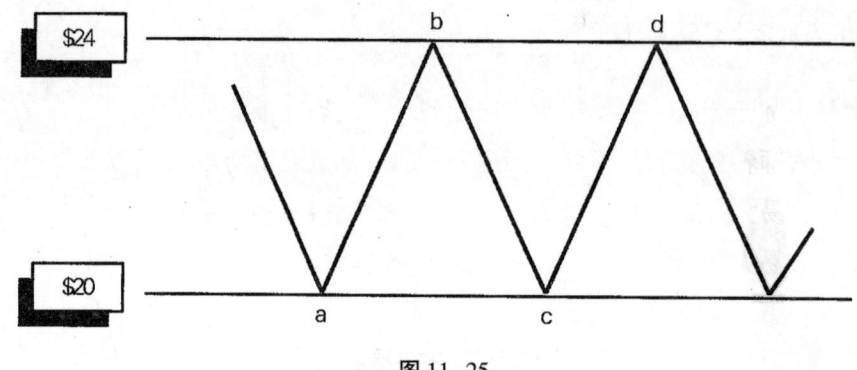

图 11-25

主要支撑和阻力的例子

次要的支撑和阻力。让我们继续前面的例子来示范一下支撑和阻力的次要形式。如果 XYZ 显著的突破 24 美元（主要的阻力），涨到比如说 26 美元，24 美元的区域就将成为一个次要的支撑。**提示**：换句话说，主要的阻力一旦被突破，成为次要的支撑。如果 XYZ 下跌，20 美元（主要的支撑），跌到比如说 18 美元，20 美元的区域将成为次要的阻力（见图 11-26）。

提示：换句话说，主要的支撑，一旦被突破，成为次要的阻力（见图 11-27）。

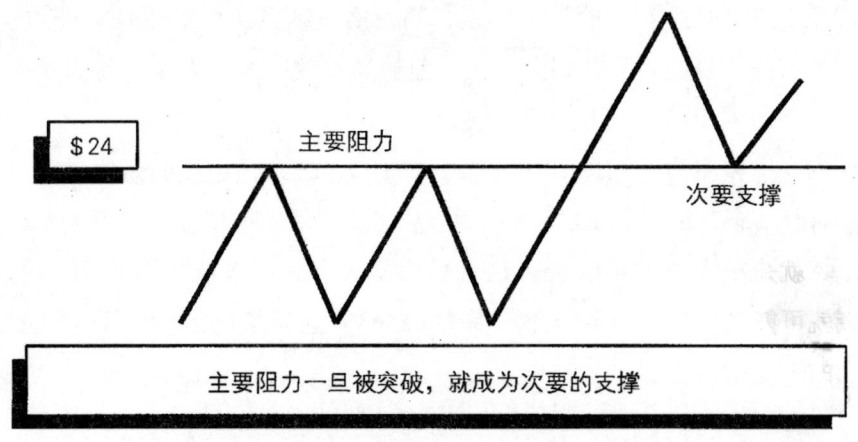

图 11-26

主要阻力成为次要支撑的例子。

交易大师如何解释支撑和阻力位

· 主要的和次要的支撑和阻力是区域，不是特定的价格点位。它们应该被看作是牛和熊可以在上面靠一靠的篱笆，而不是像玻璃地板和屋顶一样一碰就破。

· 开始了一个急剧上涨的前期的低点如果被验证了，通常是一个主要的价格支撑（图 11-28）。

第十一章 图表工具和战术

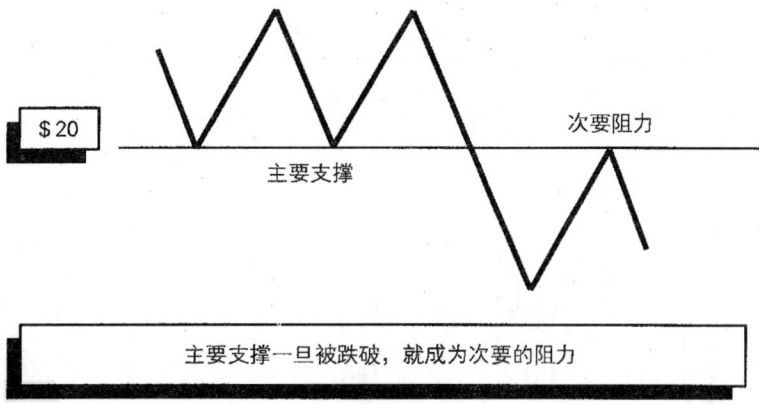

图 11-27

主要支撑成为次要阻力的例子。

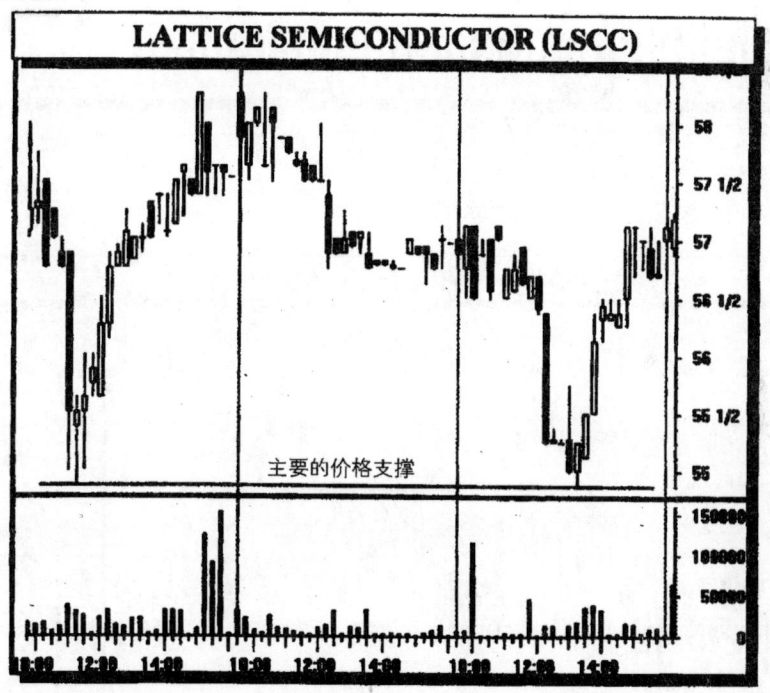

图 11-28

LSCC 的 15 分钟图显示了主要的支撑可以有多么重要。

·开始了一个急剧的下跌的前期的高点如果被验证了，通常是一个主要的价格阻力（图 11-29）。

·低风险的买入机会通常出现在主要支撑区。

·低风险的做空机会通常出现在主要阻力区。

·在向上的趋势中，次要支撑区成为关键的潜在买入点（图 11-30）。

171

图 11-29

LU 日线图清楚地表明了主要阻力的有效性。

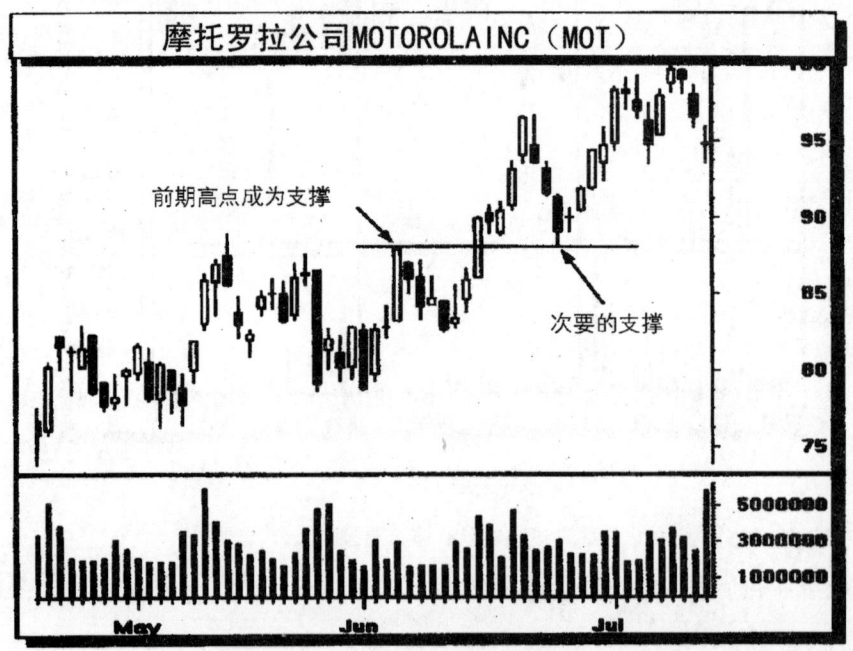

图 11-30

前期高点一旦被突破，经常成为次要的价格支撑。MOT 的日线图清楚地表明了这一点。

第十一章 图表工具和战术

- 在向下的趋势中，次要的阻力区成为关键的潜在卖出（做空）点（图 11-31）。
- 主要的和次要的支撑和阻力与任何一个或多个其他的普利斯坦图表工具一起使用产生有效的买入和卖出机会。

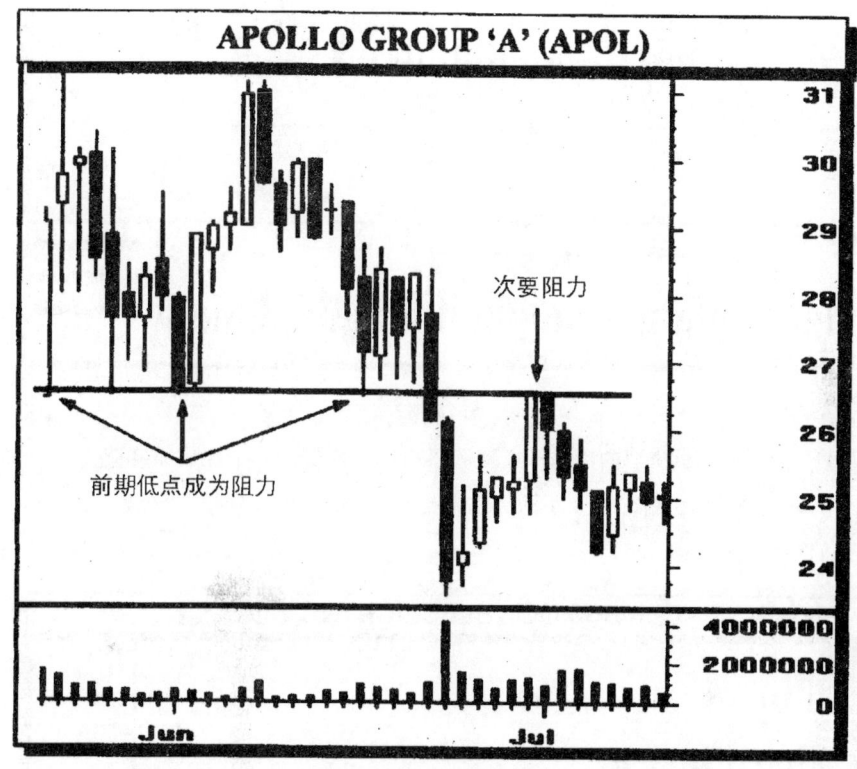

图 11-31

前期低点，一旦被跌破，经常成为次要的阻力。APOL 的日线图清楚地表明了这一点。

交易大师如何使用支撑和阻力位

- 交易大师在主要的和次要的支撑区寻找一个关键点买入的形态*。在或者接近支撑位的一个关键点买入形态引发买入（图 11-32）。
- 交易大师在主要的和次要的阻力区寻找一个关键点卖出的形成*。在或者接近阻力位的一个关键点卖出形成引发卖出（图 11-33）。

关键点买入和卖出形态将在后面的章节讨论。

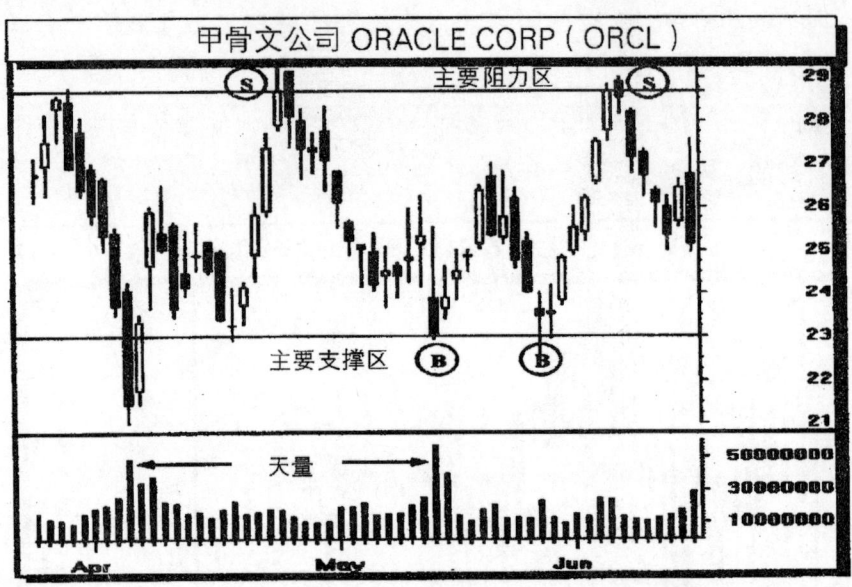

图 11-32

ORCL 的日线图展示了主要的支撑和主要的阻力完美的例子。记住支撑和阻力必须被看成是一个区域，而不是特定的价位。由 S 所标明的区域是潜在的卖出（做空）区域，而由 S 所标明的区域是潜在的买入区域。

图 11-33

DCIK 的 5 分钟图表明了在 96 美元区的主要支撑和在 98 美元区的主要阻力。标明 B 的表示一个买入区，标明 S 的表示一个潜在的卖出（做空）区。

第十一章 图表工具和战术

图表工具6：回抽

回抽描述

回抽的概念是预测价格变动和选择低风险进入点的关键。它们给予交易大师一个预示价格变化即将发生的指示点。它们也是即将到来的变化强度的一个尺度。最重要的是，回抽让交易者的期望落空。它们阻止交易者把他或她的希望或者恐惧投射到对下一个走势的预期中。换句话说，回抽帮助交易者保持客观。

回抽的最基本的形式是与最近价格运行方向相反的价格变化。例如，如果一支股票上涨了4美元，然后又回调了2美元，它经历了一个50%的回抽。如果价格回调了4美元，就是说它经历了一个100%的回抽，建立一个潜在的图表学家们称之为双底的形态。反之亦然。如果一支股票下跌了4美元，然后又反弹了2美元，称之为经历了50%的回抽。应该注意的是对交易大师来说重要的回抽点是40%、50%、60%，当然还有100%，也称之为双底（见图11-34）。让我们来看一下以下的例子。

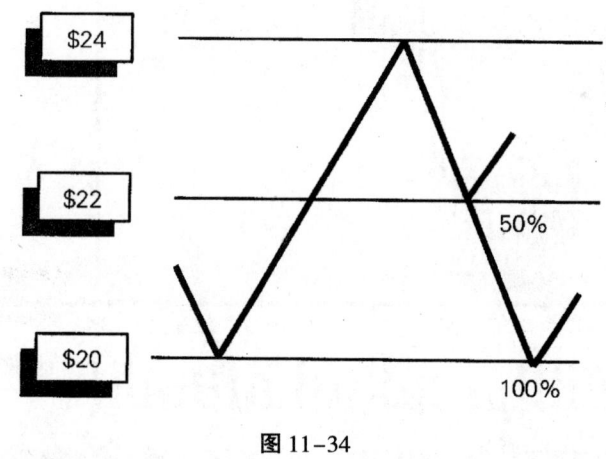

图 11-34

50%和100%回抽的例子。

交易大师如何解释回抽

· 重要的回抽点位是一般的指导方针或者区域，而不是确定的点。

· 如果一支股票经历了小幅回抽（40%及以下），即可认为主运行趋势很强，因此反方向也会很强。

· 如果一支股票经历了深幅回抽（60%及以上），即可认为主运行趋势很弱，因此反方向也会很弱。

- 强劲上涨之后的第一次回抽，几乎是100%的买入点。
- 强劲下跌之后的第一次回抽，几乎是100%的卖出点。
- 强劲上涨之后的一个40%的回抽之后通常会创新高。
- 强劲下跌之后的一个40%的回抽之后通常会创新低。
- 强劲上涨之后的一个50%的回抽意味着有50/50的几率会超过前期高点。反之亦然。
- 强劲上涨之后的一个60%的回抽意味着1/3的几率会超过前期高点。反之亦然。
- 一个100%的向下的回抽可能会建立双底，通常之后会有一个50%~60%的反弹。
- 一个100%的向上的回抽之后通常会有一个50%~60%的下跌。
- 好的入市点通常会出现在关键的回抽点位上：40%、50%、60%和100%。然而，每一个的目标点位都不同（图11-35和11-36）。

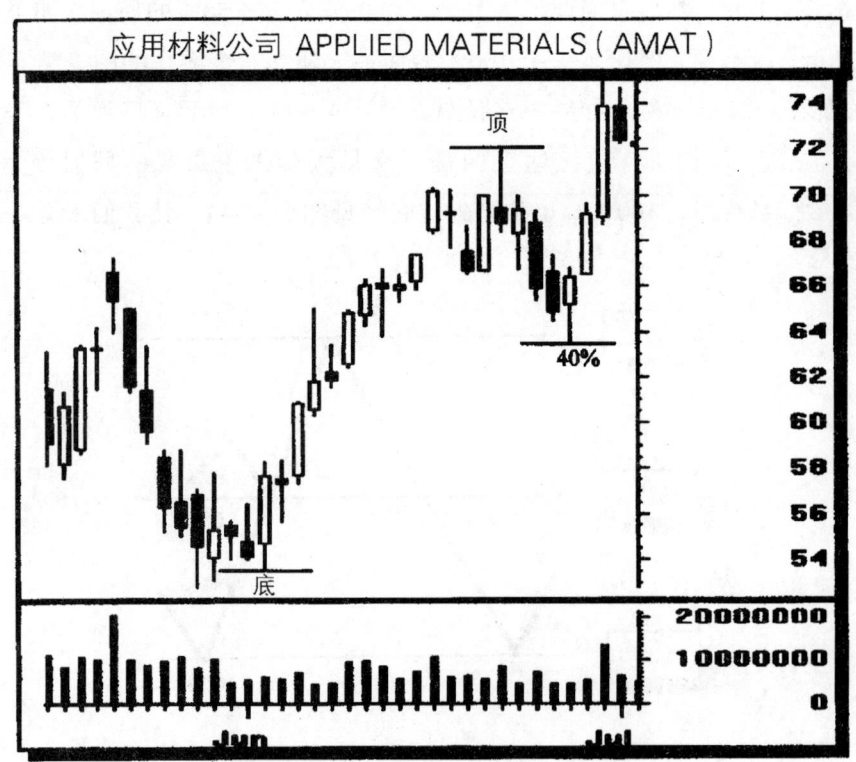

图11-35

AMAT的日线图展现了一个几近完美的40%回抽。注意AMAT由底部到顶部的走势非常强。这也提示了交易大师一个浅的，但是可以参与的下跌的可能性。注意一个牛市反转线（RB）的形成也是在40%的回抽位一个潜在的反转的信号。

第十一章 图表工具和战术

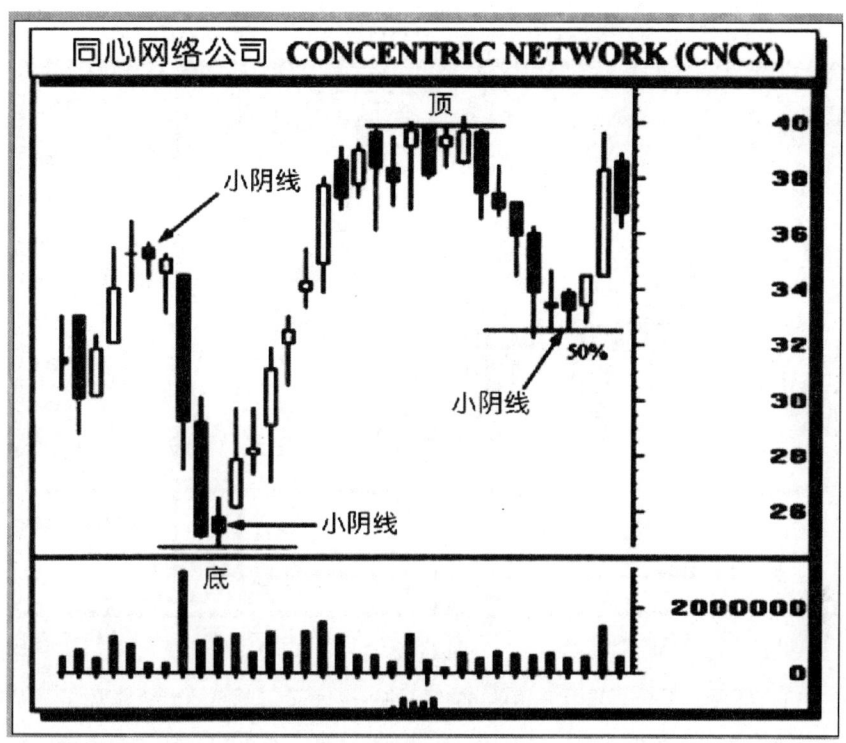

图 11-36

CNCX 的日线图表现了一个几近完美的 50% 回抽。注意 CNCX 从底部到顶部的走势非常强。这也提醒交易大师一个可参与的回调的可能性。注意一根小阴（阳）线（NRB）的形成也是在 50%的回抽位一个潜在的反转信号。

交易大师如何使用回抽

· 交易大师从关键的回抽点位寻找买卖时机：40%、50%、60%和100%。

· 交易大师期望在小幅回抽（40%及以下）之后能在高于前期高点的较高位置获利。反之亦然。

· 交易大师期望在50%的回抽之后能在前期高点或略高于前期高点的位置获利。反之亦然。

· 交易大师期望在60%的回抽之后能在略低于前期高点的位置获利。反之亦然（图 11-37）。

· 在一个100%的回抽之后，交易大师期望反方向40%~50%的位置获利（图 11-38）。

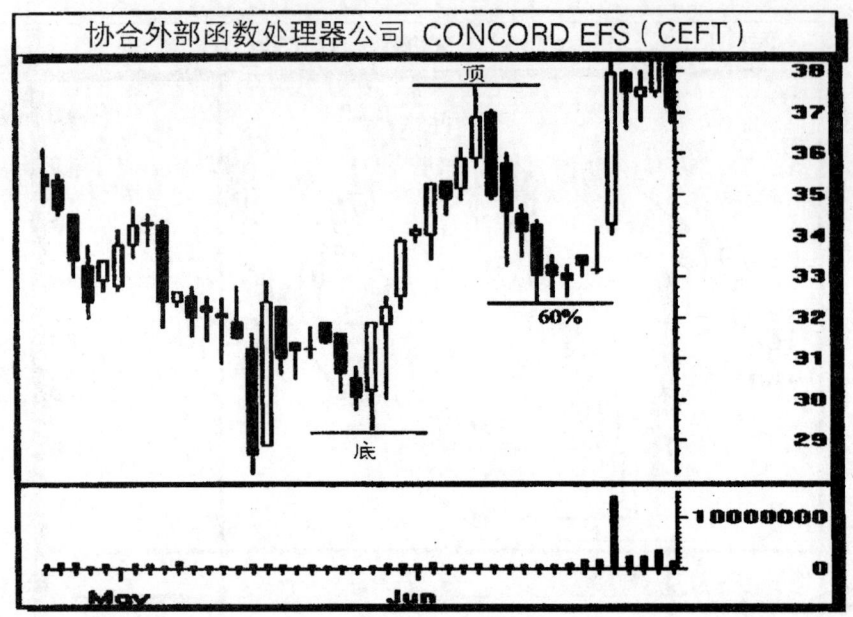

图 11-37

CEFT 的日线图展示了一个几近完美的 60% 回抽。由底部到顶部的走势非常强，提醒交易的上一个浅的，但是可以参与的下跌的可能性。注意下影线和一个 NRB 的形成也预示着在 60% 的回抽位一个潜在的反转。

图 11-38

IBM 的日线图显示了一个几近完美的 100% 回抽。注意 100% 回抽与主要的支撑关系。

第十一章　图表工具和战术

图表工具 7：反转时段

反转时段描述

交易股票和其他金融工具的 10 年让我们获得了一个令人惊讶的发现，在某些时间点或者时间段股票和整个市场总是会经历价格反转。我们称之为反转时段，它们是那么精确，以致我们很多熟悉这个概念的学生和订阅者一直都感到很吃惊。应该注意，这些反转时段在性质上是日内的。它们是对那些在一天中不断寻找小的价格变动的超短线交易者很有价值的一个工具。主要的反转时段如下：（1）上午 9：50～10：10，（2）上午 10：25～10：35，（3）上午 11：15～11：30，（4）下午 12：00～12：15，（5）下午 1：15～1：30，（6）下午 2：15～2：30，（7）下午 3：00，（8）下午 3：30。

交易大师如何解释反转时段

·上午 9：50～10：10。经常的，一支上涨到这个反转时间区域的股票会或者停止上涨，或者反转向下。反之亦然。一支下跌进入这个反转时间区域的股票会停止下跌，或者反转向上。上午 9：50 到 10：10 的反转时段是所有的反转时段中最可靠的之一。

·上午 10：25～10：35。一支下跌进入这个反转时间区域的股票将会或者停止下跌，或者反转向上。如果股票是上涨进入这个时间区域，它将会停止上涨，或者掉头向下。这也是一个非常可靠的反转时段（图 11-39）。

·上午 11：15～11：30。这个反转时段会完成两件事。首先，它会阻止之前的趋势。例如，如果一支股票强势反弹进入这个时间区域，很可能它的上涨会突然在 11：15～11：30 这个时段停止。我们还进一步发现了在这个时间段的停步不前会持续很久。不用说，反之亦然。第二，11：15～11：30 的反转时段开始了我们称之为日中萧条期的时段。这个是一个从上午 11：15 到下午 2：15 的一个很长的时间。在这个时期内，许多股票，以及市场整体经常会进入显著的平静期。

·下午 12：00～12：15。我们发现这个时间周期在上午比较平静或者没有方向的日子里非常重要。尽管它是在日中萧条期中，我们已经发现在 12：00～12：30 开始了一些向两个方向的显著的走势，但是只有当之前的时期非常平静的时候。记住这些 12：00～12：30 的反转比前面提到的那三个反转时段较不常见。

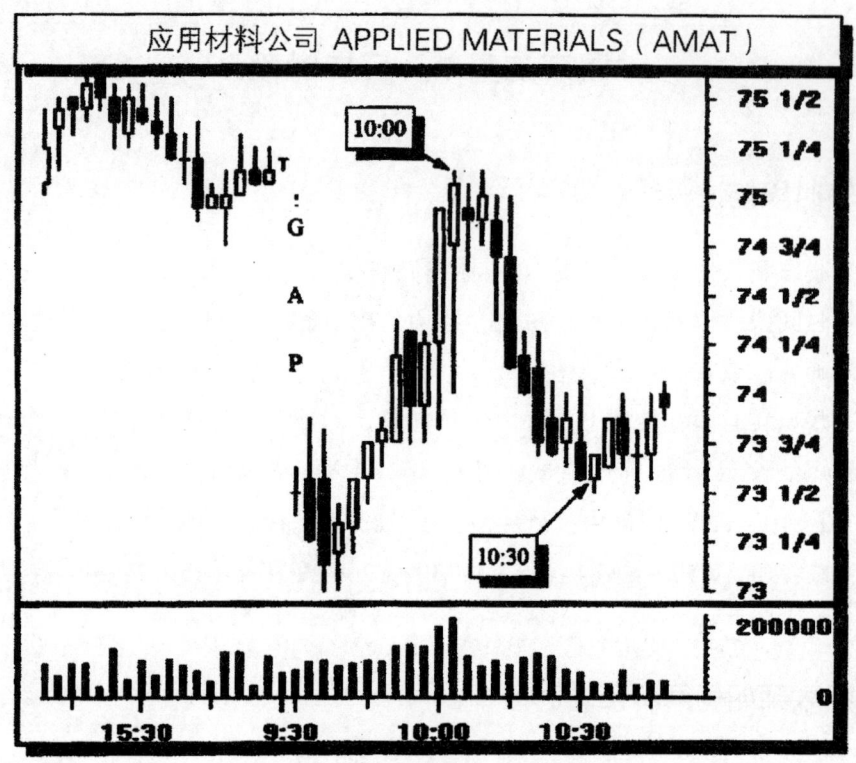

图 11-39

在 7 月 25 日上午开盘的下跌之后，AMAT 再次上涨直到上午 9：50~10：10 的反转时段，在这个过程中填补了缺口。随后的下跌在上午 10：25~10：35 的反转时段到达底部。

·下午 1：15~1：30。这是一个更次要的反转时段。我们发现当它与验证前期高点或者低点同时发生的时候更有意义。例如，假定 XYZ 在上午 11：15 到达最高点。经过回调之后，它在下午 1：30 又重新上涨到验证 11：15 的高点。这时双顶的几率极大地提高了，因为验证前期高点正好出现在 1：15~1：30 的时间周期内。这个在 1：15~1：30 时发生的验证会带来一些有趣的交易机会。

·下午 2：15~2：30。如前面提到的，这个时间周期结束了日中萧条期。它同样也是一个非常可靠的股票和整个市场的反转时段。关于这个时期要记住的最重要的就是它精确地标志了一个事情再度热起来的时期。这个反转时段有时是那么明显，以致很多交易大师把它看作是市场的第二次开盘（图 11-40 和 11-41）。

第十一章 图表工具和战术

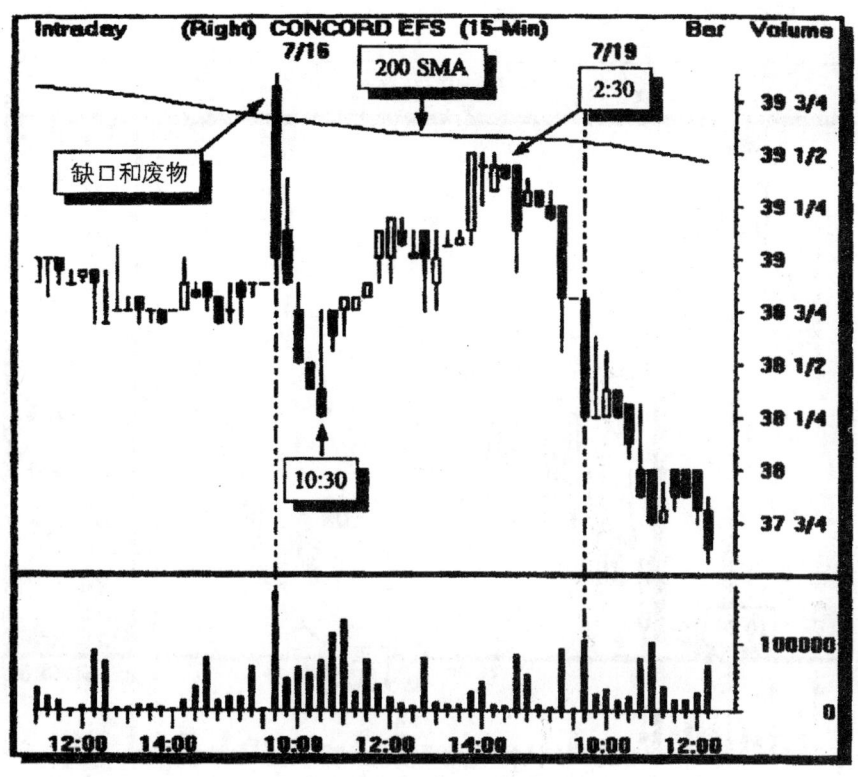

图 11-40

在 7 月 16 日，Concord EFS（CEFT）跳空向上到达 15 分钟图的 200SMA。该股票随后下跌直到上午 10：30 的反转时段反转。CEFT 向着 200SMA 反弹，在下午 2：30 的反转时段到达顶部。剩下的就是历史了。

- 下午 3：00。这个反转时间经常带来变化，因为它正好是债市收盘的时间。债券对股票市场有明显的影响。一旦债市收盘了，交易者感到好像少了一件要担心的事。换句话说，一旦债市结束，它就不可能再伤害市场。这通常会使股票或者市场呈现一个不同的，或者加速的特征。我们发现下午 3：00 的反转时间作为标准普尔的指引是最有意义的。

- 下午 3：30。我们发现这个时间经常会反转那些在 3：00 的反转时间里开始的走势，尤其是当市场处在一个盘整的状态时。例如，如果市场从 3：00 开始下跌，并且一直跌到 3：30，下一个走势很可能就是向上。反之亦然。记住最后的半个小时对很多日交易者来说是最活跃的半个小时，经常代表了最后的骚动。

- 下午 4：00。我们发现在 4：00 之后不久，几乎所有的事情都停止了。这与市场在 4：00 收盘有关系吗？当然，这是很明显的。但是记住 24 小时的交易很快就会有的。一旦延长的交易出现，等待 4：00 成为一个重要的反转时段吧。

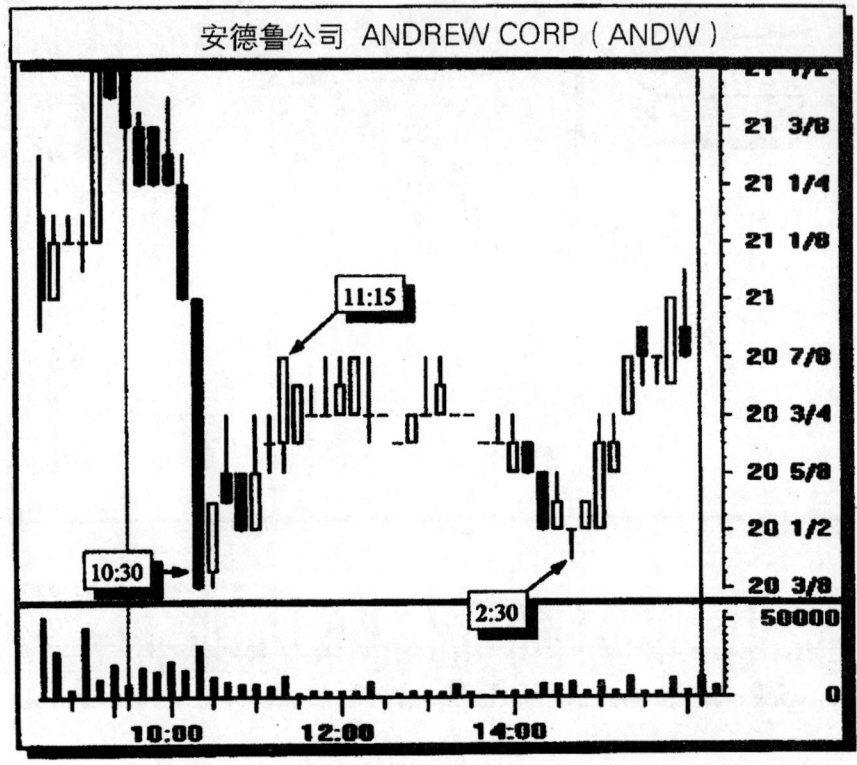

图 11-41

ANDW 上午早些时候的下跌在上午 10：25～10：35 的反转时段到达底部。随后的反弹到上午 11：15～11：30 的反转时段止步。大约在下午 1：30 的反转时段，ANDW 开始了又一次的小幅下跌，在下午 2：15～2：30 的反转时段到达底部。

交易大师如何使用反转时段

·交易大师在关键的反转时段或者接近关键的反转时段时寻找买入形态和其他的低风险的买入点。

·交易大师将其他的交易工具，像小阴（阳）线、影线、天量，以及支撑和阻力等与反转时段结合来预测概率、方向和潜在反转的能力。

·交易大师也把反转时段作为获利的指导。

·大量的买入和卖出（做空）机会将会在关键的反转时段出现。

第十一章 图表工具和战术

图表工具8：天量

天量描述

量对于股票市场就好像是燃料对汽车一样。它不仅代表了在买入者和卖出者中间的兴趣水平，也是一个贪婪和恐惧的晴雨表。我们毫不怀疑量，尤其是天量是预测价格反转的最有价值的工具。掌握了阅读价（量）关系的艺术的交易者将能够非常精确地捕捉到股票的反转点。

多年来，我们发现太多的交易者相信，上涨的股票伴随着量的突破性的增长，是积极的，伴随着突破性的放量下跌的股票是消极的。尽管这些观点有时候是对的，但大多数时候它们是不对的。量，以它最有用的形式，告诉我们什么时候一支股票正在用尽它的燃料。这个就是我们认为现有的最重要的量能规则。经过一个强势的上涨或者下跌之后的天量，表明短线的价格反转不远了。在以上的规则中起作用的词是"经过一个强势的上涨或者下跌之后"。尽管还有几个有用的量能规则，刚刚说到的这一个是对交易者最有价值的。让我们来看一下图11-42和11-43的例子吧。

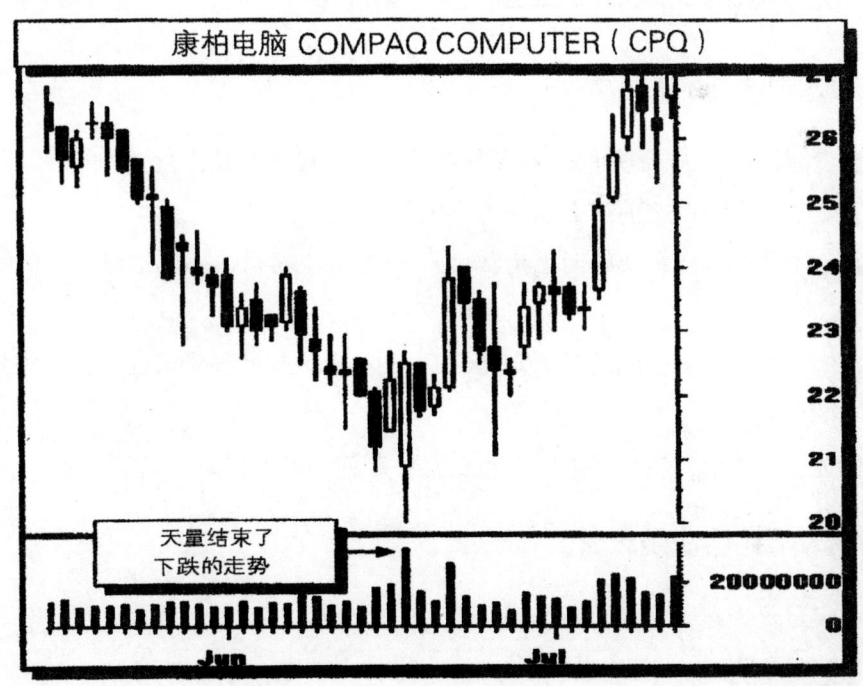

图 11-42

康柏公司（GPQ）的日线图显示了天量可以突然出现产生一个主要的底部。注意有下影线的牛市反转线也帮助股票产生最低点。这些事件是大的买方留下的足迹。

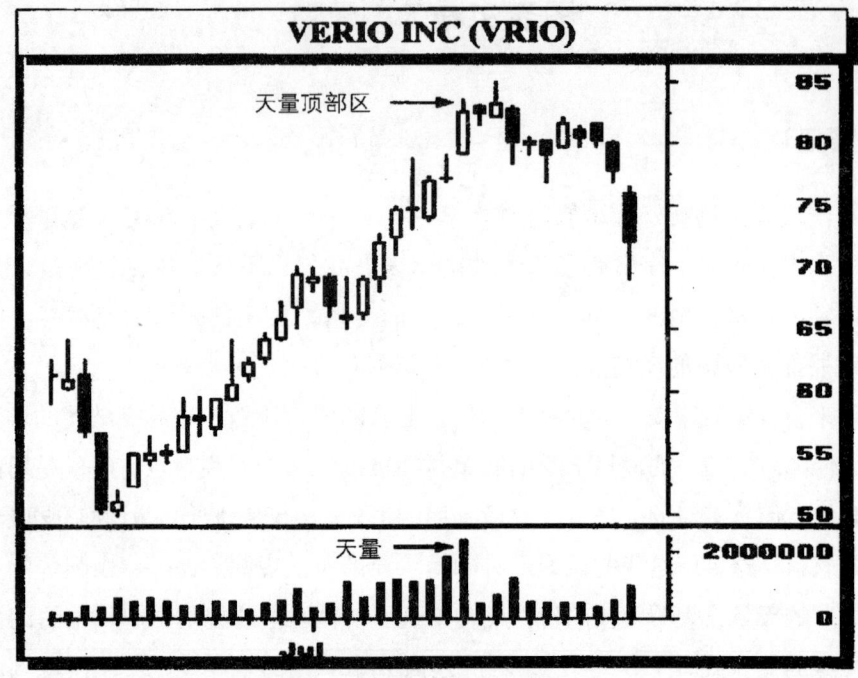

图 11-43

VRIO 的日线图显示了天量可以突然产生一个主要的顶部。

交易大师如何解释天量

·当量超过了过去 10 天的平均量的两倍时，就被认为是天量。

·天量通常会结束之前的上涨或者下跌的走势。

·在一个强劲的多根线的向上走势之后的天量，表明顶部。这时，买方用尽了他们所有的燃料。

·在一个强劲的多根线的向下走势之后的天量，表明顶部。这时，卖方用尽了他们所有的燃料。

·作为一个概念，当与其他的图表工具一起使用的时候，天量更有效。

交易大师如何使用天量

·当天量出现在一个强劲的上涨之后，交易大师进入买入模式。

·当天量出现在一个强劲的下跌之后，交易大师进入卖出模式。

·当做多时，交易大师寻求在多根线的上涨之后出现天量时获利了结。

·当做空时，交易大师寻求在多根线的下跌之后出现天量时获利了结。

图表工具9：移动平均线

移动平均线描述

移动平均线（MA）是平滑了价格图表的不平整、有效地消除了线与线之间的"噪音"的数学项。移动平均线是现有的最优秀的趋势跟踪工具，以致如果一个价格图表没有以下我们主要的移动平均线中的一根或者多根的话，我们就会认为它没有价值。应该注意的是有不同类型和版本的移动平均线。尽管有争议，对于股票来说，我们仍没有发现任何过硬的证据表明那些更诱人的版本，如指数的、三角的或者加权的移动平均线更加可靠。但是，期货需要更多的使用指数形式的移动平均线，只是因为现在多数的期货交易者都用指数移动平均线。

$$\text{简单移动平均线的公式 } MA = \frac{P1+P2+\cdots+PN}{N}$$

其中 P = 被平均的股票的价格，N = 交易者想要包括在移动平均线内的线的数量。例如，如果一个股票的最近 5 个收盘价是 20 美元、20.75 美元、22 美元、21.25 美元和 21.5 美元线收盘价的简单移动平均值算出来是 21 美元（20 美元+20.75 美元+22 美元+21.25 美元+21 美元）被 5 除。

五个主要的简单移动平均线

1. 10SMA。一个在最有力的上升或者下降趋势中使用的短线的 MA。

2. 20SMA。一个短线到中线的 MA。这是我们最主要的 MA。我们训练我们的交易者把 20MA 作为每一个图表永久的一部分，无论是什么时间框架。

3. 50SMA。一个中线的 MA。这是最流行的 MA，尤其是在机构中。由于这种专业的注意，它应该被经常查阅。注意：我们发现 40MA 可以与 50MA 互换。

4. 100SMA。一个中线到长线的 MA。日交易者不经常使用它，但是当股票或者市场接近它的时候，它也被证明是有价值的。

5. 200SMA。一个长线的 MA。这是所有当中最可靠的 MA 之一。我们在日线图和 15 分钟日内图上使用它，在这两种图上，它的精确性是无可匹敌的。

由于建立简单移动平均线的数学计算很基本，也很容易使用，计算机和今天流行的图表软件可以自动地将它们作出来。今天的大多数交易者使用直接接入电子交易（DAET）系统，这种系统提供一个交易者需要的每样东西，包括图表。例如，我们所用的 Executioner.com 的 DAEF 系统提供实时的报价、实时的图表、实时的新闻、纳斯达克二级接人、ECN接人，实时的组合跟踪和完整的自定义设计与格式的能力。它的图表组件尤其强大，使得在图表上计算并画出移动平均线毫不费力。让我们来看一看交易大师如何看待MA。

交易大师怎样解释移动平均线

· 当处理处于上涨或者下跌趋势中的股票时，没有比MA更可靠的工具了。

· 当处理处于糟糕的横盘状态的股票时，没有比MA更差的工具了。

· 上涨的MA，尤其是10、20和50SMA，表明股票是向上的。因此，下跌可能是短暂的，并且带来很好的买入机会。

· 下跌的MA，尤其是10、20和50SMA，表明股票是向下的。因此，回调可能是短暂的，并且带来很好的做空机会。

· MA的坡度越陡，趋势就越强。

· 强势股票会在到达或者接近上涨的MA时停止下跌。

· 弱势股票会在到达或者接近下跌的MA时停止反弹。

· 10SMA用于日时间框架中非常强的上涨或者下跌趋势中。

· 20SMA是交易者最主要的MA，应该被用于每一个图表，无论是什么样的时间框架（图11-44和11-45）。

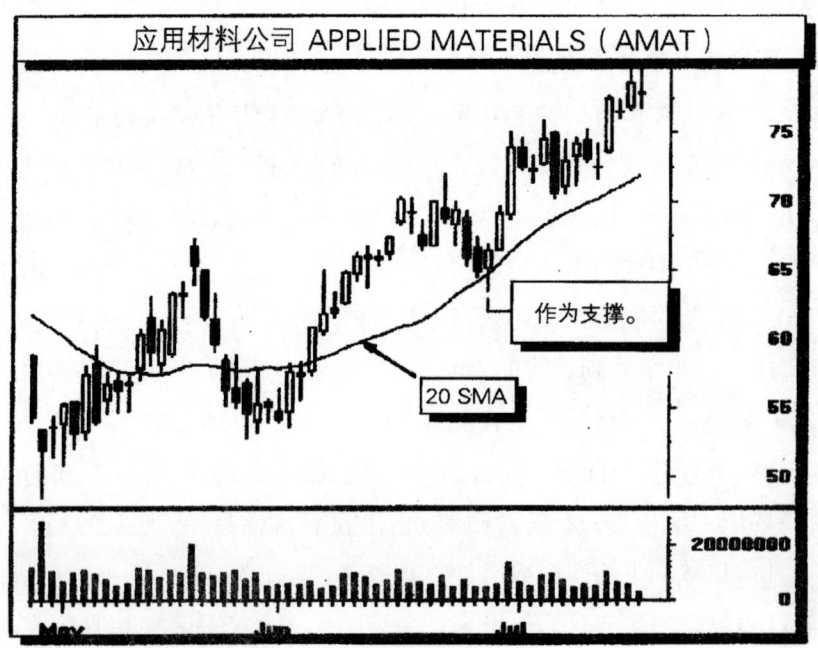

图11-44

AMAT在上涨的20SM上找到支撑。

第十一章 图表工具和战术

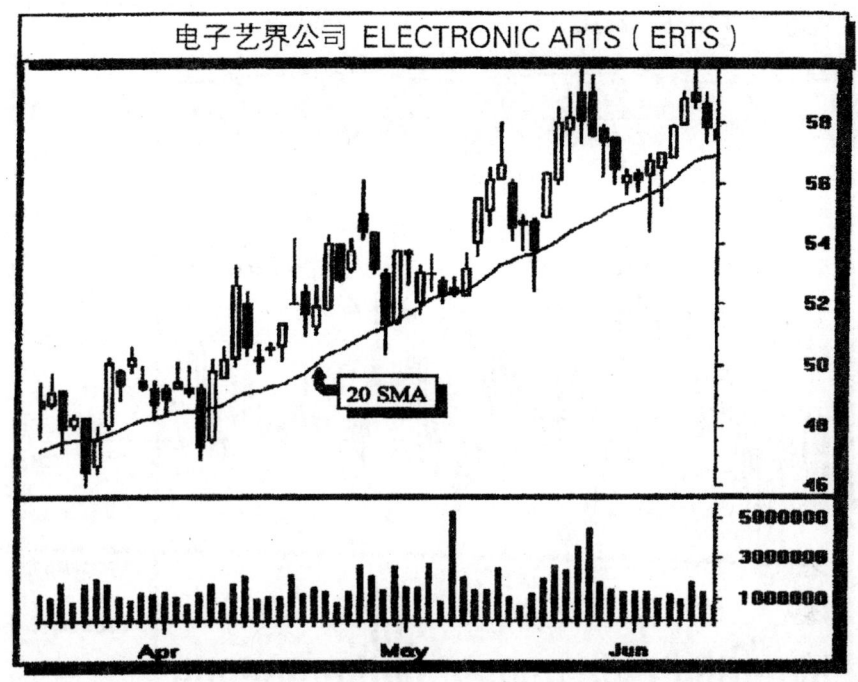

图 11-45

ERTS 的日线图标明了 20SMA 多么具有支撑作用。注意 20SMA 作为一个支撑"区",而不是一个一接触就碎的玻璃地板。MA 是一个灵活的指标,有一定程度的"让步"。

· 50SMA 应该被用于日线图。
· 当上涨或者下跌的股票明显地违反了 50SMA 时,100SMA 应该成为关注重点。
· 200MA 最好用于日线图和 15 分钟日内图(图 11-46)。
· 所有的股票可以被划分为 3 个大组:(1)有上涨的 20SMA 的股票,代表好的买入候选股;(2)有下跌的 20SMA 的股票,代表好的做空候选股;(3)有相对平的 20MA 的股票,代表股票处在无交易方向的范围和(或)整固中。
· 其他的事件,如 NRB、RB 和天量,出现在上涨或者下跌的 MA 上,或者附近的将会提供惊人的买入和卖出机会。

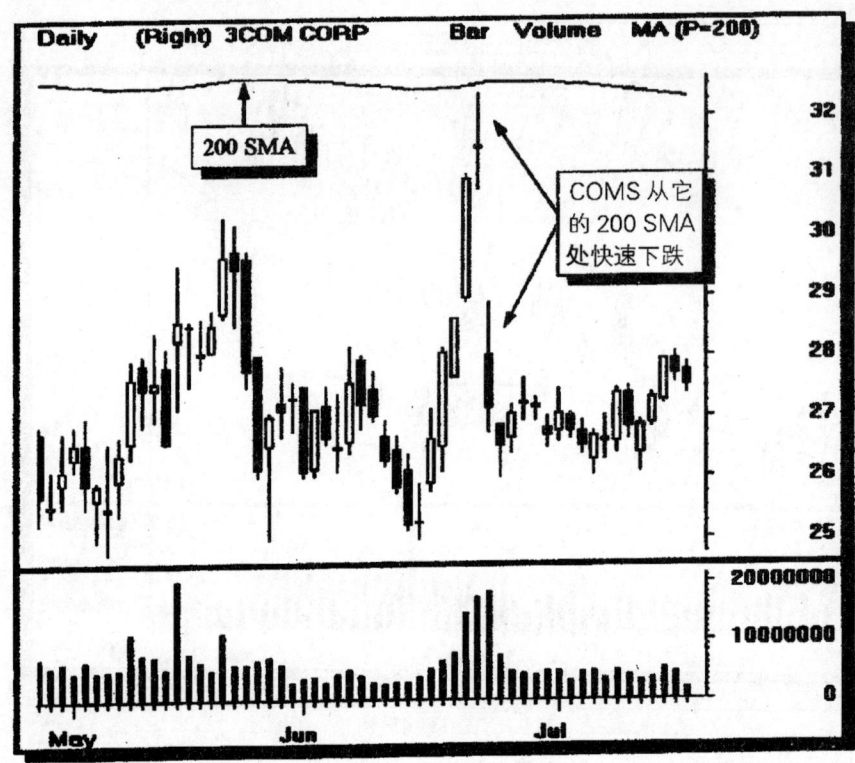

图 11-46

3COM 公司（COMS）反弹到 200SMA，然后下跌。

交易大师怎样运用移动平均线

· 当一支处在强势上涨的趋势中的股票再次验证了上涨的 MA 时，交易大师进入买入模式。

· 当一支处在强势下跌的趋势中的股票再次验证了下跌的 MA 时，交易大师进入卖出模式（如 11-47、11-48 和 11-49）。

图表工具 10：3～5 线下跌

3～5 线下跌描述

3～5 线下跌是形成大量获利机会基础的一个非常简单的事件。就我们而言，它是发现低风险入市点的关键之一，因此，我们在将近 10 年的每日分析中大量地使用它。如果我们只能教一条交易规则，那么就是 3～5 线下跌。

第十一章 图表工具和战术

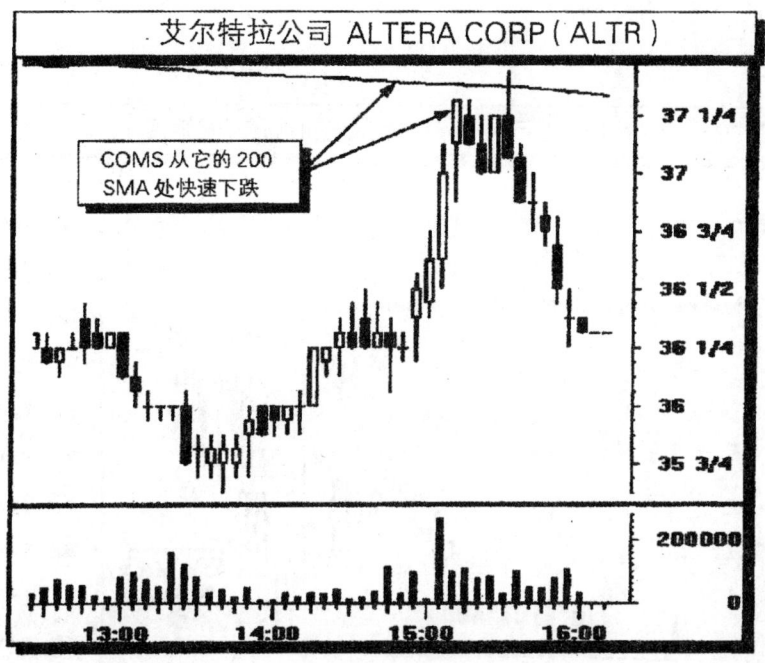

图 11-47

ALTR 的 5 分钟图清楚地标明了 200SMA 可以多么有效。提示：在日线图、5 分钟图和（或）15 分钟图上，一个上方的 200SMA 可以是一个很好的获利了结区。

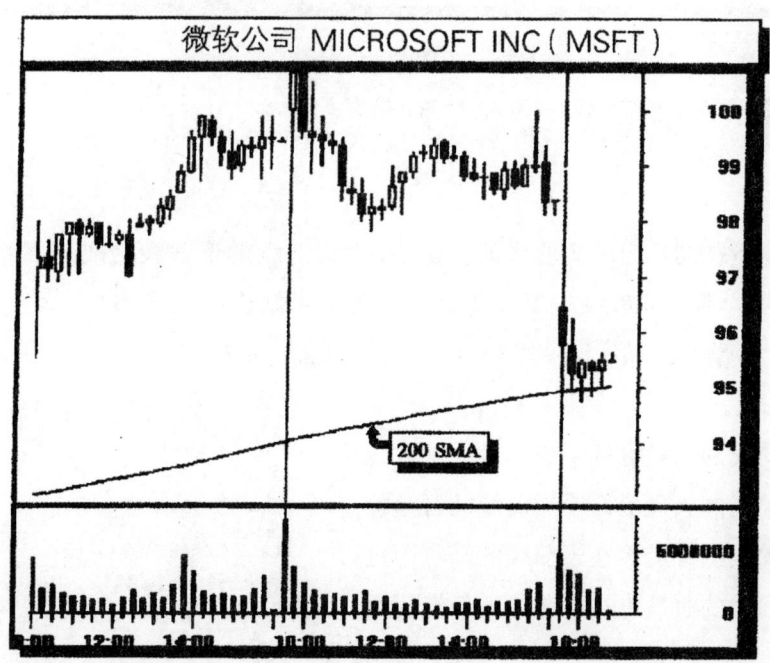

图 11-48

在 15 分钟图上，200SMA 就是"法律"，MSFr 的这个 15 分钟图清楚地标明了这一点。注意急剧的下跌恰好在 200SMA 上停止。提示：交易大师甚至不会看一个没有添加 200SMA 的 15 分钟图。

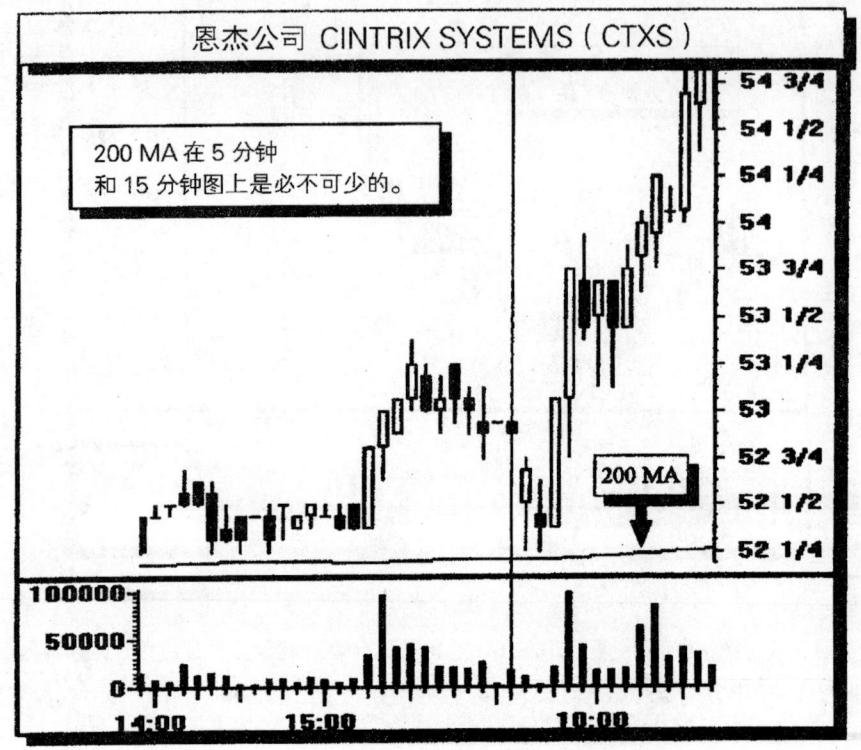

图 11-49

这个 CTXS 的 5 分钟图表现了 200MA 作为支撑是多么有效。注意由 200MA 开始的上涨是多么有力。

3～5 线下跌的最简单的形式就是由 3～5 根连续的下跌线构成的下跌，关键词是"连续的"。但是，在我们更深入研究这种不可缺少的图表事件之前，我们必须定义一下什么是"下跌线"。就 3～5 线下跌而言，一根"下跌线"由以下标准来定义：

1. 当前线的收盘价低于前一根线的收盘价。
2. 当前线的收盘价低于当前线的开盘价。
3. 当前线的开盘价在当前线的高点附近。
4. 当前线的收盘价在当前线的低点附近（见图 11-50）。

第十一章 图表工具和战术

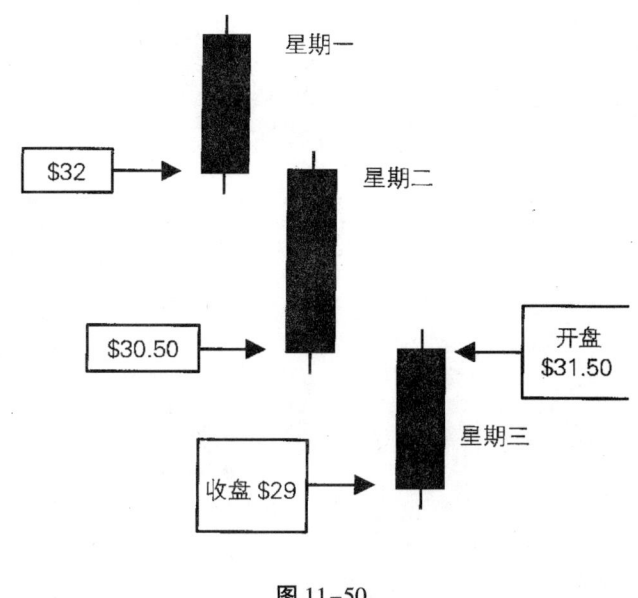

图 11-50

一个 3~5 线的下跌符合四个标准。要注意这些标准只是一个一般的指导。过于严格和精确可能会错过能够获利的可行形态。

我们发现强势（处在上涨趋势中的）股票在经历连续 3~5 天的下跌之后，会急剧反弹。最强势的股票将会在下跌 3 天之后反弹，中等强势的股票会在下跌 4~5 天之后反弹。提示：任何超过连续 3~5 天的下跌都预示跌势减弱。3~5 根下跌线使股票摆脱了不坚定的持有者（那些在第一个麻烦信号出现时就卖出的人），创造出了一个中等强度的超卖，吸引了新的买入者，并且有效地用尽了供给。在这个简单的但是有力的事件之后，交易大师开始进入竞技场，寻找合适的出击（买入）时机。什么是合适的时机呢？你会问。在 3 到 5 线下跌之后，交易大师在下一次股票超过前一线的最高价的时候买入。让我们在图 11-51 中来看一个例子。

交易大师怎样解释 3~5 线下跌

· 强势上涨的股票会在连续 3~5 根下跌线之后停止下跌。
· 好的低风险的买入时机会在 3~5 线下跌之后出现。
· 最好的 3~5 线下跌是那些每一根下跌线的开盘价都几乎是前一根线的收盘价。就是说，那些包含向上的或者向下的缺口的 3~5 线下跌通常会弱化（如果说不是破坏了）形态。
· 在下跌趋势中的一个 3~5 线上涨，形成了一个好的做空（卖出）机会。3~

5线上涨是明显的相反的情形。

·3~5线下跌，与其他工具和事件相结合，如MIBs、天量、支撑和阻力，以及移动平均线，形成了几近完美的买入机会。

注意：这些结合形成了我们几乎所有的战术和技术的基础。

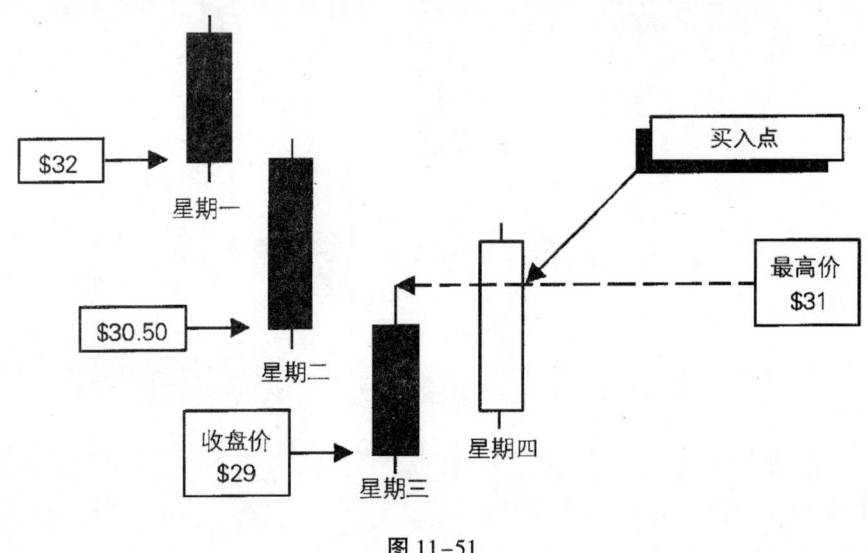

图 11-51

在3~5线下跌之后，交易大师在股票下一次超过前一线的最高价交易时买入。这里，交易大师星期四在31美元之上买入。

交易大师怎样运用3~5线下跌

·当一个强势的股票经历个一个3~5线下跌时，交易大师通常会在前一线的最高点之上买入（图11-52和11-53）。

第十一章　图表工具和战术

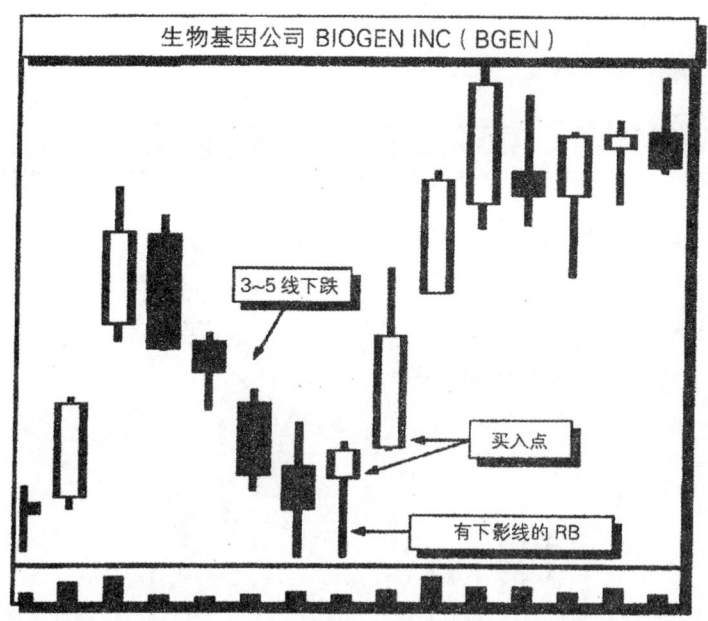

图 11-52

BGEN 的日线图显示了一个几近完美的 3~5 线下跌形态。在一个 3~5 线下跌之后，交易大师在下一次股票超过前一线的最高价交易时买入股票。提示：进取的交易大师可能会在 3~5 线下跌之后的任何一个牛市反转线买入。

图 11-53

这个 LXK 的日线图显示了两个 3~5 线下跌，由此形成了两个买入点。提示：在一个 3~5 线下跌之后，交易大师在该股在前一线的最高价之上交易时买入。

• 当一个弱势的股票经历了一个3~5线上涨时,交易大师通常会在前一线的最低点之下做空(图11-54)。

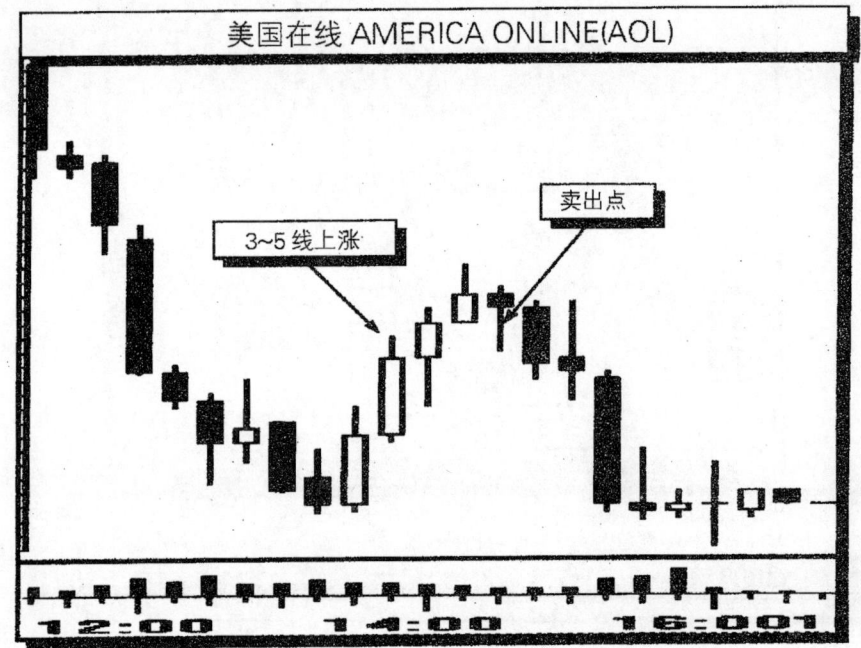

图11-54

这个AOL的15分钟图显示构成了一个完美的卖出(做空)形态的一个3~5线上涨。在下降趋势中的一个3~5线上涨之后,交易大师在股票下一次低于前一线最低价之下交易时卖出。

第十二章 执行工具和战术

　　一旦交易者定下了他们的交易策略并且发现了一个交易机会，他们必须决定怎样最好地投资于这个机会。交易大师认识到他们交易的成功很大程度受到他们下单方法的影响。一个用其他的方法可能会成功的交易策略使用了不恰当的下单技术可能会出现净亏损。事实上，交易最困难的部分可能就是决定你下单的最好方式。

　　大多数投资者了解最基本的市价单和限价单之间的区别。一个市价单就是要求立即在最可能的价位买入（卖出）的指令，不限制最终的成交价。一个限价单就是要求在限定的价格或更优的价格买入（卖出）股票的指令。例如，一个交易者可能会下一个限价单，以每股82美元或更低的价格买入英特尔股票。

　　交易大师认为这些基本的指令形式仅仅是发展他们的下单策略以及最大化直接参与市场收益的基础。不同的交易方法要求不同的下单技术。那些期望赢得价差"作做市商"的交易者将会与那些尝试抓住快速变化的股票的动力交易者有完全不同的下单策略。幸运的是，交易大师有很多种下单方式可供选择。对于纳斯达克股票，这些选择方式包括使用电子交易网（ECN's）的一种，小单执行系统（SOES），选择网系统（SNET），以及更复杂的自动指令发送如群岛系统（AR-CA）。对于纽约股票交易所指令，交易大师倾向于用SuperDOT系统来把他们的指令送达交易所场内。交易者通过使用由像执行者（WWW.executioner.com）这样的公司提供的指令进入软件，可以进行所有这些指令执行选择。应该注意执行者是一个最早为个人提供这种强大的交易软件的公司，它也是所有的普利斯坦内部交易者所使用的系统（图12-1）。

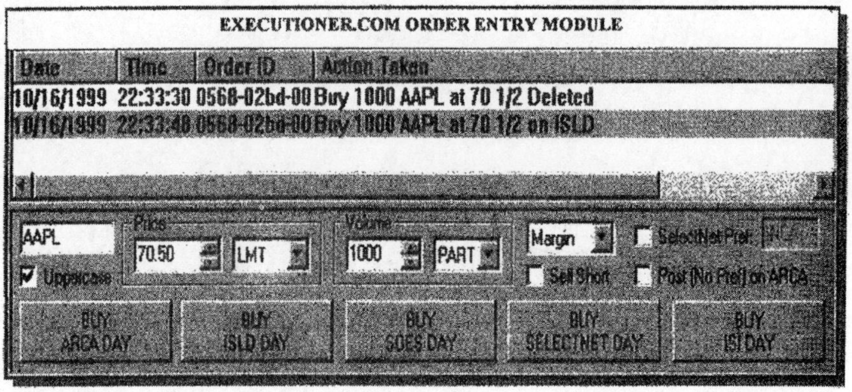

图 12-1

Executioner.com 的指令执行模块显示了一个交易大师执行交易可用的几种不同的方式。Executioner.com 的使用者可以直接接入两个 ECN，ARCA 和 ISLD，小单执行系统（SOES），选择网（SNET）和 SuperDot（ISI）。这些执行工具对于交易大师来说是关键的工具，全面了解每一个怎样运行和什么时候该用哪一个很必要。

最后，一些交易者可能会通过折扣经纪商来执行他们的指令，这样的经纪商如 Datek、E-trade、Ameritrade、Fidelity 以及其他。他们的指令被卖给做市商去执行。让我们研究这些可行的指令执行选择的每一个，并且讨论每一种适合在何时使用。

执行工具 1：电子通信网（ECNs）

电子通信网（ECNs）描述

ECNs 由纳斯达克在 1997 年创造，用来显示和执行限价指令。在我们写这本书的时候，已经形成了 9 个 ECNs，还有更多的将会形成。目前的 9 个是：ISLD、ARCA、INCA、BTRD、REDI、ATFN、STRK、BRUT 和 NTRD。在纳斯达克二级报价系统上显示的任何其他报价都来自做市商。在某些二级报价上，ECNs 的后面会有一个"#"，如 ISLD#，或者 INCA#。这是为了能更快地辨认出来自 ECNs 的报价。ECNs 不应该与做市商相混淆。有几百个做市商公司，如高盛（GSCO）、美林（MLCO）和 SolomanSmithBarney（SBSH），只是说出了几个（图 12-2）。

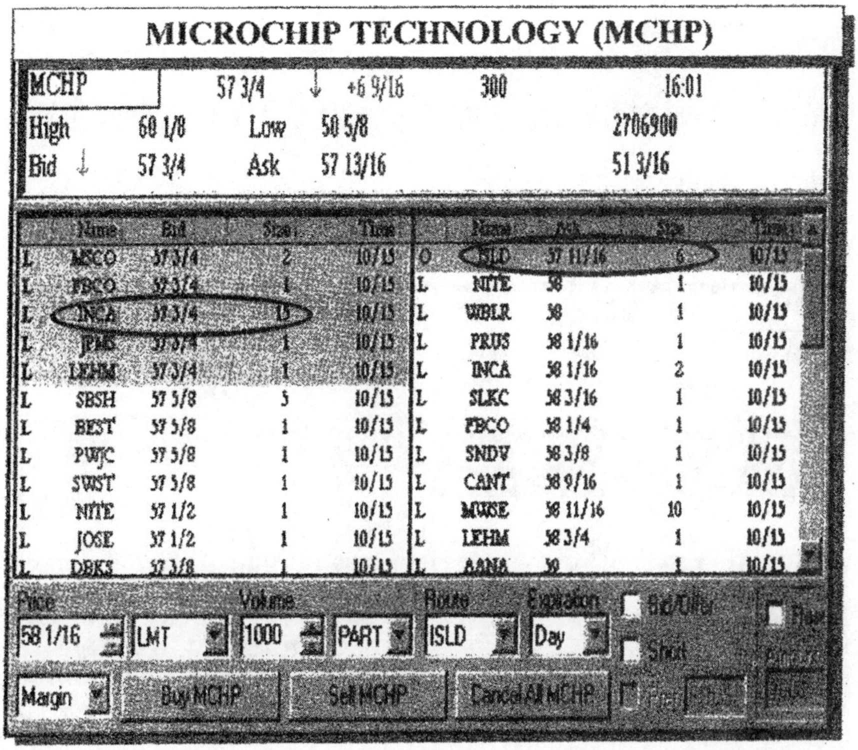

第十二章 执行工具和战术

图 12-2

这个图显示了一个 MCHP 的纳斯达克二级报价屏幕。它使交易大师能够看到一支股票的深度，也就是说 ECN 和做市商的买入和卖出报价。画圈是两个 ECN、INCA 和 ISLD。所有其他的买入和卖出报价都来自做市商。我们将会在第十三章详细谈到纳斯达克二级报价和做市商的特点。

一个 ECN 只是一个计算机化的限价指令簿，由几百个或者几千个在某个价格买卖股票的单个指令构成。一个 ECN 的功能是电子化地匹配买方和卖方，去除了人工交易者和做市商。正像你将会很快看到的那样，ECNs 非常像小型的股票交易所。每一支股票的最好的买入和卖出限价指令发送到纳斯达克显示在 ECN 的买卖报价中。例如，假定以下的限价指令在 ISLD 的股票 INTC 的簿册中：

在 $70\frac{7}{8}$ 买入 100 股　　在 $71\frac{1}{16}$ 卖出 400 股

在 $70\frac{7}{8}$ 买入 200 股　　在 $71\frac{1}{4}$ 卖出 1000 股

在 $70\frac{5}{8}$ 买入 200 股　　在 72 卖出 100 股

在 $70\frac{1}{4}$ 买入 300 股

这时，在簿册中最好的（＊）买入价格是 $70\frac{7}{8}$，总共有 300 股。最好的（＊）卖出价格是 $71\frac{1}{16}$，400 股。因此，纳斯达克二级报价上 ISLD 会显示出这些最好的买入（卖出）价格和股数（图 12-3）。

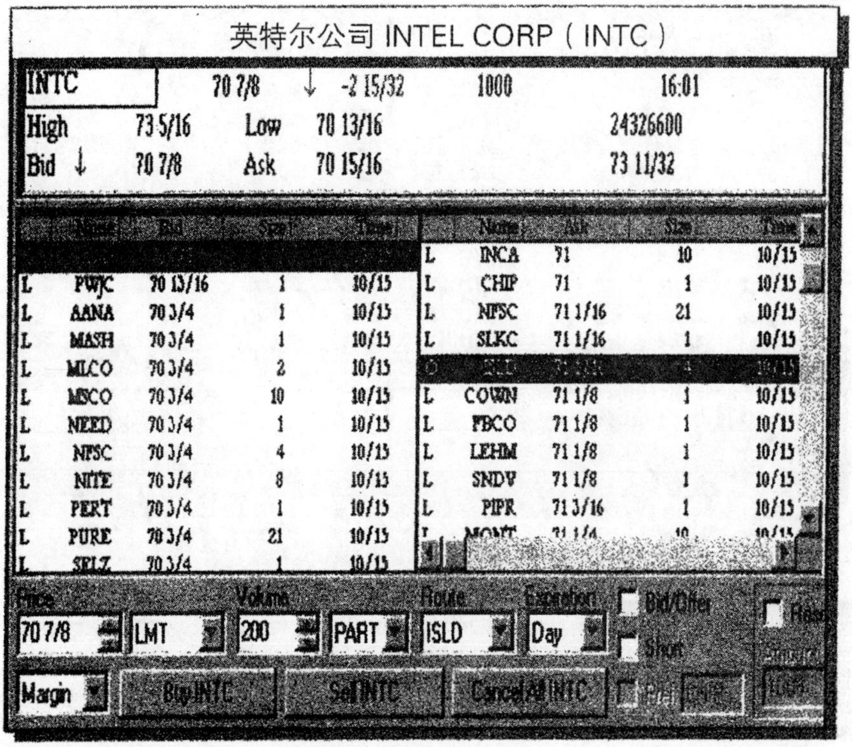

图 12-3

两笔 ISLD 买入 INTC 的指令在纳斯达克二级报价屏幕上作为一笔 300 股的 ISLD 报价出现。见左边，买入方。在 ISID 上卖出 400 股 INTC 的指令出现在右边，卖出方。

交易大师能够使用选择网（SNET）系统，与在任何 ECNs 上存在的限价指令执行。然而，只有通过直接接入，交易者才能够发布一个限价指令显示在纳斯达克二级报价系统中的 ECN 限价指令簿册上。交易者通常能直接接入几个 ECNs，最常用的是 ISLD、ARCA 和 REDI。

ECNS 的优点

·当下了一个匹配的指令与 ECN 限价指令簿册中现有的指令成交时，能够极快速地成交（0.2 秒）。

·ECN 的报价是真实的。如果你在 ECN 看到一个报价，价格和数量都是真实的。如果你是第一个发送了一个与 ECN 的报价匹配的指令的人的话，你的单子就可以成交。

- ECN 会显示出他们全部的数量（除非是发送指令的人特别要求不要把他们的指令显示出来）。如果一个 ECN 在最高的买价一共有 14 200 股的话，你将会看到全部 14 200 显示在二级报价上。
- ECN 允许交易者把他们的限价指令显示在纳斯达克二级报价上。这就给了让所有的市场参与者看到你的指令的机会。
- ECN 的报价提供比 NASDAQ.ISLD 的报价更精细的最小价格变化，例如，对超过 10 美元的股票允许精细到 1/128 的价格，对于低于 10 美元的股票允许 1/256 的价格。这些指令被四舍五入到接近的 1/16 或者 1/32（低于 10 美元的股票）显示在纳斯达克二级报价上。但是，它们会显示在 ECN 的簿册上，并且以实际的价格优先来成交。
- ECN 避免许多通过 SOES 和 SNET 直接与做市商交易的缺点。

ECNS 的缺点

- 一些 ECN 流动性不是很好，使得通过配对方式的成交非常少。最具流动性，因此也是最好的 ECN 是 INCA、ISLD、ARCA 和 REDI。我们告诉我们的学生不要考虑任何不提供直接在 BID 和 ARCA 上发布价格的直接接入交易系统。在我们看来，这两个 ECN 是必不可少的。很快我们会更深入地研究 ARCA 的一些特性。
- 在一个迅速上涨的股票中，使用一个 ECN 在内部买入价或者低于内部买入价格买入股票非常困难。换句话说，不可能让你的买单在股票的内部买入价成交，并且通常不会有任何的 ECN 限价指令可以在内部卖出价成交。
- 你的指令会经常被部分成交。ISLD 是这个问题最严重的一个，因为它们接受像一股那么小的指令。设想一下 1000 股单子只有 14 股成交的沮丧吧。

提示：所有的其他 ECN 要求指令最小的单位是 100 股。

交易大师怎样使用 ECNS

交易大师了解 ECN 的很多优点，并且经常使用它们。一些应该使用 ECN 的例子包括：

- 当交易大师低于目前的卖出价买入一支股票的时候。把买单放在最具流动性的 ECN 上，通常是 ISLD，会得到最好的结果。
- 当交易大师高于当前的买入价买入股票的时候。把卖单放在最具流动性的

ECN 上，通常是 ISLD，会得到最好的结果。

· 当交易大师想要在卖出价买入纳斯达克股票，或者在买入价卖出股票时。如果一个 ECN 有可接受的数量，交易大师将总是首先通过 ECN 执行他们的指令，而不是通过更不可靠的做市商。**注意：**因为通过 INCA 交易的额外成本，如果在理想的价格没有其他 ECN 报价的话，许多交易者愿意选择把他们的指令下给做市商。

· 当一支股票正在快速上涨的时候，交易大师可以通过选择一个流动性好的 ECN 在高于卖价几个水平上让他们的买单成交。通过在快速上涨的股票中付出额外的价格，交易大师经常能够建立一个头寸，并且从这支股票随后的上涨中获利。卖出一个快速下跌的股票的多头头寸则相反。

执行工具 2：小单执行系统（SOES）

小单执行系统（SOES）描述

SOES 系统创建于 1984 年，目的是为小的投资者提供更好的接入纳斯达克的方式。到目前为止，SOES 系统可以用来对多达 1000 股的股票在内部卖出价（买单）或者内部买入价（卖单）立即执行。但是，这个系统在 1987 年的股市大跌之后才被广泛使用，那时做市商拒绝接电话，因此无法与之交易。有趣的是公众仍然对 SOES 了解得很少。但是问一问今天活跃的交易者，你会发现 SOES 是他们的词汇里永远的一部分（如果不是他们的生活里的永远的一部分的话）。

关于 SOES 应该了解的第一件基本的事就是它是对做市商来说的唯一强制执行机制。换句话说，如果一个做市商在某个价位报价，一个 SOES 指令强制这个做市商按照他所挂出的数量成交。仅有的限制是做市商有 17 秒去更新他们的报价，因此有时一个交易者可能 SOES 一个做市商，而没有意识到他已经不再挂在那个价格上了。也可能有很多的 SOES 指令在你的指令之前，减少了成交的机会。但是，如果做市商的报价是实时的，也没有大量的 SOES 指令在你的指令之前，做市商就必须与你的指令成交。现在必须明白 SOES 远非一个保证你在纳斯达克市场上成交的方式。事实上，在写这本书的时候，SOES 指令的成交率只有大约 38%。换句话说，所有的 SOES 指令只有 38% 能够成交。因此我们不要把 SOES 的强制执行性质与确保成交的概念相混淆。但是即使成交率在下降，SOES 如果正确使用的话，仍然为交易大师提供了一些静静地、迅速地买入纳斯达克股票的创造性的、先进的方式。

SOES 系统的运行时间是从上午 9：30 到下午 4：00。注意 SOES 市价指令最早

第十二章 执行工具和战术

可以在上午 7：15 下达，随后在 9：30 市场开盘时执行。

SOES 系统可以被用来下达市价指令和可执行的限价指令来买入和卖出纳斯达克股票。例如，假定 INTC 买价为 $70\frac{7}{8}$，卖价为 $70\frac{15}{16}$，一个交易者想要买入股票。交易者可以有几种方式使用 SOES 买入这支股票。交易者可以：

• 下一个 $70\frac{15}{16}$ 的 SOES 买入限价指令。如果在这个价位有一个做市商，并且交易者的指令是在这个价位上最早到达做市商的指令，交易者的指令就可以成交。注意：ECN 的报价是不可以被 SOES 的；因此如果在 $70\frac{15}{16}$ 的仅有的报价是 ISLD、INCA 或者另外一个 ECN 的话，那么你的指令就会立即被拒绝或者返回。

• 下一个高于内部卖出价的 SOES 买入限价指令，例如，$71\frac{1}{8}$。如果价格迅速上涨，必要的话，交易者愿意付一个更高的价格让他们的指令成交。在这里，交易者可以最低在 $70\frac{15}{16}$ 成交，或者最好在他们限价 $7\frac{1}{8}$ 成交。如果股票上涨得非常快，有很多高于 $71\frac{1}{8}$ 的 SOES 指令在前面，交易者的指令就不能成交。在这里，在股票的卖出价格超过 $71\frac{1}{8}$ 之后，根据所用系统的不同，指令就会被返回为"拒绝"或者是"删除"。

• 下一个 SOES 市价买入指令。在这种情况下，交易者是那么想让他们的指令成交，以致他们愿意接受任何可能的最好价格。这个指令会立即在 $70\frac{15}{16}$ 成交，或者它会在一分钟或者更久之后以一个更高的价格成交。这种指令应该小心使用，因为它不可能限制或者控制指令实际的成交价格。通常，这种指令只被那些急于了结一个正在迅速向与他们对立方向运行的头寸的交易者使用（图 12-4）。

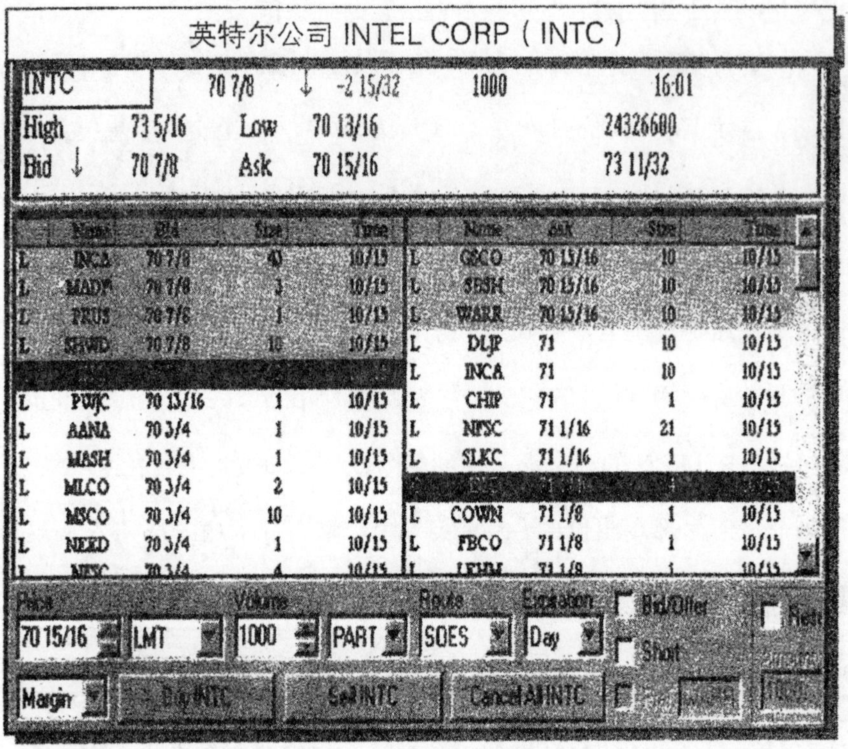

图 12-4

交易大师通过 SOES 发送一笔买入 INTC 1000 股的指令。注意 ISLD 没有挂出 $70\frac{15}{16}$ 美元的内部卖出价。ISLD 的最接近的卖出价是 $71\frac{1}{16}$ 美元。如果 ISLD 在 $70\frac{15}{16}$ 挂单，交易大师的最好选择将是通过 ISLD 发送指令。只有做市商在卖方时，SOES 是最好的选择。

SOES 的优点

· 可能会得到非常快速的成交（就是 1 秒或者更短）。

· 下这类指令非常容易，因为不需要选择指令下给谁。

· SOES 系统由纳斯达克所控制。所有的 SOES 执行由 SOES 系统自动决定，并且报告给交易的双方。因此，避免了任何潜在的由做市商引起的弊病。

SOES 的缺点

· 在活跃的股票中，SOES 的队列经常被来自其他交易者的许多指令所塞满，因此使得你的指令在价格变动之前成交的机会非常低。

· 最近的规则改变允许做市商可以在所有的股票中报出最小 100 股的数量。因此，让大单子在目前价位成交非常困难。

第十二章 执行工具和战术

· 另一条 SOES 规则允许做市商在以他们的报价成交之后，在他们必须或者改变他们的报价或者成交另一笔指令之前，可以有 17 秒的延迟。因此，你将会经常看到来自那些已经成交一笔单子，在调整他们的报价到一个更不利的价格之前正在等待 17 秒过去的做市商的"过期的"内部买入和卖出报价。没有办法分辨挂出来的做市商报价是实时的，还是要很快调整的过期的报价。**注意**：任何时候如果这支股票的买卖价格被锁定（就是一样），或者是交叉（就是内部买价高于内部的卖价），17 秒的延迟就被减少到 5 秒。

· ECN 是不能 SOES 的。因此，你的 SOES 指令永远不能与一个你理想价位的 ECN 指令成交。这种缺陷可以通过使用更复杂的指令发送系统如 ARCA 系统，用最合适的执行方式来发送你的指令来避免。关于这一点后面会有详细的介绍。

· 就像它的名字所暗示的那样，SOES 只是为小单而设计的。指令的规模被限制在最活跃的股票最多 1000 股，较不活跃的股票最多 500 股或者 200 股。

· 既然你只能在内部卖出价买入，或者在内部买入价卖出，你将永远会损失这种指令的买卖价差。

交易大师怎样使用 SOES

交易大师了解 SOES 的缺点，因此较少使用它。但是，有几种情况 SOES 是合适的：

· 愿意放弃价差的交易大师，如果做市商的全部内部买入价和卖出价上的数量足够成交你的指令的话，使用一个 SOES 指令来买卖一个涨跌得较慢的股票。当一支股票不是很活跃时，不可能有任何 SOES 指令在队列的前面，因此，交易大师可以立即执行这些指令。

· 交易大师经常使用 SOES 指令作为进入一个刚开始改变方向的股票的一种有效的方式。能够执行的关键就是能在其他交易者注意到之前就发现方向的改变。有早的决定和迅速的下单，这些 SOES 指令经常能够成交。但是，你不能等到反转对每个人来说都已经很明显了的时候，或者你的指令在 SOES 队列的很后面的时候，这样股票向期望的方向运动的时候你的指令就不能成交。

执行工具 3：选择网（SNET）

选择网（SNET）描述

选择网（SNET）是一个由纳斯达克建立的计算机化的系统，用来提交买卖指令给其他的组织。它的运行时间是从上午 9：30 到下午 4：00。此外，开盘之前和开盘之后选择网交易可以在上午 9：00～9：30 和下午 4：00～5：15 进行。选择网系统可以用三种方式使用：

1. 选择网选择一个做市商；
2. 选择网选择一个 ECN；
3. 选择网广播。

让我们来看一看每一种方式：

SNET 指定一个做市商

让我们假定你发送了一个指定的 SNET 指令给做市商高盛 GOLDMAN SACHS（GSCO），那里在 $36\frac{1}{2}$ 买入 1000 股 DELL。你的指令将立即显示在做市商 GSCO 对 DELL 的三级报价里。**注意**：三级系统是做市商用来下达他们的指令的地方。他们对于如何处理你的指令有很多种选择：

- 如果他们想卖给你股票，他们可以立即执行你的指令。
- 如果他们不想卖给你全部的 1000 股，他们可以让你部分成交，100 股到 900 股。
- 他们可以拒绝你的指令，返回拒绝或者取消。
- 他们可以忽略你的指令，不做回应。
- 他们可以返回一条信息，与你进行磋商，如，他们将会以 $36\frac{9}{16}$ 卖给你全部 1000 股。**注意**：这通常只在做市商之间的大单子中出现。交易者一般不会见到这些。
- 他们可以以一个更好的价格成交你的全部或者部分指令。交易者可能永远都不会见到这种事情发生。正如我们前面所提到的，在华尔街没有礼物。

现在让我们来回顾一下做市商被要求怎样处理你的指令。如果你指定了 GSCO，

第十二章 执行工具和战术

在他们当前的卖出价,并且他们在过去的 17 秒里没有成交任何其他的指令,那么他们就被要求去按照他们挂出的数量成交你的指令。但是,如果他们在过去的 17 秒里成交了另一笔指令,然后他们可以在 17 秒内的任何时候撤回他们的报价,不被要求再去执行任何其他的指令。如果你的价格比他们的报价更不利,他们也没有任何义务去成交你的指令(就是股票在买价 $36\frac{3}{8}$,卖出 $36\frac{9}{16}$,GSCO 卖出价 $36\frac{9}{16}$,你指定他们买入 $36\frac{1}{2}$,想要缩小差价)。

SNET 指定一个 ECN

让我们来看一看你发送了一个指定的 SNET 指令给 REDI 在 $36\frac{1}{2}$ 买入 1000 股 DELL。既然 ECN 只是一个计算机化的限价指令簿册,它将会以以下几种方式处理你的指令:

· 如果他们的指令簿里有足够匹配的指令,并且你的指令是第一个到达的,这个 ECN 将会立即执行你的指令。在你的指令成交之后,ECN 会立即更新他们的报价来反应他们的已经调整了的指令簿,减去已经与你的指令成交的部分。

· 如果 ECN 有一些与你所要求的股数匹配的指令,但不是全部,那么你将会立即得到一个 100 到 900 股的部分成交。在成交了你的指令之后,ECN 会立即更新他们的报价反应调整了的指令簿,减去已经与你的指令成交的部分。

· 如果另外有某个人在你之前发送指令到这个 ECN,并且在该 ECN 的限价指令簿上没有留下匹配的指令,你的指令将会立即被返回"拒绝"。你应该立即注意到该 ECN 更新了它的报价,不再以初始的价格显示在你的二级报价上。这个在初始价格的限价指令已经被执行,不再显示了。没有不合法的活动,没有 17 秒,等等。

注意指定的 ECN 指令与指定的做市商指令是一样的。我分开它们只是因为当你与 ECN 打交道的时候,你避免了所有做市商的把戏。这个游戏场地在对待 ECN 的"先来,先服务"的性质上是真正公平的。如你所知,当你与做市商和他们的相当不公平的优势打交道的时候,情况就不是这样了。

一般要提到的几点

做市商不被要求显示他们真正的数量。当他们想要卖出 100 000 股时,他们可能只挂出 100 股的卖单。相比之下,ECN 通常显示他们全部的数量(90% 多的情况),除非下指令的人特别要求不这样做。有时你会看到,尤其是在 INCA,一个指令可能显示 1000 股，然后执行了 400 股，留下 600 股。最后，剩下的 600 股也被执行，指令又会被重新挂出 1000 股。这通常出现在机构的指令中，这种指令是选择一个"最大显示数量"发送的，在这个例子中这个数量是 1000 股。许多 ECN 都有这个特点，但是除了机构很少用到，你将会主要在这些 ECN 中看到：INCA，REDI，和 BRUT，它们都是被机构用得较多的 ECN。

选择网广播指令

让我们假定你发送了一个 SNET 广播单（就是，没有指定的）在 $36\frac{1}{2}$ 买入 1000 股 DELL。这个指令会立即显示在这支股票中所有的做市商的三级报价中。任何做市商现在都有机会成交你的指令。但是，他们中的任何一个都没有义务去执行你的指令的任何部分。此外，注意你的指令将不会显示在这支股票的二级报价中，并且不会影响这支股票的内部买卖价格。有时，如果你愿意放弃额外的 1/4 点，比如低于内部买入价，或者高于内部卖出价，一个选择网广播指令可能是一种从迅速恶化了的头寸出局的成功方式。

选择网系统的优点

· 使交易者能够控制他们的指令下达到哪里。

· 当指定给任何的 ECN 时，可以得到快速和可靠的成交。

· 能够下达"全部或者没有"（AON）指令来消除部分成交。例如，一个交易者可以指定一个做市商用一个 AON 指令买入 1000 股，即使做市商只挂出了 100 股。这就阻止了做市商只给你 100 股部分成交，要求他们或者执行整个指令，或者拒绝执行整个指令。这可以是一种有效地降低由大量的 100 股成交带来的高佣金。

· 能够在交易时间之前或者之后交易（就是东部时间上午 9：00～9：30，和下午 4：00～5：15），尤其是当指定 ECN 时。

选择网系统的缺点

· 通过做市商的执行可能是不可靠的，因为由 17 秒规则产生的过时的做市商报价。

· 由于做市商只要求执行他们挂出的数量（可能低到只有 100 股），理想的股数不是总能得到。

· 选择网指令必须等到最少 10 秒钟之后，让接收者有足够的时间决定他们是接受还是拒绝这笔交易，才能够被发出指令的人取消。

- 由于你必须选择指令下给谁，在一个快速的市场中，指定指令可能会更令人厌烦和困难。

交易大师怎样使用 SNET 系统

交易大师了解 SNET 系统所提供的灵活性，可以用几种方式来使用这个系统：

- 交易大师通过下达超过做市商显示的股数的指定指令给做市商，用 SNET 作为一个事实发现工具。例如，尽管做市商只显示了 100 股在内部买入或者卖出价上，他们可能经常执行一个 1000 股或者更多的 SNET 指令，显示出他们作为买方或者卖方的真正意图。
- 在一个快速变化的市场中，交易大师为了让一笔单子成交，经常愿意放弃几个点位。例如，为了成交一笔多单，交易大师可能会或者以一个高出几个点位的价格指定一个做市商，或者下达一个高出几个点位的 SNET 广播指令（就是未加指定的）。为了卖出一个快速下跌的股票，交易大师可能会或者以一个低出几个点位的价格指定一个做市商，或者下达一个低出几个点位的 SNET 广播指令。
- 因为多数交易公司不提供直接接入所有的 ECN，交易大师使用 SNET 来指定给其他任何他们没有直接接入权的 ECN。记住与挂出的 ECN 联系的指令总是优先于指定 SOES 或者 SNET 给做市商。
- 交易大师在开盘前与收盘后使用 SNET 指令与 ECN 联系。通常，做市商在这些时间里是不做反应的，因此，在一天的这段时间里，ECN 被更经常的使用。

执行工具4：自动指令发送系统（ARCA）

自动指令发送系统（ARCA）描述

复杂的指令发送系统被设计来帮助交易者更快速和更有效地接入选择网或者 ECN 系统。这种系统应用并不广泛，但是对能够用上这种技术的交易者来说可以非常有用。例如，Executioner 提供复杂的 ARCA 指令发送系统来自动发送你的指令以便使指令执行的可能性最大化。这是一个非常快速和复杂的系统，可以减轻交易者非常紧急的正常的指令发送，对于大的需要分成几个小部分执行的指令尤其有价值。
注意：ARCA 有双重的功效：作为一个 ECN 和作为一个复杂的指令发送系统。一些交易公司仅仅提供 ARCA 的 ECN 功能，而不提供这个必不可少的系统的复杂指令发送功能。Executioner.com 是仅有的几个为公众提供两种功能的公司。当买一个直接接入交易系统的时候，应确保你买的是一个既提供挂单功能（ECN），又提供指令发送功能的 ARCA。只有那时你才真正获得与许多大机构使用的同样的工具。

让我们来看一看以下这个复杂的发送系统是怎样工作的，然后我将会用一个例子进一步阐明这个过程。ARCA 指令发送系统使用以下的优先权来处理和执行你的指令：

- 首先，它检查 ARCAECN 的簿册来找到内部匹配。
- 第二，它检查任何其他的 ECN 上的匹配指令。
- 然后，它检查做市商的可能性，并且按照他们的价格和数量来确定优先顺序。
- 最后，你的指令中任何剩余的股数将会被平均分配给已经确定的做市商。

这个复杂的过程用一个例子可以更容易地理解。让我们假定一个交易者想要在内部卖出价 80 买入 5000 股 INTC。让我们进一步假定在二级报价中显示的卖单如下：

数量	做市商	价格
1	GSCO	80
10	MLCO	80
14	1SLD#	80
4	ARCA#	80
3	MSCO	80
4	REDI#	$80\frac{1}{16}$
1	HRZG	$80\frac{1}{8}$
10	NYIE	$80\frac{1}{8}$

如你所见到的，在内部卖出价上仅有 3200 股，而指令是 5000 股。通过确定优先顺序的过程产生以下的结果：

1. 一个 400 股的指令去向 ARCA。
2. 一个 1400 股的指令去向 ISLD。
3. 做市商 GSCO（100 股）；MLCO（1000 股）和 MSCO（300 股）将会每家收到一个指定 SNET 指令。
4. 既然 5000 股中还有 1800 股需要分配，这些剩下的股数就以这个价格被平均分配在 3 家做市商中（每家再多 600 股）。

因此，以下的指令将会立即由 ARCA 指令发送系统产生，发送出去立即执行：从 ARCA 的簿册中直接以 80 买入 400 股。

使用直接的 ISLD 连接以 80 买入 1400 股。

使用 SNET 从 GSCO 以 80 买入 700 股（100+600）。

使用 SNET 从 MLCO 以 80 买入 1600 股（1000+600）。

使用 SNET 从 MSCO 以 80 买入 900 股（300+600）。

以这种方式，指令发送系统非常快速有效地处理和发送了你的指令来进行最终的执行。如果这些指令中的任何指令被拒绝或者没有完全成交，系统将会自动重新发送剩下的没有成交的股票给其他的可能的做市商或者仍然在这个价位的 ECN。最后，当在理想的价位没有做市商或者 ECN 愿意成交一笔单子的时候，剩下的没有成交的股数将会被挂在 ARCAECN 的限价指令簿中，以每股 80 美元的价格作为 ARCA#的买单显示在纳斯达克二级报价中。

ARCA 的优点

·允许交易者迅速地把指令下到当时最可能的 ECN 和做市商。

·允许交易者用来自几个不同的 ECN 和做市商的部分成交迅速执行一笔大单子，而只收取一笔佣金。注意：仅仅这一点就使得 ARCA 成为一个交易者必不可少的交易工具。

·能在迅速上涨的市场中获得成交的一种有效的方式。

ARCA 的缺点

·如果做市商选择忽略一个由 ARCA 系统产生的 SNET 指定指令，该指令将会在被自动取消和重新发送之前保留 30 秒。在一个活跃的市场中这段时间差不多就是永久。

交易大师怎样使用 ARCA

交易大师了解这个指令发送技术，并且知道它能够作出优秀的决策。交易大师也知道 ARCA 下单比手工下单更快。因此，交易大师发现了很多这种技术的使用方法。让我们来看几个：

·当下较大的需要分成小部分成交的指令时，交易大师使用 ARCA 指令发送系统。

- 在快速变化的市场中，交易大师使用 ARCA，发出比内部卖出（买入）价格高（低）几个点位的买（卖）指令来获得成交。注意：ARCA 系统能够在最初的指令被拒绝之后，快速地重新发送指令给第二和第三选择。
- 成长中的交易大师需要在多种选择中迅速、有效地下达合适的指令，因此他们会只使用 A_RCA。

执行工具 5：指定单据转向（SUPERDOT）

指定单据转向（SUPERDOT）系统描述

交易纽约股票交易所（NYSE）股票的交易大师通常使用 SuperDOT 系统下达指令。尽管 NYSE 不是像纳斯达克那样的电子化的交易所，SuperDOT 系统可以直接给控制那支股票的 NYSE 的专家自动地发送客户指令。专家然后可以手工地成交这个指令，或者把这个指令发布在他或她的限价指令簿中。

SUPERDOT 系统的优点

- 通常能够让你的指令有更好的流动性。交易者经常可以没有困难地成交 5000 股或者更多的指令。
- SuperDOT 限价指令由专家在他或她的限价指令簿中控制。所有的客户限价指令有优先权，必须在专家在同样的价位执行他或她自己账户的指令之前执行。既然 NYSE 的专家们不能像在纳斯达克的做市商那样与你对立，这就形成了这个系统基本的公正。

SUPERDOT 系统的缺点

- SuperDOT 系统比完全电子化的纳斯达克系统慢得多。可成交的指令可以在少到 5 到 10 秒的时间内成交，也可以在几分钟内成交，而这对于一个活跃的日交易者来说却是一个很长久的时间。

交易大师怎样使用 SUPERDOT 系统

- 尽管明白了它的局限性，交易大师仍然使用 SuperDOT 系统来交易在 NYSE 和 AMEX 上市的股票。这是使用如 Executioner.COm 这样的直接接入经纪商唯一可行的选择。

第十二章 执行工具和战术

执行工具6：在线经纪商

在线经纪公司描述

有一些交易者能够通过传统的折扣经纪商如 E-trade、Ameritrade、Fidelity、ESchwab 等成功地进行交易。这些经纪商在业内被认为是"因为指令流获得报酬"的经纪商，因为他们通常把客户指令卖给做市商来执行。折扣经纪商一般可以从做市商那里得到比他们从客户那里得到的佣金更多的报酬。对折扣经纪商来说，这就产生了可能的利益冲突，他们必须决定是把客户的指令发送给提供了最好的执行价格的做市商，还是提供给愿意为指令流支付更多报酬的做市商。我们认为这种情况很快就会成为历史。在直接接入经纪商和在线经纪商之间的区别将会变得模糊，将会变得只对交易者有好处。到现在为止，一些与在线经纪商打交道的缺点必须忍受。但是我们不要忽视或者低估这个新的庞然大物的力量。他们是一股值得尊敬的力量，因此，我们感到每一个精明的交易者应该有一个既有直接接入账户，也要有一个在线经纪商账户。就在线经纪商的发展而言，E-trade 是最富进取性的一个，提供最好的免费服务，有最好的整体业务模式。至于直接接入经纪商，Executioner.com 提供了最灵活的系统，最好的教育，还有最重要的业内最好的支持人员。因为这些理由，我们通过这两种实体进行交易。一些最受欢迎的在线经纪商如下：

CharlesSchwab（www.escheab.com）

E-Trade（www.etrade.com）

Ameritrade（www.ameritrade.com）

Muriel Siebert（www.siebertnet.com）

Datek Online（www.datek.com）

Brown and Company（www.brownco.com）

SureTrade（www.suretrade.com）

Waterhouse WebBroker（www.waterhouse.com）

Web Street Securities（www.webstreetsecurities.com）

Scottrade（www.scottrade.com）

在线经纪公司的优点

· 他们通常收取比直接接入经纪商低的佣金率，因为他们有来自执行他们的指令的做市商的报酬，因此可以做到这一点。

- 除了常见的市价和限价指令外，他们通常还提供对纳斯达克股票下达止损指令的能力。

- 他们的限价指令执行选择使得他们用起来更容易。

在线经纪公司的缺点

- 他们执行市价指令可能会非常慢。在快速变化的市场中，这就可以等同为市价指令非常差的执行。例如，在 1998 年感恩节之后的那一天，当 ONSL 在每股 90 美元到 95 美元之间的时候，许多投资者下达了卖出 ONSL 的指令。他们的指令在 15 到 30 分钟之后以低于每股 60 美元的价格成交。哇呜！

- 他们在把你的限价指令显示在纳斯达克上时可能会非常慢。纳斯达克限价指令显示规则要求做市商在接到指令 30 秒内执行或者显示你的限价指令。但是，在实际中，做市商看起来不是非常遵守这条规则。

- 折扣经纪商为指令发送和执行提供非常有限的选择。这就使得交易大师不能以最有效的方式发送他们的指令，使得成功的交易更困难。

交易大师怎样使用折扣经纪公司

交易大师通常不使用折扣经纪公司来进行短线交易，尽管对于几天或者更长期的波段交易来说，这些经纪商在某种程度上是可以接受的。较慢的成交和较差的价格产生了太多的不利，对全职的和兼职的交易者来说无法接受。但是，对于那些需要以网络为基础的经纪商的简单性，和能够一天 24 小时很容易地下达指令的刚开始学习交易的新人来说，折扣经纪商是一个可行的选择。并且，能够下达止损指令对这些交易者来说肯定也是一个有用的功能。当交易者发展他们的技巧和自信的时候，建议他们最好考虑在一个专门为活跃的交易者服务的公司开一个账户，如执行者（Executioner）。

第十三章 纳斯达克二级报价工具与战术

纳斯达克二级报价入门

一级报价：是什么，为什么不够完善

一级报价主要显示纳斯达克股票的内部（最好的）买价和卖价。一些一级报价甚至显示愿意在内部买入价和卖出价买入和卖出的做市商的个数。除了最好的买价和卖价之外，通常的一级报价还包括一些技术指标，如累计成交量、当日最高、当日最低、最近成交价、最近成交数量和一天的净变化。所有这些包括在一级报价中的信息称为"一级"报价（图13-1）。

```
* EXODUS COMMUNICATIONS <321.0969,VELE,82015425>
EXDS         74 11/16   ↑ +1      500          9:40
High   76     Low    74 1/2                 332600
Bid ↓  74 5/8 Ask    74 11/16              73 11/16
```

图 13-1

应该知道的是一级报价自身不足以衡量出一支股票的做市商兴趣。它在几个方面都不能达到要求。首先，它不能告诉交易者谁在给出股票的买入价或者卖出价。第二，它没有给交易者关于每一个做市商/ECN 公开要买入或者卖出多少股票的信息。例如，在图 13-1 的例子中，有一个以 $75\frac{5}{8}$ 美元买入 Exodus Communications（EXDS）的买单，和一个以 $74\frac{11}{16}$ 美元卖出的卖单。交易者不知道谁在给出买入价或者卖出价，或者事实上有多少参与者形成了当前的买价和卖价。并且，一级报价没有告诉交易者谁在目前的买（卖）价差之外买入或者卖出，以及买入和卖出多少。换句话说，一级报价不给交易者提供对股票当前状况的深入的了解。因此，一级报价作为一个交易工具是不完整的和非常不够的。一个只有一级报价的交易者永

短线交易大师——工具和策略

远不可能判断出股票的真正强弱情况。

不幸的是，一级报价是传统的华尔街经纪商提供给客户的唯一报价方式。即使在今天的更先进的世界里，超过95%的零售经纪商甚至没有一级报价。在我们看来，这就使得多数传统的零售经纪商为他们的客户提供不完全的信息，我们认为这是一种很严重的危害。由于技术进步，投资者的更加老练，和像Executioner.com这样公司的积极努力，个人可以获得更多的透明和更容易获取深入的报价信息。这种提供更深层次信息的系统就称为二级报价显示系统。

什么是二级报价

二级报价给活跃的交易者提供了真正的幕后情况。这种彩色编码的盒子显示了在一支股票中所有的在做市（买和卖）的做市公司、专家和ECN。每一个纳斯达克股票的买入者和卖出者都由一个四个字母的名称来表示，每一个交易NYSE或者ASE证券的公司由一个三个字母的名称表示。它不仅显示出一级报价的买（卖）价格，也显示在下面的二级和三级价格。这个二级水平的报价就是二级报价系统的真正价值所在。

二级报价的窗口称为做市商窗口。在这个窗口中有两个部分。上半部分通常显示在一级报价中所描述的东西。窗口下半部分显示在每一个价格水平所有参与的做市商和ECN，以及它们每一个所提供的数量。价格被颜色区分开。不像通常在多数系统中是黄色的内部买入价和卖出价，其他的颜色是为了区分不同的价格水平（图13-2）。

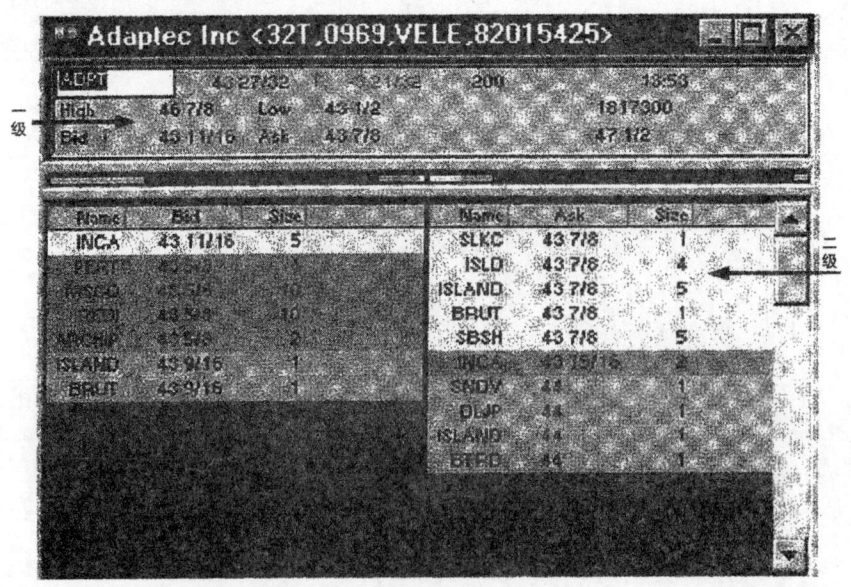

图13-2

第十三章　纳斯达克二级报价工具与战术

屏幕的上半部分显示了一级报价，下半部分显示所有买入和卖出 ADPT 的单个的市场参与者。注意每一个价格水平是由不同的颜色和亮度来区分的，为了便于查询。

向上动力

在二级报价屏幕上，向上的动力，或者是价格的稳步上涨，是由不断加入买入行列的做市商的数目增加和加入卖出行列的做市商数目减少来表示的。当竞争的做市商持续提高他们愿意买入和卖出的价格时，一个以逆时针方向的阶梯运动就出现了。当价格涨得更高时，看着二级报价屏幕的交易者将会看到做市商争相走到前面，谋求最好的买入价格。使用 ECN 的交易者也正在争相买入，并且愿意走到其他的做市商前面，随着对这支股票的需求增加，缩小了价差。当这种竞争持续的时候，交易的阻碍消失在卖出方。最上面的买入和卖出价将会稳步提高。屏幕的运动以一种逆时针方式出现。二级报价屏幕的买入方下降，因为有更高的买价出现在他们上面，同时右侧新的卖出价不断上涨。换句话说，由颜色区分的价格水平将会在买入一方扩大，而在卖出一方缩小，表明买入需求比卖出供给多（图 13-3）。

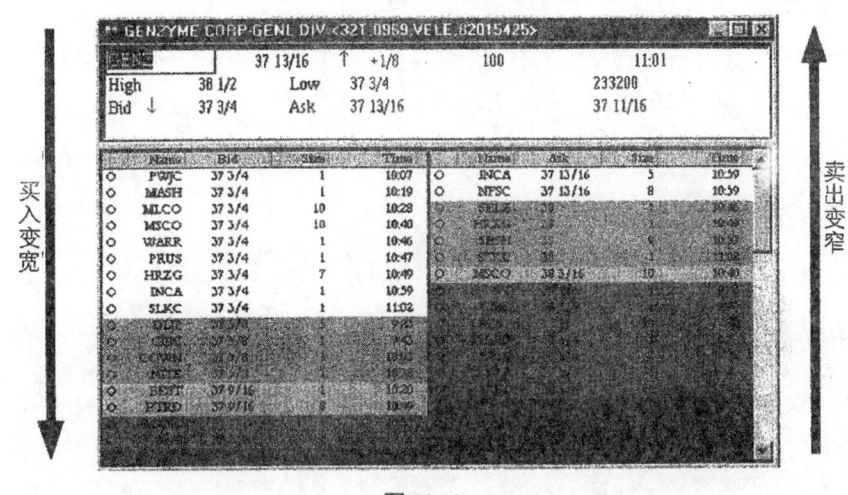

图 13-3

在向上的动力中，屏幕的买入方（左边）将会向下移动，价格带变得更宽，而卖出方（右边）将会向上移动，每一个价格带变窄。

向下动力

在二级报价屏幕上，向下的动力，或者说价格的稳步下跌，是由买入做市商数目的减少和卖出做市商数目的增加表示的。在二级报价屏幕上的运动将会以顺时针方向进行，每一边最上面的价格将会稳步下跌。在这个向下的动力时期，大多数交易是以红色的买入价出现的。在右侧的卖出价格带将会变大，表示减少的需求和增加的供给或者卖出压力。做市商和公众将会互相竞争通过在卖出一边跳到前面来卖出股票。反过来也就缩小了价差并使得买入价更低（图 13-4）。

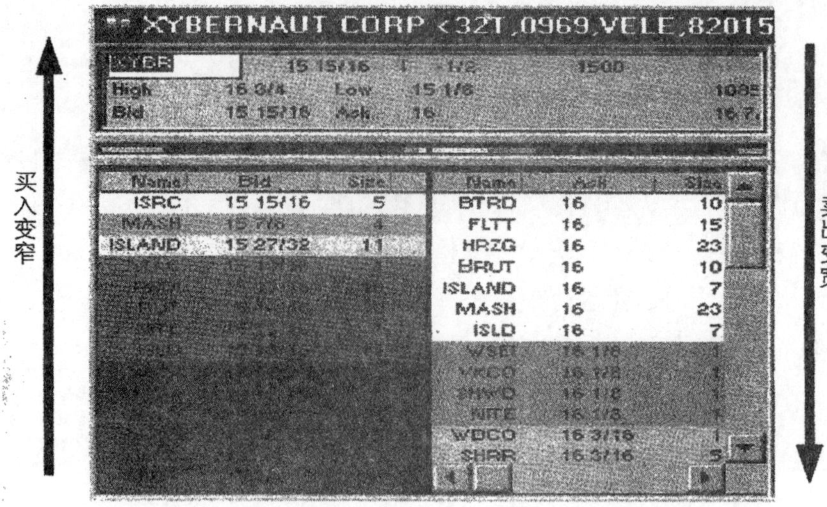

图 13-4

在向下的动力中，屏幕的卖出方（右边）将会向下移动，逐渐变宽，同时买入方（左边）向上移动，每一个价格带变窄。

没有动力或者平衡

一旦买方和卖方之间形成平衡，更多的被称作饱和点，交易者将会注意到区分每个价格水平的颜色带将会向着相称的方向移动。换句话说，在每一边买方和卖方的数目开始相等。交易大师就会知道动力在减缓，或者想要在一个开放的头寸上减低风险，或者考虑根据方向的偏离进入一个新的头寸（图 13-5）。

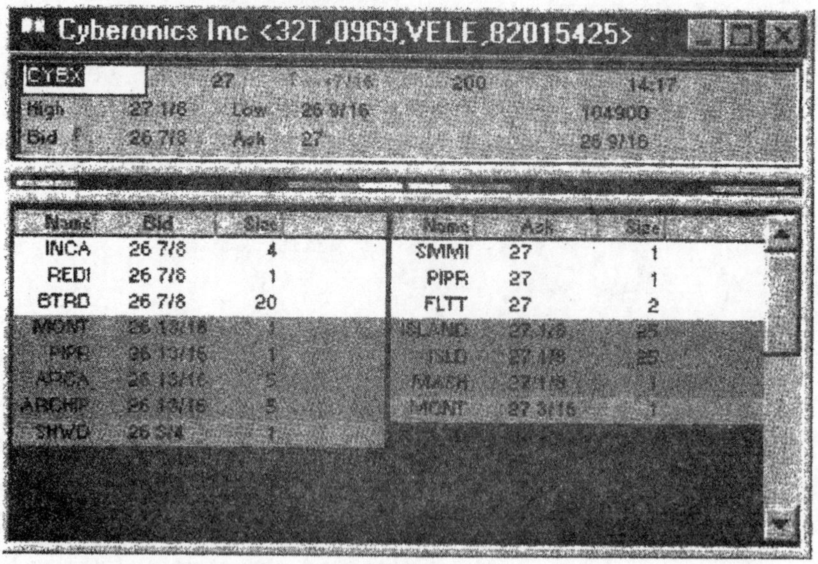

图 13-5

当缺乏动力时，单笔交易的频率变慢，同时买入方（左边）和卖出方（右边）经常会是平

第十三章 纳斯达克二级报价工具与战术

衡的。

使用 ISLD 来测量动力

测量动力的很好方式是密切观察 ISLD 的买入或者卖出。假定这位交易大师在一支正在上涨的股票上做多。你开始注意到内部颜色水平［内部买（卖）］开始在两边平衡。代表了公众的 ISLD 的卖价暂停。换句话说，没有人愿意买入 ISLD 的卖单。看到这个，你决定以买价卖出你的头寸。你决定锁定任何利润，只是因为如果由 ISLD 所代表的公众不愿意买入，那么这支股票明显地不乐观，至少是在短期内。不要忘记专业人士更愿意在股票上涨时卖出。大众通常是在股票上涨时购入。ISLD 是一面镜子，通过它，交易大师可以观察到公众的恐惧和贪婪。二级报价对于监视专业人士和大众的动向是不可或缺的。

牛肉在哪里

当交易纳斯达克股票的时候，确定你正在交易那些我们称为"牛肉"的股票很重要。牛肉是指做市商的参与和兴趣多的股票。换句话说，我们喜欢交易有深度的股票。当决定在一支纳斯达克股票开始一笔交易的时候，交易大师应该总是通过看二级报价屏幕来看做市商在每一个价格水平的参与有多深。这要求交易者预先决定几件事。在每个价格水平有几个做市商的股票会有较少的成交量和较宽的价差。我们教给我们的交易者规避这种类型的股票，因为价差较大，较少的参与者控制这支股票。这会带来更大的风险，因为大的价差会转化为变动量，控制这支股票的较少的参与者会使得在其中的专家对股票的操纵更多。在这些"瘦"得没有肉的股票中，几乎没有 ISLD 的代表，表明这支股票完全由专业人士控制。如果没有一般公众参与这支股票，赚钱的任务就更艰难了。为什么？因为公众的错误和公众的缺乏知识为交易大师提供了最大的获利机会。因此，浅的价格水平和没有ISLD的参与是我们应该寻找更肥沃的草场来放牧的警告信号。

另一方面，在每一个价格水平有较多的做市商参与的股票是我们喜欢交易的股票。每当我们决定对一支纳斯达克股票做多时，我们只想确定如果在买入一方的一个或者两个参与者不在了之后，下一个价格水平不是半美元以外。对交易新手来说，这种股票中所涉及的风险远远大于回报。尽管这种瘦的股票的赢利可能会很大，交易大师明白其中的风险更大（图 13–6）。

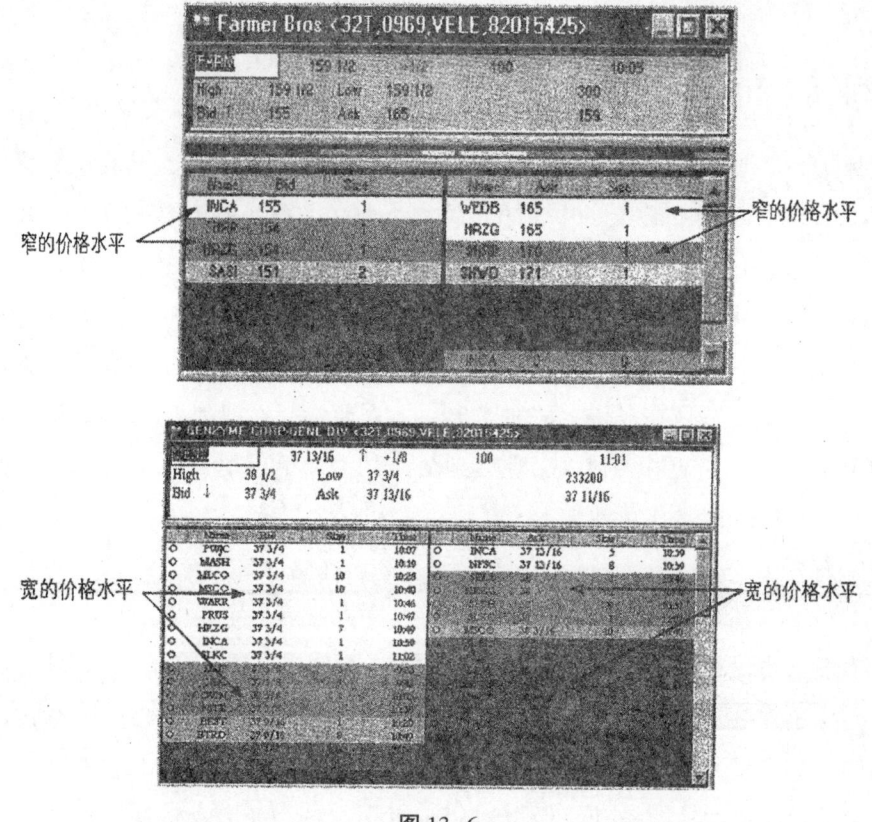

图 13-6

（a）没有 ISLD 参与的窄的价格水平会产生更多的风险。Farmer Bros（FARM）的内部价差是 10 美元。还应该注意到 FARM 主要以整数交易，很少有分数出现。这里没有牛肉。（b）有肉的价格水平表明公众和职业人士的很大兴趣，为日交易大师提供更多的安全性。

记住，通常说来，在两边的做市商数目给了我们一支股票强弱的一般指示。如果一支股票有 10 个做市商排在内部买入价，只有 2 个在内部卖出价，这首先就告诉交易者有更多的参与者愿意买入而不是卖出这支股票。在强市场环境中，我们期望这种股票会涨得更高。但是在弱市场环境中，这可能表明价格更低。我们会在本章后面的"摞大饼游戏"一节详细讨论这个概念。反之亦然（图 13-7）。"牛肉在哪里"的一个附加的因素是交易者是谁。参与深度很重要，但是与参与深度一样重要的是"来赴午宴的人"的质量。交易大师总是想要与那些巨人和 800 磅重的大猩猩在一起，而不是与他们对立。在《圣经》中年轻的大卫可以击败巨人，但是在市场中，总是巨人赢。交易大师完全了解他们缺乏巨人的资金，不能进入他们的无限的指令流中。这就使得与这些大的参与者相抗衡成为不可能。以自己的方式对待事情，想要与这些巨人一样只会使交易者很快地用尽他们的资金。

第十三章 纳斯达克二级报价工具与战术

例如，如果交易大师正在买入 WXYZ 股票，GSCO 参与了出价买入，他们知道他们在正确的一边。如果 MSCO 不提供 ABCD 股票的卖价，继续更新它的数量，交易大师将不会开始交易，直到 MSCO 或者提到一个更高的价格，或者内部的买入价，在这种情况下，他们表明了要买入的意图。首先估计你的对手的强弱很重要。证实他们是否是真的，然后证实他们有多大的实力。再把你的计划付诸实施。交易大师在交易的时候总是重新估计形势。信息和交易环境不是一成不变的，必须不断地监视任何变化。我们作为交易者，不能控制我们在其中交易的市场。但是我们肯定可以控制我们自己。

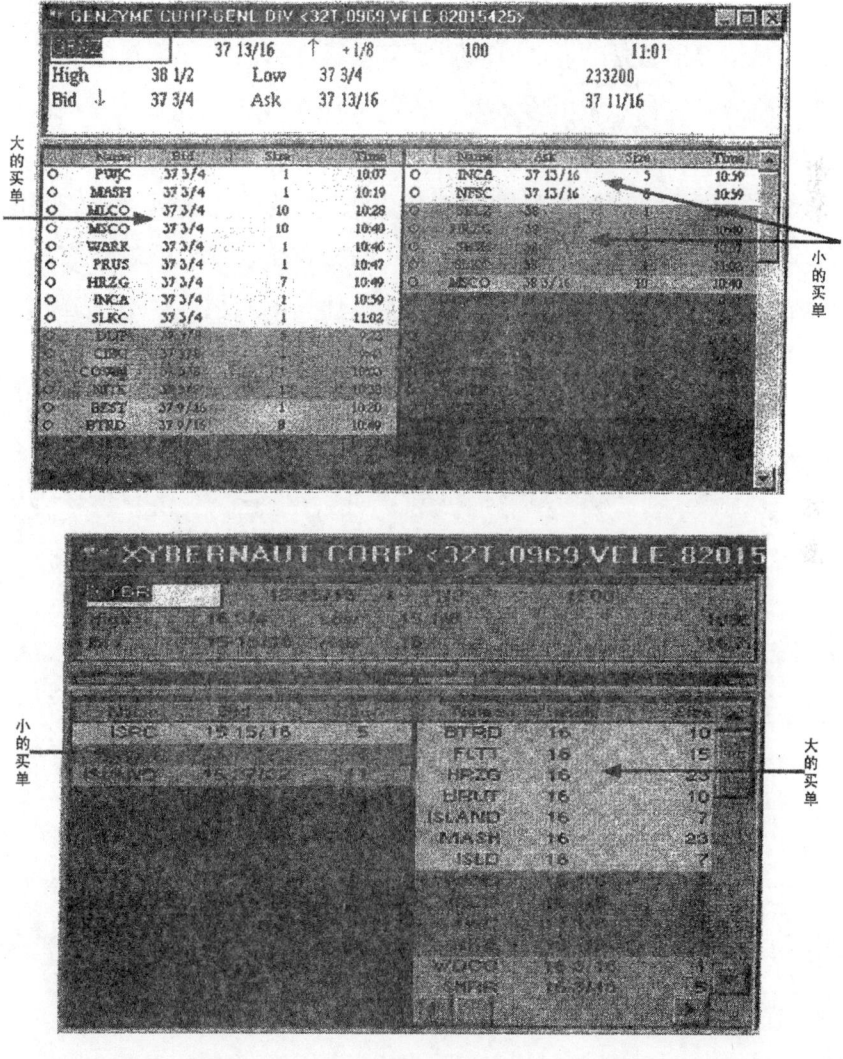

图 13-7

（a）在整体比较强的市场环境中的一个大的买单表明买入兴趣比卖出兴趣更多。警告：如果整体市场环境比较弱，就不一定是这样了。（b）在整体比较弱的市场环境中的一个大的卖单表明卖出兴趣比买入兴趣更多。警告：如果整体市场环境比较强，就不一定是这样了。

时间和成交量：单个的脚印

真相总是存在于印记中，而不是做市商展示给我们的东西。是他们做的事、他们做的交易给了我对于他们的意图的最好洞察。时间和成交额窗口，T&S，就是帮助我们观察大的参与者和公众的单个脚印的工具。你可以选择或者建立一个单独的时间和成交量装置，或者你的软件可以提供一个内置的与你的做市商窗口一起滚动的装置。许多日交易公司告知给他们的交易者，如果交易在买方是红色的，股票将会下跌。相反，如果交易在卖方是绿的，股票将会上涨。尽管这些基本的说法有时是正确的，但是情况不总是这样。时间和成交量窗口与你的二级报价和图表一起可以成为一个强有力的联合。做市商明白大多数交易者学会了监视关键的参与者的动态，因此，利用这一点，他们利用伪装、摇晃、摆动和没人知道的其他的方式把那些不坚定的参与者震出去，把果子从树上摇下来。作为交易大师，我们的责任就是要了解这一点，并且准备反击。伪装可以以几种方式出现：他们怎样作为买方或者卖方来把他们的市场展示给我们，他们怎样显示他们的规模，他们足迹的大小，以及何时、何地出现（图13-8）。

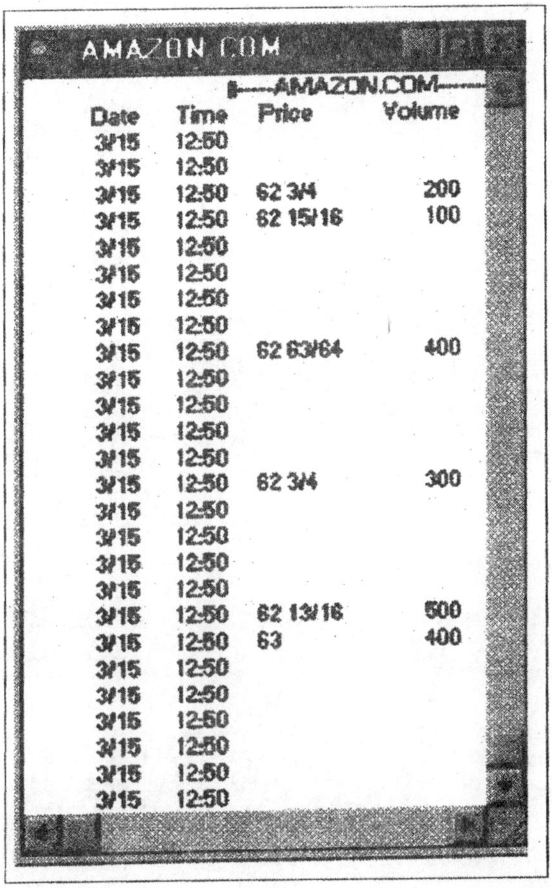
AMAZON.COM
AMAZON.COM

Date	Time	Price	Volume
3/15	12:50		
3/15	12:50		
3/15	12:50	62 3/4	200
3/15	12:50	62 15/16	100
3/15	12:50		
3/15	12:50		
3/15	12:50		
3/15	12:50		
3/15	12:50	62 63/64	400
3/15	12:50		
3/15	12:50		
3/15	12:50		
3/15	12:50		
3/15	12:50	62 3/4	300
3/15	12:50		
3/15	12:50		
3/15	12:50		
3/15	12:50		
3/15	12:50	62 13/16	500
3/15	12:50	63	400
3/15	12:50		
3/15	12:50		
3/15	12:50		
3/15	12:50		
3/15	12:50		
3/15	12:50		

图 13-8

（a）基本的时间和成交量窗口表示这支股票的每一笔成交和成交的时间。成交的股数也显示在基本的时间和成交量窗口中。（b）Executioner（www. executioner. com）和其他的选择直接接入的交易系统提供一个扩展的时间和成交量窗口。用这个扩展的窗口交易，就可以监视和仔细查看。各个做市商的动作和每一个做市商的行动方向。

让我们来看一看为什么时间和成交量窗口是交易大师的一个有洞察力的场景。我们拉出一支股票的二级报价，看到做市商堆叠在出价方，并宣称他们是买方。我们注意到这支股票在一个很强的市场中接近当日的低点，只有几个做市商在卖方。我们已经感到不安了。有什么地方不对头。我们在我们的时间和成交量窗口寻找痕迹来证明我们的感觉。我们看到在卖方交易很快消失。我们的屏幕闪着绿色。向上的，对吗？不。我们仔细看，注意到这些在卖方的成交是很小的100股的，比起偶尔出现在买方的成交来说是微不足道的。我们看到在买方1000股很快成交，然后一些小的交易出现在卖出价中。概率要求这支股票会在那一天跌得更低。这个故事的寓意是什么？观察交易的数量，大的成交出现在买方还是卖方？这听起来很基本，但是当人们坐在他们的电脑前的时候就会迷失。他们迷失在抛向他们的巨大的信息流中。

交易大师将会一直观察做市商和 ECN 显示的数量，以及用时间和成交量来决定主要的参与者的意图。(Instinet) 因为经常在买方或者卖方显示 1000 股，而实际的成交远远超出显示的数量而著名。我们知道交易会以其他的机制进行，人选择网，但是在价格活动继续的时候，我们不得不相信一个大的买方或者卖方正在更新他或她的指令，来掩盖真正的意图。我们可以选择继续或者在这个买方或者卖方清除后再进行交易。

当做市商想要通过显示一个大的买单或者卖单，然后立即撤掉或者抬高一支股票，或者打压一支股票的时候，时间和成交量可以帮助我们。当这笔单子消失的时候，如果我们没有看到痕迹，我们知道主要的参与者只是想把股票抬高获得更好的价位。如果一笔交易真的在我们的时间和成交量窗口出现，我们则必须相信，出现的那个人真是一个大的买主或者卖主，我们可以考虑加入他们。

做市商的特点

每一个主要的做市商都有一系列明显的特征，如果知道这些特征的话，可以为交易大师提供一些富有洞察力的线索。知道你的对手怎样思考和行动，只会提高你参加游戏的表现。

·GSCO。高盛，经常被叫做 Goldy，是华尔街最强大的公司。它取得华尔街内外的所有的做市商中最高的声望，尤其是在日交易者中。为什么？因为它不仅被认为是最强大的做市商，而且还被认为是最诚实的做市商，它的买价和卖价都是真实的。这就为我们带来另一个重要的一点。GSCO 的重量级客户大多数是富有的个人、大的机构、自治市和政府，使得 GSCO 不是一个仅一两手的参与者。注意：一手等于 1000 股。换句话说，GSCO 通常会在每一个报出的价格（买入或者卖出）交易 3000 股或者更多。当交易一支 GSCO 在做市的股票的时候，如果 GSCO 是一个主要的做市商的话，你做对的时候多于不对的时候。一些交易者把这个主要的或者控制的做市商称为 AX。观察 GSCO 的买入和卖出活动将会为交易大师提供有价值的线索。我们经常使用 Executioner 的二级报价把 GSCO 用黑色加重，这样观察它可以更容易。

·SBSH。所罗门美邦是华尔街最大的公司之一，有一长串大的机构客户。

第十三章　纳斯达克二级报价工具与战术

SBSH 作为一个做市商有时是那么显眼，以致我们经常把它叫做"股票制动器"。最有趣的是我们发现 SBSH 在卖出方的重量远远大于其在买入方的重量。大多数时候，所有的主要的做市商都如此，反映了机构通常卖出股票比买入股票时更富进攻性。如果 SBSH 总是在一支股票的内部买入价和卖出价交易的话，你就知道这是一个主要的股票，值得仔细观察。

・MLCO。美林是美国最大的经纪公司，因此，当它出现在二级报价中时，值得重视。MLCO 的大机构基础，与它大的零售基础一起，使得仔细观察这个做市商的举动很有必要。尽管它不像 GSCO 那么大，MLCO 经常是一些最受欢迎的纳斯达克股票的主要的做市商或者说 AX。在它降低做市的股票数量之前，MLCO 是无所不在的做市商之一。它在市场中的出现已经少了一些，但是还没有少到可以让任何交易大师失去对它的尊敬。

・NITE。NTTE-Trimark 在短短的几年内由一个无名之辈发展成了世界上最大的做市商。它代表新一代的做市商，它在控制大量的在线经纪业务中所扮演的重要角色已经使它成为今天最显眼的做市商。尽管它的地位仍然没有获得如 GSCO 或者 MLCO 一样重要的分量，当它不断在一支股票的内部买入价和卖出价做交易的时候仍然需要得到特别的关注。NITE 的量在性质上主要是零售的，这一点很重要。换句话说，它的多数的成交量来自它与在线经纪商的关系。这使得 NITE 被视为公众或者个人参与者行为的一面几近完美的镜子。它们将会在在线交易者热烈喜爱的互联网股票中令人敬畏。

・SLKC。Speer, Leed&Kellogg 是纽约股票交易所最大的专家公司，交易大师要对这个做市商力量有一些了解。它不在它做市的每一支股票中都扮演统治的角色，但是当它这样做的时候它的力量和坚持可能是令人难以置信的。换句话说，SLKC 有时可以很容易地提高一支股票的动力，吃进大量的股票。它也可以是一个无关紧要的做市商。因此，它的角色要根据股票而定。

・MASH。MeyerSchweitzer 是美国最大的在线经纪公司嘉信理财（CharlesSchwab）的一个子公司。尽管它大量的成交量和活动代表了零售市场，它有时也会显示一些能力。

・HMQT。Hembrecht&Quist 是一个非常受人尊敬的专业公司，它是擅长小规模到中等规模的技术公司。它的研究被认为是一流的，也吸引了很多大客户。HMQT 作为一个做市商的力量根据股票而定。当它在一支股票中是主要的做市商的时候，它的力量和分量可以感觉到。交易大师会发现 HMQT 经常会出现在低价到中价股中。

・HRZG。Herzog 是另一个值得尊敬的专业公司，它主要关注小的，但是成长迅速的技术股。它的特点与 HMQT 类似。它经常在低价到中价的技术股中被看到和感觉到。

・PRUS。培基证券，虽然规模很大，不是每次被看到都有很重的分量。但是像其他的二线做市商一样，它有时可以很重要。有一件事是肯定的，当 PRUS 在一支股票中是一个大的参与者时，它的力量会以一种不可置信的方式被感觉到。交易大师根据每支股票来决定 PRUS 的重要性。

做市商评价

多年来，我们已经建立和成功使用了一个做市商评价体系，通常是一个"谁是谁"的主要参与者名单。我们肯定这个最有影响的做市商的排名将会对你在每天跟它们打交道时有所指导。它们是用 1 到 10 表示的，10 是最有影响的：

GSCO	10
MllO	9.5
MSCO	9
FBCO	9
SBSH	8.5
N1TE	8
PWJC	8
HRZG	7
HMQT	7
MASH	7
MONT	7
PRUS	7

很值得注意的是，GSCO、MLCO、MSCO 和 FBCO 都被认为是机构做市商。换句话说，它们有牛肉。牛肉是指它们拥有大量真实的指令流以及它们应该被交易者严肃对待。我所说的真实的指令流是描述它们将会停留在报出的价格中并与你交易的可能性，而不是成交一笔单子，立即就走。它们在那儿"工作"。因此当面对它们一定要把你的头盔带子系好，做好准备，因为他们不是闹着玩的。如果你认为你可以戴上，而不用系带子的话，很可能你就要寻找新的爱好了。如果你不知道你在

做什么的话，它们有能力拿走你的午餐。

还有很重要的一点需要知道：有些做市商公司很少保留长线的头寸，它们也不愿意动用公司的资金。它们通常在大量的零售指令中采取一些行动。这样做被称为混水摸鱼，它们很快地只获一点利就把股票卖给别人。做市商公司，如 MASH 和 HRZG 被称为"交易所"，它们只有有单子在手里的时候才是真的。它们很少动用公司资金做头寸，它们在价格上很少是真的（没有一笔单子在手里）。换句话说，它们交易是为了获取价差。

确定谁是大奶酪

每一支纳斯达克股票通常有一个起主导作用的做市商控制大部分的活动。我们把这个做市商叫做"大奶酪"。交易大师的首要任务之一就是要确定谁是大奶酪。第二个任务就是确定大奶酪在做什么，买还是卖。当然这说起来容易，做起来难，因为没有做市商愿意有意显示它们的操作。但是我们有几点提示可以帮助交易大师很精确地确定谁是大奶酪，以及大奶酪在做什么。有了这个知识，交易大师能够提高买入和卖出的及时性。

- 最后一个离开内部买入价或者内部卖出价的做市商是大奶酪。标记这个人，监视他或她。

- 在每一个价格水平交易 3000 股或者更多的做市商通常是大奶酪。大奶酪经常改变名义价格变化量。换句话说，主要的参与者会在互相很接近的价格水平上交易。例如，GSCO 以 $40\frac{3}{8}$ 美元买入股票。在 $40\frac{3}{8}$ 美元吃进几千股之后，GSCO 跌到 $40\frac{1}{4}$ 美元。大奶酪通常不会跌到 $39\frac{3}{4}$ 美元。尽管有时也会出现这种情况，一支股票的主要参与者一般会在同等水平保持活跃。

- 不断交易比显示的股数更多的股票的做市商通常是一个主要的参与者。例如，PWJC，尽管在一个卖出价只显示 1000 股，却卖出 8000 股。或者，HRZG 在买入价只显示 100 股，但是却吃进（买入）2000 股，连续刷新 100 股的报价。

- 不断以一个比其他任何做市商的报价更高的价格买入一支下跌股票的做市商是一个大奶酪。这叫做支撑股票，通常当总的市场环境变弱的情况下出现。以下是一个例子。WXYZ 正在稳步下跌。当前 WXYZ 的价格是买入价 40 美元，卖出价 $40\frac{1}{4}$ 美元。SBSH、MLCO、HRZG 和 SHWD 在 40 美元买入，而 PWJC 在 $40\frac{1}{4}$ 美元卖出。SBSH 把买价提高到 $40\frac{1}{8}$ 美元,成为在 $40\frac{1}{8}$ 美元的唯一的买单。SBSH 成交了 1000 股,把买入价降回到 40 美元。几分钟之后,SBSH 再次把买入价提高到 $40\frac{1}{8}$ 美元,吃进几千股,然后再次降回到 40 美元。在一个弱的市场中 SBSH 可以再次提高买入价,其他人开始明白这一点,你将会看到一个 ECN 加入到买入的行列,多数时候是 INCA 或者 ISLD,然后准备好,因为游戏才刚刚开始。这个行为给了交易大师一个信号,就是做市商是这支股票的主要收集者,它将来的行动应该被仔细地观察和追踪,看看当市场环境开始好转的时候,它是否继续这样做。

即兴表演

有时帮助引发一支股票急速或者稳步上涨对一个主要的做市商最有利。让我们假定一个做市商从一个大的机构客户那里收到了一个指令买入 100 000 股 ABCD。做市商使用 INCA100 000 股的单子已经积累(买入)了 78 000 股,留下 22 000 股没有成交。在这里,做市商决定使用 22 000 股的买入力量把股票推向更高。如果做市商可以做到的话,他或她的客户将会在已经买入的 78 000 股上赚钱,做市商也能够从自己的库存中以高得多的价格满足剩下的 22 000 股,在这个过程中赚到一大笔。换句话说,做市商将会使用他或她的客户的钱来把价格推向更高,然后通过直接卖给客户满足客户剩下的买入要求,但是要在把股票推向一个更有利的价位之后。即兴表演是主要的做市商所使用的引发上涨的一种方法。下面是它如何运作的:

- ABCD 正在以买入价 40 美元,卖出价 $40\frac{1}{4}$ 美元交易。GSCO 已经积累了 78 000 股,还有 22 000 要完成。

- 使用 INCA,GSCO "钉住买入价" 1/16。意思就是 GSCO 使用 INCA 作为它的买入工具,它将会指示 INCA 不管当前的价格是什么,维持一个低于最好的卖出价 1/16 的买入价。此时,最好卖出价是 $40\frac{1}{4}$ 美元。

- 突然地由 GSCO 控制的 INCA,以 $40\frac{3}{16}$ 美元的价格出现在二级报价屏幕上的买入方,低于 $40\frac{1}{4}$ 美元,最好的卖出价 1/16。公开的,GSCO 将会出现在卖方,表明它是该股票的卖出方。交易大师看出了明显的事实之外的东西,把时间和成交量窗口报价作为一个朋友。公众相信 GSCO 是一个卖方,在倾销他们的股票,而事实

第十三章 纳斯达克二级报价工具与战术

上，在它的卖价被采纳之后，GSCO 就消失了，提高了它的卖价。

· INCA 的进取的举动给世界发出了一个信号，有一个大的买方十分想要这支股票，他或她愿意急速抬高价格来得到它。

· 看到这种情况，其他的交易者、投资者和做市商加入了买价中。其他的人决定以 $40\frac{1}{4}$ 美元的价格买入股票。这持续地给出了使用 INCA 的买方十分想要这支股票以致于愿意追涨的信号。

· 卖出价迅速地涨到 $40\frac{3}{8}$ 美元，因为 GSCO 已经"钉住"了 1/16，INCA 把新的买入价提高到 $40\frac{5}{16}$ 美元。

· 再一次，其他的做市商加入到 INCA 的买价，同时其他的人决定接受卖价。记住，GSCO 必须再成交 22 000 股，而这只能以两种方式做到：（1）如果一些卖出方达到了 GSCO 在 INCA 的买入价的话，以 INCA 的买入价买入，或者（2）达到这种快速上涨的最可能的情形是开始主动吃掉卖单。使用剩下的单子，GSCO 开始连续吃掉卖单，同时转向买方，在二级报价中公开表明自己是买方。交易者注意到 Coldy 转变了方向，并且看到随后以卖价成交的单子多起来。全国的交易者的报价系统伴随着绿色的成交单开始响起来。普通人开始激动起来，纷纷扑向这支股票，产生出更大的向上的动力。"你好，休斯顿，我们已经点火起飞了！"

· 随着这种协调的探戈继续，INCA 也继续挤在买价中。卖价上涨。INCA 以比卖价低 1/16 的价格继续挤住买价，一步一步向上。这种情况继续直到你看到 ABCD 卖价变成 $40\frac{7}{8}$ 美元。

· GSCO 通过使用 INCA 挤住买价，已经有效地点燃了干柴，煽动火苗，把股票价格推向更高，使得客户的头寸赢利更多。更有可能的是在更高的价格水平，在产生了最后一次动力之后，GSCO 开始把一些它在较低的价格便宜地买到的股票通过一个 ECN 卖给公众，赚到 5/8 点多的一大笔收入。好买卖。记住，我们的关键是 INCA。一旦我们知道 INCA 不再提高它的买入价，股票开始经历停顿的时候，我们将会结束即兴表演，收益变现。

抓住了即兴表演的开始并且能够正确地解释这种行为的交易大师，可以参与进去，与他们一起玩。一旦你估计好了形势，买入股票，使用 ISLD 加入 INCA，或者甚至使用选择网广播单秘密买入。一旦你为自己建立了一个头寸，寻找前面提到的警告信号，然后高兴地在一个更高的价位卖给愿意参与进来的人。记住这种走势通常不会很大。但是，在某些情况下，也会很强、很稳定，并且一定能够产生一笔不小的日交易收益。

我们教给我们的交易者在看到即兴表演之后，只买入两次，卖出两到三次。这将会使交易者买在顶部或者接近顶部的概率降低，并且当超短线走势的顶部开始的时候已经在卖出的模式中。**提示：** 在进行超短线交易的时候，交易大师在上涨的途中卖出，而交易新手则会先等到麻烦出现，再在下跌途中卖出。普利斯坦的咒语是：在你能卖出的时候卖出，不要等到你必须卖出的时候卖出。当做空一支向下挤压股票的时候，这个过程正好相反。

摞大饼游戏

"大饼"是由我们的内部培训师迈克·坎皮恩所造出来的一个词，他既熟悉烹饪，又熟悉交易使他做了一些类别的转换，使得交易的艺术对我们的所有人而言有了一种新的"风味"。

大多数使用纳斯达克二级报价的交易新手想当然地认为，当很多做市商堆在买入方时，就是对这支股票有大量的需求，反过来又表明股票很强。他们还认为当很多做市商堆在卖出方时，股票就很弱。对于所知不多的交易者来说这种基本的看法虽然可以理解，但是在很多时候情况并非如此。不幸的是仍然有很多日交易公司用所谓先进的培训项目教授这些错误的观念。交易大师不仅知道"闪亮的不一定都是金子"这个道理，他们也知道如果它闪亮，它可能不是金子。警惕明显的事情！让我们来看一个说明大饼游戏的例子。

EGGS 正在当日的最高点交易。当前的买入价是 $10\frac{7}{8}$ 美元，当前的卖出价也是当日的最高价是 11 美元。快速看一下 5 分钟图告诉我们在早上从 $9\frac{7}{8}$ 美元涨到当日的最高价之后，EGGS 几乎还没有回调。第二，在二级报价屏幕上，我们立即注意到尽管只有一个 ECN 在 $10\frac{7}{8}$ 美元处买入，有大量的做市商就像一大摞大饼一样堆在 11 美元卖出价。这时我们说："喔。"当前展示给我们的画面是一种弱势。换句话说，主要的做市商公然地向世界宣告他们是卖方。二级报价也暗示没有人真正愿意站出来买入。自然的倾向是把这个股票看作很弱，供应饱和，缺乏需求，因此将要下跌。尽管画面如此，我们知道有某种东西不太合乎情理。这可不可能是主要的参与者制造的一幅假的画面，目的是要摆脱我们，误导我们的嗅觉？为什么真正的

第十三章 纳斯达克二级报价工具与战术

卖出方那么想要让自己在世人面前表现为大的卖方？你看，交易大师在这种情形下会问自己，"如果每个人真的想要卖出这支股票，为什么它仍然在最高价交易呢？更有甚者，如果这支在11美元的股票供应饱和，为什么它没有向下吃掉单独的买单 $10\frac{7}{8}$ 美元？"如果这支股票真的处在巨大的卖出压力中，像堆积的卖单所显示的那样，股票应该立即开始下跌。在这个画面里，很明显有什么东西不对头！

仔细观察发现大量的成交发生在卖价，相比之下那些在买价成交的微不足道。理解这一点的关键是，他们那些做市商，知道"胆小鬼"正在看着，所知不多的二级报价观察者将可能被这个"假的"弱势表示所欺骗。他们正在努力转移你的注意力，逼迫你在另一个强劲的上涨之前很便宜地放弃你的股票。我们注意到"大饼现象"以一个像13、19、22等的整数出现，而不是像 $12\frac{1}{8}$、$15\frac{3}{16}$、$25\frac{11}{16}$ 这样的分数出现。注意到所有这些，我们检查5分钟和15分钟图来寻找任何可以导致突破11失败的上方的阻力位。没有像前期高点或者一个200周期的简单移动平均线这样的阻力在附近来阻止我们。最后，我们看一看一天中的时间，确保我们不是在日中萧条期（11：15~2：15）进入EGGS，因为大多数的产生当日新高的突破通常会在这个时段失败。到现在为止，我们已经叫了一盘EGGS的健康的大饼。我们通过经验知道这种场景是一个做市商在伪装，"堆积的卖方"将会很快被吃掉，把EGGS送到一个新高。

在我们进入这支股票之前有两件事必须要出现。让我们来回顾一下这两件事。首要的前提是，我们需要时间和成交量窗口来揭示几笔1000股的大单子在11美元成交。一旦我们已经看到了几笔单子在11美元成交，第二个和最后一个要求是2个到3个在卖方的做市商或者提高卖价，或者转到了买方。目前有多少做市商挂在卖出价并不重要。我们只需要2到3个提高了卖价。这就是我们的股票将要突然上涨的信号。一旦我们得到这个，我们以卖出价11美元买入。然后我们系上安全带，因为如果说我们所参与的成千上万的大饼游戏对我们有什么指导的话，我们将会经历一段很酷的旅程。这种愚弄新手的看起来很弱的形势对我们而言是真正的金矿，希望它也成为你的金矿。

不要忘了摞饼游戏也可以反方向进行，虽然在下跌时做空比在上涨时做多要困难得多。我们也必须指出摞饼游戏纯粹是一个抢帽子的或者是超短线交易的策略。不能给那些想要寻找大的收益、持股过夜的人。摞饼游戏是买入然后迅速卖出策略的精髓。

第十四章 买入工具和战术：一步一步指导你像一个行家入市

正确的买入是成功交易的 85%

不要搞错，我的朋友。每一笔交易最关键的部分是入市。那些能够正确地、及时地入市的交易者将会比那些糟糕的入市的交易者有更大的胜算机会。我们甚至可以说，如果你入市正确的话，那你就完成了整个交易的 85%，另外的 15% 无非就是交易管理和获利技巧，这些我们将在以后的章节里详细谈到。

每一次你做了一笔交易，你就是拿你辛辛苦苦挣来的钱来冒险。你想要确定你把钱以一种正确的方式来冒险。应该知道每一个合理的交易策略或计划都是由三部分构成的：一个入口和两个出口。一个出口在你的入市价格之下，更为人所知的名字是"初始止损价"；一个出口在你的入市价之上，称为"目标价格"。然而，如果你入市错了的话，你就要冒毁掉整笔交易的风险。这要求非常清楚地了解何时、何处以及怎样出击（入市）。现在让我们深入了解一下这个非常重要的正确的买入股票的方法。

我们设计了三种很多年来为我们服务得很好的入市技巧。这三种入市方法已经教给了全世界的很多交易者，我们确信一旦你真正掌握了这些方法，我们就能让你的时机把握和交易技巧提高到一个大师的水平。不要耽搁，现在我们马上来学习这三种技巧。

买入技术 1：关键点买入

关键点买入描述

成功的交易是你能够找到两种所知不多的人：(1) 那些因为害怕和焦虑而把股

第十四章　买入工具和战术：一步一步指导你像一个行家入市

票非常便宜地卖给你的人；（2）和那些因为贪婪愿意以高价从你手里买股票的人。关键点买入法就是帮助交易大师能够恰好在因为害怕和恐惧而焦虑的人离开市场的时候入场买入。这个简单的入市技巧是我们交易弹药库里最强大的规则之一。事实上，它是如此强大以致它经常被用作一个单独的交易技巧。如果你真正理解它并正确使用它的话，它能显著提高你的交易水平。

关键点买入法的确立需要三个简单的步骤：两条基本的确立标准和一个操作。让我们来看一下两个标准和一个操作步骤都是什么。

关键点买入形态

1. 新高。这条标准要求一支股票最近创了一个比前一次上涨的高点还高的新高。不要把它与全程的新高或者是52周的高点相混淆。我们只对最近经历了强势上涨的股票感兴趣，以保证我们与那些积极买入的股票打交道。我们用的一个一般标准是：该股票在不多于8条线（如果你在看日线，那么就是8天）之前创了一个新高。

2. 三个或者更多的连续的更低的最高价。这个标准要求一支股票经历了3根线或更多的下跌。这与前面章节描述的3到5线下跌策略相似。但是在这里，不是任何3线下跌就行。必须是3根或更多的下跌，并且要伴随着3个或更多个连续下跌的最高价。换句话说就是，每一根下跌线的最高点必须低于前一根线的最高点。

注意，我们在这些标准里有意使用了"线"，而不是"天"。因为这个概念既适用于日内的时间框架，也适用于日和周的时间框架。一旦一支股票符合这些标准，交易大师就会准备好第三步——操作。

操作

3. 当股票高于前一根线的高点的1/16到1/8之间时买入它。让我们来看一看图14-1，一个关键点买入形态的图。

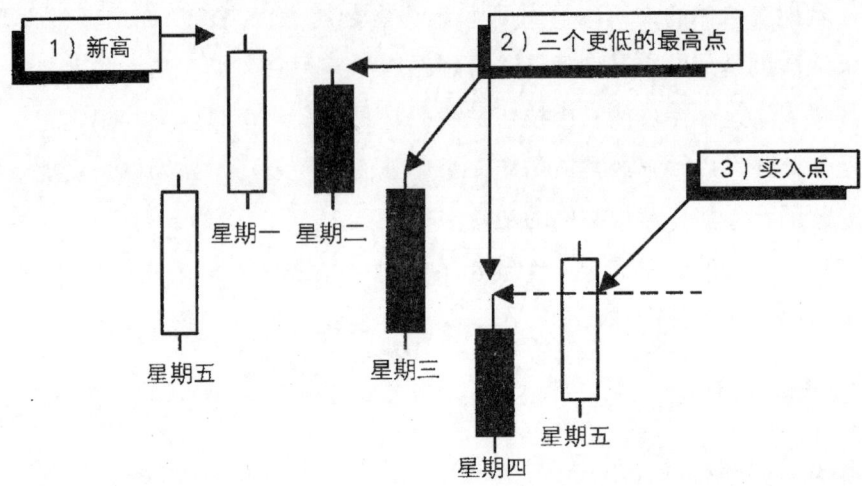

图 14-1

关键点买入形态。

标准 1 最近新高。

标准 2 三个或更多的更低的高点。

标准 3 在高于前一个高点 1/16 至 1/8 之间买入。

现在，让我们来看几个例子（图 14-2 和 14-3）。

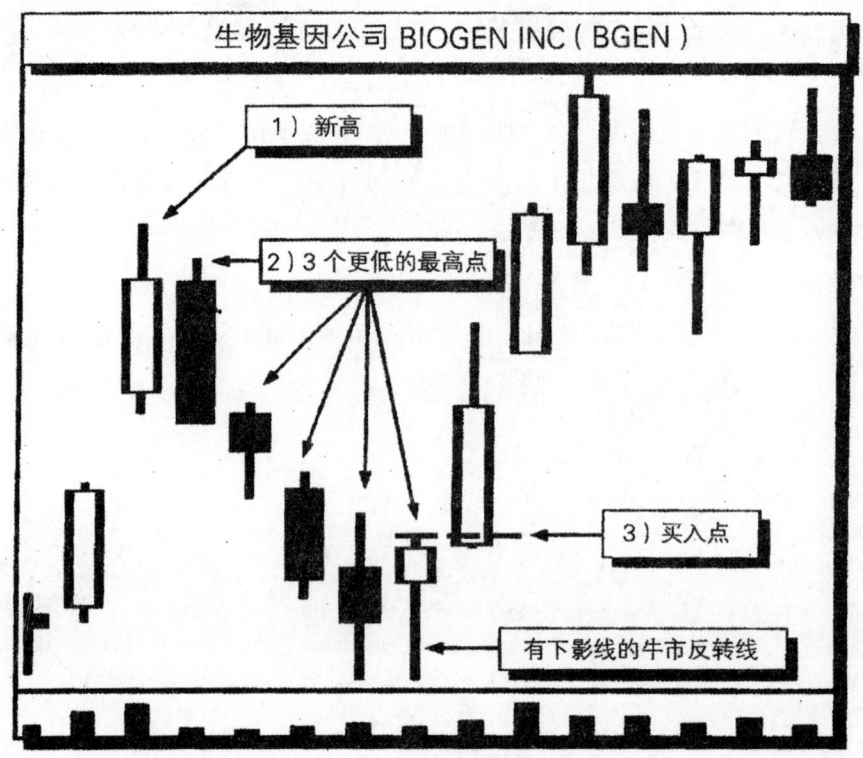

图 14-2

第十四章 买入工具和战术：一步一步指导你像一个行家入市

BGEN 的日线图显示了一个几近完美的关键点买入形态。在创出了新高之后（标准1），BGEN 经历了5个连续的更低最高点（标准2）。注意下跌以一根有下影线加强牛市反转线结束。在这一点，关键买入点形态要求第3步——在牛市反转线的最高点之上买入。这是 BGEN 第一次能够在前一线的高点之上交易。正如你所看到的，随后是一个快速的上涨。**提示**：进取的交易大师可以在3～5线下跌之后的任何一个牛市反转线买入（接近收盘时）。

现在，说一句关于缺口的话。当你想要买的股票满足了前两个标准之后，开盘时急剧跳空向上（或在卖空的情况下跳空向下），你应该怎么处理这种情况呢？你应该立即在开盘时买入吗？你该晚些时候再买吗？或者放弃这笔交易才是正确的？我们现在来教你如何正确处理满足了前两个标准的股票在开盘时跳空向上（或卖空的情况下跳空向下）的情况。记住，在今天的变化多端的市场，缺口是非常正常的现象。不能正确处理缺口的交易者处在很不利的地位。你能像专业人士一样对待缺口将使缺口成为朋友，而不是敌人。在我们进入另一个入市技巧——30分钟买入技巧的时候，你将学到如何对待它们。

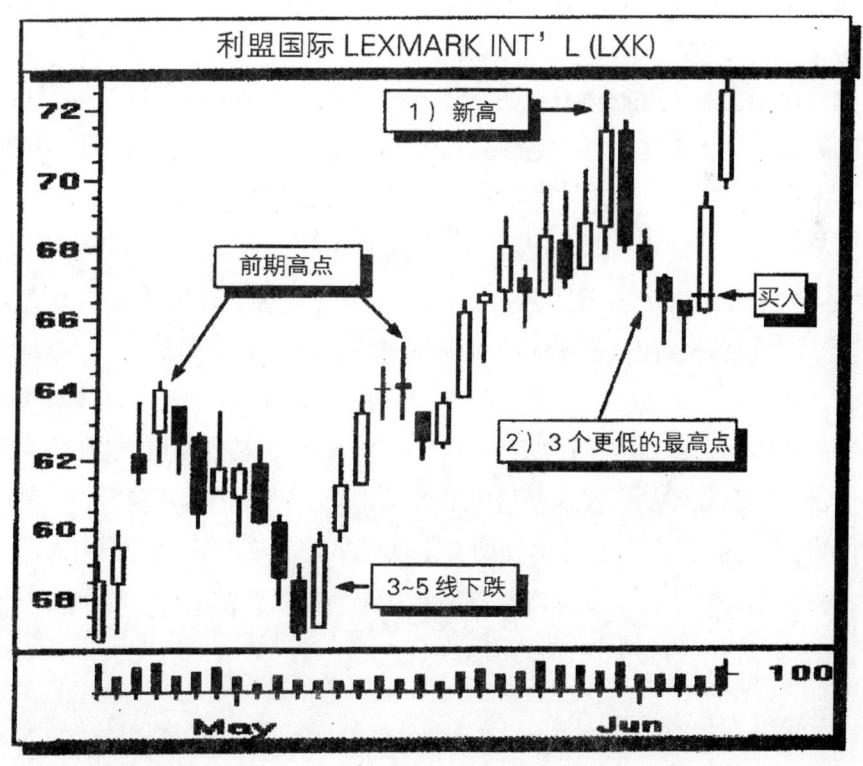

图 14-3

LXK 的日线图显示了两个3到5线下跌。第二个下跌形成了一个完美的关键点买入。在新高出现之后不久（标准1），LXK经历了一个3个或更多的连续更低的最高点的下跌（标准2）。第3步要求一旦LXK在前一线的最高点之上交易，就买入。注意随后的快速上涨。1-2-3，就这么简单。

买入技术2：30分钟买入

30分钟买入描述

交易大师必须注意交易开始的20~30分钟也许是一天中最需要技巧的时间，尤其是当市场做好强势上涨姿态的时候。为什么？因为经过一夜以及开盘之前时间累积的买单，为职业做市商和专家提供了他们在一天的其他时间里不会享有的优势。这些累积的市价单为他们提供了关于一支股票的充足需求的预先的，或者我们可以说是内部的信息，而这些信息又给予他们能够影响这支股票开盘价的更强大的能力。这就是导致股票跳空高开的原因，在开盘之前堆积了大量的买单。但这就是关键，一个关键的关键。在许多情况下，职业做市商或者专家令股票在开盘时大幅跳空高开，形成我们所说的多头陷阱。换句话说，股票被人为地高开去欺骗那些新手买入者（那些仅仅因为股票有好消息或者看上去很强就买入的人），以便他们这些专业人士可以脱身出来。记住，每一笔买入指令的对面都有一个相对应的卖出指令。问题就是在这种情况下谁是更聪明的那一个。是买入者还是卖出者？当一支股票大幅跳空高开的时候，通常卖出的人更聪明。这就是为什么很多大幅高开的股票在最初交易的10到20分钟之后急剧回调。一旦那些开盘前堆积充足的买单都成交之后，需求消失了，股票开始让位于专业的卖盘，并且缺乏买盘。但是有一个例外，这种例外形成了我们的最有效的日内交易战术的一种。我们的研究表明，如果股票跳空高开，并且能够在交易30分钟之后创出当日的新高，那种开盘所表现出来的力量就不是人为的，而是真实的。在这种情况下力量是真实的是因为它被早盘的抢购（最开始20分钟左右的交易）之后继续的买盘所证实。这一简单的发现鼓励我们去设计一个简单的但是有效的让交易者投资那些真正强势股票的方法。这称之为30分钟跳空买入规则。以下是它如何起作用的。

30分钟买入形态

1. 股票必须在开盘时跳空高开5/8或更多。多数情况下，一个远超过1美元的向上的跳空缺口是与消息相关的（上涨的收益，经纪商评级向上，等等），这都没

第十四章 买入工具和战术：一步一步指导你像一个行家入市

有关系。注意：最好是股票没有从开盘价继续上涨很多。尽管这不是绝对关键的，我们发现那些跳空高开然后马上停滞不前的股票是这种策略最好的候选者。

30分钟买入操作

2. 一旦股票跳空开盘，交易大师必须让它交易满30分钟。在这段时间里除了观望不需要任何行动。交易者经常会同时观察几支符合前面的设立标准的股票。

3. 一旦30分钟过去之后，交易大师在当日最高价之上1/16处设置预警，通常这个价位与当前的价位相差很远。

4. 一旦预警被启动（股票创出当日新高），交易者买入并设置一个在当日最低价之下1/16处的一个保护性止损。这会让这种交易的风险降低。注意：理想的情况是股票在第一个半小时之后的一个小时左右创出新高。但是我们不会因为缺乏理想状况而阻止我们的行动。在交易的头30分钟之后的任何时候只要股票创出新高都可以采取行动。我们的研究表明更大的上涨发生在几个小时的交易过去之后突破的股票。

5. 一旦买入，交易大师会使用在以后章节将要讲到的交易管理和利润获取步骤。

让我们来看一个真实的例子（图14-4）。现在你拥有了一个简单的但是有效的投资于跳空缺口的方法。只要坚持使用安全措施，或者说保护性止损，这种策略有超出平均收益的潜力。它也自动地帮助交易者分辨哪些是人为的大幅跳空的股票，哪些是真正有爆发力的股票。这是一种有效的策略，作为市场的学生，通过正确地运用它你将会很有收获。我利用这个时间欢迎你进入冠军的行列。你现在拥有了像一个专业人士一样读懂和参与缺口的能力。

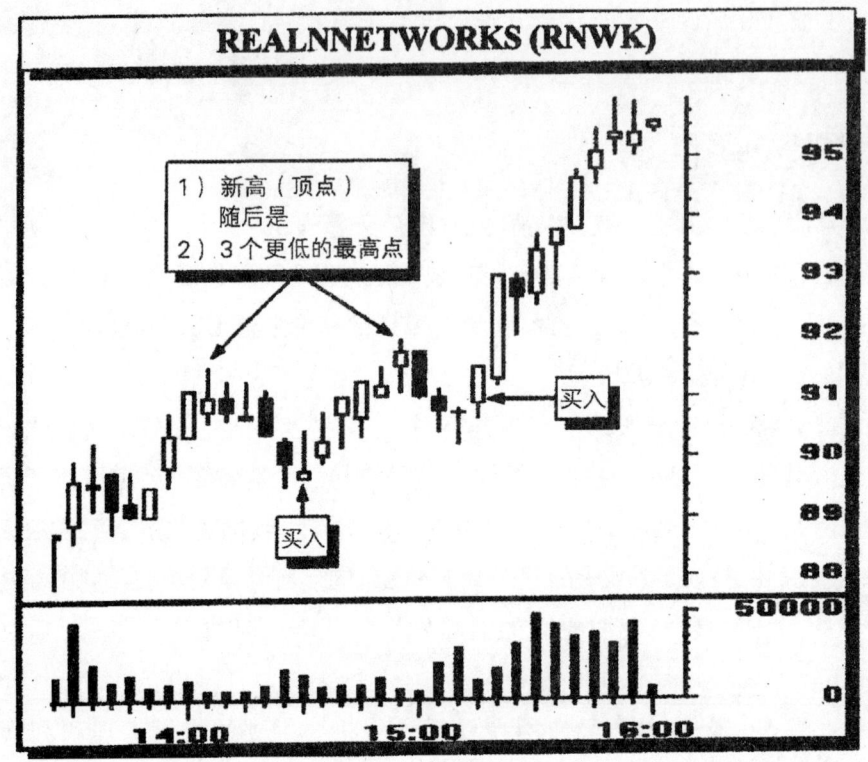

图 14-4

这个 RNWK 的 5 分钟图显示了关键点买入在所有的时间框架中都是可行的。RNWK 的例子显示了两个买入机会。首先是高点或者顶点（1），随后是 3 个或者更多的更低的独立的最高点（2）。一旦 RNWK 在前一线的高点之上交易，日内交易大师就出击（买入）。注意随后的上涨是多么强劲。

现在有必要让我们来进入最后一种入市技术。这是我们针对那些很多活跃的日交易者喜欢的抢帽子日内交易（超短线交易）最主要的入市方法。我们肯定，你会发现这最后一种入市技术非常有启发性，因为它是一种聪明的日内（超短线）交易方式的基础，这种交易方式多年来为我们在市场上赢得了每日的利润。让我们赶紧继续下去，以便我们能够揭示出尾市突破技术所带来的神奇的机会。

买入技术 3：尾市突破

尾市突破介绍

真正的交易大师的方法不是一维的，那些已经进入我们所说的精通境界的老练

第十四章　买入工具和战术：一步一步指导你像一个行家入市

的交易者，知道如何处理不同的空间、时间框架和不同的交易方式。日内交易（或叫超短线交易）是在所有的交易中要求最高的，毫无疑问，它通常要求最高水平的技巧，最大程度的情绪和心理的稳定性。我们将要教给你的日内交易的入市技巧构成了我们的超短线交易风格的大部分的基础。

尾市突破技术将提供给每一个超短线交易者为了保持一个灵活的抢帽子者所需要的首要的最重要工具。如果你真的想进入超短线交易市场，并拥有灵活的头脑和纯熟的技巧的话，我们强烈地鼓励你深入研究以下的部分。如果你这样做了，你就可以拥有一种可以使你终生受益的技巧。它已经回报了我们。因此不要耽搁了，让我们来看一看这个如此重要的叫做尾市突破的日内入市技巧吧。

尾市突破描述

交易日的后半部分为交易大师提供了一个最好的获取稳健超短线收益的机会。我们教给我们的学生和内部交易者把一天分成三个部分：开始、中间和结束。我们知道这看起来很明显，但是正如在前面的一章讲过的那样，通常是一天的中间部分夺走了许多交易者辛苦获得的收益，这些收益可能是通过隔夜的交易在上午取得的，或者来自上午早些时候的超短线交易。我们把大约从美国东部时间上午11：15开始到下午2：15分结束的一天的中间部分，叫做日中萧条期（详细情况见第七章），它经常是超短线交易者的一个危险的黑洞。但是这3个小时缺乏光泽的时期也是一天中最好的交易时段——尾市突破期的孵化器和滋生地。

为什么这个时段对超短线交易者这么重要？因为市场通常会继续在日内萧条期开始之前的活动，为超短线交易大师提供了一批全新的交易机会。就像东部时间下午2：15~4：00是独立的一天，有它自己一系列独特的交易机会。那些获得了掌握这段时间所必须的工具和技巧的交易者将会发现他们的超短线收益的主要部分都来自这段短短的时间。事实上，如果我们只能教给交易者一种超短线交易方式的话，我们将会提倡只在东部时间下午2：15之后交易一个特定的价格形态。我们现在深入研究我们称之为尾市突破的形态和方法。注意这里我们使用了5分钟图来说明尾市突破技术。

尾市突破形态

1. 股票必须在这一天上涨（高于前一日的收盘价交易）。
2. 股票必须在开盘价或者之上交易。
3. 股票现在必须形成一个震荡区域或者接近当日的最高点。

4. 震荡的时间必须至少持续 $1\frac{1}{2}$ 小时（使用 5 分钟图）。

一旦超短线交易大师发现了一系列符合这些条件的股票，他们就会采取以下的行动。记住，所有这些都是通过观察 5 分钟图发生的。

尾市突破操作

5. 看着 5 分钟的价格图，交易大师寻求在超过最近一系列相等高价的 1/16 处买入。**注意**：这个入市点通常在当日的最高价之下更为有利。大多数交易者被教会买入当日的新高。我们所教的交易技术经常让他们恰好在当日的新高产生之前买入，让那些后来买入者的抢购帮助把股票的价格抬得更高。

6. 一旦进入之后，交易大师设一个保护性的止损，恰好在震荡区域的下方，或者低于 5 分钟突破（入市）线的低点。更详细的保护性止损的讨论见第十五章。

7. 当股票涨高时逐步卖出。见第十五章关于卖出的更详细的讨论。

让我们来看一个尾市突破的例子（图 14-5）。尾市突破技术也可以被应用到日线图上，尽管在这种情况下尾市这个术语不再适用。应该注意的是最重要的条件是图表形态，而不是时间框架。如果一个特定的价格形态在 5 分钟的时间框架中适用，它也适用于日、周或者小时的时间框架。记住，图表不过是钱的足迹。它们揭示了参与者的恐惧、贪婪和不确定。这些恐惧、贪婪和不确定在所有的时间框架里都是存在的。这里有一个有趣的日线突破买入的例子，就像一个在 5 分钟时间框架里的尾市突破一样。尽管它们的时间框架有很大的不同，特别注意以下 POST 和 SSCC 图表的相似之处（图 14-6）。

第十四章 买入工具和战术：一步一步指导你像一个行家入市

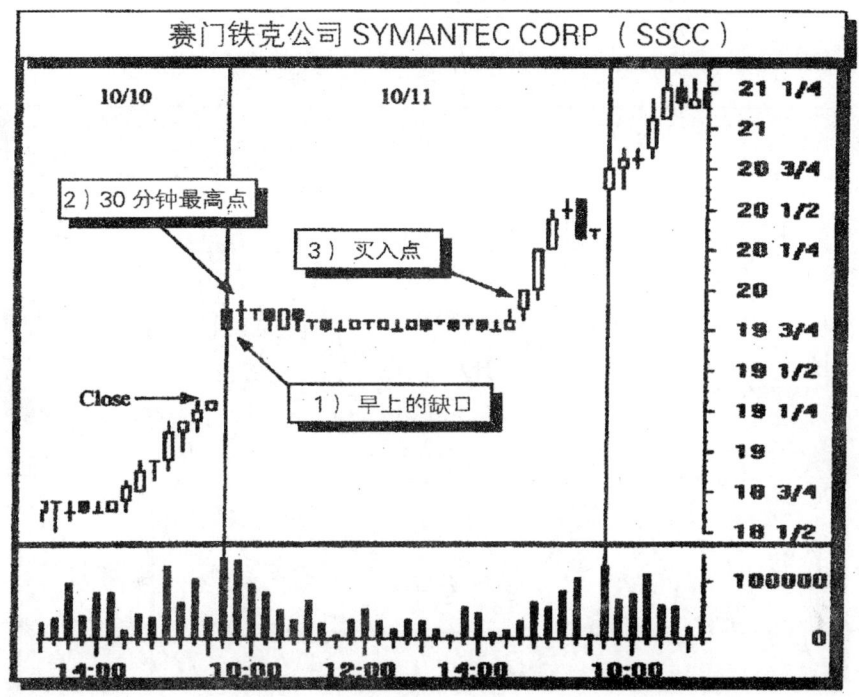

图 14-5

这个 SSCC 的 5 分钟图显示了一个几近完美的 30 分钟买入形态。在 10 月 11 日的早上，SSCC 开盘向上跳空 5/8，满足了初始的跳空标准（见标准 1）。在 SSCC 交易满 30 分钟之后，交易大师使用一个提醒标出了当日的最高价（见标准 2）。在点 3，当股票在当天的晚些时候创出当日新高时，交易大师买入 SSCC，在低于当日最低价的 1/16 处设定一个保护性止损。如你所看到的，在突破之后出现了一个不错的日内上涨。尾市突破的力量甚至延续到了第二天（10 月 12 日）。

好，现在你已经全部学完了。像一个专业人士一样买入股票的三种独特的方式。正如我们前面所说的，买入是交易的最关键的部分。正确买入，你就已经解决了交易方程的 85%。但是尽管它很重要，没有一个很好地组织在一起的交易管理计划，交易大师的计划仍然是不完善的。这就是我们下一章所要讲的。

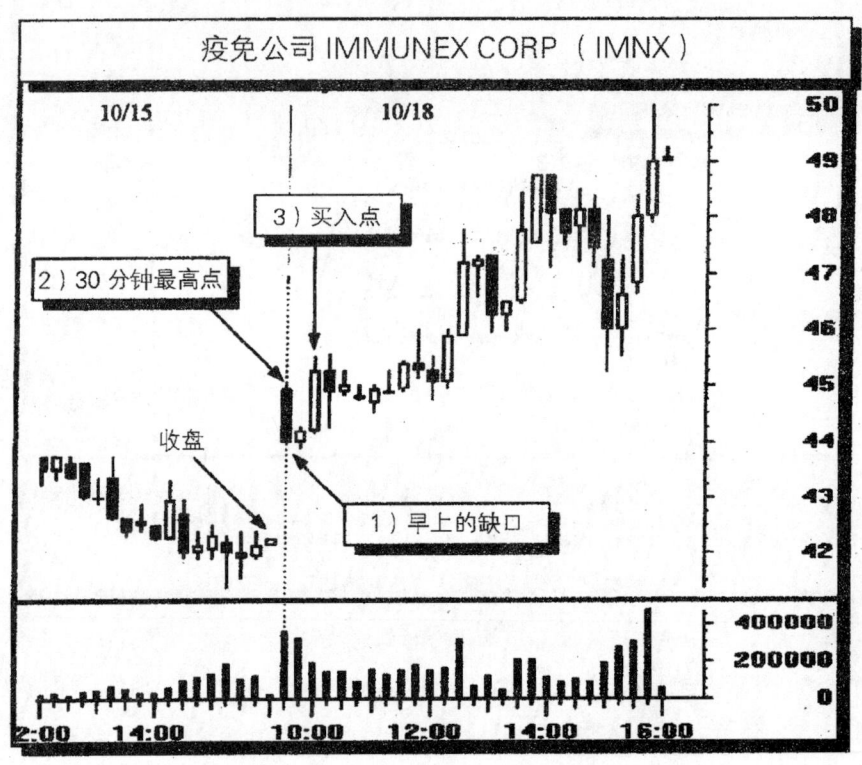

图 14-6

这个 IMNX 的 15 分钟图显示了另一个 30 分钟买入形态。在 10 月 18 日的早上，IMNX 开盘时向上跳空 $2\frac{1}{2}$ 美元，满足了初始的跳空向上的标准（见标准 1）。IMNX 在第一个 15 分钟的时间内下跌，在随后的 15 分钟内盘整。30 分钟时间框架内的最高点在开盘时形成。交易大师使用一个提醒标出了这个当日的最高点（见标准 2）。在点 3，当股票以当日的新高交易的时候，交易大师买入 IMlNX，设定保护性止损在当日的最低价之下 1/16 处。如你所看到的，在突破之后出现了一个强劲的日内上涨。这里，缺口是真正的力量的标志。

第十五章　交易管理工具和战术：一步一步指导你像一个行家一样管理你的交易

我们很想说生活是完美的，你所做的每一笔交易都将达到预期的结果。我们也想说你永远不会经历遭受损失的痛苦，只有往银行存钱的喜悦。但是不用说，情况不是这样的。损失是，并且将永远是每一个交易者生活的一部分。成功的交易者与失败的交易者之间的一个重要的区别就在于成功者懂得怎样控制损失，怎样使损失很小，在能容忍的范围内。而失败者则放任损失恶化、加大，直到损失开始控制他或她。

交易是一种生意。像其他任何生意一样，它也需要保险保护它免遭无法预料的灾难的打击。交易者的主要的保险工具无非就是全能的止损。在普利斯坦，我们称之为保险单。让我们仔细看一看这种无价的资金管理工具。

工具1：初始止损：你的保险单

初始止损描述

在你做每一笔交易之前，你必须先设好一个价位，在这个价位上你必须认输离场。这个价位就是你的初始（保护）止损。这个价位代表你在这个位置画了一条线，在这一点你必须完全地把这支股票从你的生活中清除出去。这个保护性的止损可以是一个记在簿册中的实际的止损，比如说，纽约股票交易所的止损单（纳斯达克不接受止损），也可以是记在心里的。以何种形式设置止损并不重要，只要在到达这个止损点的时候你能立即行动。如果你买的一支股票引发了止损，你必须遵守纪律能立即了结头寸。没有犹豫、没有"如果"、"和"或者"但是"。只要出来！当然有些时候你刚一卖出，股票就反弹，并且的确这种时候很让人灰心。但是，从长时间看，这条严格的行动方针将会挽救你的金融生涯。

让我们这么说吧。每一次你买了一支股票，某种意义上就是你雇佣了一名员工。这个员工（股票）只有一个工作，就是努力工作让你赚钱。如同任何雇员一样，你也得给股票留出一定的时间和余地来表现。这个余地，我的朋友，就是你的入市点和你的初始止损价之间的距离。这是仅有的一种能保护你自己不受坏的和（或）毁灭性的员工伤害的保险措施。因此，必须严格遵守。如同这里说到的，有些时候你刚卖出股票（雇员）就发现这支股票（雇员）恢复了它的光彩和赢利能力。没有什么事情是完美的。但就像前面提到的，交易就是一种生意。所有的生意人都知道他们必须设定一条线。他们知道他们必须在某些点位认赔。交易而没有上保险（初始止损）就是在与灾难游戏。不断地违反你的初始止损最终会给你带来毁灭。以下是一些我们用来设定初始止损的一些原则。

交易大师如何设置初始止损

· 当在前一根线的最高价之上买入股票时，交易大师有两个止损方法可供选择。第一个叫前一线止损，这种方法要求将初始止损点设置在前一根线最低价的 1/16 到 1/8 处。这儿有一个例子（见图 15-1）。让我们假设 XYZ 星期三在最高 30 美元和最低 29 美元之间交易，星期四，交易大师在 $30\frac{1}{16}$ 美元买入 XYZ（超出星期三的最高价 1/16 点）。一旦完成了 XYZ 的购买，交易大师会设置一个初始止损点在 $28\frac{15}{16}$ 美元（低于星期三的最低价 1/16 点）。

· 如果前面描述的前一线止损法使得太多的资金处于风险中，交易大师可以选择使用第二种止损方法叫做当前线止损方法。这种方法把初始止损设在低于当日（入市日）的最低点 1/16 到 1/8 处。让我们来看另一个例子（图 15-2）。ABC 公司星期三在 $40\frac{1}{2}$ 到 $38\frac{1}{2}$ 美元之间交易，2 美元的幅度。在星期四，交易大师在 $40\frac{9}{16}$ 处（高于星期三的最高点 1/16）买入 ABC。一旦完成了 ABC 的购买，交易大师使用当前线止损方法，会把初始止损设在 $39\frac{7}{16}$，冒 $1\frac{1}{8}$ 美元的风险。用前一线止损方法，止损应该设在 $38\frac{7}{16}$ 美元，把风险提高到无法接受的 $2\frac{1}{8}$ 美元。许多交易者，包括训练有素的内部交易者，会选择当前线止损方法。

提示：记住使用前一线止损法或者当前线止损法完全是个人的选择。每种方法有其优点和缺点。前一线止损法会产生较少震荡出局的情况，因为股票被给予了更

第十五章 交易管理工具和战术：一步一步指导你像一个行家一样管理你的交易

大的摆动空间。当前线止损法尽管会产生较多的震荡出局的情况，当止损发生的时候通常会产生较小的损失。

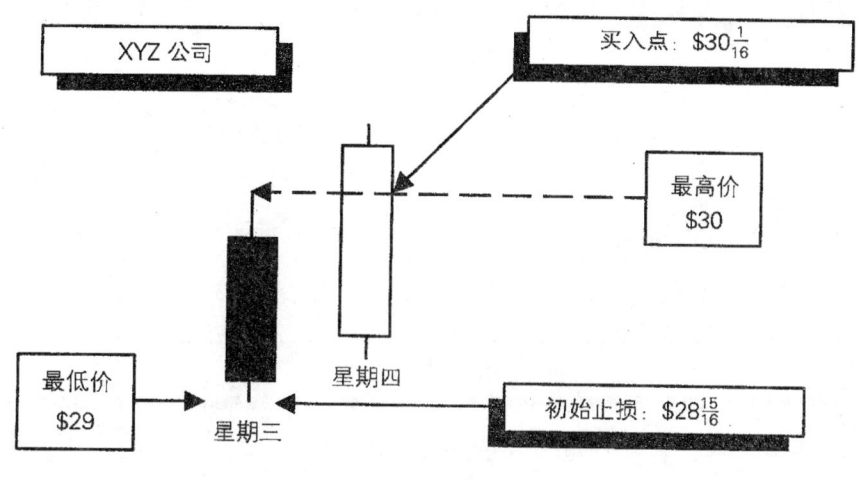

图 15-1

交易大师在 $30\frac{1}{16}$ 美元买入 XYZ，初始止损设为 $28\frac{15}{16}$ 美元，下跌风险为 $1\frac{1}{8}$ 美元。

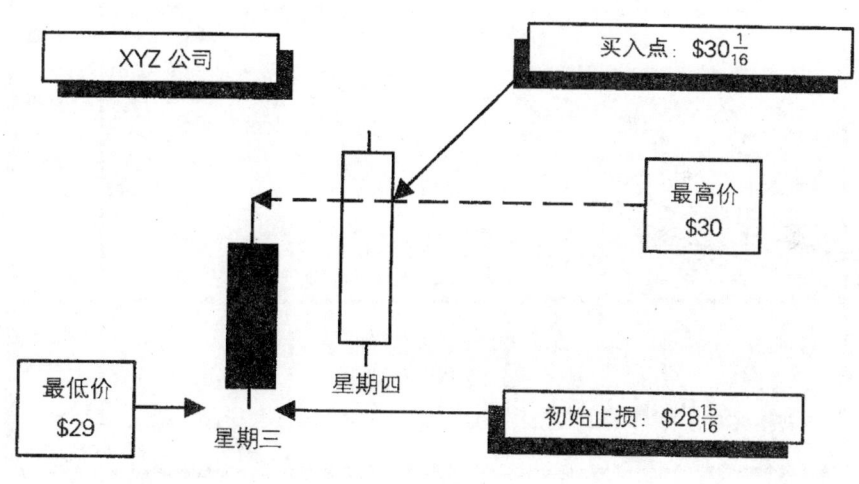

图 15-1

交易大师在 $40\frac{9}{16}$ 美元买入 ABC，初始止损为 $38\frac{7}{16}$ 美元或者 $39\frac{7}{16}$ 美元。因为初始止损 $38\frac{7}{16}$ 美元会产生 $2\frac{1}{8}$ 美元的损失，交易大师可以选择 $39\frac{7}{16}$ 美元作为止损，只产生 $1\frac{1}{8}$ 美元的损失。

- 当于突破横向整理买入的时候，交易大师也有两种止损方法可供选择。第一种叫做基础止损方法。这种方法要求将初始止损点设置在低于整个横向整理基础之下的 1/16 到 1/8 处。这儿有一个例子（图 15-3）。POST 在一个严密的横向整理范围内交易了数周，震荡范围在 $4\frac{5}{8}$ 到 $4\frac{3}{8}$ 美元之间。交易大师在突破了 $4\frac{5}{8}$ 处买入，止损设在 $4\frac{5}{16}$（低于 $4\frac{3}{8}$——横向整理的下轨 1/16）。

- 如果前面描述的基础止损方法使得太多的资金处于风险中，交易大师可以选择使用第二种止损方法叫做突破线止损法，与当前线止损法相似，把初始止损点设在突破线或买入线的最低价之下的 1/16 到 1/8 处。换句话说，就是当突破点买入的时候，交易大师可以或者把初始止损设在整个整理基础之下或者仅仅设在产生突破线之下。

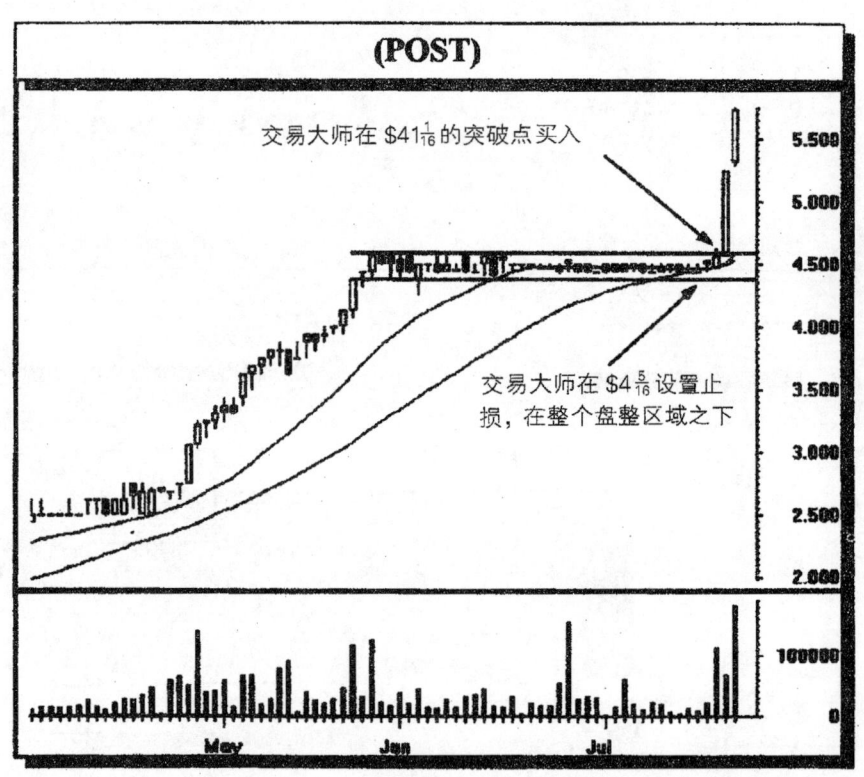

图 15-3

交易大师在 $4\frac{5}{8}$ 美元之上买入 POST，初始止损在 $4\frac{3}{8}$ 美元以下，使得它成为一个低风险、高收益的活动。

关于初始止损的最后一点需要注意的地方

永远不要忘记以下这一点。赢利会自然而然到来，而正确的损失才要求更多的技巧，严格的纪律和高度的成熟。我们在 Pristine.com 可以总是通过对他们来说止

第十五章 交易管理工具和战术：一步一步指导你像一个行家一样管理你的交易

损多么困难来辨认出交易新手。有经验的交易者已经学会了他们最珍贵的商品就是他们的初始的资金，唯一能使初始资金保持完好的工具就是初始止损。因此，老道的交易者以光速止损，然后继续向前，知道明天又是另一天和另一个交易。对于那些坚持初始止损的交易者来说生活总是继续向前。但是对于那些没有严格自律来止损的人来说，生活可以也经常会突然终止。不要吝啬，我的朋友。相反，我们鼓励你明智地付出你的保险费。换句话说，坚持你的初始止损。到它们挽救你的生活的那一天，你将会感谢我们。

工具2：持平止损：用市场的钱来玩

持平止损描述

一旦你进入了一笔交易，设置了初始的止损，你的首要目标就是到达那一点，在那一点你不用你的钱冒风险，而是用市场的钱来玩。在每一笔交易的第一个阶段，是用你的钱在冒风险。如果马上有什么不对的地方，你的初始止损就会被引发，产生资金的损失，尽管是一个很小的损失（见本章前面关于初始止损的部分）。尽管有时会发生这样的事，很多时候你的股票会涨得足够多（或者跌得足够多，如果是卖空的话），使你可以把止损移到你的买入价。让我们来看一个例子。你以20美元买入XYZ想要获得1.75到2美元的收益。你的初始止损是19.25，使得你冒75美分的风险。这是你为了获得潜在的1.75到2美元的收益的机会所需要付出的成本。一个不错的比例。如果交易变坏，你会损失75美分，然而，如果股票涨得足够高，你会很快想要把你的初始止损从19.25美元提高到20美元。把你的止损提高到你买入股票的价格完成了两件事。首先，它几乎消除了你的风险，这时你是在用市场的钱来玩，而不是你的钱。可能发生的最坏的事情——除了头天的负面的消息，就是损失你的佣金，但是那应该被看作是做交易者这一行的成本，而不是实际的损失。佣金就像是其他行业所付易耗品、租金和水电费等。它们是做生意所必须的，我们对此毫无办法。第二，提高你的止损点到持平的位置产生一种心理的优势。因为你不再处于危险中了，你可以休息一下，把你的脚搁在咖啡桌上，放松。这时你知道股票或者为你赚钱，或者被卖掉，反正你没有任何成本，全由市场来承担。你一定会喜欢这样。但是这里需要告诫的是，你必须知道什么时候提高止损到持平的点位。如果太早这样做，你将会被要求提前卖出你的好股票。如果太晚这样做，你就会不必要地损失你辛辛苦苦挣得的收益。什么时候是正确的时间呢？以下将会讲到。

一美元规则：一朝是胜利者，永远是胜利者

一旦一支股票（你的雇员）向有利于你的方向移动了1美元，你就应该立即调整你的初始止损到持平的价格。现在注意我们没有说，"一旦你有了1美元的收益……"不，一旦你的股票涨过了（卖空的情况下跌过了）理想的入市点1美元，你就应该把止损移到持平的价位。这听起来是一样的，其实有一个重大的区别。继续前面的例子，你在20美元买了XYZ，你的初始止损点是19.25美元，你在寻求1.75到2美元的收益。股票涨到了21美元，涨了1美元。如果你在这一点卖出，你可能不能卖到21美元。涨1美元并不总是等于1美元的利润。但是这不是关键的问题。因为它涨了1美元，你就应该把止损从19.25美元提高到20美元——你的持平点。这时，一切都平稳地进行。你可以休息、放松，舒舒服服想着你最好的情况是会赚钱，最坏的情况也会持平。现在市场在为你的交易付钱。如同我们说到的那样，你会喜欢它的。提示：我们的内部交易者在交易低于12美元的股票时使用一个75美分的规则。我们也鼓励你这样做。

关于持平止损的最后一点需要注意的地方

记住1美元规则只对波段交易（有意隔夜持有的交易）适用。一个更小的增加，如1/4或者3/8可用于日内交易。

工具3：跟踪止损方法：你的赢利阶梯

跟踪止损描述

你的最珍贵的商品就是你的初始资金，这一点毫无疑问。你的第二个最珍贵的商品就是你辛辛苦苦赢得的收益。交易大师必须永远不允许自己损失他们的利润或者把利润还回去。在市场上持续地获得利润很难。你最不想做的事就是赢得一个不错的利润，然后让它溜走。这就是为什么我们设计了跟踪止损法，一种帮助交易者骑上有潜在巨大收益的黑马，同时保护已经获得利润的技术。它的应用很简单、很基本，但是很有效。下面就是它如何起作用的。

你在20美元买入XYZ，初始止损是19.25美元。你买入股票的这一天可以被看作是这支股票第1天上班的日子。你雇佣了XYZ来为你工作，它最好努力工作，否则就会被开掉。你知道如果XYZ涨了1美元，1美元规则会使你把止损移到持平点

第十五章　交易管理工具和战术：一步一步指导你像一个行家一样管理你的交易

位。但是假设在 XYZ 的第 1 天结束时，它最高仅仅涨了 1/2，收盘在 $20\frac{3}{8}$ 美元。如果是这样，我们的止损必须保持在 $19\frac{1}{4}$ 美元。在第 2 天，假设 XYZ 最高达到 $20\frac{5}{8}$ 美元，但是同样收在 $20\frac{3}{8}$ 美元。现在我们开始应用我们的跟踪止损技术。在第 2 天交易结束时，我们必须把我们的初始止损移到低于该交易日的最低价（在卖空的情况下高于最高价）1/16 点。因此，换句话说，如果第 2 天 XYZ 的最高价是 $20\frac{5}{8}$ 美元，最低价是 $19\frac{7}{8}$ 美元，收盘价是 $20\frac{3}{8}$ 美元，你的止损应该从 $19\frac{1}{4}$ 美元移到 $19\frac{13}{16}$ 美元（低于当日的最低价 1/16）。并且在此后每一个交易日，交易者都应该简单地重复把止损价提高到低于当日最低价 1/16。这叫做跟踪最低价。让我们继续前面的例子。在第 1 天，你的建仓日，初始止损点是 $19\frac{1}{4}$ 美元，在第 2 个交易日结束，你的止损点向上移到了 $19\frac{3}{4}$ 美元（见前面）。现在，让我们假定在第 3 天，XYZ 涨到了 21 美元。这时，你应该立即将你的止损移到持平点——20 美元，基于我们前面提到的 1 美元规则。你一定不要忘记这一点。但是让我们假定在第 3 个交易日结束时，XYZ 有一个最高价 $21\frac{3}{8}$，最低价 $20\frac{3}{8}$，收盘价 $21\frac{1}{4}$。你然后应该将你的止损移到 $20\frac{5}{16}$，低于当日的最低价 1/16。现在记住：在第 3 天，你基于 1 美元规则把止损移到了持平点，那是一个暂时的措施把你的风险转移给市场。但是现在，交易结束之后，你想要继续使用我们的跟踪止损法。你有了 $1\frac{3}{8}$ 的利润（$21\frac{3}{8}$ 美元收盘 − 20 美元买入点 = $1\frac{3}{8}$ 美元收益），想要开始保护其中的一部分。在第 4 天如果 XYZ 涨到了 $21\frac{3}{4}$ 美元到 22 美元之间，你将会卖出，因为它已经工作得足够努力达到了你 1.75 美元到 2 美元的赢利目标。如果在第 4 天结束时没有到达你的赢利目标，你将把你的止损提高到低于当日得最低价 1/8。一直这样继续下去，直到你达到了止损出局，或者达到了你的赢利目标，或者……是的，还会有另一种可能，下面我们将要谈到，

工具4：时间止损方法：时间就是金钱

时间止损描述

交易是金钱的游戏。时间是构成金钱的材料，因此我们不该浪费它。我们教给我们所有的内部交易者使用我们叫做时间止损的方法。如我们使用的所有战术一样，它简单，但是非常有效。时间止损使我们不会在没有表现的股票上浪费太多的时间。它使我们的钱流动，寻找和发现机会。作为一个短线交易者，你们永远不会想没有回报地逗留得太久。这不是投资，这是交易。当你交易时你不是沃伦·巴菲特。你的目标是刺和戳，而不是刺完以后停在那里。规则如下。

时间止损规则

如果一支股票在第5天既没有达到你的获利目标，也没有止损出局，卖掉它。解雇这支股票，继续前进，不管它在什么价位，也不管你的损失或者赢利是多少。把每一支股票当成你雇来在特定的时间内（5天）从事某一特定工作的雇员（到达目标价格）。如果到第5天，雇员没有成功，解雇它。时间就是金钱。这本书里所谈到的波段交易的战术被设计出来在1到3天内达到价格目标。如果到第5天（你入市的那天算作第1天），目标还没有达到，我们所期望发生的事情没有发生，游戏就应该结束。时间就是金钱，交易大师不会浪费它。

重要提示：对于日内交易者，时间止损有所不同。我们通常愿意给一笔日内交易1到2小时作为时限。但是任何超出此范围的东西都会把交易者置于我们所说"希望模式"中。而希望，在市场中是一件危险的事。记住这一点。

第十六章　卖出工具和战术：一步一步指导你像一个行家一样卖出股票

　　获利是一门艺术，你一旦掌握了它，就是拥有了专业知识皇冠上最明亮的宝石。尽管正确买入是交易大师成功的关键，知道何时和怎样兑现利润可以使得你由知道何时买入所得到的利润最大化。太多的交易者不知道怎样才算足够，因为贪婪导致持有时间过长带来的灾难。永远不要忘记最后的 1/8 是最昂贵的 1/8，一个人为最后 1/8 所付出的代价可能是全部辛苦赚来的赢利。并且，真正精明的交易大师在股票到达顶点之前很久就想离开。为什么？因为每一个短期移动的顶点都充斥着交易新手。这就是向往者待的地方。这就是不懂的人出没的地方，交易大师如同躲避瘟疫一样躲避这种地方。大多数的交易大师完全明白赢得交易必须能够在每一个波段中获取中间段的利润。想要抓住一个波段完全的底部和顶部是徒劳无功的，也是没有必要的。唯一能够一直在底部买，在顶部卖的交易者是撒谎的人。

　　我们现在来进入人烟稀少的正确获利的世界。我用了"人烟稀少"这个词是因为在 13 年的交易之后我意识到很少市场参与者有交易计划，有获利计划的就更少了。长线交易者和投资者，在模糊地退出概念背后，缺乏聪明的获利原则。他们的假设是"时间"将会弥补他们缺乏交易计划的缺点。但是一个人交易的长度不是一个模糊的行动计划的借口。短线交易者也有他们的问题。很多超短线交易者或日内交易者忙于努力保护他们自己不遭受又一次的损失，经常抓住任何类似于赢利的东西。随着每一秒的流逝，这些交易者的恐惧程度也随之提高，阻止他们去抓住那些有时是在那里等你去拿的巨大赢利。有一个正确的入市方法固然重要，知道怎样很专业地管理你的交易也是在市场上成功的关键因素，我们已经在前面的章节里详细地谈到了这两个重要的部分。现在，让我们进入最后一部分——关于如何像一个专业人士一样退出交易的艺术。

递增卖出

  入市的方法使你进入一个好的交易，完善的管理交易能力使你在整个股票的走势中保持冷静、镇定和最大限度的集中。现在，你不久之前买的商品的价值已经超出了你为它付的钱。有那么一小会儿，你为把股票太便宜地卖给你的那些没知识的人感到遗憾，但是看到你现在所赚到的钱医好了你的罪恶感。现在你意识到交易的第三部分必须上演了：获取赢利，或者说吃掉沙拉，像一些实时交易者所说的那样。什么时候卖掉？在哪里卖掉？这是一个很重要的问题。最好的交易者几乎从来不在一个点位卖掉他们所有的存货（股票）。他们知道这就好比是一个路边的小贩在第一人出价时就卖掉了他们所有的陶器，而没有给其他的潜在购买者出更高价的机会。如果你的获利股票（商品）可以得到更高的价格呢？现在的价格当然很不错，但是如果你有正确的股票，价格可以涨得更高。如果价格涨得更高，难道不足以证明你购买了正确的商品吗？但是，有多少次你试图等待一个更好的价格，却眼睁睁看着你可以很容易获得的价位消失在风中？想要立刻变现的愿望是神经质还是谨慎？想要获得更大收益的愿望是贪婪还是聪明？应该怎样去解决这个两难的问题？答案：递增卖出。我们发现以两个或以上的价位卖出股票是最好的获利方法。它不仅解决了交易者是否应该获利了结的两难问题，也给了交易者一个获取更大利润的机会。简言之，递增卖出是平息内战的解决方法——通常交易者有赢利的时候会发动这样的内战。卖出还是不卖是一个每一分钟都存在的问题。我们对这个永恒问题的回答总是"卖出"，但是只卖出头寸的一部分。有一个例子，假定有一个交易大师，我们把他叫做"瓦莱士先生"，1000股的股票有1美元的账面利润，他已经根据我们的持平规则把他的初始止损价移到了持平的点位。现在，1美元的账面利润已经在他的口袋里了，瓦莱士先生知道一份在手的利润比两份账面的利润值钱，因此决定卖出他的头寸的一半，锁定500美元的赢利。通过做这样一件简单的事，瓦莱士先生满足了他落袋为安的愿望，那种害怕损失全部账面利润的恐惧已经被完全消除了，并且他还为自己留下了获得更大赢利的可能性。一种很酷的力量感重新回到了瓦莱士先生身上。为什么？因为那个与他的情绪进行拔河比赛的心理的魔鬼已经被打败了。再一次，清醒和非常重要的冷静的感觉回来了。瓦莱士先生现在准备开始他的获利行程的下一个阶段：最大化他的赢利。**提示：**冷静和对付经常骚扰交易者的心理的魔鬼尽管非常重要，但却很少得到注意。马克·道格拉斯的《自律的交易者》一书是我们所见到的关于这个问题的最好著作。访问WWW.Pnstine.com/books来获

第十六章　卖出工具和战术：一步一步指导你像一个行家一样卖出股票

得更多的关于这本和其他几本我们认为很有价值的书的信息。有几本好书可以为活跃的交易者提供真正的食粮，这是其中的一本。

奥利弗·瓦莱士的个人笔记

我一直为前面所描述的两难问题所困扰，在我作为一个交易者的成长的年代里，我发现自己经常因为卖得太快而错过了真正大的收益。我的问题在于我喜欢"按响收银机"。每一次我试着通过持有股票时间长一些来纠正这个问题时，它们就失掉了上涨的势头，我能够获得的利润消失了。这种不变的我的股票和我的表现的双重不利情况使我一直很困惑，很沮丧。就是说，直到我停止与这两种愿望斗争，而开始尝试满足这两种愿望之前。这对我来说就是答案，是突破。很多年来我试图采取一个立场，强迫自己进入一种模式或者另一种模式。开始的时候，我不明白选择一种或者另一种方式是不必要的。然后我很快明白了我可以二者都做到。我可以满足两个魔鬼（紧张的和贪婪的），并且总的来说可以更好。那就是我开始使用递增卖出法的时候。让我来告诉你，它的确管用。直到今天，我都是递增卖出法的热情使用者。不仅如此，它还是我们严格的内部训练计划的一个有效的部分。所有我们的内部交易者都被仔细地训练正确地使用它，不论他们是超短线交易者，还是波段交易者。

正确的卖出是通向精通交易阶梯的最后一级，当你已经得到不止一个机会使它正确的时候，像一个专业人士一样处理它的几率就大大提高了。因此用它吧。练习这种递增卖出法，你不会后悔的。下一次你发现自己获利的时候，我刚才说到的两个魔鬼竖着他们丑陋的头的时候，卖出一半股票，让他们两个都闭嘴。换句话说，扔给他们每人一块骨头。一旦你落袋为安了一部分赢利之后，把你全部的注意力用在最大化你的剩下的赢利上。怎样做到最大化赢利呢，就是下面要说到的，让我们继续吧。

最大化收益

好，你像任何一个老道的交易大师一样顺利、自信地进入了交易。在设定了你的保险单（初始止损）之后，你开始使用你精心打磨的交易管理技巧。你开始一步一步跟踪你的止损——以一种足以吓倒华尔街最精明的市场专业人士的冷静的精确态度。经过短时间之后，你发现自己勇敢地进入了获利1.5美元的领地。你的止损已经迅速地移到了持平的点位，消除了任何损失的机会。这时，当你发现你曾经以为那么困难的操作其实是非常简单但却非常有效的时候，微笑会渐渐在你的脸上绽放。提示：知道在每一步怎么做的交易者会以一种信心和肯定的态度来操作，而这又会激发出一个成功者的态度。

现在在最大程度的这种微笑会使你像婴儿一样流口水。你逐渐增长的账面赢利产生了一种本能的反应，你开始过量分泌唾液。你看你的敞开的头寸越多，你的口水流得越多。在用手背擦掉嘴角的口水之后，你决定锁定你的一些诱人的利润。在说出 pristine.com 这么短的时间里，你立即卖出了1000股中的500股。砰！在机会出现的时候，某个不是那么聪明的人没有看到你所看到的机会，上了钩。啊！一半已经在口袋里了。你的胸膛开始膨胀。你发现你自己的肩膀由某种秘密的但是强大的力量推动自动地向后挺起来，你意识到这种感觉就是骄傲，但不是那种经常被那些迟钝的和无知的人所拥有的愚蠢的骄傲。你此刻所感觉到的这种骄傲是通过完美无缺地实现一系列的操作之后所获得的。这种骄傲是专业水准的标志，是代表优秀的奖章。你的血管里充满了这种骄傲。经过短暂的停顿来体会我们的成功的喜悦之后，你把注意力指向最大化你所留下的收益。这些是你骑上黑马所要采取的步骤。

三个简单的步骤

1. 你在剩下的交易中保持你的持平止损。记住你应该在交易时间卖出你一半的头寸。这一天还没有结束，你放松了，你知道最坏的情况是你在你卖出的一部分上获利，而在剩下的部分中持平。这时，没有人把你的赢利和你的安宁从你这儿拿走了。

2. 接下来的一天，你用前一天最低价止损的方法作为你的新的止损。**注意**：如果这个新的止损价低于持平止损的话，你要保持持平止损。如果新的止损前一天的最低价仅仅略高于持平止损点的，你也可以选择保持持平止损，这是一个选择的问题。当然，如果前一天的最低价明显高于你的持平止损，你应该用新的止损。

3. 在此后的每一天，你要使用跟踪止损的方法直到下面任何一个可卖的事件发生。

知道哪些事件发生时应该卖出

1. 当开盘时股票跳空上涨一半或更多时，你应该卖出你剩下的头寸。应该注意

第十六章　卖出工具和战术：一步一步指导你像一个行家一样卖出股票

的是做市商和专家使股票跳空向上是为了卖出，而不是为了买入。他们使股票跳空向下是为了买入，而不是为了卖出。

2. 如果在一天的最后 30 分钟里股票处于当天的最低点或者接近最低点的位置成交的话，就应该卖出你剩下的头寸。这是第一个警告信号（在一支上涨的股票中）告诉你卖方已经开始超过买方。

3. 如果在经过一天的大幅上涨之后，股份跌到了开盘份之下，你应该卖出你剩下的头寸。开盘价就像是比赛的起跑线，只要股价在开盘价之上，多方（买方）就在比赛中处于领先的位置。如果股价在开盘价之下，空方（卖方）就处于领先的位置。不要把事件 2 和事件 3 混淆起来，中间是有差别的。

4. 如果股份向下跳空超过一半，然后在 50 分钟过去之后继续向下打破最低价时，就应该卖出你剩下的头寸。在向下跳空 30 分钟后出现的当日的新低是一个熊市的信号。**注意**：所有我们讨论的都假定是一个多头头寸，而不是一个空头头寸。只要把标准反过来就会给空头的交易提供一个正确的指导。

当灾难降临时

我已经花费了大量的时间来讨论如何处理赢利的交易。但是我们都知道，交易大师的生活也不总是布满鲜花。活跃的交易者，比其他任何类型的市场参与者都更有必要了解如何对付灾难降临的时候。当交易者发现最不可想象的噩梦变成了冷酷的现实的时候，他们必须精确地知道该做什么。他们不能在 5 分钟或 10 分钟后才知道，他们必须精确地知道在那一刻该采取什么步骤。记住，今天的活跃交易者完全缺乏时间的奢侈，当乌云密布的时候，他们不能停顿、崩溃或者是懦弱。一个愤怒的市场不允许即使一刻的软弱。如果有时候胜利或者生存偏向于行动迅速的人，就是当市场递给你一颗定时炸弹的时候。只有经过周密思考的意外事故处理计划才能产生迅速的行动和我所说的专业的处理。没有什么比看到一个老练的交易大师在愤怒的股票大嘴中设陷阱更美的事了。真正的专业人士在危险来临的时候更加精明。就像驯狮人可以把他们的脑袋放入狮子的嘴中一样，他们的感觉变得更加敏锐，他们的神经更加敏感，他们的行动更加谨慎和肯定。当你靠近观察的时候，你会注意到交易大师的警觉性（通过多年的艰苦磨炼已经变得非常敏锐了）提高了。每一个想法和每一个行动都表现出一种与胜利的姿态更吻合的信心。但是所有伟大的交易者知道那是在面临逆境的时候交易者必须保持的控制。否则，我们叫做熊市的大白鲨就会把你撕成碎片。

你看，我的朋友，市场既是朋友也是敌人。那些精通游戏的人知道如何在两种情况下对付它。通过下面我们将会详细讲到的几个简单但又有效的操作，你也可以做到。我们想让我们的每一个读者知道什么是伟大。在你知道面对大的灾难时如何摆脱怀疑的阴影控制自己之前，你不可能被认为是伟大的。下面就是我们如何做的。

如何对付大幅跳空下跌

我们活在一个信息驱动的世界，这是一个不争的事实。作为活跃的交易者我们尽最大努力去利用这一点，使它为我们服务。但是不时的，一个不期然的消息会在收盘铃声之后或者在开盘铃声之前宣布，使得我们所持有的一支股票以远远低于我们的买入价之下的价格开盘。当然，延长的交易时间（很快就会 24 小时交易）可以帮助我们避免这种隔夜的风险。但是在这种非常必要的措施完全实现之前，交易者所能采取的唯一的行动就是尽量减少损失，把它控制在最小的范围内。想要通过持有股票更长的时间以便收回所投入资金的想法，没有出现在交易大师的头脑里。这种突发的灾难被认为是作活跃的交易者的成本，它需要用可能的最专业的方式来处理。如果你发现自己处在这种不受欢迎的场景中，下面就是你所要采取的步骤。

灾难降临时应采取的步骤

1. 股票开盘时，监视它的交易活动 5 分钟。在这段时间里，不要采取任何行动。不要卖，不要买入更多。唯一要做的就是观察你的可悲的股票。**提示**：因为做市商和专家让股票大幅向下跳空以便他们可以买到便宜的股票，在交易开头的 5 分钟里放弃你的股票，从统计学的角度来说是不明智的。这不是说股票不可能也不会跌得更低。这种行动只是避免交易者与人群的其他人一样跳向卖方。恐慌——通常在开始的 5 分钟处于顶峰——不是交易者想要做任何事情的心理状态，尤其不是放弃的心理状态。**规则**：永远不要在恐慌中放弃你的股票，有些时候放弃是正确的，我们不能也不会赢得全部，但是你只能在考虑清楚、冷静、控制的状态中来放弃股票。在你行动之前等待 5 分钟过去可以帮助你做到这一点。这么说吧，如果你已经被打垮了，除非你正在交易高价的网络股，否则额外的 5 分钟不会使你的情况更坏。

2. 在 5 分钟过去之后，标明当日的最低价（在开始的 5 分钟内股票交易的最低价）。这将是接下来的 30 分钟内对你来说最重要的价格。

3. 当股票跌破 5 分钟的最低价时，至少卖出一半的股票（当日的最低价在 5 分

第十六章 卖出工具和战术：一步一步指导你像一个行家一样卖出股票

钟之后出现）。为什么仅仅卖出一半在有些时候是可以接受的？因为30分钟最低（不是5分钟最低）是真正有意义的一个价位。不让股票交易满30分钟，就没有给它一个完全的反弹机会。那么在跌破5分钟最低价时为什么卖出一半呢？是为了避免股票在交易开始的30分钟内继续疯狂下跌。记住这只是基本方针。我们不愿意愚蠢。真相是我们有了问题，这些行动无非就是控制损害。卖出问题的一半总是可以带来更多的清醒。负担越少越好。这就是为什么在5分钟过去之后股票创出当日的新低时，放弃一半的头寸是最好的操作。注意：不要忘了对许多交易者来说，在这一点卖出全部才是最好的。一半的选择只适用于那些不是非常恐怖的跳空下跌。

4. 在30分钟之后，再次标出一天的最低价。记住30分钟最低价可能低于5分钟最低价，或者等于5分钟最低价。如果股票在30分钟结束之前打破了5分钟最低价，交易者在30分钟之后要用的最低价就是其中更低的价格。如果在前半个小时没有打破5分钟最低价，5分钟最低价就是30分钟最低价。理解这一点很关键。

5. 如果股票跌破30分钟最低价（在交易的第一个30分钟确立的），卖出你全部的股票。记住这是一个真正的界线。正如我们在本书跳空买入和跳空卖出中所解释的那样，在交易的第一个30分钟之后发生的事情说明了全部。如果股票在第一个半小时之后涨到了当日新高，这种能力是真实的，应该被尊重。如果交易的第一个半小时之后跌出了当日新低，小心。如果它继续下跌，这就是一个非常弱的股票。这支股票必须被除掉。对于它没有"如果"、"和"或者"但是"。离开！

6. 使用跟踪止损方法。这是当股票一天中都维持在30分钟最低价之上交易时交易者应该采取的行动。**注意：**我们所教的有些交易者选择把止损点保留在灾难日的最低点。换句话说，他们不使用跟踪止损方法。他们的观点是只要股价保持在跳空下跌日的最低点之上，就可以认为它已经见底了。有时这种做法会提高结果。但是交易者这样做的风险是永远丧失了降低损失的机会。我发现这种方法对于那些跳空低开的主要的技术股票很有用，如因特尔、戴尔或者微软。

一个更进取的方法

我们的一些最进取的交易者会用向上的5分钟规则增加他们的头寸。换句话说，如果股票涨过第一个5分钟的最高价，他们买入更多的股票想要在更高的价位弹掉它（快速地卖出新的筹码）。我们在我们的讲座中教的这种更进取的策略叫做"子弹游戏"，它经常帮助精明的交易者进一步减少损失。然而，必须记住，同样的5分钟卖出保持不变。这里唯一的差别就是额外的买入。在等式卖出一边的东西没有改变。这只是对于那些认为他们自己更进取的交易者的一个提示。

危险降临的信号

尽管我们不能阻止灾难降临，有时一些明显的危险即将发生的信号可以在大灾难发生之前给我们警告。知道这些信号是什么可以为交易大师节省大量金钱。不仅如此，在正确的场景下，精明的交易者甚至可以使用一些警告信号来反方向获利。让我们来面对它吧。有时坏事发生在好的交易者身上，但是知道和注意这里所列出的警告信号可以确保那些发生在你身上的坏事远远少于发生在其他人身上的坏事。熟悉每一个信号，因为它们几乎可以挽救你的金融生涯。我愿意打赌它们会不止一次地拯救你的金融生涯。

危险临近的信号是：

- 股票在最后两小时的交易中损失了大部分的赢利。
- 股票在开始涨得很好之后接近它的最低价。
- 在超过日平均量之上股票产生很少的利润或者没有利润。
- 股票在开盘时大幅跳空高开，然后在前一交易日的最高点之下交易。
- 股票在与产生前一次下跌的相同的价格区域内挣扎。
- 一些主要的做市商如 GSCO、SBSH 或 MLCO 在一天中公然持续地卖出股票。

这些是危险到来之前的一些信号，留心它们。对于做空交易，相反就可以了。

第三部分 展 望

第十七章 怎样综合运用

怎样综合运用日线图

AVNET, INC.（AVT）

这个 Awet 公司的日线图（图 17-1）显示了 200SMA 与其他几个事件结合的威力：

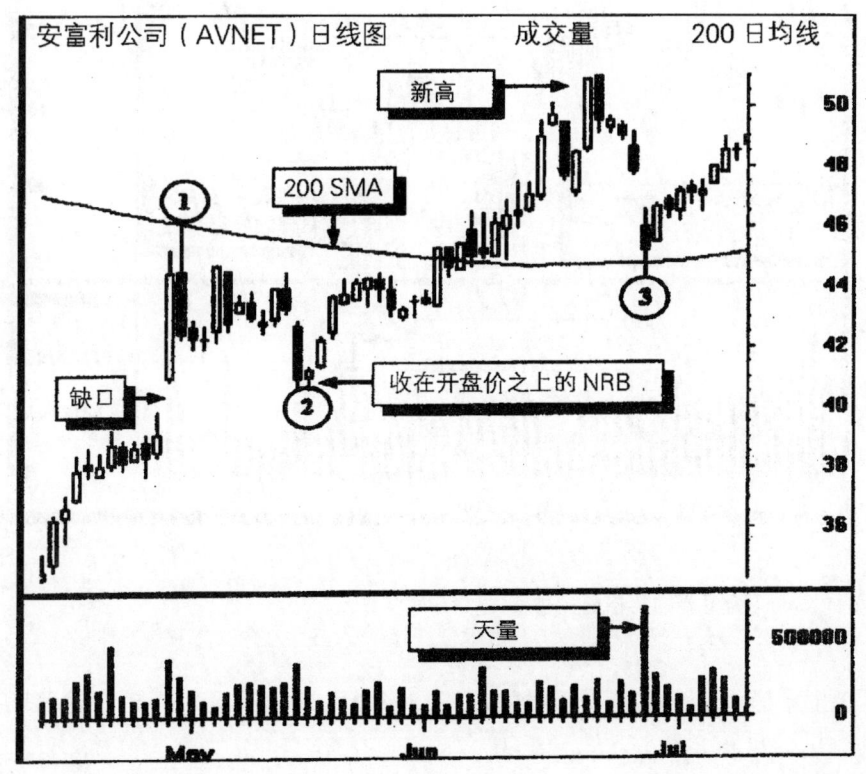

图 17-1

新高

1. 200SMA 起阻力的作用。阴线和上影线表明了有大的空头。

2. 一根收在开盘价之上的小阴（阳）线结束了 AVT 在前一次跳空缺口区域内的下跌。**提示**：一个收在开盘价之上的小阴（阳）线格外有潜力。同时不能忘记跳空缺口经常可以作为支撑或阻力位。

3. 在创出一个新高之后，AVT 的调整突然以放量跌到 200SMA 的向下跳空缺口的方式结束。

BROADCAST.COM（BRCM）

1. BRCM（图 17-2）在高位反转之后继续大幅下跌。提示：连接大幅下跌的高点通常在它们被再次检验的时候作为一个明显的阻力点位。

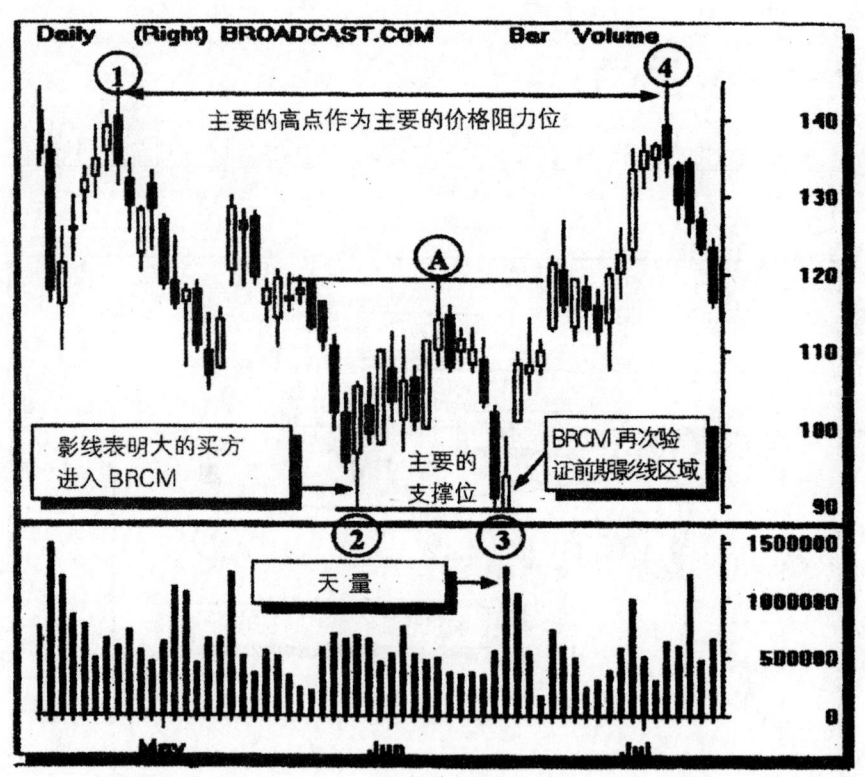

图 17-2

主要的高点作为主要的价格阻力位。

2. BRCM 形成了一根有下影线的阳线，表明巨大的买盘。当再次检验的时候这个区域成为一个参考点位。

3. BRCM 放量再次验证前期的低点，确认了一个主要的价格支撑。注意之前标注为"A"的上涨是前次下跌之后一个几乎100%的反弹。这提高了BRCM将会在前次低点止跌的几率。

4. 在前期高点附近一根有上影线的阴线表明巨大的卖盘。**提示**：进取型的交易者通常在那些构成主要的支撑位的线上买入，在那些构成主要的阻力位的线上卖出。

BMCSOFTWARE（BMCS）

1. BMCS 的爆发性的反弹（图 17-3）通过一个专业的跳空开始，在到达走平的 200SMA 时停止。

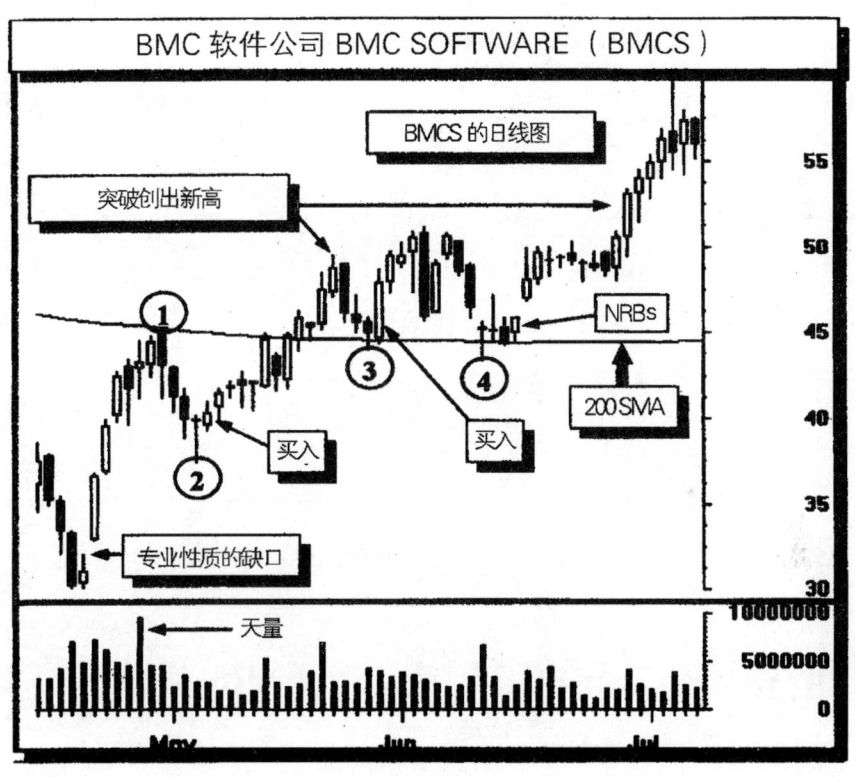

图 17-3

BMCS 的日线图

2. BMCS 在经过一个 50% 的回调，3 到 5 线下跌，以及一根有下影线的阳线之后触底。所有这些同时发生的图表事件表明一个非常有说服力的买点。

3. 在另一个 3 到 5 线下跌之后，BMCS 同时在前期的低点和 200SMA 处找到了它的主要支撑位。

4. 有下影线的阳线之后紧跟着两根在 200SMA 上的小阴（阳）线。第二根收在开盘价之上的小阴（阳）线是 BMCS 已经作好点火起飞准备的关键信号。

ADVANCED FIBER COMM（AFCl）

AFCI（图17-4）表明和其他事件相联系的次要的价格支撑会是多么有威力：

1. AFCI回调到次要的价格支撑和向上的20SMA处，然后上涨。下影线表明巨大的买盘。

2. 在创出一个新高之后，AFCI再次回调到次要的价格支撑和它的向上的20SMA处，形成一个有下影线的阳线。提示：新高之后的第一次回调通常是可买的。

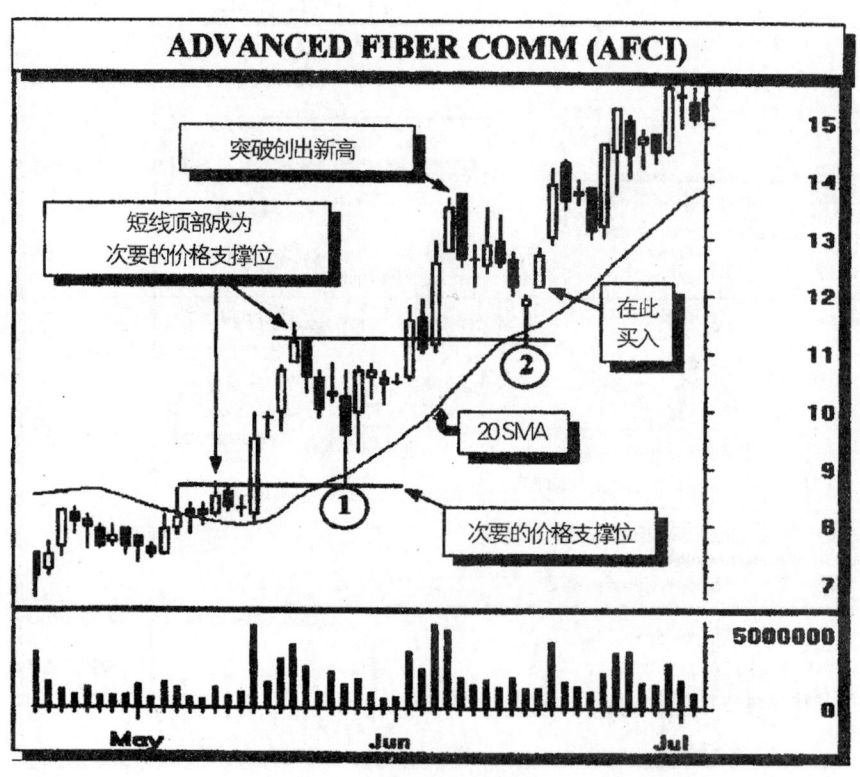

图17-4

突破创出新高

BIOGENINC.（BGEN）

在6月中旬，BGEN（图17-5）给那些留心的交易大师提供了一个非常有趣的买入机会。在点1，BGEN回调验证在点A处的前期低点。**提示**：前期低点作为主要的价格支撑，尤其在它们之后紧跟着突破产生新高时。最有说服力的是BGEN形成了一个有下影线的阳线。交易大师或者在阳线处买入，或者在随后一天的B点买入。

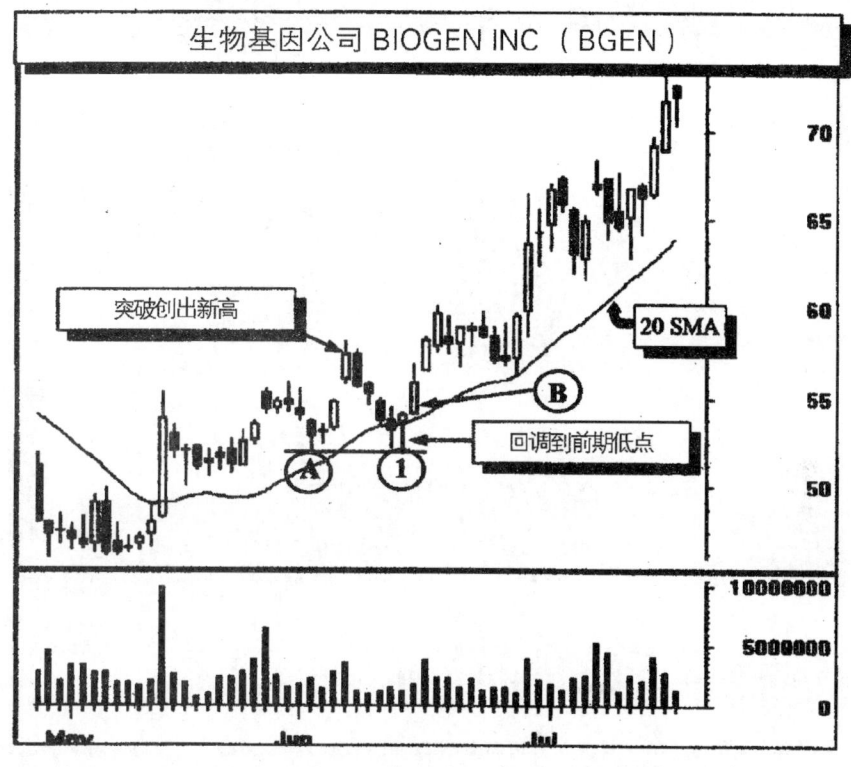

图 17-5

突出创出新高

COMPUTBER ASSOCIATES INTERNATIONAL（CA）（美国国际联合电脑公司）

1. CA（图 17-6）在跌到向上的 20Sh4A 处，形成了两根小阴（阳）线之后反弹。**提示**：交易大师会经常在一根小阳线处买入。见图 17-6。

2. 在涨到一个新高之后，CA 再次回调到向上的 20SMA 处，形成又一个小阳线，然后开始重拾升势。

3. CA 上涨去验证前期的高点，形成一个十字星的小阴（阳）线，立即产生一个 2 美元多的下跌。**提示**：记住每一个新高开始一个新的游戏。在每一次新高之后，只要有一个或更多的事件发生，交易大师就会在下一次下跌时买入。

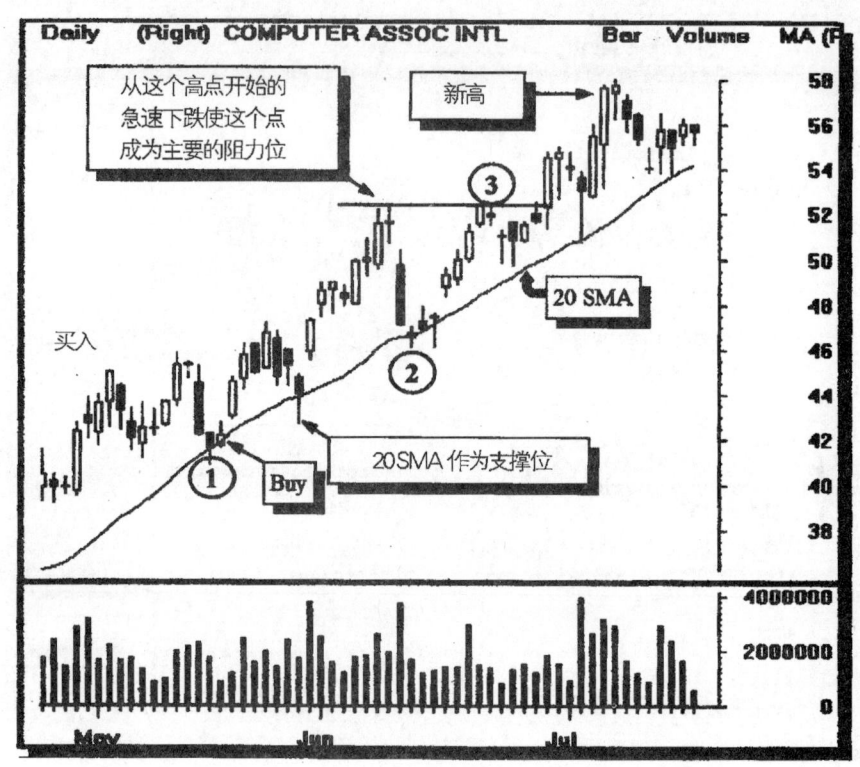

图 17-6

从这个高点开始的急速下跌使这个点成为主要的阻力位。

CONCORD EFS（CEFT）

这个 CEFT 的日线图（图 17-7）提供了一个几近完美的关键点买入形态。

1. CEFT 强劲上涨产生一个新高。这个有力的上涨告诉交易大师只要有一个或一个以上的事件发生，下一次的回调就是可买的。

2. CEFT 经过了一个 3 到 5 线的下跌之后跌到了次要的价格支撑位。两根带小影线的小阴（阳）线都是在 20SMA 附近。所有这些同时出现的事件提供了一个很有说服力的买入机会。交易大师在 CEFT 超过前一个高点的位置时买入，然后把止损设在 3 到 5 线的最低价的 1/16 至 1/8 处。

3. 紧接着是一个 5 个点的上涨。提示：事件的数量越多，期望的上涨也越高。

第十七章 怎样综合运用

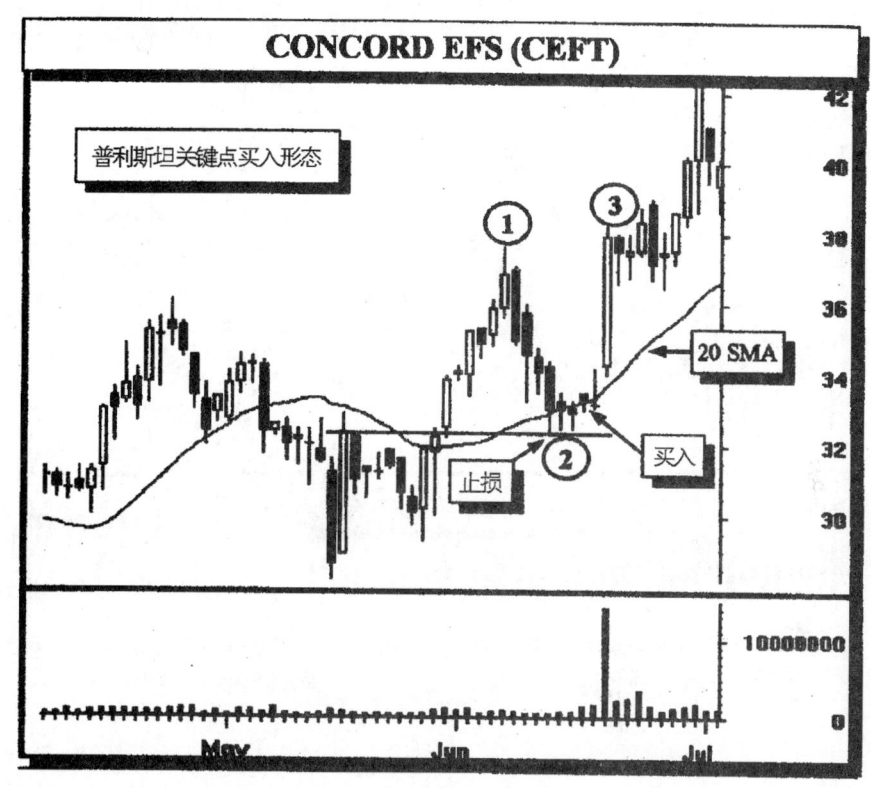

图 17-7

普利斯坦关键点买入形态。

COMPUTER SCIENCES（CSC）（美国计算机科学公司）

1. 在 CSC 创出了一个新高之后，一根下影线在 200SMA 处阻止了它回调。交易大师在价格超过带影线的 K 线的最高价之后买入。

2. 在另一个高点之后，CSC 经历了 3 到 5 线的下跌再次验证前期的低点和 200SMA。这就形成了一个几近完美的买入形态。交易大师在价位一超过前一天低点的时候就立即买入。

3. 在新高之后，CSC 回调到一个次要的支撑位，并形成一根小阴（阳）线。交易大师在小阴（阳）线之上买入。

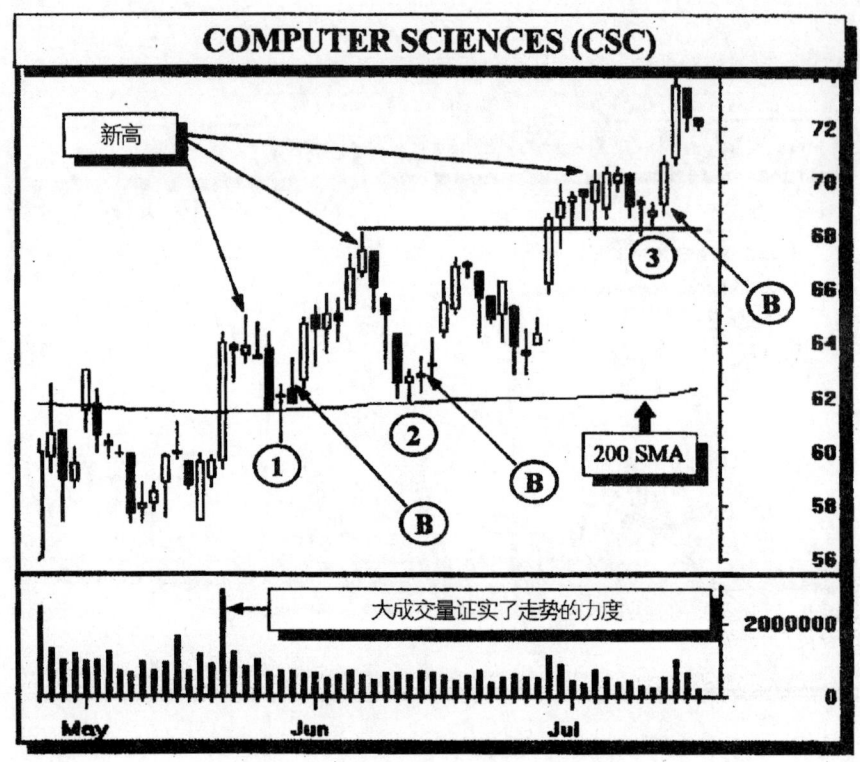

图 17-8

新高

DOUBLECLICK（DCLK）

DCLK（图 17-9）显示了主要支撑和阻力与其他事件结合在一起的力量：

1. DCLK 以放量结束他的下跌。这不是一个可以参与的事件，但是可以作为一个引起注意的东西，尤其是在之前成交量有所放大，而成交量的放大是大买方进入的第一个信号。

2. DCLK 重新上涨到作为主要阻力的前期高点。在主要阻力位形成的熊市 NB 的构成了一个做空的机会。**提示**：交易大师经常在 NBs 的交易日快结束时买入。

3. DCLK 经历了一个 100% 的回抽。一个在主要的支撑位之上形成的牛市 NB 构成了一个完美的买入点。交易大师或者在 NB 买入，或者在其后的交易日在超过 RB 的最高价之上买入。**注意**：交易大师会在主要阻力位卖出。

第十七章 怎样综合运用

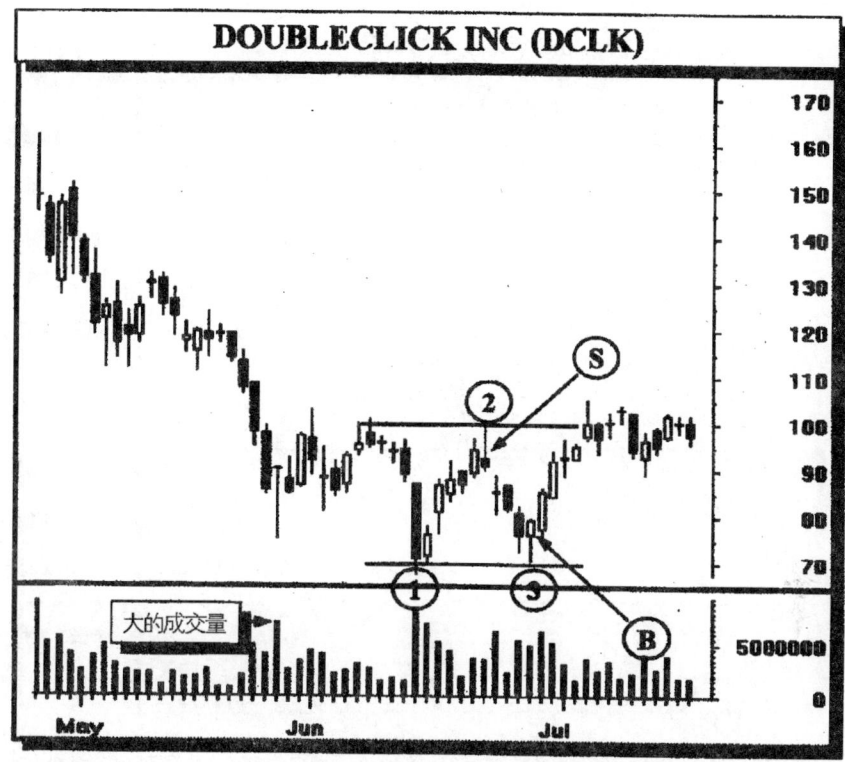

图 17-9

大的成交量

IMMUNEX CORP.（IMNX）

IMNX 的日线图（图 17-10）显示了对交易大师可以构成关键信号的几个重大事件：

1. 十字星形状的顶部线使 IMNX 开始了一个非常严重的下跌。**提示**：开始急剧下跌的顶部可能会在再次验证的时候成为主要的阻力位。

2. IMNX 在填补了一个月之前形成的缺口之后停止了下跌。**提示**：缺口构成主要的支撑和阻力区。

3. IMNX 再次验证了前期的高点，这个高点现在是主要的阻力位。

4. IMNX 经历了一个 3~5 线下跌，跌至作为主要的支撑位的前期低点。注意在这次回调中，IMNX 形成了一个完美的有下影线的牛市 NB。交易大师在 RB 那一天买入或者在其后的一天在 RB 的最高价之上买入。

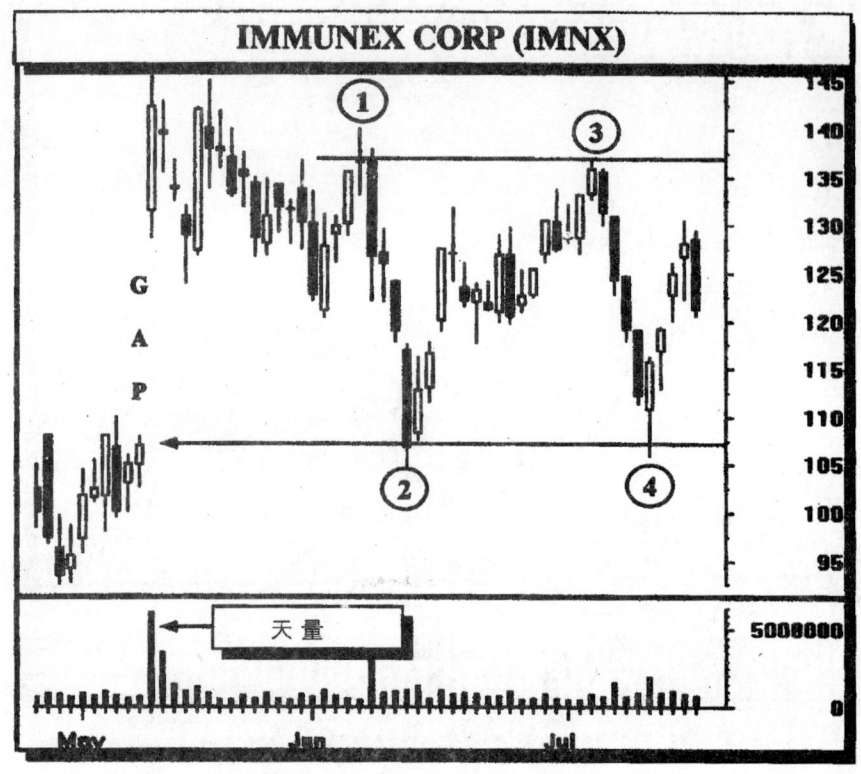

图 17-10

天量

怎样综合运用日内图

BROADCOM CORPORATION（BRCM）

BRCM 的 15 分钟图（图 17-11）显示了 200SMA 与几个主要的反转时段结合的力量。即使很快地看一眼也会发现 200SMA 在四个不同的点作为阻力位：

1. 在触到 200SMA 之后，BRCM 跳空向下，跌了 4 个点。

2. 在接下来的一天开盘时跳空回到 200SMA 之后，BRCM 开始又一次大幅下跌，在上午 10：30 的反转时段以一根下影线到达底部。

3. 反弹到走平的 200SMA 之后再次停止，顶部线收在开盘价之下。**提示**：一个在上方的平的 200SMA 比一个倾斜的 SMA 更具有阻力的作用。

4. 一个浅的 40% 的回抽底部在下午 1：30 的反转时段形成，收在接近开盘价附近的一根小阴（阳）线，开始了又一次向 200SMA 的反弹。

268

5. 在下一个交易日，BRCM 在接近 200SMA 的附近开盘，一个新的下跌出现在上午 10：00 的反转时段内。

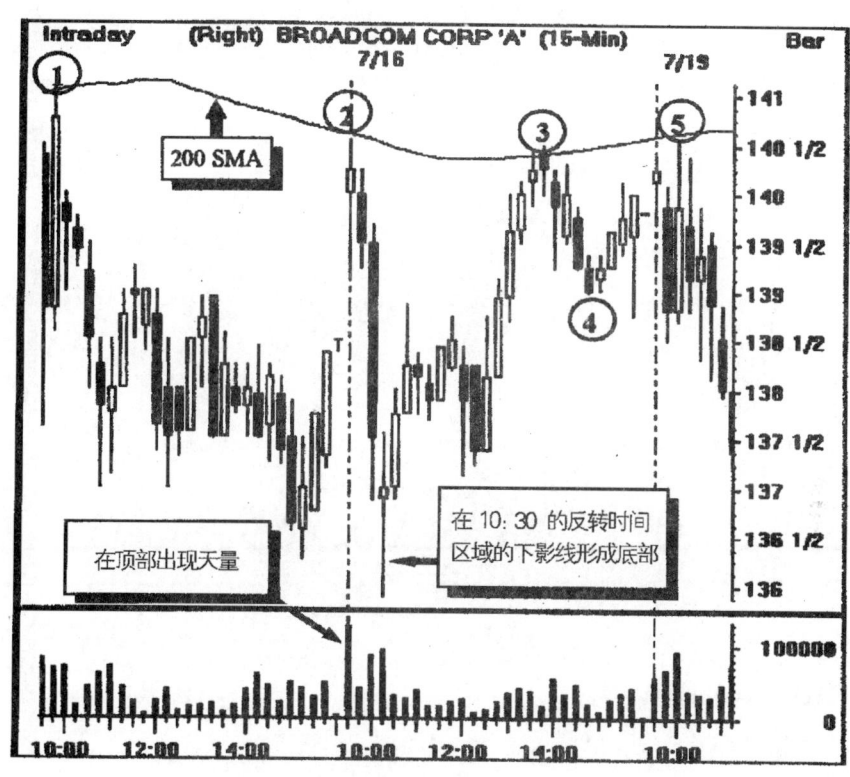

图 17-11

日内

怎样综合运用多个时间框架

CYBERCASH, INC.（CYCH）：使用日线图来确定该采取什么行动

CYCH 的 15 分钟图（图 17-12）显示了一个多日的底部横盘。提示：买入日内底部横盘的突破是一个低风险的交易策略。记住交易大师现在正在看 CYCH 最近两天交易的一个更详细的图。

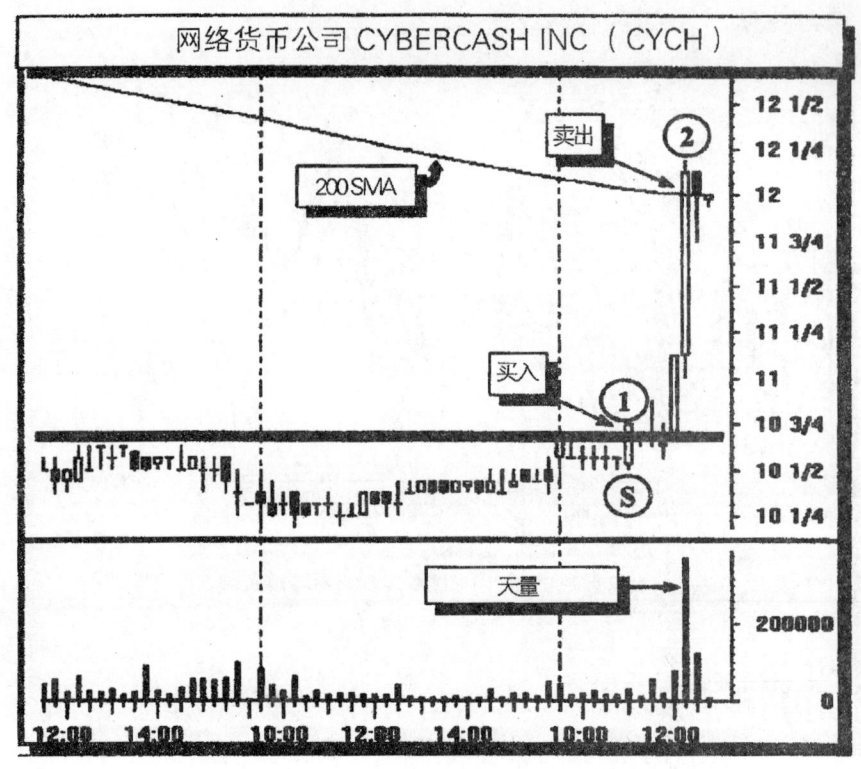

图 17-12

卖出

1. 交易大师在底部横盘突破时买入 CYCH。不要忘记这个底部是日线图上看到的小阴（阳）线。一旦买入，日内交易大师在突破线之下设定一个心理的止损。见图 17-12 中的"S"。**提示**：在 30 分钟后创出日内新高的股票在一天之中都会很强。见第十四章的 30 分钟买入规则。

2. 当 CYCH 爆发性向上的时候，交易大师很清楚上方的 200SMA。在 200SMA 附近，也就是交易大师想要卖出股票，有效地锁定 1.25 美元的赢利位置，走势以一个天量结束。**提示**：上方的 200SMA 通常会阻止一个日内的反弹。图 17-13 说出了相关的情况。

第十七章 怎样综合运用

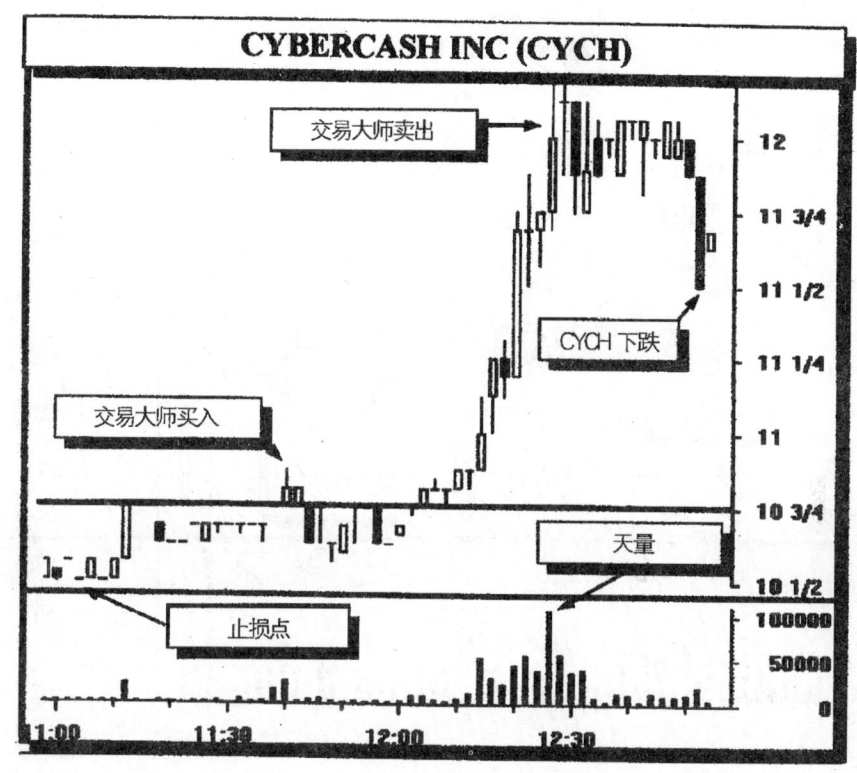

图 17-13

交易大师卖出

CYBERCASH, INC.（CYCH）：使用 15 分钟图来确定何时该采取行动

这个 CYCH 的 2 分钟图表明了 15 分钟图的 200SMA 对股票日内反弹的作用。CYCH 的急速下跌一点都不奇怪。提示：上方的 200SMA 对交易大师来说是一个很好的获利了结指标。记住这个策略在相反方向也同样很有效果。

CYBERCASH, INC.（CYCH）：使用 2 分钟图来获得更高的精确性

这个因此而发生的 CYCH 的日线图（图 17-14）显示了缺口的回补，是交易大师的另一个有效的卖出理由。提示：缺口可以作为支撑和阻力位。在这里，向下的缺口区域是一种阻力形式。

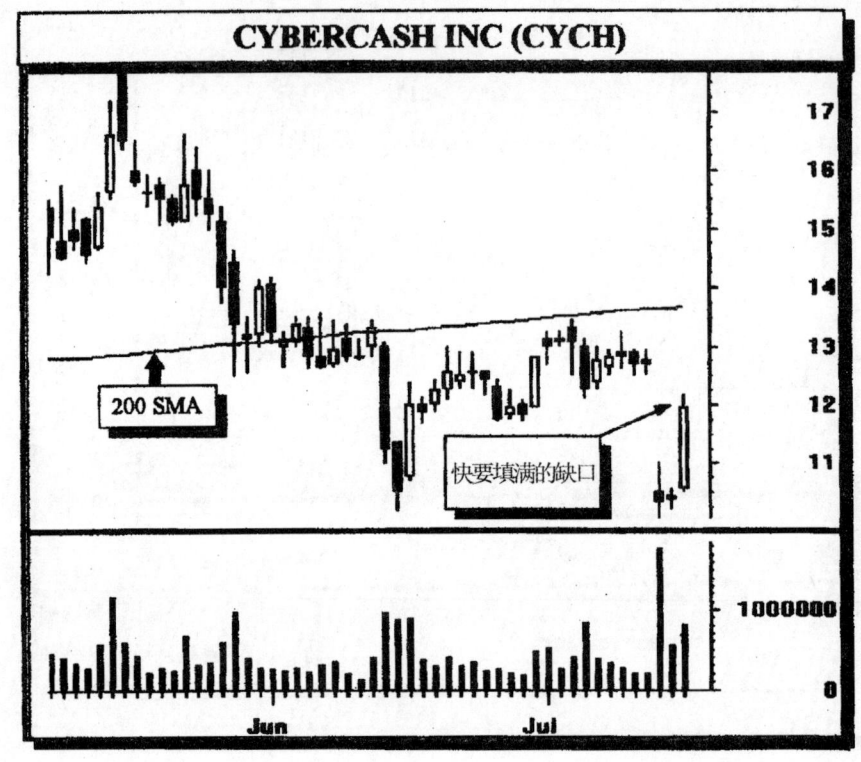

图 17-14

CYBERCASH，INC.（CYCH）：使用日线图来确定卖出点位

这个 CYCH 的日线图（图 17-15）表明了一个交易大师怎样在天量和主要的支撑位买入。我们将会告诉你交易大师怎样利用多重的时间框架来做出更明智的决定。

1. CYCH 从它的 200SMA 的区域下跌，并以成交量的快速增长结束。交易大师会在心里留意随后的强劲反弹。提示：急剧反弹开始的主要的低点总是作为再次验证时的主要的支撑位。

2. 200SMA 作为一个阻力位，最终开始了又一次的快速下跌。

3. CYCH 以天量跳空下跌，在主要的价格支撑位停止下跌。缺口之后的一天下跌，形成一根小阴（阳）线，表明一个强势的反弹可能不远了。交易大师决定在小阴（阳）线之上买入，但是首先要转向 5 分钟和（或）15 分钟图来看个仔细。

第十七章 怎样综合运用

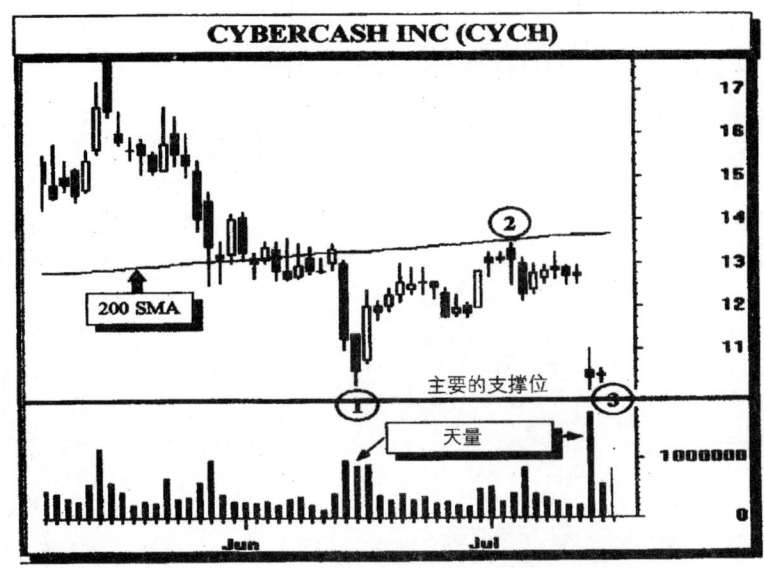

图 17-15

主要的支撑位

CYBERCASH, INC.（CYCH）：使用日线图来看结果

这个CYCH的最后一个日线图（图17-16）表明了缺口区域的阻力是多么明显。注意下跌是多么剧烈。

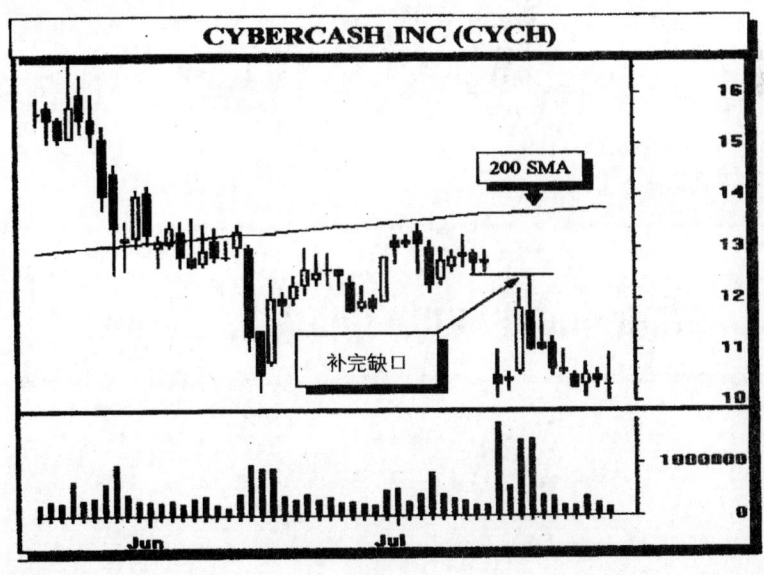

图 17-16

补完缺口

交易大师的三个测试

测试 1 利盟国际（LXK）：说出四个可以交易的事件的名称

测验

LXK 的日线图（图 17-17）包含了四个主要事件。你能说出它们是什么吗？

1. _____
2. _____
3. _____
4. _____

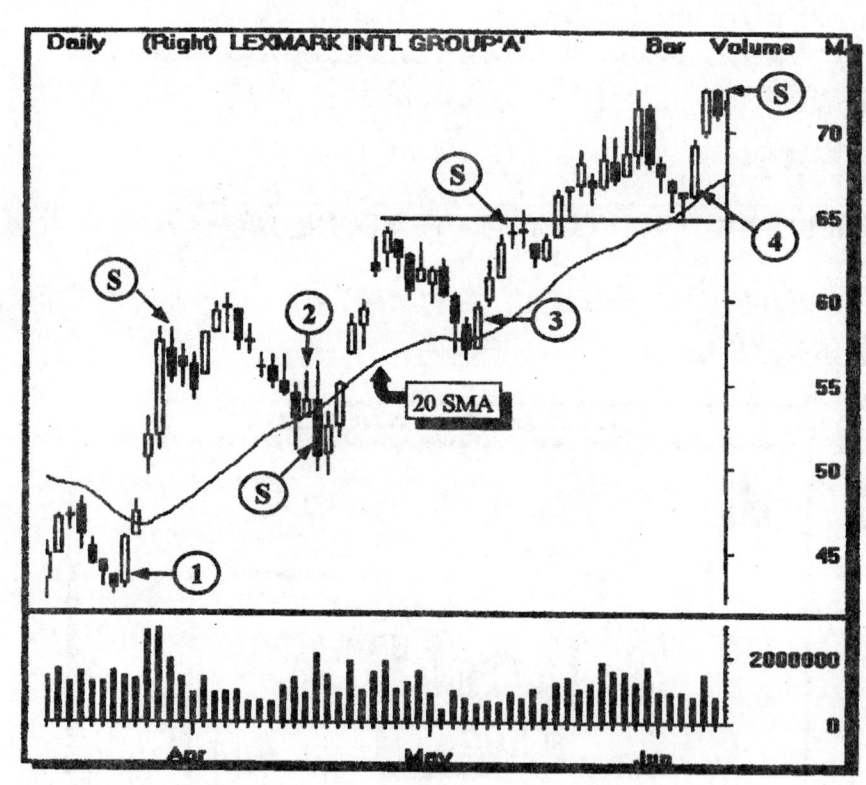

图 17-17

答案

1. 由于一根小阴（阳）线加强的关键点买入形态。交易大师在小阴（阳）线的最高点之上买入，初始止损设在小阴（阳）线的最低点之下 1/16 处。交易大师在高于 13 美元的反转线处卖出。**注意：**所有的卖出都由 S 标记。

2. 在向上的 20MA 处的关键点买入形态。交易大师在 2 处买入，初始止损设在前一根线或者当前线的最低点之下。交易大师在第二天损失几个点后止损卖出。

3. 在向上的 20MA 处的关键点买入形态。交易大师在 3 处买入，初始止损在前一根线的最低点之下。交易大师十分精确地在前期高点的十字星上卖出，获得了接近 6 美元的收益。**提示**：交易大师通过使用 1 美元规则和跟踪止损方法来保护每一笔交易的获利。

4. 由一根下影线所加强的，在向上的 20MA 处和次要的价格支撑位的关键点买入形态。交易大师在 4 处买入，初始止损在前一根线的最低价之下。交易大师在前期高点附近卖出获得 4 到 5 美元的收益。

测试 2 CONCENTRIC NETWORK（CNCX）：说出六个可以交易的事件的名称 **测验**

这个 CNCX 的日线图（图 17-18）包含了至少六个主要事件。你能说出它们吗？

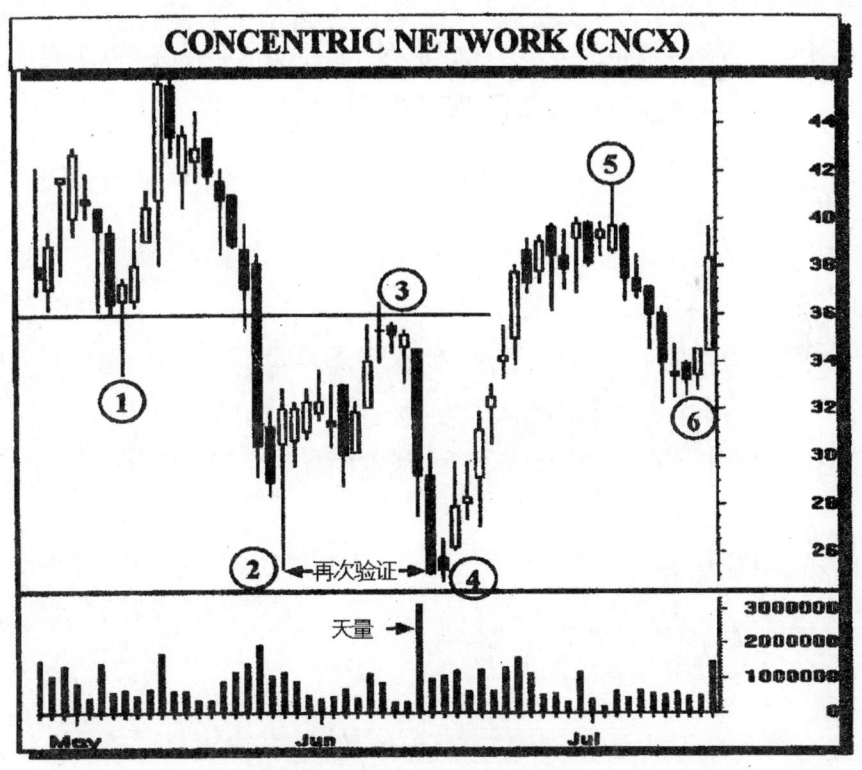

图 17-18

再次验证

1. _____

2. _____

3. _____

4. _____

5. _____

6. _____

答案

1. 由一根有下影线的牛市反转线加强的关键点买入形态。交易大师在反转线或者之上买入。

2. 有下影线的牛市反转线。表明买方在 26 到 28 美元之间非常活跃。记住这不是一个可参与的事件。它只是一个买方在何处活跃的信号。**提示**：在牛市反转线或者之上买入只能应用于新高之后的回调。CNCX 实际上打破了前期的低点，使得它成为一支下跌趋势中的股票。

3. 在次要的价格支撑位的关键点卖出形态。这个卖出形态由一根小阴（阳）线加强。交易大师在小阴（阳）线之下做空 CNCX。

4. 天量之后在主要的价格支撑位上的小阴（阳）线。交易大师在小阴（阳）线之上积极买入。

5. 有上影线的新高。这不是一个可参与的事件。新高只表明如果一个或者更多事件出现的话，CNCX 可以在下一次回调的时候买入。

6. 50% 的回抽，形成了一个几近完美的关键点买入形态，由一根小阴（阳）线所加强。交易大师在小阴（阳）线之上买入。

COSTOCO COMPANIES（COST）（好市多公司）：说出六个可以交易的事件的名称测验

COST 的日线图（图 17-19）包含了六个主要的事件。你能说出它们吗？

1. _____

2. _____

3. _____

4. _____

5. _____

6. _____

第十七章 怎样综合运用

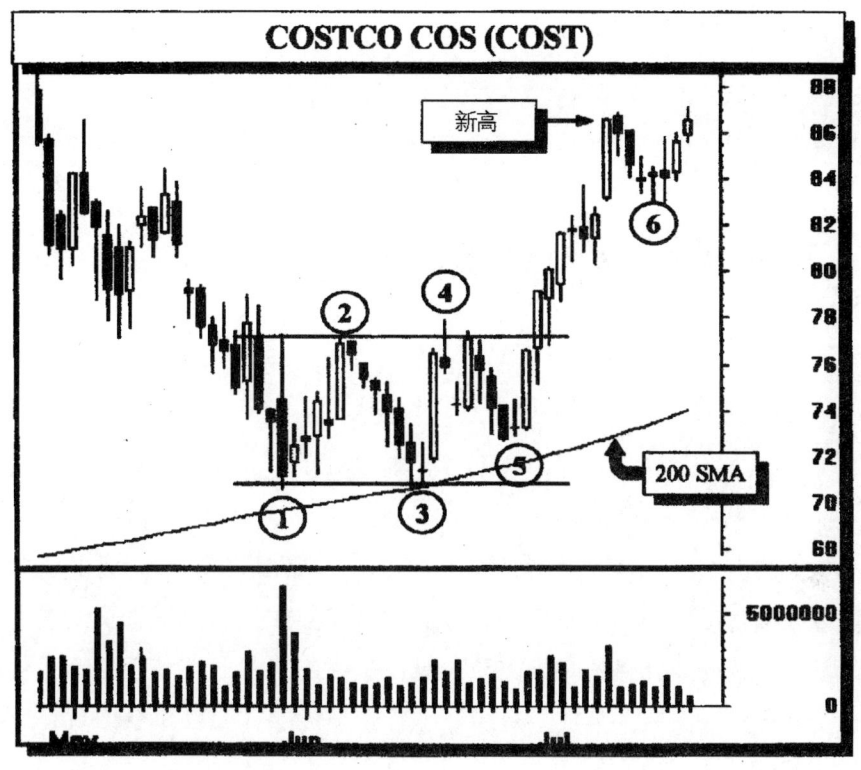

图 17-19

新高

答案

1. 天量阻止了 COST 的下跌，形成了一个潜在的价格支撑。这不是一个可参与的事件。

2. 由小阴（阳）线加强的关键点卖出形态。交易大师在小阴（阳）线之下做空 COST。

3. 在主要的价格支撑和 200SMA 处的关键点买入形态。应该注意再次验证前期低点也可看作是一个 100% 的回抽。交易大师在下一次 COST 超过前期低点交易的时候买入。

4. 在主要的价格阻力位的有上影线的反转线。注意 COST 在随后的一天跳空下跌 2 个点。

5. 关键点买入形态。尽管这个形态没有与另外的事件相呼应，标志着底部的十字星是反弹将要开始的一个关键的信号。

6. 一系列下影线的关键点买入形态。**提示**：如果一个或者多个事件出现的话，在几个新高之后的第一次回调是可买的。

第十八章　ESP：将来的电子交易软件

下一代交易工具

一个努力想要获得市场成功必要技巧的交易大师知道，短线交易的主要困难是如何在应该采取行动的那一刻发现高质量的交易机会或形态。尽管长线交易者通常基于日线图或周线图在开盘的时候交易，职业短线交易者通常基于迅速变化的日内图表做出交易决策。正因为如此，短线交易者必须能够在交易机会出现在交易时间内时，迅速有效地鉴别出它们。

成长中的短线交易者通常能够辨认出高质量的交易机会，但在大多数情况下都已经太晚而无法采取行动。当回顾成百上千的日内股票图表时，交易者可以看到很多几分钟或几小时之前错过的获利机会。这个不可回避的事实就是只有极少数的高质量的交易机会可以在能够采取行动的恰当的时候被发现，从而开始一笔成功的交易。更坏的是，许多成长中的交易者为了"创造"机会降低了他们的入市标准，而这样做当然会进一步恶化他们的交易表现。这就是为什么技术进步可以带来巨大的改变。

交易大师利用技术所提供的每一种工具来提高他们的交易选择和时机把握。记住，交易大师不会仅仅依靠技术这根拐杖，期望不用获得必要的知识就能受益，不管技术多么先进，这种情况永远也不会发生。交易大师是用技术来进一步提高他们已经获得的从市场中获利的能力。我们希望你们明白这很重要的一点，因为金融的墓穴里挤满了错误地认为技术优势就是他们成为成功交易者所需要的全部的人。没有任何东西可以代替知识和技巧。技术的主要目的是更有效地利用知识和技巧。

综上所述，有效的计算机系统和人工智能技术近来已经产生了能够帮助有知识的短线交易者的令人激动的新工具，Rristine.com通过一个叫做普利斯坦ESP的革命性产品冲到了这种生机勃勃的新变化的前沿。

第十八章 ESP：将来的电子交易软件

自动股票识别和预警

我们的 1 天和 3 天讲座以及我们咨询服务的学生长期以来已经认识到交易形态的价值，其中的很多已经在这本书中讲到了。然而，在一个有着超过 10 000 支股票的范围里，在存在交易机会的时刻，迅速辨别出符合普利斯坦标准的股票是非常困难的。幸运的是，运算能力和人工智能技术使我们能够即时监视成千上万种股票的几十种交易形态和系统，并提供即时的提醒。

ESP 产品（sales@pristne.com）使用这些新技术提醒交易大师每一种交易形态的潜在交易机会，给他们以帮助。这些系统的范围从较长周期（2～5 天）的波段买入和卖出方法到较短的周期（1～2 小时）即日交易方法，如日内突破法。目前有超过 20 种不同的交易建立方式被编进了 ESP 的程序中，更多的方式正在不断被加进去。ESP 同时也提醒股票交易者还要注意符合其他一些更普遍的标准，这些标准对交易大师来说常常是重要的。此外，还要提醒交易者注意股票达到一个新的 52 周来的最高或者最低点时，或者在伴随着剧烈的价格变动的突然放量。

自动股票搜索和筛选

ESP 的另一个突出特性是它的扫描和筛选能力。ESP 基于一些主要的标准不断地筛选所有的股票，这些标准如：
- 获利和亏损百分比
- 获利和亏损的点
- 基于成交量的最活跃股票
- 基于在过去一分钟交易的最活跃的股票
- 一天中创出新高和新低的股票
- 接近或者启动了交易机会点位的股票
- 满足 ESP 其他一些筛选标准

以上列出的这些可以很容易整合进像 Executioner 这样的直接接入系统的市场监视显示中，使交易者能够迅速地查看这些候选股票的日内图表和二级报价的状态。这个列表被不断地更新，为交易者提供了精确的决策信息。

它如何运行

ESP产品用于辨别市场上每天出现的主要形态。强大的计算机和卫星数据系统与人工智能机器相结合搜索和发现可以交易的机会。出现在每一支股票中的每一个动作和变化都被连续地监视着。使用互联网的客户/服务器技术，ESP提醒和筛选一出现就被及时地传送到交易者的电脑中。很值得注意的一点是，大量计算能力、软件系统和数据伺服系统都在普利斯坦的内部计算机上维护。互联网只是用来传送结果，即系统处理的提醒和筛选。因此，支持ESP对交易者电脑计算能力和带宽的要求可以忽略不计。

我们认为人工智能技术会在金融市场的发展中发挥更大的作用，ESP是完全利用这种技术来使活跃的交易者受益的最早产品之一。ESP将会通过使交易大师集中他们的注意力在有潜在交易机会的较小的股票名单上，来提高他们的交易表现。使用ESP的智能，交易大师能够迅速和有效地做出交易决策，而不会因为要从成千支可供选择的股票中寻找符合这本书里所描述的高质量的形态所耗费的大量时间和困难而无法进行。因此，交易大师能够极大地提高他们的交易结果。普利斯坦是一个盒子，一个多么神奇的东西。

第十九章 结 论

你是领导者

由于我们20多年来从事对活跃的自我指导的交易者的教育，以及我们自己在华尔街为平等所做的不懈努力，世界上的许多人把我们看作是他们的领导者。数千追随者仰仗你的教导和指引无疑是一个巨大的责任。我记得在被推到日交易团体的水银灯下不久我曾感到不知所措。那个时候我最关心的就是我作为一个交易者的进步。"我是谁可以给别人意见和建议？""难道我自己不是一个还在成长和发展中的交易者吗？""难道我自己不是还常犯那些困扰年轻和年老的日交易者的明显错误吗？"当然，我是。但是我没有停止追求知识、经验和领导地位，随着我们的追随者的成长，我想要自己在这个全世界都关注的事业中更有价值的愿望也随之成长。

在研究了"领导者"这个词之后，我把自己完全投入领导的任务中。领导者是一个在每一种语言里有特殊意义的词。据史载，它至少可以被追溯到古代埃及。在英语里，领导者这个词也有超过一千年的历史，几乎与它的盎格鲁·萨克逊的词根ladere——意思是"在旅程中的人们"的意思没有什么变化。

考虑一下这个意思吧。领导者实际是复数的，意思是"在旅程中的人们"。不是人或者个体，而是在旅程中的人们。这样一种领悟使我更愿意把自己看作一个领导者。作为一个成长中的交易者，我感到我自己仍然在旅程，并且，的确是的，旅程曾使我成为一个领导者。但是根据定义，我们都是领导者。每一个现在在读这本书的人都可以大声说，"我是一个领导者"，只要这个人还在路上。尽管很少有通用的通向精通交易的方法，我们还是要说谢谢你花时间来学习我们的方法。

花费的时间是值得的

我们从心底里相信你选择花在这本书上的时间将被证实是值得的。这本书里的那些知识、教训和技巧不仅会帮助你达到我们充满感情地称为"精通交易"的状态,它们也会在生活的任何方面给你帮助。人们不知道"一个成功的交易生活"所要求的恰恰就是"成功的生活"所要求的。

我们希望本书能在一定程度上使今天成为个人交易者与强大的内部交易者具有同等的地位的一个例证,而不是华尔街历史上一个孤零零的例子。我们认识到为这个行业未来保险的最好方式就是共享教训、技巧、力量、态度和我们通过10多年的勤奋努力所获得的进步。

这是我们一个热烈的愿望,就是既保护又分享我们的进步和提高,我们想要确定在我们之后的人有肩膀可依靠。通过这本书,我希望我们在某种程度上做到了这一点。

你"将"会成功

在结束的时候我想让你知道我们完全赞同一个哲学家所说的:在这个世界上有三种人——将、不将和不能。第一种人完成每一件事;第二种人反对每一件事;第三种每一件事都失败。你购买并读完了这本书表明你既不是"不将"也不是"不能",永远是"将"的队伍里的一员。用一点耐心和大量的研究与奉献,你"将"会完成你所要做的事。

剩下的就靠你自己了

请记住我们已经把知识传授给你了,经验是没有人可以给你的。有经验的交易者无法与那些想要进步的人分享他们的经验。他们唯一能做的就是给他们知识和发展他们自己经验的机会。这本书给了你知识和机会。剩下的,我的朋友,就要靠你自己了。祝你好运!

附 录

交易类型

以下是最常用的交易类型的列表及每种交易类型的简短描述。不应该把这些交易类型与普利斯坦 1 天和 3 天的高级交易培训中所教授的许多特定的、专用的交易策略和战术相混淆。

抢帽子交易：一种被设计来通过小的波动获利，使用代表极低风险的交易机会的价格形态来交易的交易风格。抢帽子交易的一般目标是 1/4 到 5/8 或者更多。抢帽子要求熟悉二级报价，同时还要熟悉像 Executioner（www.executioner.com）这样的直接接入系统。最好的抢帽子机会存在于有好的做市商代表的流动性好的股票（一天交易 500 000 股或者更多）中。普利斯坦的抢帽子形态通常要使用短的日内时间框架的图表，如 2 分钟、5 分钟和 15 分钟的图表来发现。

日交易：传统地讲，日交易是在同一个交易阶段开始和结束的头寸。在普利斯坦实时交易室里，一笔日交易是一个可能会成为一个隔夜的或者发展成一个波段交易的交易机会，但是因为它在一天的早些时候出现，通常会通过锁定部分或者全部的利润来更积极地对待。日交易通常会比一般的波段交易运用更严格的止损。我们发现最好的日交易通常有"活动的空间"，因为阻力位很远，必要的话可以持有经过一个短暂的调整期或者一个整固期。日交易可以通过使用中等长度的时间框架的日内图表如 15 分钟图或者小时图来发现。

隔夜交易：隔夜交易通常是指在一天的晚些时候进入一支接近它的最高点的股票（在做空的情况下，是接近最低点），这种股票有潜力在第二天上午跳空高开，或者继续涨势。如前面所提到的，一笔隔夜交易也可以以一笔日交易的形式出现，因为收盘足够强，使得可以一直持有它收盘进入第二天。隔夜交易通常在第二天的早些时候（如果不是正好在开盘或者在开盘之前）了结，一些交易者可能会选择只卖出一半，把剩下的一半持有一段更长的时间，获得更高的价差。

波段交易：波段交易是想要通过股票每天的自然涨跌来获利的交易。波段交易通常由一个显著的支撑位开始（在做空的情况下是阻力位），根据情况寻求获得1美元到4美元的价差。通常持有2到5天（或更多），波段交易利用了被多数活跃的投资者所忽略的非常有利可图的市场机会。因为这种机会过于短暂，大的机构无法利用，同时对场内交易者（这些人通常不会持有头寸过夜）又过长，这种时间框架为拥有必要技巧的独立的交易者提供了完美的机会。波段交易主要通过使用日线或者周线图，偶尔也会使用15分钟图来发现。